U0664314

◎ 贾治邦　主编

生态文明建设的基石
——三个系统一个多样性

FOOTSTONES FOR CHINA TO CONSTRUCT
ECOLOGICAL CIVILIZATION

中国林业出版社

图书在版编目(CIP)数据

生态文明建设的基石——三个系统一个多样性/贾治邦主编. —北京:中国林业出版社,2011. 12
ISBN 978-7-5038-6443-8

Ⅰ. ①生⋯ Ⅱ. ①贾⋯ Ⅲ. ①林业理论 – 林业政策 – 理论研究   Ⅳ. ①F276. 4

中国版本图书馆 CIP 数据核字(2011)第 258025 号

责任编辑 徐小英 杨长峰 李 伟 刘香瑞
封面照片 贺文佩 摄
封面设计 赵 芳
版式设计 骐 骥

出版 中国林业出版社(100009   北京西城区刘海胡同7号)
E-mail forestbook@163. com   **电话** (010)83222880
网址 http://lycb. forestry. gov. cn
发行 中国林业出版社
印刷 北京中科印刷有限公司
版次 2011 年 12 月第 1 版
印次 2011 年 12 月第 1 次
开本 889mm × 1194mm   1/16
印张 16
字数 330 千字
印数 1 ~ 3000 册
定价 110. 00 元

编　委　会

主　编： 贾治邦

编　委： 刘东生　李世东　王焕良　汪　绚　张希武

刘　拓　马广仁　王俊忠　郝育军　张志涛

韩学文　崔武社　安丽丹　鲍达明　张　鑫

蒋　立　马克平　赖江山　张克斌　吕宪国

武海涛

前　言

　　林业既是一项重要的公益事业，又是一项重要的基础产业，具有巨大的生态、经济和社会等多种功能。党中央、国务院高度重视林业工作，赋予了林业部门建设和保护森林生态系统、管理和恢复湿地生态系统、改善和治理荒漠生态系统、维护和发展生物多样性的重大职能。人们形象地把森林生态系统喻为"地球之肺"，把湿地生态系统喻为"地球之肾"，把荒漠生态系统喻为地球一种很难医治的疾病，把生物多样性喻为"地球的免疫系统"。实践证明，这"三个系统一个多样性"中，无论哪一个系统被损害或破坏，都会影响地球的生态平衡，影响地球的健康长寿，危及人类的生存根基。只有建设和保护好这些生态系统，维护和发展好生物多样性，人类才能永远地在地球这一美丽的共同家园里繁衍生息、发展进步。

　　党的十六大以来，党中央、国务院相继采取一系列重大举措，把林业推上了一个前所未有的新高度，赋予了林业前所未有的新地位和新使命，对林业改革发展提出了新的更高要求。在党中央、国务院的决策部署和发展现代林业、建设生态文明、推动科学发展总体思路的指导下，"三个系统一个多样性"建设取得了巨大成就，我国森林覆盖率达到20.36%，森林生态系统生态服务功能年价值达到10万亿元。自然湿地保护率达到50.3%。90%的陆地生态系统类型、85%的野生动物种群和65%的高等植物群落得到有效保护。

　　建设和保护"三个系统一个多样性"，既需要各级林业部门加大工作力度，也需要各级政府加大投入力度，更需要全社会的广泛参与。为在全国深入宣传普及"三个系统一个多样性"的知识和原理，呼吁更多民众参与到建设和保护"三个系统一个多样性"的具体行动中来，我局在总结林业建设成效和经验基础上，编写完成了《生态文明建设的基石——三个系统一个多样性》一书，系统介绍了"三个系统一个多样性"的概念与特征、功能与作用、历史与现状、目标与选择，认真剖析了损害和破坏"三个系统一个多样性"所带来的严重后果，深刻阐述了发展现代林业、建设生态文明，建设和保护"三个系统一个多样性"的必要性和具体措施。

我相信，本书的出版，将会唤起更多社会公众投入到爱绿、植绿、护绿，大力植树造林、建设绿色家园的林业建设中来，必将对建设和保护"三个系统一个多样性"、共同保护人类共有的家园产生积极而深远的影响。

全国绿化委员会副主任
国 家 林 业 局 局 长　　贾治邦

2011 年 12 月 12 日

目　录

第三章　湿地生态系统——地球之肾

第四章　荒漠生态系统——地球之脆弱带

第五章　生物多样性——地球之免疫系统

第六章　发展现代林业——实现之途径

第一章
三个系统一个多样性
——生态文明之基

当我们站在社会发展选择的十字路口时，各种利益诱惑影响着我们的判断能力，沉痛的历史教训启迪着我们的智慧。是继续沿着传统的发展方式走下去，直至将自己逼入生态承载的极限，还是改弦易辙努力偿还生态欠债，走人与自然和谐的生态文明之路？一次正确的选择将引导我们走向新的文明，一次错误的选择将引导我们走向衰亡。选择，考验着一个民族的智慧；选择，决定着人类共同的命运！

第一节　文明：永不停息的脚步

一、世界文明演进

"人类历史是文明的历史"。透过人类历史发展过程，我们可以追寻文明进步的足迹，发现文明延续的奥秘。文明进程跌宕起伏，不断积累和丰富的文明成果，培育着人的精神，激发着人的创造，改变着人的行为，推动着社会进步。而不当的精神价值和行为方式，同样也可以使文明坠落，甚至淹没在历史发展的长河中。但是，文明不会停止前进的步伐。在历史发展进程中，人类的精神价值和行为方式以及由此形成的各种成果凝结成文明的结晶，并不断向前延伸。

来自科学家的考证，地球上原始生命体的诞生大约在距今35亿年前，从那时起，逐渐衍生出勃勃生机的地球生态系统。在300多万年前，地球生物圈又发生了一次对此后产生深刻影响的"革命"，诞生了直立的古人类！大约公元前10000年至公元前4000年，人类文明进入新的发展阶段。生存、进化、发展，演绎着丰富多彩的文明史。人类的精神内涵不断拓展，物质创造不断丰富，人与人、人与自然、人与社会的关系不断调整，经历了原始文明、农业文明、工业文明，并且继续创造着新的文明。人类的精神价值和行为方式影响着文明的进程和文明的结果。

人是自然的产物，自然孕育了人，培育了人，教会了人们基本的生存技能。人从诞生之日起，既是自然生态的组成，也是改造生态的精灵。在与自然共同发展的过程中，一步步揭开了自然神秘的面纱，建立了与自然相处的理念和行为方式。正确的理念和行为，引导进步发展，错误的理念和行为，导致挫折退步。人类进步中往往伴随着退步，经历重大失误并在向自然索取中缴纳昂贵学费后，积累的教训和经验教会人类懂得与自然相处的正确方式。从这个意义上讲，一部人类文明史也是一部自然生态的演变史。

自从牛顿发现了万有引力定律，瓦特发明了蒸汽机，人类进入了一个崭新的文明阶段：工业文明。征服并主宰自然的步伐骤然加快，创造的能力和愿望伴随着对财富的追求得到释放。新的事实证明，谁拥有了创造力，谁就能够拥有财富。1851 年英国组织了第一次世界博览会，由钢铁和玻璃建造的水晶宫汇聚了 10 万件展品，人们甚至将大树移进水晶宫，象征着工业革命在多大程度上征服着自然。工业文明的进程至今不过 300 年，但工业文明却凸显了人类对自然的征服能力，世界工业化的发展将征服自然的文化推向极致。

在工业文明确立征服自然地位之日起，就伴生着与工业文明共生的一系列生态环境问题，即使是在工业化的早期，对自然、环境就显示出了巨大的破坏力和潜在危险性。19 世纪前半段，大城市中的死亡人数甚至超过出生人数，市镇和城市基本上就是死亡陷阱。

显性的生态环境问题在文明进步的推动下得到修复和治理：城市逐渐变得洁净美观，生活变得方便舒适，生态得到一定程度的修复。然而，在显性生态问题的背后，逐步积累、缓慢变化的隐性问题开始显性化，并且随着认识加深和问题的暴露逐步演变为难以解决的全球性问题，进而引发了对工业文明前途的忧虑。全球性生态危机说明，地球再没能力支持工业文明的继续发展，需要开创一个新的文明形态来延续人类及人类社会的生存与发展。

工业革命似乎向世界证明了 17 世纪科学革命的假设——人类有能力统治自然。在人们面对工业革命的兴奋中，某些声音被淹没了。恩格斯曾经告诫人们："我们不要过分陶醉于我们对自然界的胜利。对于每一次这样的胜利，自然界都报复了我们。每一次胜利，在第一步都确实取得了我们预期的结果，但是在第二步和第三步却有了完全不同的、出乎预料的影响，常常把第一个结果又取消了。"

工业文明所伴生的种种弊端，难以在工业文明母体内找到解决的途径，因为它的根源来自人们不断放大并且被短时间证实的某种能力。人们甚至相信，之所以问题尚未得到解决，是发展不充分的结果，而不是不正确的思维方式和行为方式的结果。通过工业文明，人类创造了巨大的物质与技术文明，自然资源和能源以难以想像的速度转化为物质财富，同时也令人口暴涨、资源短缺、环境污染和生态破坏等达到前所未有的程度，甚至超越了地球的承载力。这就迫切要求用一种新的，使经济、环境和社会协调发展的文明代替以往的文明。文明的困局只能用文明的方式解决。生态文明历史地被提出，人们寄希望由此获得冲破困局、迈向可持续发展的原动力。

生态文明观在对人类中心观及其传统的经济发展模式和经济行为的深刻反思过程中逐渐成熟。生态文明主张人类在开发利用自然的同时，主动保护自然、积极调整和改善人与自然的关系，建设良好的生态环境。生态文明代表着人类文明的发展走向。生态文明建设所追求的是在更高层次上实现人与自然、环境与经济、人与社会的和谐。生态文明建设的提出，既是文明形态的进步，又是社会制度的完善，既是价值观念的提升，又是生产、生活方式的转变。

生态一词的涵义在英国《韦伯斯特新世界大辞典》中解释为："生物体与环境的适应性互动。"随着后工业时代的到来以及人类对自身生存方式、生存状态的反思，"生态"的概念已经不再是一个单纯的学科术语，而是扩展成为一个使用广泛的社会用语。全球性生态危机日益严重、人类生存环境恶化，唤醒了人们的生态意识，生态作为一种精神价值和行为准则，渗透到自然科学、技术科学和人文社会科学各个领域，凝结到主流文化中，深刻影响着人们思考问题、认识问题和解决问题的过程。反映在人们的日常活动中，生态观正在成为人类正确认识世界、正确认识自己的一种新的思维方式和一种独立的意识形态。人们用生态观观察现实世界、理解现实世界，探讨人类文明发展进程中人们的生产方式、生活方式和生存方式，研究人与物理环境、生物环境、社会环境之间的关系以及人类社会的可持续发展问题。

新的价值观要求尊重和维护自然，形成人与人、人与自然、人与社会和谐共生的关系，建立可持续的生产方式和消费方式，引导人们走上持续和谐的发展道路。这是一种新的文明形态，是人类对传统文明特别是工业文明进行深刻反思的成果，是人类文明形态和文明发展理念、道路和模式的重大进步，是人类将历史挫折转变为历史智慧的重要里程碑。

二、中华文明智慧

生态思想的光辉闪烁在各民族的历史延续中，而在中华民族的历史中显得更加灿烂。在如何处理人与自然、人与人之间的关系上，中华文明有着丰富的智慧和文化积淀。这些文化积累或许正是破解今天生存困局的钥匙。

人类之初，与自然界浑然一体，生存高度依赖自然，又受到自然威胁，人们往往困惑于强大的自然力量，因而产生对自然的敬畏。无数次灾难面前的无助和无奈，促使人们寻找心灵的依托——神。神被赋予无限的能力，神会保佑和庇护弱小的生灵，以此解脱心灵的恐惧。独立起源的人类早期文明，似乎不约而同地走过类似的道路。

在中华五千年文明发展史中，远古先民们把某种动物作为图腾崇拜，产生了最早的神。黄帝族以熊为图腾，夏族以鱼为图腾，商族以玄鸟为图腾。先民们获得自然恩惠，逐渐积累顺应自然的理性认知，与此同时，又抵御不了水、火、雷、电等自然灾害的威胁，便以崇拜图腾的方式乞求大自然的恩赐与保护。神被寄予了人们期望风调雨顺、族群安康、兴旺繁衍的美好愿望。

对动植物的自然崇拜过渡到对天、地、日、月、星、雷、雨、风、云、水、火、山等自然物的崇拜，是人们认知自然的深化。由于古人类对自然环境运动现象无法从科学上进行解释，从而对自然现象产生原始感性经验，即把无法认知和掌握的事物神化，并以某种礼仪表达人类的某种愿望；同时，也把自身看作是顺自然神意而生、受天地之命而降的产物。

在世界各个民族的自然观中，曾普遍存在自然崇拜现象。古代人类无论是狩猎和采集，还是农耕和牧畜，天时地利具有决定性作用，"天地人"协调的思想萌芽，也在人们对自然的感悟中萌生。先民们在社会性的生活中，发现某种行为一旦发生，必然给这个群体带来严重的灾难，甚至使社会生活难以为继。如果说旧石器的采集、狩猎期形成了生态思想萌芽的话，那么进入新石器时代，农耕文明则使早期朴实的生态思想变得更加丰富。在农耕社会，农业生态环境的好坏与庄稼收成的丰歉关系着历代王朝的兴衰与子民百姓的生计。保护农业生态环境和农作物的再生产能力，是历代君王与百姓共同关心的大事。

早在3000多年前，中国古代先哲们就提出了"天地人合一"的思想，其基本点是人与自然统一。秦汉以后，历代思想家又进一步丰富和发展了先秦时期的"天人合一"思想。西汉时期的董仲舒明确提出了"天人之际，合而为一"的哲学命题，使"天人合一"思想发展到一个新阶段。唐代刘禹锡提出了"天与人交相胜，还相用"的辩证思想，认为天人之间既有对立性又有统一性。北宋张载提出了"民吾同胞，物吾与也"的观点（《正蒙·乾称篇》），认为世间万物都是我们的朋友，人类要尊重万物，友善对待自然。宋明理学的程朱学派、陆王学派都提出过"人与天地万物一体"的思想，并对"万物一体"论作了系统全面的论述，认为人与万物、自然处于和谐、均衡与统一之中，人和自然都遵循统一的规律，天人协调是最高的理想境界。总之，"天人合一"思想的实质是主张将天、地、人作为一个统一的和谐整体来考虑，既要注意发挥人的主观能动性，改造自然和利用自然，又要尊重自然界的客观规律，在保护好自然资源和生态环境的基础上进行人类的生产活动，从而建立一种人与自然共存共荣、和谐发展的关系。

历代先贤不仅提出了朴素的生态思想，而且在实践中通过设置专门机构、颁布法律法令等措施，调整人与自然的关系。首先是虞衡制度。虞衡是古代中国王朝中的一个机构，它的基本职能是管理山林川泽。因朝代不同，这个机构的名称、级别、职责也略有不同。以名称而言，虞有山虞、泽虞、野虞、兽虞、水虞，其职官有虞师、虞侯、虞人等；衡有林衡、川衡、鹿衡等。就其级别来看，有的相当于现在的部级，有的相当于司局级，因朝而异，有的还更低。

各朝代都颁布了保护自然资源与生态环境的法令。周文王时期曾颁布《伐崇令》，它被誉为"世界最早的环境保护法令"。《伐崇令》规定："毋坏屋，毋填井，毋伐树木，毋动六畜，有不如令者，死无赦。"此外，周代还制定了保护自然资源的《野禁》和《四时之禁》。秦朝的《田律》可以说是迄今为止保存最完整的古代环境保护法律文献，它有一部分专门讲述资源与环境保护，包括古代生物资源保护的所有方面。明清两朝的法律则多沿用唐律，都有资源和环境保护方面的法令并有所发展，如清代还设有专管水利的官员，并设堡专门保护水道、河堤，这种办法一直沿用至今。总之，历代都颁布了一系列保护自然资源与生态环境的政府法令，统治阶级通过颁布法令的方式把人与自然和谐相处的一系列思想主张固定下来，通过法律制度的强制性来具体实施这些思想，约束人们的行为，规范社会生产活动。

追求和谐，是中华民族传统文化的精髓，大道中生，和而不同。学者们普遍认为，与西方文明的"争"字特质相反，中华传统文化的特质在于一个"和"字。这种"和"的哲理，充分体现在道家的"天人合一"思想、儒家的"仁义"思想和佛家的"慈悲"精神之中。人类本来就是大自然中的一员，人类起源于自然、生存于自然、发展于自然，人与自然本是一个不可须臾分离的有机整体，与自然和谐相处、和谐发展是人类发展的题中之意。整体是基，共处是形，和谐是本。破坏自然就是损害人类自己，保护自然就是呵护人类自己，改善自然就是发展人类自己。

三、文明前途思考

不断恶化的生态状况、越来越严峻的生态问题提醒着人们：不追求生态文明的更高境界，单纯追求经济增长结果，很可能是我们还没有享受到工业文明的成果，而工业文明的代价却把我们引向了绝路。

生态文明是世界潮流。按照一般推理，生态文明应在发达国家首先兴起，因为生态危机的发生和危害首先在那里体现。但是，建设生态文明构想却没在那里诞生。原因在于：一是经典的发达国家在发展过程中，积累了强大物质基础、技术和资金优势，使本国显性的生态危机得到缓解；二是西方工业文明本身具有一定的修正发展错误的能力，但难以自发地转向生态文明，工业文明巨大的利益诱使着前进的方向；三是因为西方资本主义不断向不发达地区转移生态成本，西方失去了发展生态文明的机会；四是生态问题客观存在着一个演变过程，当问题积累没有达到一定程度时，人们或者心存侥幸、或者基于利益而消极对待，直至问题放大到难以控制。

工业文明从出现之时起，就因其弊端而成为许多思想家反思和批评的对象。卢梭曾对使工业文明过分膨胀的工具理性侵蚀人的道德理性、破坏人与自然和谐的可能性和危险性发出警告。马克思、恩格斯更是对资本主义工业文明所导致的人与人、人与自然的异化作出过深刻的反思。20世纪60年代以来，随着全球环境污染的进一步恶化，人们开始了有意识地寻求新的发展模式的过程。人类对生态文明的选择，就是当代人类在探索环境保护和可持续发展战略的过程中逐渐明确下来的。

1972年，在罗马俱乐部发表的研究报告《增长的极限》中，首次提出了均衡发展的概念。所谓均衡发展，一是要把人类的发展控制在地球承载能力的限度之内，二是要缩小发达国家与发展中国家之间的差距，实现人类的共同发展。这实际上就是可持续发展观的雏形。世界环境与发展委员会1987年发布的研究报告《我们共同的未来》，是人类建构生态文明的纲领性文件。该报告的独特价值在于：一是用"可持续发展"这一包容性极强的概念，总结并统一了人们在环境与发展问题上所取得的认识成果，使它们构成了一个具有内在逻辑联系的有机整体，从而把人们对这一问题的认识提升到了一个新的高度；二是第一次深刻而全面地论述了20世纪人类面临的三大主题（和平、发展、环境）之间的内在联系，并把它们当作一个更大课题（可持续发展）的内在目标来追求，从而为人类指出了一条摆脱目前困境的有效途径。这是一次巨大的飞跃。

1992年在巴西里约热内卢召开的联合国环境与发展大会，是人类建构生态文明的一座重要里程碑。这次会议的宗旨是：回顾第一次人类环境会议召开后20年来全球环境保护的历程，敦促各国政府和公众采取积极措施，协调合作，防治环境污染和生态恶化，为保护人类生存环境而共同作出努力。180多个国家和地区、70个国际组织的代表和100多个国家的元首或政府首脑出席了大会。中国国务院总理李鹏出席了这次首脑会议，并发表讲话阐述了中国政府在环境与发展问题上的原则立场。大会通过了《21世纪行动议程》、《环境与发展宣言》，亦称《地球宪章》和《关于森林问题的政策声明》（非法律文件）。会议期间，开始签署《气候变化框架公约》和《生物多样性公约》两个法律文件。这次会议不仅使可持续发展思想在全球范围内得到了最广泛和最高级别的承诺，而且还使可持续发展思想由理论变成了各国人民的行动纲领和行动计划，为生态文明社会的建设提供了重要的制度保障。

四、文明方向探索

从世界范围来看，许多国家都曾遭遇过生态危机。公元250年玛雅文明鼎盛，但由于生态环境的恶化，公元800年时玛雅文明开始崩溃，其后不到100年便消失得无影无踪。同样，由于生态的原因，巴比伦文明毁灭了。巴比伦人曾发明了楔形文字、汉穆拉比法典、60进制计时法，他们还建造了世界七大奇迹之一的空中花园。巴比伦曾经是当时世界上最大的城市，可是后来黄沙漫天，文明消失。

　　进入漫长的中世纪，财富创造、财富掠夺，新帝国产生与老帝国衰落相互交替，人口不断增长，城市扩大，森林变为平地。中世纪盛期从 1000 年到 1300 年，欧洲的人口从 3500 万猛增至 7350 万。中世纪一个显著的变化就是森林大面积消失，人们用以扩大耕地和满足对木材的需求。木材是主要的建材和燃料，用来建造桥梁、堡垒和船只，还有大量的木材被用于烧制木炭和锻造铁器。

　　生态问题总是与文明的进步相伴随，而在文明进步中被牺牲的往往是生态。由此，形成了两个积累过程，一方面是财富的积累，包括物质财富和精神财富，乃至社会的创造力呈现出明显的加速趋势；另一方面是生态问题的积累，森林采伐、土地扩张、河流污染等。直至工业文明的到来，两个积累并没有发生根本性改变，而且在深度和广度上更加扩展。人们逐渐认识到，世界上任何地方暴露出来的破坏力都会波及全球，一个国家的烟囱污染可以加重另一个国家的酸雨，海洋石油污染会危及到多国海岸，粮食、水、能源日益匮乏与自然环境恶化，会引起广泛恐慌和争端；一个国家解决问题的方案，可能影响到其他国家。可见的风险，不可预知的前途，引导着人们站在全球的视角和高度思考问题，并且理性地反思文明发展进程中必须汲取的经验。结论只有一个，那就是：我们都是文明的创造者，世界文明的未来要靠我们自己去创造。

第二节　危机：激发理性思考

一、自然的警示

　　人们不是没有理性思考能力，而是全面的理性思考没有被"问题"激活。一旦问题积累并成为现实威胁时，理性思考就会被提出，解决问题的方法就会成为全社会的现实要求。从个别地方、个别国家乃至区域性的生态环境问题不断显现，问题的危害和可能的发展趋势，以及逻辑上的结果展现在人们面前时，人们开始正视深层危机。

(一)全球气候变暖

　　"全球气候变暖，恐怕已经触动了气候灾难的开关"。工业革命以来，由于人类生产生活方式的变化，石油、煤炭等矿物燃料和农用化肥被大量使用，大气中的温室气体浓度急剧增加。地球气候总是处在不断的变化中，而近百年来地球气候以持续变暖为主要特征。自 1900 年以来，全球平均气温上升了约 1.5℃。有研究认为，到 2100 年全球平均气温预计会上升 1 ~ 5℃。

　　全球气候变暖将导致海平面的明显上升。过去一个世纪全球平均海平面已升高 10 ~ 25 厘米，预计到 2100 年全球海平面升高可能达到 50(15 ~ 100)厘米，甚至更高。我国近30 年海平面的上升率为 0.26 厘米/年，未来 30 年我国海平面可能比 2009 年再高出 8 ~ 13 厘米。海平面的升高对我国沿海地区的社会经济发展，以及我国南海的开发、建设和保卫都将带来一定的影响。

全球气候变暖极有可能加剧自然灾害，使极端天气气候事件发生频次增加。联合国报告指出，自然灾害对经济造成的威胁正在加大，2000～2006年间自然灾害每年对经济安全的威胁已为20世纪70年代每年的4倍，每年造成的损失增加了7倍，受灾人数上升了4倍。

联合国政府间气候变化专门委员会发布的第四份气候变化评估报告预测，从现在起到2080年，全球平均气温将升高2～4℃。所造成的灾害和恶果将触目惊心：饮用水可能遇到问题的人有11亿～32亿，面临饥饿威胁的人有2亿～6亿，每年沿海地区可能遭受洪涝灾害的人有2亿～7亿。

全球气候变暖将给人类的整个生存环境带来严峻考验。尽管部分科学家坚持认为这还有许多未确定的部分，但有一点可以确信无疑，那就是海平面将不断上升。世界自然基金会发布的一份报告，预测全球海平面高度将在2100年前上升1米以上，这一数字大约为联合国等先前预测的两倍。报告说，这一预测把格陵兰岛和南极西部冰原融化考虑在内。海平面急剧上升可能导致沿海地区遭洪水袭击，影响全球1/4的人口。

世界自然基金会认为，北极气候变暖本身可能成为全球变暖的"引擎"，原因是北极冻土带和湿地含碳量为空气中的两倍。研究发现，北极地区变暖速度为其他地区的两倍左右，导致海冰锐减。这不仅对极地气候产生影响，而且还会改变其他地区的气候条件。例如，欧洲和北美洲届时将遭遇隆冬，而格陵兰地区则会因海平面上升和湿度剧变迎来暖冬。

此外，全球气候变暖对关系人类生存的农业、水源等方面都会产生影响。据估计，人类每排放1吨温室气体，所引起的全球增温损失大约为20美元。目前全球排放温室气体所造成的损失约2696亿～3157亿美元，占全世界国民生产总值的1.4%～1.7%。

(二)酸 雨

研究表明，酸雨对土壤、水体、森林、建筑、名胜古迹等均带来严重危害，不仅造成重大经济损失，更危及人类生存和发展。酸雨使土壤酸化，肥力降低，有毒物质更毒害作物根系，杀死根毛，导致发育不良或死亡；酸雨杀死水中的浮游生物，减少鱼类食物来源，破坏水生生态系统；酸雨污染河流、湖泊和地下水，直接或间接危害人体健康；酸雨对森林的危害更不容忽视，酸雨淋洗植物表面，直接伤害或通过土壤间接伤害植物，促使森林衰亡。酸雨对金属、石料、水泥、木材等建筑材料均有很强的腐蚀作用，因而对电线、铁轨、桥梁、房屋等均会造成严重损害。在酸雨区，酸雨造成的破坏比比皆是，触目惊心。

到20世纪60年代，酸雨的危害全面呈现出来，受污染的淡水江河湖泊pH值降低，鱼类减少，森林、农作物死亡，土壤变酸，建筑物受侵蚀，人们的饮用水质量下降。美国中部和南部地区污染物的排放，使美国东北部和加拿大东部大气中的酸性物质明显增加，加拿大安大略省在 20 世纪 70 年代发现在雨后和融雪区，鳟鱼和鲥鱼大量死亡。据统计，该省目前 4000 个湖泊被酸化，鱼和其他生物消失。加拿大环保局调查表明，加拿大受酸雨影响的地域达 120 万～150 万平方千米，面积为日本的数倍。而欧洲中部地区和东欧的废气排放已对欧洲大陆北部地区及斯堪的纳维亚地区造成不利的影响。瑞典的 9 万多个湖泊中，已有 2 万多个遭到酸雨危害，4000 多个成为无鱼湖。德国、法国、瑞典、丹麦等国有 700 多万公顷森林正在衰亡。目前，欧洲、北美和中国西南部是世界酸雨最集中的地区。酸雨的传输性，促使人们认识到酸雨问题的解决必然是多方合作、国际性的。

（三）水资源状况恶化

水是生命之源，在外星探测中，科学家判定一个星球是否具有生命的重要依据是看是否有水的存在。地球上虽然"三分陆地七分水"，地球上各种形态的水体约有 1357506 万亿立方米，其中海洋储存 1320000 万亿立方米，占全球总储量的 97.24%，而陆地上的各种水体只占全球水体储量的 2.76%，为 37506 万亿立方米，陆地水储量中两极冰盖和高山冰川又占 77.3%，为 29000 万亿立方米。对人类生产和生活有利用意义的水是河川总径流，包括地表河川径流和地下水径流，全球这部分水量约 38.83 万亿立方米。水不仅是维持地球上一切生命所必需，而且还是人类社会发展的重要限制因素。20 世纪 90 年代以来，世界淡水资源日渐短缺，污染日益严重，水、旱灾害愈演愈烈，使地球生态系统的平衡和稳定遭到破坏，并直接威胁着人类的生存和发展。

联合国秘书长潘基文在 2010 年世界水日致辞中指出：我们不可缺少的水资源确实具有巨大的复原力，但它们越来越脆弱也日趋受到威胁。不断增长的人口对食物、原材料和能源用水的需求与大自然本身对维持濒危生态系统和继续提供我们赖以生存的服务的水量需求之间竞争日趋激烈。人类每天都向世界各水系中倾倒千百万吨未经处理的污水以及工业和农业废物。清洁饮水已经成为稀缺资源，而且随着气候变化的到来将变得更加稀缺。穷人将首当其冲地受到污染、缺水和缺乏适当卫生条件的影响。

每 20 秒，世界上就至少有 180 万名五岁以下的儿童死于与水有关的疾病；每天，上百万吨未经处理的工农业污水汇入世界各大水体；每年，全球的江河溪流以及三角洲汇集了相当于将近 70 亿人口体重总和的污水；每年，全球死于水污染的人数多于死于战争等各种暴力冲突的人数总和。

回顾历史，是水养育了人类，造就了文明。两河流域兴起了古巴比伦文明，尼罗河创造了古埃及文明，黄河是中华文明的发源地，海洋使古希腊文明一度辉煌。但今天，水却成为人类生存的障碍。1977 年，联合国警告全世界："水不久将成为一项严重的社会危机，石油危机之后的下一个危机是水。"

（四）土壤资源退化

全世界近 3/4 的草地牧场已经出现荒漠化症状。40 年来，全世界近 1/3 的耕地已经变成贫瘠之地，其中大多已被废弃。干旱、饥饿和日益加深的贫困迸发出持久的压力，它造成社会紧张，并埋下了非自愿移徙、社区崩溃、政治动荡和武装冲突的种子。

科学家们警告说，全球肥沃土壤正以比自然补充更快的速度消失，最后导致表层土壤变得贫瘠。每年大约有 750 亿吨土壤流失，世界上 80% 的适合耕作的土地都遭到中度或者严重侵蚀。而管理不当和过度耕作导致的侵蚀、气候改变以及日益增加的人口，都是全球肥沃土壤流失的主要原因。

土壤侵蚀是指当土壤植被被清除后，在风力和水力作用下大量流失。美国农业部推测，世界上表土流失的比例为每年 0.7%，总流失量达 230 亿吨。土壤流失正向世界范围扩展，如北非的表土通过风力越过大西洋到达美洲。而在夏威夷的毛纳罗亚，每年 3~5 月可以观测到从中国南部飘来的尘沙。

土壤流失最直接的后果便是农作物减产，甚至形成饥荒。1983~1984 年埃塞俄比亚大旱，造成 100 万人因饥饿死亡，1991~1992 年非洲大陆 12 个国家持续干旱，约 3500 万人濒临死亡。专家们认为，灾难的主要原因与其说是雨量少，倒不如说是因植被破坏造成了土壤流失。

撒哈拉沙漠据说在 5000 年前还是一片绿色，但如今已成滚滚黄沙。据联合国环境规划署的调查，目前撒哈拉沙漠每年向南扩展 150 万公顷，平均每小时有 170 公顷沙漠形成。在苏丹境内，1958~1975 年撒哈拉沙漠向南扩展 90~100 千米。20 世纪 40 年代，法国学者就已对非洲沙漠化提出了警告，但全世界真正注意到沙漠化恐怖时代到来时已糊里糊涂地过了 30 多年。

1977 年联合国沙漠化会议为沙漠化下了这样的定义："沙漠化是土地的生物资源的降低或破坏，最后使土地状况变得类似沙漠那样。这种状况能使生态系统广泛恶化、削弱甚至破坏生物资源，即破坏在支持人类寻求发展和满足日益增长的人口需要中具有多种用途的动植物和生产能力。"

据联合国环境规划署推测，全世界每年有 600 万公顷土地沙漠化，其中 320 万公顷是牧场，250 万公顷是依靠降雨的耕地，12.5 万公顷是灌溉耕地。此外，还有 35 万公顷土地受沙漠化影响。另据统计，全世界有 100 多个国家受沙漠化影响，约占世界人口 1/6 的人正受沙漠化危害。

（五）全球森林危机

自 8000 年前大规模农业开垦以来，全球森林面积大量减少，如西欧自罗马时代以来，已有 2/3 的天然林消失。虽然，随着人们对森林功能的重视，许多国家开展植林造林运动，全球森林下降的速度有所减缓。但是，森林减少的趋势并未得到根本改变，尤其是对全球气候变化产生重要影响的热带森林，遭到破坏的状况依然令人担忧。

世界森林总面积略高于 40 亿公顷,覆盖土地总面积的 31%。2000~2010 年的森林每年净损失相当于哥斯达黎加的国土面积。尽管过去十年来,毁林速度在全球已经趋缓,但是在许多国家情况依然堪忧。在 2000~2010 年期间,全球每年有大约 1300 万公顷森林被转作他用或因自然原因而消失,其中将热带森林转为农业用地是导致森林采伐的主要原因。与此相比,20 世纪 90 年代为 1600 万公顷。

2000~2010 年,南美和非洲每年的森林损失最严重,分别为 400 万公顷和 340 万公顷。大洋洲亦报告了净损失,其部分原因是自 2000 年以来出现严重干旱。另一方面,亚洲在过去十年中实现了每年 220 万公顷的净增长,这主要归功于中国、印度和越南开展的大规模植树造林计划,使其森林总面积在过去五年中每年扩大近 400 万公顷。然而,许多国家继续将大量林地转作他用。

联合国有关资料报道,巴西 20 世纪 90 年代森林每年减少 290 万公顷,近十年为平均每年减少 260 万公顷。但是,由巴西亚马孙人类与环境机构(IMAZON)所公布的最新数据显示,2010 年 12 月雨林面积消失约 175 平方千米,较 2009 年同期 16 平方千米相比增加 10 倍以上,当地森林退化面积也扩散到 541 平方千米。2009 年全年受影响面积仅 376 平方千米,林地受破坏的速度相当惊人。

世界自然基金会驻巴西代表荷姆表示,"巴西民众任意在雨林内饲养牲畜,也是破坏雨林面积的元凶之一",而根据绿色和平组织所提供的统计数据显示,目前巴西国内约有 4 成的牲畜饲养在雨林范围内。

另一方面,根据美国石溪大学研究人员达瓦洛斯调查,南美洲哥伦比亚国内的森林消失速度也令人忧心,在 2002~2007 年间,哥伦比亚南部的森林遭受破坏面积达 143.22 万公顷,比牙买加全国面积还大,其中主要原因是与当地民众大量种植可可作物有关。

而根据绿色和平组织所公布的调查结果也显示,印度尼西亚在 2000~2006 年间,毁林面积虽已从过去每年 200 万公顷降低至 100 万公顷,不过速度仍相当惊人。绿色和平组织印度尼西亚分部代表麦特就表示:"如果再没有善尽保护,印度尼西亚未受保护的森林面积,预计在 35 年后恐怕就会完全消失殆尽。"

(六)生物多样性减少

按照《联合国生物多样性公约》的定义,生物多样性是指"所有来源的形形色色生物体,这些来源除其他外包括陆地、海洋和其他水生生态系统及其所构成的生态综合体;包括物种内部、物种之间和生态系统的多样性"。包括三个层次:遗传(基因)多样性、物种多样性和生态系统多样性。

如果地球上只有人类,世界将会怎样?哈佛大学教授威尔曾这样说:我们应明白,虽然没有了熊猫和老虎,人们还是可以生存下去,但却很少有人想生活在一个连这样的动物都不复存在的世界里。地球物种和生境及其所提供的物品和服务,是人类财富、人类健康与人类福祉的基础。然而,尽管全球一再承诺保护这一遗产,地球生物种类仍在以前所未有的速度减少。生物多样性的丧失，不断把各种生态系统逼向那个使其从此再也无法发挥"维生"功能的转折点。我们要认识到，生物多样性就是生命——就是人类的生命。我们现在必须采取行动维护生物多样性，以免为时过晚。

在自然选择规律支配下，物种灭绝是不可避免的。在过去2.5亿年中，重要的物种灭绝事件大约每隔2600万年就发生一次。但是，自人类大规模农业生产以来，人类行为一直在推进物种灭绝。近几十年来，物种灭绝的速度显然加快了，照目前的情况推算，在21世纪末，地球上存在的物种将进一步减少15%～20%，其消失的速度将由每年一种提高到每小时一种，这比物种自然消失的速度将近快了1000倍。在全球热带森林中，物种消失的速度更令人震惊，美国斯坦福大学生物学家詹妮弗·休斯估计，每年要消失1600万个动植物种群，也就是每小时消失1800个种群。

2010年5月10日，联合国环境规划署和《生物多样性公约》秘书处发布的《全球生物多样性展望》得出这样的结论：全世界并没有实现2002年制定的生物多样性保护目标，未能在2010年有效降低生物多样性丧失的速度。而相比起气候变化问题，生物多样性保护同样面临着空前的挑战：生物多样性保护依然非主流化，威胁因素继续增加。而要遏制这种趋势，将生物多样性保护目标与经济发展战略相结合，是目前急需的。

在《全球生物多样性展望》评估的近4.7万个物种中，有36%的物种被认为受到威胁。而生物多样性保护面临的生境的消失和退化、气候变化、环境污染和养分负担、过度开发和不可持续利用以及外来物种入侵的威胁未能有效缓解，甚至正在加剧。对于过去接近20年的生物多样性保护，取得的成绩只能相当于赢取了一场战役，但对于生物多样性保护这场将会旷日持久的战争，人类依然处在十分危险的境地。

二、危机的恐惧

《海湾的飓风》、《地球停转日》、《人类消失以后》、《难以忽视的真相》，直至《后天》和《2012》，这几部灾难电影所描述的现象，已不仅仅是想像。

《后天》的放映，激起了人们心中长期以来的困惑，身边发生的一切改变：气温升高、环境恶化、沙尘飞舞、水患肆虐、严寒来袭、久旱无雨，一个个独立的事件预示着"后天"的脚步越来越近地向人类走来。

《后天》、《2012》引起全球性大讨论，人们通过自身的观察，猜测可能出现的图景，科学家试图建立起生态变化的历史联系并展望未来发展趋势，所做的各种努力证实，未来发展并不乐观，有些研究结果甚至冲击着人们的心理底线。2004年2月22日英国《观察家》报透露，美国国防部在向美国总统布什递交的一份绝密报告中警告说：今后20年全球气候变化对人类构成的威胁要胜过恐怖主义，届时因气候变暖、全球海平面升高，人类赖以生存的土地和资源将锐减，并将因此引发一系列大规模的人类灾难。

人们甚至用"新灾变时代"来描述已经或正在发生的生态灾难，从宏观而言，有几个方面在未来较长的一个阶段里，似乎呈现出不可逆的态势。

地球两极的大冰盖将会大幅度融化，甚至在个别地方完全消失，但是尚不可能全部消融。包括我国的喜马拉雅山脉、祁连山脉、天山山脉等在内的许多现代高山冰川也会大规模融化，或者在相当广阔的范围内消失。随着全球性冰川融化，海平面必然大幅度上升，包括沿海许多低平原以及若干海岛将面临被淹没的巨大危险。

中国和美国的西部，将会面临更加严厉的挑战。由于西部许多高山冰川萎缩甚至消失，减低了来水量，甚至在一些地方断绝了水源，绿洲文明必将受到严重打击，乌鲁木齐、吐鲁番和河西走廊一些城市将会面临十分严峻的考验。加以喜马拉雅山脉不可逆的升高，彻底阻断了印度洋海洋气团进入，我国广阔的西北地区将会遭遇前所未有的"严酷冬天"，荒漠化将不可阻遏地大幅度发展。2011 年夏天的南方洪灾，同样也暴露出了环境承载力方面的问题：国内快速的经济发展和城市化进程中的种种失当行为，破坏了生态环境，损害了自然生态和水文系统对洪灾的调节能力，显著降低了环境承载力。

2005 年 5 月 30 日，联合国多个机构共同在全球发布的集 95 个国家 1300 名科学家之智慧并历时 4 年完成的《千年生态环境评估报告》显示：过去 50 年，由于人类对自然环境的大肆破坏，自然物种的消失速度为单纯自然状态下的 100～1000 倍，近 1/8 的鸟类、近 1/4 的哺乳动物、近 1/3 的两栖动物正濒临灭绝。目前全世界每天有 75 个物种灭绝，每小时有 3 个物种灭绝。越来越多的科学家正达成共识，"第六次物种大灭绝"正在人类的主导下轰轰烈烈地上演。

实践一再告诫人们，人类的经济社会活动不可超越自然生态系统的承载阈值，超过了这个阈值就要遭受大自然的无情报复。在上下约万年的人类文明长河中，一些古老文明国家和地区，如古埃及文明、古巴比伦文明、古地中海文明和印度恒河文明、美洲玛雅文明等，之所以消亡、衰落，其共同的根源，就是过伐森林、过度放牧、过度垦荒和盲目灌溉等，使广袤的森林、草原植被遭到毁坏，河道淤塞，水土流失加剧，土地沙化、盐碱化，肥沃的表土遭到侵蚀、剥离，失去了作物生长所需的大量矿物质营养，于是随着土地生产力的衰竭，它所支持的文明也就必然日渐衰落、消亡。我国黄河文明的兴盛与衰落，根本原因亦在于自然生态系统的繁茂与破坏。"顺自然生态规律者兴，逆自然生态规律者亡"，这是人类社会发展的一条铁律。

《后天》、《2012》是否是天方夜谭，亦或是艺术的夸张，我们无从检验。但不容否认的事实是，人们正在经历的灾难突然增多了。互联网时代给我们提供了了解普通人对环境变化认识的机会，证实了心理恐慌存在的真实性和存在的程度。有网民惊呼："2010年自然灾害统计数字是否是历史上最多的一年，全世界的自然灾害统计出来是不是比以前每年都多，这说明地球在一步一步恶化。所以，人们快觉悟吧！地球都被人类折磨成什么样了，还不罢手真的要毁灭了！"《南方都市报》社论写到："地球怎么了？在频频袭来的灾难面前，人类除了真切感知自身的渺小之外，愈发没了底气去问。甚至连罗列和总结那些愈发变得频繁的天灾都令人倍感无力，但正是这频繁的灾变，将人类逼到墙角。此刻，谁都没有选择的余地，必须携手渡过难关。"

2010 年，中国极端事件可浓缩为四个"最"，一是夏季高温日数和平均最高气温为 1961 年以来之最。全国平均高温日数为 9.7 天，较常年偏多 3.5 天，为 1961 年以来历史同期最多；全国平均极端最高气温为 35.0℃，较常年偏高 2.0℃，为 1961 年以来历史同期最高值。二是极端最高气温破纪录、范围广。全年共有 185 个站日最高气温突破历史极值，其中有 56 个站日最高气温超过 40℃，如黑龙江呼玛、河北张家口、湖南衡阳、北京昌平、内蒙古额济纳旗、四川兴文等，新疆托克逊更是高达 48.0℃。另外，全年共有 42 个站日最低气温突破历史极值，内蒙古西乌珠穆沁旗、满洲里，新疆蔡家湖，黑龙江五大连池日最低气温低于零下 40℃。三是极端降水事件为 1961 年以来最多。全国共有 98 个站日降水量突破历史极值，其中 27 个站日降水量超过 250 毫米，海南琼海、广东惠东等站日降水量超过 600 毫米。此外，全国有 133 个站的过程累计降水量突破历史极值。四是台风登陆比例为有记录以来最高。全年有 7 个热带气旋在我国华南沿海登陆，登陆比例达到 50%，为有记录以来最高。台风生成时间和登陆地点集中，8 月底至 9 月初的近 10 天内有 5 个热带气旋生成；全年有 5 个热带气旋在福建沿海登陆。

自然灾害继续呈加剧之势，南北半球无一幸免。无论是中国，还是外国，"百年不遇"或"百年一遇"、"有史以来"成了普遍使用的语汇。灾害造成的损失之巨，破坏力之强，持续时间之长，前所未有。使得人们不由地与《后天》、《2012》建立起关联，恐惧油然而生！

三、认识的觉醒

要渡过这一危机，必须尽可能清楚地理解我们的文化对自然的影响。"整个文化已经走到了尽头。自然的经济体系已经被推向崩溃的极限，而'生态学'将形成万众的呐喊，呼唤一场文化革命"。

发现问题靠智慧，解决问题靠行动。自 20 世纪 60 年代，雷切尔·卡森的《寂静的春天》出版，紧接着怀特的《我们的生态危机的历史根源》、罗马俱乐部学者佩切伊的《深渊在前》和梅多斯等人的《增长的极限》发表，揭开了生态警示和反思的序幕。科学家以独特的视角和大量的事实证明，我们以往所做的一切并不是如我们期望的那样，梦想已经在问题积累中警醒，而醒来后又要面对更加沉重的问题。

20 世纪 70 年代环境伦理学进入讨论视野，出现了《环境伦理学》、《生态哲学》、《深层生态学》、《伦理学与动物》等期刊，国际著名哲学杂志《伦理学》、《探索》、《哲学》开始大量刊登环境伦理学文章。许多哲学家在大学里开设"环境伦理学"课程，不少以环境伦理为书名的教材陆续出版。

认识的加深,现实的启迪,灾难的警示,打开了行动的大门。进入 20 世纪 70 年代一个标志性的会议,一份横空出世的宣言,向世人宣布一个新时代的开始。

1972 年 6 月 5~16 日,联合国人类环境会议在瑞典斯德哥尔摩召开,有 113 个国家1300 多名代表参加。中国出席了此次会议。这是世界各国政府代表第一次坐在一起讨论环境问题,讨论人类对于环境的权利与义务的大会,目的是促使人们和各国政府注意人类的活动正在破坏自然环境,并给人类的生存和发展造成严重的威胁。会议鼓励和指导各国政府和国际机构采取保护和改善环境的行动,并要求各国政府、联合国机构和国际组织在采取具体措施解决各种环境问题方面进行合作。会议通过了划时代的历史性文献《人类环境宣言》,郑重申明:人类有权享有良好的环境,也有责任为子孙后代保护和改善环境;各国有责任确保不损害其他国家的环境;环境政策应当增进发展中国家的发展潜力。会议警告"在现代,人类改造其环境的能力,如果明智地加以使用的话,可以给各国人民带来开发的利益和提高生活质量的机会。如果使用不当或轻率地使用,这种能力就会给人类和人类环境造成无法估量的损害"。

会议还通过了将每年的 6 月 5 日作为"世界环境日"的建议,在会议的建议下,成立了联合国环境规划署(UNEP),总部设在肯尼亚首都内罗毕。

为纪念 1972 年联合国人类环境会议召开 10 周年,1982 年 5 月 10~18 日,UNEP 在肯尼亚首都内罗毕组织召开了由 105 个国家首脑、环境问题专家、联合国组织代表等出席的 UNEP 管理理事会特别会议(又称内罗毕会议)。该会议对联合国人类环境会议召开以来的 10 年间《人类环境宣言》和"人类环境行动计划"的实施状况与结果进行了回顾和评价,并就今后 10 年环境动向和优先实施的主要课题进行了研讨。同时,会议还呼吁世界各国及各地区的政府及国民,为保护和改善世界环境应进一步做出不懈努力。会议发表了《内罗毕宣言》和"五项决议"。该会议尽管不是纯粹的环境教育会议,但涉及重要环境教育内容。如,"宣言 1"再次确认了《人类环境宣言》诸项原则的重要性与有效性,并指出这些原则是有关环境的基本行动指南。"宣言 9"强调了"宣传、教育及培训"在提高人们对环境重要性认识上的作用,指出了每个人负责任的行动和参与在改善环境问题上的重要性。"决议 1"(1982 年的环境:回顾和展望)指出:"在第比利斯会议之后,各国政府及国际组织都试图促进了环境教育的发展,但是,在培训方面依然存在重大缺陷。不仅是对工人、技术人员和管理者的培训及公共教育不充分,对大学及高等学校中的环境教育培训也没有寄予真正重视。"为此,UNEP 在"1982~1992 年 UNEP 的基本方针"中,着重强调了重视和加强对教师、专家、企业管理者与决策者进行环境教育培训的重要性,以及向媒体、一般大众及科学家提供信息的重要性。

1992 年 6 月 3~4 日,联合国环境与发展大会在巴西里约热内卢举行。183 个国家和地区的代表团、70 个国际组织的代表出席了会议,100 多位国家元首或政府首脑亲自与会。

与 1972 年旨在唤醒人们的环境意识的斯德哥尔摩人类环境会议相比，这次会议不但提高了对环境问题认识的广度和深度，而且把环境问题与经济、社会发展结合起来，树立了环境与发展相互协调的观点，找到了在发展中解决环境问题的正确道路，即被普遍接受的"可持续发展战略"。

会议通过了《环境与发展宣言》。这是一个有关环境与发展方面国家和国际行动的指导性文件。它确定了可持续发展的观点，第一次在承认发展中国家拥有发展权力的同时，制定了环境与发展相结合的方针。

这次会议还通过了为各国领导人提供 21 世纪在环境问题上战略行动的文件《21 世纪行动议程》和《关于森林问题的原则声明》，声明认为出于经济、生态、社会和文化的原因，持续管理森林是重要的。

会议签署了旨在防止全球气温变暖的《气候变化框架公约》和推动保护生物多样性的《生物多样性公约》。李鹏总理代表中国政府签署了这两个公约。《气候变化框架公约》呼吁各国将造成温室效应的二氧化碳等气体的排放量限制在最低水平。

会议上，非政府环保组织通过了《消费和生活方式公约》，认为商品生产的日益增多，引起自然资源的迅速枯竭，造成生态体系破坏、物种灭绝、水质污染、大气污染、垃圾堆积。因此，新的经济模式应当是大力发展满足居民基本需求的生产，禁止为少数人服务的奢侈品的生产，降低世界消费水平，减少不必要的浪费。

1997 年 12 月由联合国气候变化框架公约参加国三次会议制定了《京都议定书》，全称《联合国气候变化框架公约的京都议定书》），是《联合国气候变化框架公约》的补充条款。其目标是"将大气中的温室气体含量稳定在一个适当的水平，进而防止剧烈的气候改变对人类造成伤害"。1997 年 12 月约在日本京都通过，并于 1998 年 3 月 16 日至 1999 年 3 月 15 日间开放签字，共有 84 国签署，条约于 2005 年 2 月 16 日开始强制生效，到 2009 年 2 月，一共有 183 个国家通过了该条约（超过全球排放量的 61%），引人注目的是美国没有签署该条约。

条约规定，它在"不少于 55 个参与国签署该条约并且温室气体排放量达到附件 I 中规定国家在 1990 年总排放量的 55% 后的第 90 天"开始生效，这两个条件中，"55 个国家"在 2002 年 5 月 23 日当冰岛通过后首先达到，2004 年 12 月 18 日俄罗斯通过了该条约后达到了"55%"的条件，条约在 90 天后于 2005 年 2 月 16 日开始强制生效。

2009 年 12 月，192 个国家的环境部长和其他官员们汇聚哥本哈根，共同商讨《京都议定书》一期承诺到期后的后续方案，就未来应对气候变化的全球行动签署新的协议。这是继《京都议定书》后又一具有划时代意义的全球气候协议书，毫无疑问，对地球今后的气候变化走向产生决定性的影响。这是一次被喻为"拯救人类的最后一次机会"的会议。

伴随着国际行动的深入推进，新的发展思维被相应提出。2003 年英国能源白皮书

《我们能源的未来：创建低碳经济》发布，"低碳经济"首度出现在政府报告中。作为第一次工业革命的先驱和资源并不丰富的岛国，英国充分意识到了能源安全和气候变化的威胁。按目前的消费模式，预计2020年英国80%的能源都必须进口。"低碳经济"一经提出，就受到世界各国的普遍重视，发展低碳经济的思想纷纷纳入各国发展战略。作为可持续发展的重要途径，低碳经济在发展过程中，内容不断充实。

与之相呼应，上升到政治层面，联合国秘书长潘基文在2008年12月11日的联合国气候变化大会上提出了"绿色新政"概念，其核心是建立对环境友好型政策体系，主要涉及环境保护、污染防治、节能减排、气候变化等与人和自然的可持续发展相关的重大问题。

绿色经济和绿色新政，推动着各国经济向可持续发展转型。英国把发展绿色能源放在绿色经济政策的首位。2009年7月15日，英国发布了《低碳转换计划》和《可再生能源战略》国家战略文件，这是继出台《气候变化法》之后，英国政府绿色新政的又一新动作，是迄今为止发达国家中应对气候变化最为系统的政府白皮书，也标志着英国成为世界上第一个在政府预算框架内特别设立碳排放管理规划的国家。2009年6月，德国公布了一份旨在推动德国经济现代化的战略文件，在这份文件中，德国政府强调生态工业政策应成为德国经济的指导方针。德国的生态工业政策主要包括六个方面的内容：严格执行环保政策；制定各行业能源有效利用战略；扩大可再生能源使用范围；可持续利用生物质能源；推出刺激汽车业改革创新措施及实行环保教育、资格认证等方面的措施。美国"绿色新政"可细分为节能增效、开发新能源、应对气候变化等多个方面。其中，新能源的开发是其绿色新政的核心，2009年2月15日，总额达到7870亿美元的《美国复苏与再投资法案》将发展新能源作为主攻领域之一，重点包括发展高效电池、智能电网、碳储存和碳捕获、可再生能源如风能和太阳能等，同时美国还大力促进节能汽车、绿色建筑等的开发。2009年4月，日本政府公布了名为《绿色经济与社会变革》的政策草案，目的是通过实行削减温室气体排放等措施，强化日本的绿色经济，重点则在于支持政府当前采取环境、能源措施刺激经济，对中长期则提出了实现低碳社会，实现与自然和谐共生的社会目标。

目前，各主要经济体大力实施的"绿色新政"，是以能源技术革命为核心的新一轮工业革命，具有显著的战略意义：一方面以发展绿色经济作为新的增长引擎，力图借此刺激经济复苏摆脱目前的经济衰退；另一方面是谋求确立一种长期稳定增长与资源消耗、环境保护"绿色"关系的新经济发展模式；第三是力争占领全球新一轮绿色工业革命制高点和全球经济的主导权。

生态觉醒，既源于对现实的反思，又源于对未来的责任。通过认识的深化，思想的丰富和理念的确立，新的价值体系逐步形成，可持续发展作为人们追求的目标，基础更为坚实。新的行为准则伴随新的理念孕育而生，人们看到了以往行为方式的危险，并在追求既得利益和谋划长期发展之间经历痛苦权衡后，理性地选择了转变，选择了向新行为方式靠拢。

第三节　转变：发展方向的选择

一、思想观念转变

20 世纪 60 年代，是人们认识生态危机，转变思想观念和精神价值的重要转折点。伴随人们对危机存在的实证和对危机原因的深入揭示，以及对危机演化态势的判断，人们越来越清楚地看到生态日益恶化的图景和生存危机的现实性。生态思潮随之兴起，并越来越呈波澜壮阔之势。生态的思考和生态的理解成为普遍采纳的思维方式，从生态的角度探讨问题，成为人文和社会科学研究的显著趋势。人文社会科学几乎所有的学科都建立了与生态相联系的新的交叉学科。不少思想家预言：鉴于人类所面临的最严重、最为紧迫的问题是生态危机和生存危机，21 世纪必将是生态思潮的时代。

既然传统发展方式继续走下去意味着灾难，那么就有必要选择新的发展方式；既然人类不可能脱离生态系统而独立存活，那么就必须修正人与自然的关系。人类目前只有一个选择：以生态系统的承载力来支持物质需求和经济发展。生态承载力是在一定条件下可变的综合指标，我们能够在开发替代资源、治理污染、重建生态平衡等方面不断取得进展，生态对发展的制约可能不断放宽；但也可能在利益驱动下放大生态的制约，以至于理论的生态承载和现实的生态承载产生冲突。"没有刹车只有油门的发展无异于直奔死亡。生态系统的平衡稳定就是发展的制动器"。

控制制动的主动权掌握在人类手中，控制器的使用则是人的精神价值。思想的伟大之处在于他不受现实的约束，可以荡漾在过去、现在和未来之间；思想可以积累、可以超越今天的现实，并可以影响明天的现实。无论是中国还是外国，都可以找到生态思想的起源，从历史的积累中获得丰富的基因。这种思想有些甚至让今天面临困惑的人们顿悟，可能为破解今天的困境提供一把钥匙。但是，如果一种伟大的思想淹没在统治思想的大海中，思想与实践就会造成分离，要想让伟大的思想真正伟大，必须有思想发挥作用的条件。

1968 年 4 月，一个对世界生态思想产生重要影响的组织——罗马俱乐部在意大利罗马成立。俱乐部的主要创始人是意大利的著名实业家、学者 A·佩切伊和英国科学家 A·金。1967 年，佩切伊和金第一次会晤，交流了对全球性问题的看法，并商议召开一次会议，以研究如何着手从世界体系的角度探讨人类社会面临的一些重大问题。1968 年 4 月，在阿涅尔利基金会的资助下，他们从欧洲 10 个国家中挑选了大约 30 名科学家、社会学家、经济学家和计划专家，在罗马林奇科学院召开了会议，探讨什么是全球性问题和如何开展全球性问题研究。会后组建了一个"持续委员会"，以便与观点相同的人保持联系，并以"罗马俱乐部"作为委员会及其联络网的名称。

罗马俱乐部于 1972 年发表了第一个研究报告——《增长的极限》，它预言经济增长不可能无限持续下去，因为石油等自然资源的供给是有限的，做了世界性灾难即将来临的预测，设计了"零增长"的对策性方案，在全世界挑起了一场持续至今的大辩论。《增长的极限》是有关环境问题最畅销的出版物，引起了公众的极大关注，销售了 3000 万册，被翻译成 30 多种语言。1973 年的石油危机加强了公众对这个问题的关注。此后，较著名的研究报告有：《人类处在转折点》(1974)、《重建国际秩序》(1976)、《超越浪费的时代》(1978)、《人类的目标》(1978)、《学无止境》(1979)、《微电子学和社会》(1982)等。

罗马俱乐部把全球看成是一个整体，提出了各种全球性问题相互影响、相互作用的全球系统观点；它极力倡导从全球入手解决人类重大问题的思想方法；它应用世界动态模型从事复杂的定量研究。这些新观点、新思想和新方法，表明了人类已经开始站在新的、全球的角度来认识人、社会和自然的相互关系。它所提出的全球性问题和它所开辟的全球问题研究领域，标志着人类已经开始综合地运用各种科学知识，来解决那些最复杂并属于最高层次的问题。在罗马俱乐部的影响下，美国、英国、日本等 13 个发达国家也先后建立了本国的"罗马俱乐部"，开展了类似的研究活动。

随着罗马俱乐部研究报告、书籍在世界范围内广为传播，不仅对世界范围的未来学问题研究产生了重要影响，而且唤起了公众对世界危机的关注和增强了人们的未来意识和行星意识，从而促使各国政府的政策制定更多地从全球视角来考虑问题。

与此同时，随着生态思想的深度研究和探讨广泛，一些有重要影响的研究成果陆续发表。1977 年，美国当代著名生态学者和历史学家唐纳德·沃斯特出版了他的第一部生态思想著作——《自然的经济体系——生态思想史》。该书在学术研究和生态思想研究领域具有重要地位，先后在美国再版十余次。1990 年《美国历史评论》发文认为该书"在史学界影响深远，极富思想史见解，为未来的生态学和环保学的历史构成做出了优异的开端"。该书还获得了美国历史学最高奖——班克罗夫特历史奖。美国著名生态批评家格伦·洛夫在《价值重审：走向一种生态批评》一文里指出，沃斯特的这本书为美国作家的生态文学写作提供了源源不断的精神源泉。美国和世界生态文学研究国际学术组织"文学与环境研究会"(ASLE)把沃斯特的这本书列为最主要的参考书。该书的影响不仅涉及学术界、文艺界和思想界，还广泛波及最基层民众的文化生活。

相应的国际组织则从另一个侧面推动人们思想的转变。世界自然基金会(WWF)《地球生命力报告》中发出警告：人类对地球自然资源需求不断增加，已超出了地球承载力的近 1/3，这使全球正走向生态信贷短缺的未来。全球 3/4 以上的人口目前生活在"生态负债"国家，这些国家的国民消费量已经超出了其国家的生物承载能力。除了全球自然资源和生物多样性的持续减少，越来越多的国家正陷入永久或季节性缺水的状况。

WWF 全球总干事詹姆士·李普(James Leape)说："全球正关注的是高估金融资产所

导致的后果，但如今整个人类社会要面对的却是'生态信贷'的短缺，这是由于人类低估环境资产而造成的，而环境资产却是所有生命和繁荣的基础。我们大多数人都在利用或者逐渐透支异地的生态资本，来维持现有的生活方式和经济增长。如果我们对于地球的需求继续以同一速度增加，到21世纪30年代中期，我们将需要两个地球来维持目前的生活方式。"

　　思想探索的积累，为思想转变提供了重要前提，生态从单纯的自然科学领域逐步走向社会大众，逐步走进国家决策并形成全球共识。可持续发展、绿色发展、低碳经济等，都是思想转变的具体体现。

　　2008年"广州宣言"明确提出：生态文明是人类进步的重要标志，是人类处理人和自然关系的最终解决形式，是人类文明发展的必然趋势。建设生态文明是一个长期的历史进程，基础是建立良好的自然生态系统，前提是全社会树立生态文明观，核心是实现人和自然的和谐，关键是处理好保护改善生态与发展经济的关系，过程是生产方式、生活方式和消费模式的不断转变。

　　2010年"贵阳共识"认为：生态文明是人类社会发展的潮流和趋势，不是选择之一，而是必由之路。生态兴则文明兴，生态衰则文明衰。以高投入、高能耗、高消费、高污染为特征的工业文明，在物质生产取得巨大发展的同时，对地球资源的索取已超出了合理范围，对生态环境的破坏已达到临界状态。当前各类自然灾害呈增加趋势，特别是气候变化已对人类社会和自然生态系统构成严重威胁，严重影响人类可持续发展的进程。保护自然资源和生态系统显得尤为迫切。正确处理经济发展和生态保护的关系，促进经济社会可持续发展，构建人与自然和谐相处的生态文明，已日益成为城市发展的必然选择。

　　人类只有一个地球，地球生态系统不可再造。地球上的资源已呈现过度利用、生态已陷入严重负债的状态，人类是时候建立新理念了。从现在开始，人已经不再是地球的主宰，而是必须要学会与自然和谐共处，使人类在地球上永恒生活，使社会文明得到持续发展。

二、生产方式转变

　　"如果不从速利用我们的批判理性，依然极端自私地迷恋于权力而无视人类必须赖以生存的自然规律，一旦发现我们所执着追求的胜利无异于人类自杀时，恐怕为时已晚。"——（德）狄特富尔特《人与自然——导言》。人的理性往往在面临危机时才变得清晰，行动在经历痛苦后才变得果敢。联合国环境规划署2008年10月发起"绿色经济倡议"，旨在推动世界各国向绿色经济模式转变。绿色经济是建立在生态环境容量和资源承载力的约束条件下，将环境保护作为实现可持续发展重要支柱的经济发展形态。绿色经济将环境资源作为经济发展的内在要素，将实现经济、社会和环境的可持续发展作为目标，将经济活动过程和结果的"绿色化"、生态化作为主要内容和途径。

联合国环境规划署之所以提出绿色经济倡议，是因为看到20世纪的经济模式在减少贫困人口和破坏生态环境方面存在缺陷，正走到尽头。金融危机过后，投资将很快重新注入世界经济，问题是这些投资是注入旧有索取式的、注重短期效应的经济，还是注入新的、能够在应对多种挑战的同时创造多重经济机会的绿色经济。过去50年中，在全球经济迅猛增长的同时，环境也在加速恶化。1981～2005年间，全球国内生产总值翻了一倍多；同一期间，世界60%的生态系统被以不可持续的方式利用乃至出现退化。全球每年用于环境方面的资金最多只有100亿美元，仅占国民收入的很小一部分；而直接有助于减少贫困的环境方面的投资需求却高达600亿～900亿美元。全球农业补贴每年超过3000亿美元，但却没有足够的资金用于重新造林；全球能源补贴每年在2400亿～3100亿美元之间，但可再生能源的发展却得不到充足的资金支持。

要改变这种状态，就需要有一种新的发展模式，即通过对环境的投资来促进经济发展和社会进步。全球金融危机和经济衰退也许为绿色经济提供了契机。危机中以及危机后的全球经济重建和复苏需要大量的投资，绿色经济倡议就是要寻求识别和改进这些未来的投资，从而促进经济和环境的可持续性。

联合国环境规划署关于绿色经济倡议得到了国际社会的积极响应。在2009年2月召开的第25届联合国环境规划署理事会会议暨全球部长级环境论坛上，来自147个国家的部长级官员、40个政府间组织、170个非政府组织的1200多名代表在"全球化与环境：迈向绿色经济"主题下，就当前全球金融和经济危机背景下，如何应对面临的挑战和机遇，推动国家和全球绿色经济发展展开了讨论。

全世界都为两个议题忧心忡忡，一是全球经济危机，二是全球生态危机。部长们对危机下促进绿色经济发展，推动国家经济转型与复苏以及可持续发展存在普遍共识。各国部长对如何推动绿色经济发展提出了若干具体的建议：一是促请联合国环境规划署减少讨论，尽快提出关于推动绿色经济的具体行动计划和方案，引领各国促进经济转型、增加就业和减贫；二是推动绿色经济需要资金的支持，特别是要加强绿色融资、筹资与投资，促进产业部门的绿化；三是绿色经济发展需要更为清洁的技术，要进一步加强技术转让，特别是促请发达国家向发展中国家转让更多更清洁的技术；四是要把绿色经济纳入到国家经济发展的总体战略中，将绿色经济理念真正纳入到经济决策者的头脑中去；五是发展绿色经济要充分考虑各国不同的国情需求和优先领域，发展应用不同的政策工具和措施。

在实践层面上，世界上一些国家已经开始借其经济刺激计划发展绿色经济。

欧盟将在2013年之前投资1050亿欧元支持欧盟地区的"绿色经济"，促进就业和经济增长，保持欧盟在"绿色技术"领域的世界领先地位。欧盟所投入的这笔巨额款项全部用于环保项目以及与其相关的就业项目，其中540亿欧元将用于帮助欧盟成员国落实和执行欧盟的环保法规，280亿欧元将用于改善水质和提高对废弃物的处理和管理水平。欧盟认为，支持绿色经济和环境保护符合欧盟地区政策所规定的实现可持续增长、创造就业和提高竞争力的目标，特别在当前金融危机的困难形势下，这项计划将有助于创造长期的就业机会和振兴地区经济，履行欧盟对应对气候变化的承诺。欧盟在2007年3月通过的一项能源战略计划中，承诺到2020年将其温室气体排放量在1990年基础上至少减少20%，到2020年将可再生清洁能源占总能源的比例提高到20%，将煤、石油、天然气等一次性能源消耗量减少20%。

美国政府在其8270亿美元的经济刺激计划中提出，在未来两年将用1000亿美元，约合美国GDP的0.7%用于绿色经济恢复计划，其中包含200亿美元用于清洁能源免税，320亿美元用于升级电网促进清洁能源利用，160亿美元用于降低公共建筑能耗。美国政府在其提出的"绿色振兴计划"中，将建立1500亿美元的"清洁能源研发基金"，在未来10年进行可再生能源技术开发，在整个经济领域实施限额与贸易机制来控制温室气体排放以及积极投入联合国气候变化谈判进程，并且由此创造500万个绿色就业机会，使整个社会经济加快向以新能源为代表的低碳经济转型，带动整体经济增长。

韩国在其绿色新政计划中提出，在未来4年将投资约360亿美元用于一系列生态友好型项目，包括绿色交通网络、绿色家庭以及清洁韩国4条主要河流等，可以创造96万个绿色就业机会。

日本在其绿色经济方案中提出，要扩大绿色经济市场，对环境友好型企业实行零利率的贷款政策，创造100万个新的绿色就业机会。

新兴大国如巴西和印度在已经出台的经济刺激和新政策中，也包含了能源结构优化和减排因素。巴西已成为世界上绿色经济体之一，并创造了数百万个就业机会；印度则启动了全面性的国家气候变化行动计划，并且大力投资风能太阳能以便刺激经济发展。

各国的行动给绿色发展增添了动力，给转变生产方式确立了方向，也给人类面对未来带来希望。只有行动的转变才是真正的转变，只有真正的转变才能克服危机。当然，转变不是一个简单而容易操作的过程，其中充满着失败、痛苦和艰辛，也必须面对放弃传统发展方式的实际困难。但是无论如何，转变已经开始，就不会停止！

三、生活方式转变

既然我们已经知道我们行为的集合会产生巨大的影响和作用，那么我们就应该改正我们的行为，使集合后的影响产生我们所期望的改变。这是"因为人的需要无穷无尽，而无穷无尽只能在精神王国里实现，在物质王国里永远不能实现"（E·F·舒马赫）。"地球能满足人类的需要但满足不了人类的贪婪"（甘地）。

正是基于思想的转变，消费行为的转变也必然会出现在人们的行为中。地球一小时，让我们在光明和黑暗中理解持续发展的重要性和真谛。"地球一小时"活动首次于2007年3月31日20：00在澳大利亚悉尼市展开，当晚，悉尼约有超过220万户的家庭和企业关闭灯源和电器一小时。事后统计，熄灯一小时节省下来的电足够20万台电视机用1小时，5万辆车跑1小时。当天晚上能看到的星星比平时多了几倍。

令人惊讶的是，仅仅一年之后，"地球一小时"就已经被确认为全球最大的应对气候变化行动之一，成为一项全球性并持续发展的活动。2008年3月29日，有35个国家多达5000万民众参与其中，并证明了个人的行动凝聚在一起真的可以改变世界。

2009年，"地球一小时"来到中国，3月28日20：30至21：30，北京、上海、大连、南京、顺德、杭州、长沙、长春、香港、澳门等城市共同行动，熄灯一小时。全球有80多个国家和地区3000多个城市共同创造这个美丽的"黑暗时刻"，共同为地球的明天做出贡献。

消费是人类生存和发展永恒的主题。一定时代的消费水平、消费结构和消费观念等反映着特定的社会发展状况，影响着人的发展。消费模式不仅制约着社会经济，而且影响着生态环境、人际关系乃至人的发展。建构生态消费，应从价值论的高度重新审视生态消费，倡导消费的经济性、生态性、公正性、人文性、和谐性，从而促进消费的和谐发展和社会的文明进步。生态消费是包含着理性消费、安全消费和健康消费的新型消费模式。生态消费也叫绿色消费，是一种绿色的、生态化的消费模式，是可持续发展与生态文明社会的体现，其消费理念包含绿色消费、均衡消费、精神消费。

"绿色"是一种意识，是热爱生活、善待地球、尊重生命的一种态度，更是一种行动、一种生活方式。每个人都应该从我做起、从小事做起，把"绿色生活"转化为一种内在要求。从节电、节水、垃圾处理、健康购物、同不良生活习惯做斗争等做起，把"绿色"理念融入到现代生活方式中，让"绿色生活"成为大家的一种快乐体验。

如果说，转变传统经济增长方式，走生态化生产的道路，是推进可持续发展战略的生产基础的话，那么，树立生态消费意识，建立生态消费模式，在某种意义上说，就是实行可持续发展战略的一个重要的生活基础。在当代社会中，人类的"当代意识"应首先是全球意识、人类大家庭意识、公平意识和环境意识等。其中，生态消费意识是当代人类环境意识中的一个非常重要的内容。人们的生态消费意识应强化到如此程度：有害于生态环境的产品、食品不购买、不食用；对"杀食"国家明令保护的珍禽益鸟的做法应设法制止。只有把保护环境的工作落实到我们每个人的日常生活中，实现人类的可持续发展才会有真正的希望。

生态消费具有适度性、持续性、全面性、精神消费第一性等的特征。

适度性。在一定意义上，生态消费也叫适度消费。我们把经过理性选择的、与一定的物质生产和生态生产相适应的消费规模与消费水平所决定的、并能充分保证一定生活质量的消费叫适度消费。适度消费是当代人类应该选择也必须选择的消费模式。因为唯有这种消费模式，才能有利于人类的健康持续发展。

持续性。生态消费也是一种持续性的消费模式，即它具有满足不同代际间人的消费需求的要求与功能，也就是说，这种消费模式将人的今天的需求和明天的需求、现代人的需求和未来人的需求有机地统一在一起，具有一种跨时空的品质。

全面性。全面性是指生态消费是一种包含人的多方面消费行为的消费模式，或者说这种消费模式能满足人的多方面的需求，如物质需求、精神需求、政治需求、生态需求等。

精神消费。所谓精神消费第一性是指生态消费突出人的精神心理方面的需要，这与传统的高消费所一味追求人的物质方面的需要有了明显的区别。

四、体制机制创新

"问题"是推动社会变革的前提，解决问题并将其制度化是社会进步的体现。人类发现问题的能力往往大于或者超前于解决问题的能力，这就给了问题以"成长"和放大的机会，人们恰恰困惑于发现问题与解决问题之间。解决问题具有选择性，在诸多问题面前，优先选择是理性的表现，但正是优先选择中被忽略或者未被优选的问题，往往会在"潜在威胁"中成长为"现实威胁"，并给解决问题带来巨大困难。

生态问题具有明显的积累性和渐变性，显性威胁或许并不难解决，或许有某些不具紧迫性的理由，亦或是尚不具备解决问题的能力。正因为如此，当我们发现这一问题必须解决并十分紧迫时，现行的制度不足以支持向可持续发展转变，创新体制机制成为一项重要任务。

可持续发展是人类20世纪最重要的理论创新，是20世纪关于人类社会发展的最伟大的研究成果之一，在对传统的工业文明和发展模式进行深刻反思的基础上形成的一种新的发展观和发展模式。可持续的发展，"系指满足当前需要而又不削弱子孙后代满足其需要之能力的发展"。基本内涵可归纳为：一是人类有追求幸福、美好生活的权利，但这些权利必须通过与自然相和谐的方式争取；二是当代人在创造与追求自己的发展时，应承认并努力做到使自己的机会和后代人的机会相平等；三是为了今世和后代的利益，环境必须成为发展进程的一个组成部分。迄今，在国际层面上，它已为国际组织所普遍接受并成为国际立法的重要指导思想和原则；在国家层面上，它已成为包括中国在内的众多国家的总体发展战略。中国国务院1994年3月25日通过的《中国21世纪议程——中国21世纪人口、环境与发展白皮书》，确立了本国的可持续发展战略，它从人口、环境与发展的具体国情出发，提出了中国可持续发展战略的核心内容有：以经济发展为中心；人口数量的控制和质量的提高；自然资源的永续利用；自然生态环境的有效保护。它们分别构成可持续发展的经济基础和社会基础。可持续发展战略对人类发展观念和发展实践引发了一场深刻革命，它的实施不仅带来社会的重大变革，也带来法律的重大改革，其中对经济法的影响重大而又深远。

一个不争的事实是：中国 30 多年的 GDP 增长付出了巨大的生态代价，人口与资源环境的关系一直高度紧张，生态压力不但没有得到缓解，而且某些生态问题正在向相反的方向演化。生态问题始终是我们必须面对并需要长时间持续努力的重点，如果我们努力不够或者过程中发生失误，其后果将难以承受。

第四节　生态：标识正确方向

一、适应新需求

发展是人类社会追求的永恒主题。人类文明的发展，历来是在不断应对和克服人与人、人与自然、人与社会各种矛盾过程中艰难前进。由于人与自然矛盾激化，发展遭遇前所未有的阻碍，促使环境问题认识的觉醒，进而不断探索新的发展路径。人们已经认识到，生态文明是人类进步的重要标志，是人类处理人和自然关系的最终解决形式，是人类文明发展的必然趋势。生态文明的脚步一旦迈开就不会停止，生态文明的方向一经确立便不会改变。然而，生态文明是一个长期的历史进程，推进生态文明会遇到来自各方面的阻力。根据独立的国际组织全球足迹网络的研究报告，到 2010 年 8 月 21 日，人类已耗尽本年度大自然给予的所有资源份额，已用光本年度的水、海洋湖泊鱼类、农作物和来自森林的礼物。此外，储存废品的空间也已用完。8 月 22 日以后，所有资源耗都呈现出红色——赤字。透支使用自然资源意味着人类经营的家园有可能破产，预见未来 30 年将是百分之百的资源赤字，并可能导致全球性灾难。

生态文明的基础是建立良好的自然生态系统，前提是树立生态文明的价值观，核心是实现人与自然的和谐，关键是处理好保护改善生态与发展经济的关系，过程是生产方式、生活方式和消费模式的不断转变。树立生态价值观、生态道德观、生态政绩观、生态消费观，致力于建设资源节约型、环境友好型社会，努力建设生态良好型国家。社会发展过程的生态化将深刻影响人们的思维方式和行为方式。

能看多远的过去，就能谋多远的未来。人类历史上，因破坏森林、湿地、土地荒芜导致国家衰亡、文明消失的事例屡见不鲜。这已在国际社会形成共识。2000 年，联合国已向全人类发出了严重警告：全球的森林已减少了 50%，难以支撑人类文明大厦。世界自然基金会最新发布的《地球生命报告》进一步指出，"全球金融危机是无法与即将崩溃的生态危机相比的，人类每年消耗掉的自然资源要多于地球本身再生资源的 30%，其结果是每年的生态债务高达4万亿~4.5万亿美元"。"如果到2030年情况依然如此，维持人类生计将需要两个地球"。正是看到了历史不可改变的悲剧，才放大了我们谋划未来的眼光。

实践证明，森林生态系统、湿地生态系统、荒漠生态系统和生物多样性，以及草原生态系统、海洋生态系统在维护地球生态平衡中发挥着基础性作用，无论损害和破坏哪一个系统，都会影响地球的生态平衡，影响地球的健康长寿，危及人类的生存根基。只有建设和保护好这些生态系统，维护和发展好生物多样性，人类才能永远地在地球这一美丽的共同家园里繁衍生息、发展进步。联合国粮食及农业组织前总干事萨乌马指出："森林即人类之前途，地球之平衡。"

重建人与自然的关系，历史地成为改变现实和构建未来的基本需求。既然"森林即人类之前途，地球之平衡"，我们首先就要正确对待森林，重建人与森林的关系，使森林充分发挥多种功能，满足平衡地球生态的需要。在重建过程中，回首我们走过的历史，检视曾经被我们忽视但对现实有重要指导意义的思想和智慧；积极面对现实，在证实存在问题的理性中，寻求破解困境的合理途径。为经济社会科学发展，为生态文明有序推进，奠定坚实的基础。

二、探索新方向

一个新时代的到来往往会激起各种不同意见和利益的相互争论，乃至相互冲突。迈向新的文明过程，也不可能一帆风顺。生态文明同样会带来价值观的厘清，利益关系的调整，生产方式的转变，生活方式的更新。处在不同发展阶段的民族和国家，转变的难度同样艰巨，所不同的是面临的问题不同。但是，当人们必须在生存还是毁灭之间进行选择时，所有复杂的问题理性地被还原为一个简单的回答，变还是不变！人们选择了转变，选择了为当代人和后代负责。历史将证明，这一选择的伟大和正确。

科学家指出"在我们的价值观、世界观和经济组织方面，真正需要一场革命和一个全新的自然保护时代，改变社会发展方式，将每天的生活都与自然保护相关联"。从价值观到生活方式深刻改变的时代已经到来，这显然不是一般意义上某个领域孤独的革命，而是一场真正意义上的社会变革。变革的方向是追求绿色发展、和谐发展和持续发展——一种生态文明内在的发展方式。

新型发展模式的关键是牢固树立生态文明的理念。近代以来生态退化的事实证明，一个缺乏生态环保意识的社会，其繁荣不仅难以持久，并且将为此付出沉重的代价。因此转变发展理念成为建立新型发展方式的关键和核心。必须从人与自然对立转向人与自然和谐，把绿色发展、和谐发展作为共同的价值观和自觉行动；把生态文化、环境道德纳入社会运行的公序良俗之中；把资源承载能力、生态环境容量作为经济活动的限制条件，进而改变人们的生产生活方式和行为模式。

中国在经历经济高速增长、社会繁荣进步的同时，生态负担也日益沉重，生态破坏对人们的生产生活形成了现实威胁。"资源难以支撑，环境难以容纳，社会难以承受，发展难以持续"制约着经济社会的发展，从根本上影响着中国的未来。走什么样的路，如何破解发展困局，中国选择了走"生态文明"之路，并将新型发展道路写入党的十七大报告。这既是我国多年来在环境保护与可持续发展方面所取得成果的总结，也是人类对人与自然关系所取得的最重要认识成果的继承和发展，同时也是建设和谐社会理念在生态与经济发展方面的升华。

新模式的重点是积极推动绿色发展。延续黑色发展还是迎接绿色发展，是继续主要依靠增加要素投入，消耗自然资源，追求数量扩张来实现经济增长，还是通过节约资源，保护生态，推进技术，改变行为追求持续发展，这已经不是一个复杂的理论问题，而是一个现实选择问题。选择绿色发展，就必须加快经济发展方式的转变，推动经济社会发展的转型；选择绿色发展，就要更加注重培育以低碳排放为特征的新的增长点，更加注重传统产业调整、改造和发展新能源、节能环保等新兴产业，更加注重推动生产、流通、分配、消费以及建筑等环节的节能增效，更加注重保护和建设生态环境。

我国的"十二五"规划，是推进绿色发展的行动纲领，是我国的首个绿色发展规划。其宗旨是在科学发展观的引领下，以绿色发展为基本要求，促进绿色发展，建设绿色中国。绿色发展和生态建设，在总体设计上包括五个方面的战略内涵，即建设资源节约型社会、建设环境友好型社会、发展循环经济、建设气候适应型社会、实施国家综合防灾减灾战略，"十二五"规划是中国绿色现代化的重要起点。

新模式的动力来自有利于绿色发展的机制。不同的发展目标需要不同的制度设计，不同的制度设计则会导致不同的发展结果。当我们明确了生态文明的社会发展目标，自然就会围绕绿色经济发展寻求新的制度支持。推进绿色经济发展，关键是制度创新，需要各方面进一步为此制造良好的社会氛围和政策条件。需要加强宣传引导，推广绿色生产方式和消费模式，需要注重绿色经济领域的立法、建立健全相应的政策支撑体系。需要切实可行的发展战略和规划，出台新型产业的倾斜政策，大力调整产业结构。需要加大投入、增强自主创新能力，推广先进适用技术，开发节能环保等现代的新型技术，需要培育绿色市场，实施绿色采购，发展绿色贸易。需要在重点行业和重点地区率先取得突破。着力推动绿色发展，尤其是要加快形成有利于绿色发展的体制机制，通过政策的约束和激励机制，来增强绿色发展的自觉性和主动性。总之，需要综合地运用法律、经济、技术和行政等手段，为在新时期、新阶段实现绿色经济提供保障。

三、奠定新基石

既然我们认识到现实的文明充满着风险，并且在解决问题过程中，人类智慧再次将文明发展方向的标识刻印在生态上，那么我们就有必要在正确的标识下，建设支撑生态文明的坚实基础。生态文明的路要走得长远，路基必须坚实可靠。生态文明的基础在哪里？是在人与自然的关系中。

假设森林植被减少的趋势不能改变，土地沙化加速扩展。目前，全球荒漠化土地已达到3600万平方千米，占陆地总面积的1/4，并以每年5万~7万平方千米的速度扩展，人类生存空间将继续缩小，受荒漠化危害的国家已达110个并且数量不断扩大，更多的人口受到危害。我们不能想像，人们生存的土地在哪里？中国是世界上荒漠化危害最严重的国家之一，共有沙化土地174.3万平方千米，占国土陆地总面积的18.1%，严重影响着人民群众的生产生活，成为中华民族生存和发展的心腹之患。

假设森林锐减和湿地退化，淡水资源不断减少。科学家测算，1万公顷森林可蓄水量相当于1000万立方米的水库库容。尤其是，湿地是淡水的主要载体。我国湿地维持着约2.7万亿吨淡水，占全国可利用淡水资源总量的96%。因为森林和湿地的大量消失，导致了全球60%的陆地淡水资源不足，100多个国家严重缺水，1/3的人口生活在中度或重度缺水环境之中。世界已形成的水荒进一步加剧，很多人因缺水而难以生存，许多动植物因缺水而衰亡。

假设森林的破坏和湿地的减少，伴随而来的是大量物种的消亡。据专家测算，由于森林的大量减少和其他种种因素，现在物种的灭绝速度是自然灭绝速度的1000倍。有许多物种在人类还未认识之前，就携带着它们特有的基因从地球上消失了，而它们对人类的价值很可能是难以估量的。可以毫不夸张地说，"一个基因可以影响一个国家的兴衰，一个物种可以左右一个国家的经济命脉"。

假设陆地生态系统整体衰退，古黄河文明、古巴比伦文明、古埃及文明、古印度文明的衰落的历史将会重演。

这些假设或许正在发生、或许正在显示出某种迹象。实践证明，森林生态系统、湿地生态系统、荒漠生态系统和生物多样性，在维护地球生态平衡中发挥着基础性作用，无论损害和破坏哪一个系统，都会影响地球的生态平衡，影响地球的健康长寿，危及人类的生存根基。只有建设和保护好这些生态系统，维护和发展好生物多样性，人类才能永远地在地球这一美丽的共同家园里繁衍生息、发展进步。

调整人与自然的关系，关键是要强基固本，核心是维护生态系统的稳定健康。没有生态系统之基的精心呵护，难以生长出绚丽多彩的生态文明之花！强基固本，需要保护建设好"三个系统一个多样性"，即：建设和保护森林生态系统、管理和恢复湿地生态系统、改善和治理荒漠生态系统、维护和发展生物多样性。在"三个系统一个多样性"中，森林生态系统和湿地生态系统起着主导和决定的作用。荒漠化主要是因为森林植被不断遭受破坏而造成的，生物多样性主要是依赖森林生态系统和湿地生态系统而存在的。生物地理学家把森林生态系统喻为"地球之肺"，把湿地生态系统喻为"地球之肾"，把荒漠生态系统喻为地球顽疾，把生物多样性喻为"地球的免疫系统"。特别是森林生态系统和湿地生态系统，是陆地上两大最主要的生态系统，是地球生态平衡的主要调节器，在调节生物圈、大气圈、水圈、地圈动态平衡中具有重要的作用，在生物界和非生物界的能量与物质交换中扮演着主要角色，对保持陆地生态系统的整体功能起着中枢和杠杆作用。"林是山之衣、水之源"。

在新的历史时期，应对生态危机、维护生态安全已成为全球面临的重大课题，建设生态文明、实现科学发展已成为新时期我国经济社会发展的重大战略任务。全社会对林业的需求不断增长，林业的功能和内涵不断拓展，人们对林业的认识越来越深刻，林业在经济社会可持续发展中的战略地位越来越重要，林业承担的任务越来越艰巨，林业肩负的责任越来越重大。

总之，"三个系统一个多样性"是陆地生态系统的主体，相互间宛如人的机体，各自功能相对独立又整体统一，系统功能既依赖内部的平衡，又依赖外部的支持。从这个意义上讲，林业所做的工作是护理地球之肺、调理地球之肾、治理地球顽疾、增强地球免疫功能，协调系统内外的关系，是为治疗地球疾病的国医大师；绿荒山、增湿地、养物种，尽显地球之美，是为美化地球环境的绘画大师。

第二章
森林生态系统
——地球之肺

　　人类文明的起源与森林密不可分。作为在陆地生态系统中占核心地位的森林生态系统，不仅为人类生活提供了木材、燃料、食物、药材以及其他生存物质材料，还担负着调节气候、净化空气、涵养水源、保持水土、保护生物多样性等一系列重要使命。如果说三个系统一个多样性是生态文明之基，那么森林生态系统则是生态文明之本。随着人口的快速增长以及社会经济、科技的发展，环境污染、全球变暖、生物多样性降低等一系列环境问题的日益突出，人类对森林功能的认识也在逐步加深，森林生态系统的生态价值也愈发凸显。人类的长远发展与森林生态系统的健康状况密不可分，如何保护、改善和利用森林生态系统，是我们必须认真考虑的重大问题。

第一节　概念与特征

一、概　　念

　　生态系统(ecosystem)的基本定义是：在一定时间和空间范围内，由生物群落与其环境组成的一个整体。该整体具有一定的大小和结构，各成员借助能量流动、物质循环和信息传递而相互联系、相互影响、相互依存，并形成具有自我组织和自我调节功能的复合体。简单地说，生态系统就是由多种生物和非生物环境组成的具有能量流动和物质循环的功能单位。这一概念最早由英国植物学家坦斯利(A. G. Tansley, 1871 ~ 1955)于1935年提出。他提出生态系统概念时，一方面强调生态系统内生物和环境是不可分割的整体；另一方面强调生态系统内生物成分和非生物成分在功能上的关系，把二者当做一个统一的自然实体，这个自然实体就是生态系统。

　　在自然条件下，地球上的森林、草原、荒漠、湿地、海洋、湖泊、河流等，它们不仅在外貌特征上有显著区别，其生物组成也各有特点，并且其中生物和非生物构成了一个相互作用、物质不断循环、能量不断流动的生态系统。例如：草原上的动植物、微生物与其环境就构成了草原生态系统，森林里的树木、草本植物、动物与其环境就构成了森林生态系统等。

森林生态系统是以木本植物，特别是以乔木为主，包括灌木、草本植物、地被植物（如苔藓、地衣）及多种动物和微生物等与周围环境（土壤、水分、岩石、大气、光照及温度等非生物环境条件）相互作用形成的统一体。实际工作中，我们对森林的定义是一个占据一定地域的、生物与环境相互作用的、具有能量转换、物质代谢循环和信息传递功能的生态系统，也就是森林生态系统。

二、类　　型

森林生态系统是生态系统的一个重要类型。按照其在地域上的分布，我们可以将森林生态系统划分为热带雨林生态系统、亚热带常绿阔叶林生态系统、温带落叶阔叶林生态系统及北方针叶林生态系统等生态系统类型等，还可以按林型分为更低级别的森林生态系统。

（一）热带雨林生态系统

热带雨林分布在赤道及其两侧的湿润区域，是目前地球上面积最大、对维持人类生存环境起作用最大的森林生态系统。据估算，现有的热带雨林的面积近 1700 万平方千米，约占地球上现有森林面积的 50%。其主要分布在 3 个区域：一是南美洲的亚马孙盆地，二是非洲的刚果盆地，三是东南亚一些岛屿。热带雨林分布区域终年高温多雨，具备如下几个特点：种类组成极为丰富；群落结构极其复杂；无明显的季相交替；乔木树种常具板状根、裸芽、茎花现象。热带雨林给动物提供了常年丰富的食物和多种多样的隐蔽场所，因此这里也是地球上动物和植物种类最丰富地区，同时也是陆地生态系统中生产力最高的森林生态系统类型。

（二）常绿阔叶林生态系统

常绿阔叶林生态系统是指分布在亚热带湿润气候条件下并以壳斗科、樟科、山茶科、木兰科等常绿阔叶树种为主组成的森林生态系统。它是亚热带大陆东岸湿润季风气候下的产物，主要分布在欧亚大陆东岸。此外，非洲东南部、美国东南部、大西洋中的加那利群岛等地也有少量分布，其中，我国常绿阔叶林是地球上面积最大、发育最好的一块。常绿阔叶林分布区夏季炎热多雨，冬季少雨而寒冷，春秋温和，四季分明。结构较之热带雨林简单，高度明显降低，乔木一般分为两个层次，藤本植物较多，但不如热带雨林繁茂。

（三）落叶阔叶林生态系统

落叶阔叶林又称夏绿林。主要分布于北美中东部、欧洲及我国温带沿海地区。由于这些区域冬季寒冷，树木仅在暖季生长，入冬前叶子枯死并脱落。这类森林一般分为乔木层、灌木层和草本层，成层结构明显。乔木层树种组成简单，优势种为壳斗科落叶乔木，如山毛榉属、栎属、栗属、椴属等，其次为桦木科、槭树科、杨柳科的一些树种。灌木层一般比较发达，草本层也比较茂密。目前，这些区域的原始落叶阔叶林仅残留在山地。

（四）北方针叶林生态系统

北方针叶林分布在北半球高纬度地区，面积约为1200万平方千米，仅次于热带雨林。由于这里气候寒冷，土壤有永冻层不适于耕作，所以自然面貌保存较好。北方针叶林种类组成比较简单，乔木以松属、云杉属、冷杉属和落叶松属等的树种占优势，多为单优种森林，林下灌木层稀疏，枯枝落叶层很厚，分解缓慢。树木根系较浅，这是对土壤冻结层的适应。北方针叶林组成整齐，便于采伐，作为木材资源对人类是非常重要的。在世界工业木材总产量中，50%以上的产量来自北方针叶林。

三、结　　构

（一）森林生态系统的组成

森林生态系统是典型的、完全的生态系统。它包括一个生态系统应具备的四种基本组成成分：非生物环境、生产者、消费者、分解者。

非生物环境包括参与物质循环的无机元素和化合物（如 C、N、CO_2、O_2、Ca、P、K）、联系生物和非生物成分的有机物质（如蛋白质、糖类、脂类和腐殖质等）和气候以及其他物理条件（如土壤、温度、水分、阳光、空气等），它们是生物生活的场所，也是生物能量的来源。

生产者是能将简单的无机物转化为可供自身生长和代谢需求的有机物的自养生物，包括所有的绿色植物和某些光合和化能自养细菌，是生态系统中最活跃的因素。绿色植物利用太阳光能将二氧化碳和水等无机物合成糖和淀粉等有机物，并放出氧气。这个光合作用的过程直接或间接地为人类和无数生物提供着进行生命活动所必需的能量和物质。对于森林生态系统来说，生产者主要是乔木树种，通常还有灌木、草本植物、蕨类、苔藓等。

所谓消费者是针对生产者而言，即它们不能从无机物制造有机物，而直接或间接地依赖于生产者所制造的有机物，因此属于异养生物。主要包括昆虫、鸟类、蛇类以及其他动物，尤其一些大型森林动物如熊、虎等，种类相当丰富；消费者按其营养方式的不同又可分为食草动物、食肉动物和顶级食肉动物三类。消费者在森林生态系统中起着重要的作用，它不仅有对初级生产物质进行加工、再生产的作用，而且许多消费者对其他生物种群数量起调控作用。例如森林中鸟类数量较多，这片森林发生森林病虫害的可能性就降低；如果蛇的数量较多，则森林里鼠类的数量就会得到有效控制。

分解者是异养生物，如细菌、真菌、放线菌及土壤原生动物和一些小型无脊椎动物，如蚯蚓等。这些微生物在森林生态系统中连续地进行着分解作用，不但种类多而且数量极大，它们把森林中的凋落物分解释放出矿物质归还于土壤，同时改善了土壤结构并使土壤越来越肥沃，这不但能提高森林生态系统的生产力，还推动着森林生态系统的发展。分解者在生态系统中的作用是极其重要的，如果没有它们，动植物群体将会堆积成灾，物质不能循环，生态系统将崩溃。分解作用也不是哪一类生物所能全部完成的，往往有一系列复杂的过程，各个阶段由不同的生物去完成。

需要指出的是，生物部分和非生物部分对于生态系统来说是不可分离的。如果没有环境，生物就没有生存的空间，也得不到能量和物质，因而也难以生存下去；仅有环境而没有生物成分也无法成为生态系统。

（二）森林生态系统的结构

森林生态系统的结构分为垂直结构（vertical structure）和水平结构（horizontal structure）两个方面。

（1）垂直结构。成层性是森林植物群落的基本特点之一，每一层都由不同植物组成。不同地区和不同立地的植物群落，垂直结构有所不同。典型的森林主要包括下述 4 个层次：一是林冠层（canopy layer）：也称乔木层，它是通过光合作用固定光能的主要场所，对其他层影响比较大。在热带森林里，在林冠层以上，有时可以划分出突出木层（emergent layer），它由位于林冠层以上，生长稀疏而高度突出的树木构成。二是下木层（undergrowth layer）：主要由灌木组成，它们一般比较耐阴。三是草本层（grass layer）：主要由禾草类、阔叶草类和蕨类植物组成，这层植物的发达程度决定于土壤的水分和营养状况以及林冠层和下木层的密度，往往随立地条件的不同而有很大的变化。四是苔藓层（moss layer）：主要由苔藓、地衣类等非维管束植物组成，非常低矮，基本贴近地面，都很耐阴。草本层和苔藓层可合称活地被物层。

在森林群落中，由于各层在群落中的地位和作用不同，常可分为主要层（或优势层）和次要层（或从属层）。主要层和次要层彼此相互作用，但前者对后者的影响要大于后者对前者的影响。在多数情况下，群落的最高层往往就是主要层，但是在有些情况下，较低的层次也可成为主要层。例如，热带稀树草原中的草本层和沼泽森林中由泥炭藓构成的苔藓层就是主要层，而上层散生的乔木层则是次要层，因为这些下层植物的发育和多度主要不受上层树木的影响，而乔木及其他幼树的发育则要受下层植物的影响。典型的层次分化，常因年龄阶段的差异而变得复杂起来。例如森林群落中的乔木树种，成熟阶段的个体处于乔木层中，而其幼年阶段的个体，则处于下木层、草本层甚至苔藓层中。

一般来说，一个群落垂直结构越复杂，动物种类越多，也正因为如此，森林生态系统的物种多样性要远高于草原。研究表明，森林垂直结构越复杂，鸟的种类越多，并且不同垂直层次有不同鸟的种类。森林中每一个垂直层都有其特有的动物，特别在繁育季节更是如此。有时各个层的动物还可能表现出日变化和季节变化，这些变化也从一个侧面反映了该层物理环境如光照、温度和湿度等方面的相应变化。

（2）水平结构。森林群落在水平空间的构成上也是有变化的，小尺度的变化可以表现在有的地方是小的林中空地，而相邻的地方就是高大的树木群体，也有的地方是快速生长中的树木群体。这类生长阶段不同的树木群体互成镶嵌状态。之所以呈现这种现象，是因为林中的老树达到一定年龄以后，就会因病虫害、树干腐烂等发生风倒或者死亡，由此就形成森林空隙（forest gap）。森林空隙的形成，可为幼小个体的发育和成长创造条件，随着年龄的增加，这些树木逐步长大起来。林冠空隙的发展可以划分为不同的阶段，即：形成阶段、建成阶段和成熟阶段。这样从群落整体而言，就是由处于不同发展阶段的空隙所组成的镶嵌体。

从大的尺度来看，森林的构成具有更显著的斑块性。如果在一个面积很大的天然林林区，到一个高山顶部举目四望，就会看到，眼前的森林就像一个万花筒，五颜六色，斑斓错落。这是因为森林是由不同的树种构成的，而每个树种的林冠对光的反射特点都有所不同。森林群落的这种斑块性源于一系列的自然条件（气候、土壤和地形）、自然灾害（如森林火灾、大风等）、树木的繁殖能力和繁殖方式等多种因素。

四、特　征

（一）森林环境的特点

森林是地球生物圈中的重要成分，也是地球陆地生态系统的主体。对人类而言，森林是自然环境的重要组成部分，森林环境既是人类生存和发展的基础，又是人类开发利用的对象。森林环境除了具有环境的一般特性外，还具有以下明显特点：

（1）整体性。森林环境是各种组成要素结合形成的相互依存、相互制约、密不可分的整体。在这个整体中，一种要素的改变都必将引起其他要素的相应变化，甚至森林环境发生改变。森林环境也是一个多资源的整体系统，每种资源都与系统整体密切相关，它通过能量流动，养分、水分、信息传递等影响系统内的其他资源构成。

（2）多样性。森林环境是由多种生物（包括各种乔木、灌木、草本植物、动物和微生物）和不同气候、土壤等地理环境条件形成的一个密不可分的综合体。它孕育着多种资源，具有多种性质和多种功能，森林环境可以为多种生物提供多样化的生存环境。森林环境具有生物多样性、景观多样性、环境多样性、人文多样性和利用多样性。森林环境结构复杂、层次繁多，具有强大的生态、经济、社会功能。

（3）时空性。森林环境是特定的时空产物，不同时间和空间结合形成不同功能、不同结构和类型的森林环境。森林环境的时空变化极为明显，不同的地理位置和条件会形成不同的森林环境；同一地理位置的不同海拔高度、不同土壤立地条件也会形成不同的森林环境。

（4）有限性。森林环境是在一定的光、热、水、气等条件下形成的。地球上森林环境的分布地区是有范围的，例如南北两极、高山和雪原、干旱和荒漠地区以及其他一切不具备森林生长条件的地区都不可能有森林环境。由于人类的影响和破坏，会导致森林环境退化乃至消失。所以，森林资源既是可再生资源，也是可耗竭资源。森林环境的负荷能力是有一定限度的。

（5）可塑性。森林环境受外界影响时，有一定的可塑性。森林和其他生态系统一样，具有一定的稳定性和弹性，一系列反馈作用使其具有一定的变化阈值，对外部干扰能进行内部结构和功能调整，以保持系统的平衡，这就决定了森林环境的可塑性。但这一特性是有一定限度的，超过了变化阈值，就会导致森林环境的破坏。

（6）公益性。森林环境是自然界最重要的生物库、能源库、基因库、二氧化碳贮存库、氧气生成库、绿色水库及污染物质的净化器，对自然环境中的大气圈、水圈、土壤岩石圈和生物圈都具有极其重要的改善和维持作用。森林环境是人类生存环境不可缺少的组成部分，也是建设人类更加美好生存环境中最积极、最活跃的公益性因素。

（二）森林生态系统的特征

与其他生态系统相比，森林生态系统主要具有以下几方面的特点：

（1）稳定性高。森林生态系统经历了漫长的发展历史，群落结构复杂、各类群落与环境相互作用、内部物种丰富、群落中各个成分之间以及其与环境之间相互依存和制约、保持着系统的稳定。森林生态系统具有很高的自调控能力，能自行调节和维持系统的稳定结构与功能，保持着系统结构复杂、生物量大的属性。这些特点也表明，系统内部的能量、物质与物种的流动途径畅通，系统的生产潜力得到充分发挥。对外界的依赖程度很小，保持着能量、物质的输入、存留和输出等各个生态过程的稳定。树木是多年生植物，其寿命短则数十年，长则数百年甚至可以达到千年以上。森林的这一特点，也决定了林业生产的周期长。

（2）成分复杂，产品多种多样。森林生态系统具有十分复杂的结构，森林的组成成分非常复杂，草原、农田、果园等，都远远不能与之相比：它不仅含有乔木、灌木、草本植物、鸟类、兽类、小动物、昆虫以及各种微生物，而且这些生物的种类众多。整个森林植物立体环境中，随着森林垂直结构的成层性，相应地环境因子也形成梯度变化，如光照、温度、湿度等都表现出明显的成层现象。系统中环境条件的多样性又反过来为植物、动物和微生物的生物种群的多样性提供了条件。

（3）类型复杂，地理环境多种多样。森林在自然界常常占地广阔，外形变化万象，生态环境更是多种多样，因而形成各种各样的森林类型。森林生态系统分布广泛，类型多样。森林植被在气候条件与地形地貌的共同作用下既有明显的经纬向水平分布，又有山地的垂直分布带谱，因而是生态系统中类型最多的。就我国来说，从南往北分别为热带雨林、季雨林、亚热带常绿阔叶林、暖温带落叶阔叶林、温带针阔叶林、寒温带落叶针叶林，以及青藏高原的暗针叶林等。不同类型的森林都有自己的生长、发展及变化的规律，不仅生产力相差很大，而且功能也不尽相同。

（4）具有天然更新的能力，是一种可再生生物资源。森林可以天然更新，自行恢复。只要合理利用，科学经营，这种资源可以取之不尽，用之不竭。反之，这种再生不息的资源，也会像其他矿藏资源一样，最后将告枯竭。因此，应采取有效的措施，充分发挥森林的天然更新这一有利特性，以确保森林的可持续利用。

（5）具有巨大的生产力，拥有最大的生物产量。现在世界森林面积约为40.3亿公顷，占陆地面积的30%左右，陆地生态系统中生物量总计约为18320亿吨，其中森林生物总量达16480亿吨，约占整个陆地生物总量的90%。全部陆地生态系统每年提供的净生产量约为1070亿吨，其中森林提供的干物质占65%。因此，森林在制造有机物，维持生物圈的动态平衡中具有非常重要的地位。

（6）对周围环境有巨大的影响力。森林是地球陆地上最大的生态系统，在生物圈中扮演着重要的角色，它对生物圈中的水分循环、碳氧及其他气体循环、土壤中各种元素的生物地球化学循环以及太阳能的光合作用都有显著影响，起着重要的作用。森林的减少，必将影响着地球的生态平衡，影响到人类的生存。可以说，森林生态系统问题是全球环境问题的核心问题。

第二节　功能与作用

森林是陆地生态系统的主体，是人类进化的摇篮。随着全球气候变化、环境恶化和生物多样性的下降，人们对森林生态系统的认识也在不断深化，人类开始意识到森林的重要性不仅在于为人类的生活和生产提供了大量的资料能源，还在于其在调节气候、固碳释氧、涵养水源、保持水土、维持生物多样性、美化环境等方面表现出更大的作用。人类的长远发展与森林生态系统的健康发展密不可分。

一、地球之肺

（一）固碳释氧

人类生活在地球上需要从自然环境中获取足够的食物、饮水、适宜的温度和洁净的空气等来维持生存。而氧气对于人类的生存尤其重要，一旦失去氧气，生命也即终止。

肺是人类和许多动物进行呼吸的重要器官，它通过气体交换来获取人体生命活动必需的氧气来维持人体的各项机能。通过绿色植物的光合作用，不但能转化太阳能而形成各种各样的有机物（森林每年提供 28.3 亿吨有机物，约占陆地植物生产有机物总产量 53 亿吨的 53.4%），而且靠光合作用吸收大量的二氧化碳和放出氧气，维系了大气中二氧化碳和氧气的平衡，净化了环境，使人类不断地获得新鲜空气。因此，生物学家形象地称森林为"地球之肺"。

光合作用（photosynthesis）是绿色植物、藻类利用叶绿素等光合色素和某些细菌利用其细胞本身，在太阳光的照射下，将二氧化碳和水（细菌为硫化氢和水）转化为有机物，并释放出氧气（细菌释放氢气）的生化过程。由光合作用的公式可知，植物利用太阳光能，吸收 264 克的二氧化碳和 108 克的水，产生 180 克的葡萄糖并释放 192 克的氧气。其中葡萄糖又转化为 162 克纤维素或者淀粉（$C_6H_{10}O_6$），即干物质。林木每形成 1 吨干物质，可以吸收 1.63 吨二氧化碳并释放 1.19 吨氧气。

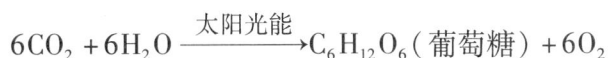

$$6CO_2 + 6H_2O \xrightarrow{\text{太阳光能}} C_6H_{12}O_6（葡萄糖）+ 6O_2$$

绿色植物以外的绝大多数非绿色植物和动物，都不能进行光合作用。虽然少数的非绿色植物，如某些细菌，能进行细菌光合作用和化能合成作用，但这种过程往往受很多条件的制约，不能进行较大规模的光合作用。而绿色植物的光合作用所需要的条件（即光、二氧化碳和水）最为普遍，所以光合作用的规模最大。绿色植物通过光合作用，源源不断地将无机物转化为有机物，将太阳光能转化为可用的化学能，这是地球上生物界生命活动所需能量和其他必需条件的基本源泉，也正是绿色植物的最大价值。

光合作用的产物不仅解决了绿色植物自身的营养，同时也维持着非绿色植物、动物和人类的生命。光合作用进行过程中放出氧气，不断地补充大气中的氧，对改善生物生活环境有着极大的影响。因为氧气是植物、动物和人类呼吸，以及物质燃烧所必需的气体。一方面，绿色植物把太阳能转化为有机物储存起来，可以直接供动物及人类利用，另一方面，人类食用的肉类也是直接或间接来自于绿色植物的能量。所以说，绿色植物对维持整个生物界的生命过程起着极其重要的作用。

森林生态系统是陆地生态系统的主体，是陆地碳的主要储存库。据观测研究表明，光合作用下所固定的碳被重新分配到森林生态系统的 4 个碳库：植被碳库、土壤碳库、枯落物碳库和动物碳库，而整个生态系统的碳大部分固定在土壤中。在人类大规模采伐森林之前，世界林地面积约 60 亿公顷，占地球陆地总面积的 45.8%。陆地生态系统每年生产的有机物质约 1000 亿吨，其中森林生产 580 亿吨，约占全球有机物质总产量的 57%。在 2010 年，森林面积估计数为 40 亿公顷，占全球陆地面积的 31%，相当于人均 0.6 公顷。但是其有机碳储量却占整个陆地植被碳储量的 76% ~ 98%，而且森林每年的碳固定量约占整个陆地生物固碳量的 2/3，因此森林对于现在及未来的全球气候变化、碳平衡都具有重要影响。

　　森林不仅是二氧化碳的消耗者，还是氧气的天然加工厂。森林通过光合作用吸收二氧化碳放出氧气，又通过呼吸作用吸收氧气放出二氧化碳，调节大气中氧气和二氧化碳浓度，从而起到维持着大气圈的氧碳平衡的作用。全球绿色植物每年放出的氧气总量约为1000亿吨。森林是陆地上干物质生产量最大的生态系统，它拥有巨大的释氧能力。据估算，地球每年入射太阳光能为5.4×10^{24}焦，绿色植物每年固定太阳能大约为5×10^{24}焦，这些能量就是地球上包括人类和各种动物在内的所有异养生物赖以生存的能量来源和物质基础。大量研究表明，森林生产干物质的能力，就是生产氧气的能力。大气中的氧气是亿万年来植物生命活动所积累的，地球上60%的氧气来自于陆地植物，尤其是来自于陆地生态系统最重要的部分——森林生态系统（表2-1）。

　　森林有很大的叶面积，吸收二氧化碳的能力很强，叶片要形成1克葡萄糖，需要消耗2500升空气中所含的二氧化碳，而形成1千克的葡萄糖，就必须吸收250万升空气中所含的二氧化碳。据测定，每公顷森林和公园绿地，夏季每天分别释放750千克和600千克的氧气。1公顷的阔叶林在生长季节一天可以吸收1吨二氧化碳，释放出0.73吨的氧气。落叶林每年释放氧气16吨/公顷，针叶林每年释放氧气30吨/公顷，常绿阔叶林每年释放氧气20~35吨/公顷。一个成年人每天呼吸约2万多次，吸入空气15~20立方米，也即消耗氧气大约0.75千克。也就是说每公顷森林可供1000人呼吸氧气之用。依此推算，城市居民每人需要10平方米的林地提供所需的氧气，而由长势良好的草坪提供，则需要25平方米以上才行。

表2-1　地球上各种生态系统放氧量

生态系统类型	面积（10^6平方千米）	放氧量［吨/（公顷·年）］	放氧总量（10^8吨/年）
北方针叶林	15	15.6	23.4
温带森林	8	31.2	25
热带、亚热带森林	10	39	39
干旱林地	14	5.2	7.3
农用地	15	10.4	15.6
草地	26	7.8	20.3
冻原	12	2.6	3.1
荒漠	32	2.6	8.3
冰川	15	0	0

　　二氧化碳具有双重性，它既是光合作用必需的气体，又是主要的温室气体，但含量过高时，则会导致大气异常增温，并对人体产生危害。30亿年前地球上二氧化碳含量约为91%，几乎没有氧气，是根本不适应人类生存的环境。到了距今约3亿年，空气中的氧气浓度才达到目前的水平，这些都是绿色植物作用的结果。正常情况下，二氧化碳在

空气中的含量只有 0.03%，然而近年来，随着矿物燃烧量的增加和森林的大量采伐而有了显著的增加。在大城市中，由于工业排放的二氧化碳的数量很多，同时由于它的比重较大，多下沉于近地面气层中。一般大城市空气中的二氧化碳可达 0.05% ~ 0.07%，局部地区甚至可达 0.2%。二氧化碳虽是无毒气体，但在空气中的浓度达到 0.05% 时，人的呼吸会感到不适，当含量达到 0.2% 以上时，对人体就有害了。

自工业化时代以来，由于人类活动而引起的全球温室气体排放大大增加，其中在 1970 ~ 2001 年期间就增加了 70%。当今，因大气中二氧化碳含量浓度显著增加而造成的地球大气变暖的趋势引起全世界范围的广泛关注。1997 年联合国气候变化框架京都会议以后，已确认二氧化碳排放是温室效应的罪魁之一，二氧化碳的排放和污染成为国际社会的热点问题之一。二氧化碳含量浓度及其他气体浓度增加所造成的后果就是全球变暖（global warming），从而导致两极及高山冰雪融化引起海平面的上升，部分沿海城市和一些海洋中的岛屿被海水淹没，从而给人类生存带来巨大的灾难。二氧化碳浓度增加的原因除了主要来自煤炭和石油等化石燃料的燃烧以外，还与大规模地毁林和烧林有关。在 2000 ~ 2010 年期间，全球森林每年净减少量为 520 万公顷，大于哥斯达黎加的土地面积，相当于每天损失大于 140 平方千米的森林。特别是由于人口的剧增以及经济发展的不平衡，热带雨林遭到了巨大的破坏。

森林对维持陆地生态平衡、保护生态安全起着决定性的作用。尤其是热带雨林对大气中氧气和二氧化碳平衡的维持与全球气候的稳定具有重大意义，对全球的生态效率有着重大影响。在历史上，热带雨林有 2450 万平方千米的面积，主要位于南北回归线内。1900 年以来，特别是第二次世界大战后雨林减少的速度在加剧，现已失去 59% 以上的原有雨林，幸存面积为 1001 万平方千米，覆盖了陆地总面积的 6% ~ 7%。今天热带雨林仍覆盖着地球上广大的地区，与世界其他类型的植被相比，它仍然是覆盖面积最大的植被类型。特别是在南美洲的素有"地球之肺"之称的亚马孙热带雨林，纵横南美洲北部 8 个国家，面积约 700 万平方千米，占全球热带雨林总面积的 1/3，蕴藏着世界木材总量的 45%。据科学家测定，亚马孙雨林进行光合作用产生的氧气约占全球氧气总量的 20%。这片雨林对维护地球的生态平衡，调节全球气候起着至关重要和不可替代的作用。

热带雨林的破坏加速了气候变暖，并将给人类带来灾难性后果。自 20 世纪 60 年代到现在，亚马孙流域大片大片的森林被破坏，仅巴西的森林覆盖率就由 80% 下降至 40%。近年来，尽管气候变化的影响越来越严重，但热带雨林遭受破坏的速度非但没有被遏制住，还有加快的趋势，仅在 1999 ~ 2007 年的 8 年间，就消失了近 1500 平方千米。按照这样的趋势，地球上的热带雨林再过几十年就会完全消失。一位英国科学家警告说，如果不注重雨林的保护，随着树木死亡，土壤将被烈日烤干，雨林因此可能变成沙漠。这绝不是危言耸听：2006 ~ 2007 年，拥有世界 20% 淡水量、世界水量最充沛的亚马孙河流域发生了干旱，就是最有力的证明。

热带雨林面积减少的同时，其破碎化趋势也十分明显，其特征是森林变得条块分割、没有连贯性，尤其在亚洲雨林区，如印度尼西亚、马来西亚、菲律宾等国家的雨林已经变得支离破碎。破碎后的森林像海洋中的一个个"岛屿"，被周围的农用地或经济种植园所分散隔离，使其内物种基因得不到有效交流，进而大大降低了保护的有效性。

(二) 净化空气

净化空气功能是指森林生态系统对大气污染物(如二氧化硫、氟化物、氮氧化物、粉尘、重金属等)的吸收、过滤、阻隔和分解，以及杀灭病菌、降低噪声、提供负离子和萜烯类(如芬多精)物质等功能。据测定，树木每生产 1 千克干物质就要过滤 3111 立方米的空气。每公顷热带森林每年净化空气为 6813 万立方米，亚热带杉木林为 3000 万立方米，东北混交林为 2000 万立方米。全世界森林每年生产的干物质约为 737.5 亿立方米，能净化空气量约为 229436.25 万亿立方米。

1. 提供负离子

空气是由多种气体组成的气体混合物，在正常情况下，气体分子及原子内的正负电荷相等，呈现中性。但在各种能量作用下，气体分子中某些原子的外层电子会离开轨道。由于空气中捕获电子能力较强的二氧化碳和氧气在空气中所占的比例较大，因此空气电离产生的自由电子大部分被二氧化碳和氧气分子捕获，形成负离子。

负离子是一种无色、无味的物质，在不同的环境下存在的寿命也不同。在洁净空气中，负离子的寿命从几分钟到 20 分钟不等，而在灰尘多的环境中仅有几秒钟。被吸入人体后的负离子能调节神经中枢的兴奋状态，改善肺的换气功能，改善血液循环，促进新陈代谢，增强免疫力，使人精神振奋，提高学习和工作效率等。它还对高血压、气喘、流感、失眠、关节炎等许多疾病有一定的治疗作用，所以有人称负离子为"空气中的维生素"。

国内外研究证明，当空气中负离子超过 600 个/立方厘米时才有益于人体。在有森林和各种绿地的地方，空气负离子浓度会大大提高。这是因为森林多生长在山区，山地岩石中含放射性物质较多；森林的树冠、枝叶的尖端放电以及光合作用过程的光电效应均会促使空气电解，产生大量的空气负离子；植物释放的挥发性物质，如植物精气(又叫花多精)等也能促进空气电离，从而增加空气负离子的浓度。研究证明：针叶树种林分的负离子浓度为 1507 个/立方厘米，阔叶树林分为 1161 个/立方厘米，针叶树种林分之所以高于阔叶树种林分，是由于树叶呈针状具有"尖端"放电的功能，产生电荷，使空气发生电离，从而增加空气中的负离子浓度。

2. 吸收有害气体

随着工矿企业的迅猛发展和人类生活用矿物燃料的剧增，空气中混杂着一定量的二氧化硫、氯气、氟化物、氮氧化物等有毒有害气体，能够直接或间接对人体健康及其生存的环境产生危害。

空气中硫含量与人的健康关系最为密切。因此，虽然空气中的污染物种类很多，但从监测的角度，常常将硫的浓度作为空气污染严重程度的指标，其中二氧化硫是有害气体中量最大，分布最广，危害也最大的气体。通过燃烧化石燃料（如石油、煤炭）等，人类每年向大气输入的二氧化硫已达1.47亿吨，其中70%来源于煤的燃烧。二氧化硫在大气中遇水蒸气反应形成硫酸，造成酸雨，大气中的硫酸对于环境有许多方面的影响，对人类及动物的呼吸道也会产生刺激作用，如果是细雾状颗粒，还能进入肺部，刺激敏感组织。二氧化硫浓度过高，就会成为灾害性的空气污染，如伦敦1952年、纽约和东京1960年的二氧化硫灾害，造成气管性哮喘大增，死亡率上升。

大气中的污染气体如二氧化硫、氟化物等均可被森林吸附。硫是树木体内氨基酸的组成成分，也是树木所需要的营养元素之一。在正常条件下，树木体中的硫含量为干重的0.1%~0.3%。当空气被二氧化硫污染时，树木体内的含量可为正常含量的5~10倍。二氧化硫被树木吸收后形成硫酸盐，贮存在木体内，只要二氧化硫的浓度不超过树木所能忍耐的临界浓度，树木叶片可以不断吸收二氧化硫（表2-2）。

据测定，森林中空气的二氧化硫要比空旷地少15%~50%，柳杉林每年吸收二氧化硫720千克/公顷，华山松林在1年可吸收二氧化硫840千克/公顷。在城市中，每公顷森林每年吸收二氧化硫30~60千克。空气湿度的大小，对吸收能力有很大影响，相对湿度为80%以上时，比湿度10%~20%时吸收速度要快5~10倍。由于森林能提高空气湿度，所以在吸收二氧化硫方面有重要的意义。若是在高温高湿的夏季，随着林木旺盛的生理活动功能（表2-2），森林吸收二氧化硫的速度还会加快。

表2-2 树叶吸收 SO_2 和 F 的能力表

树种	每克干叶含 SO_2 数量（毫克/克）	树种	每克干叶含 F 数量（毫克/克）
合欢	7.54	大叶黄杨	0.15
悬铃木	7.14	臭椿	0.095
加杨	7.08	加杨	0.084
臭椿	6.56	泡桐	0.056
梧桐	6.12	女贞	0.048
构树	4.74	榉树	0.045
夹竹桃	4.22	桑树	0.035
女贞	3.54	垂柳	0.021

树木吸收氟化物的能力也很强。氟及其化合物是一种毒性较大的污染物，它比二氧化硫的毒性要大10~100倍。空气中的氟化物主要被植被的叶片吸收，植物对低浓度的氟化氢具有很强的净化作用，大气中的氟化物通过树木气孔进入叶片组织，以可溶的形式保留下来，再通过扩散由维管囊把氟化物从叶肉转移到其他细胞中，随水分的蒸腾转运到叶尖或叶缘积累起来，很少转入到其他组织器官中去。在正常情况下，树木体内的氟含量为0.5~25毫克/升，但是在污染区，树木叶片含氟量可为正常叶片含氟量的几百

至上千倍。如在氟化氢污染严重的地区，树叶中含氟量可为正常平均含氟量的 1387 倍，其中泡桐可达 1580 倍，华山松达 1616 倍。

氯气是一种毒性较强的黄色气体，危害比较大。氯是树木的微量元素之一，在树木体内可促进光合作用。在树木分解水放出氧的反应中，起到酶催化作用。树木对氯有一定的吸收作用和积累能力。在氯污染区生长的树木，叶片中含氯量比清洁区高 10 倍至几百倍。氨气(NH_3)也是一种有害气体，树木能直接吸收空气中的氨，以满足本身所需要的总氮量的 10%～20%。据报道，通常在污水暂存池放养小球藻 48 小时，被净化的污水可用于农田灌溉；把芦苇栽培在实验水池中，结果它们能使水中的磷酸盐、有机氮、氨和悬浮物分别减少 20%、60%、66% 和 30%；每公顷凤眼莲一昼夜能在水中吸收锰 4 千克、钠 34 千克、钙 22 千克、汞 89 克、镍 297 克、锶 321 克、铅 104 克等。

此外，有些植物还可以作指示植物。指示植物是人类利用敏感度高的植物，用来监测大气污染及污染物质。如空气中二氧化硫浓度达到 5 毫升/立方米时，紫花苜蓿在就会出现症状。在自然条件下，桃树叶片的氟含量在 10 毫克/千克左右，但含量在 50 毫克/千克以下就会出现伤害症状。唐菖蒲对氟化物特别敏感，用它可监测磷肥厂周围大气的氟化物污染物。

3. 杀　菌

空气中通常含有 37 种杆菌、26 种球菌、20 种丝状菌和 7 种芽生菌以及各种病毒，给人类身心健康带来很大威胁。有些树木的叶、花、果、皮等产生一种挥发性物质，称为"杀菌素"，它是由树木的特殊组织——油腺在新陈代谢过程中分泌出来的香精、酒精、有机酸、醚、醛、酮等混合物。杀菌素能杀死空气中的伤寒、副伤寒病原菌、痢疾杆菌、链球菌、葡萄球菌等病菌和微生物，可有效地降低空气中的含菌量，从而对人类起到保健作用。

大量研究已发现有 300 多种植物能分泌出杀菌物质。一般来说，能分泌挥发油类的树种其杀菌能力都比较强。越是芬芳的树种，分泌的杀菌素就越多。它一方面以其香味掩蔽有臭味的空气污染物，另一方面也通过杀菌素杀死污染物中的有害细菌。在城市绿化中，常见的强杀菌能力树种有：黑胡桃、柠檬桉、悬铃木、紫薇、圆柏、橙、柠檬、茉莉、荔枝、柏木、白皮松、柳杉、雪松等。

据测定，每公顷桧柏林每天能分泌出 30 千克杀菌素，可杀死白喉、结核、痢疾等病菌。例如，在闹市区空气含菌量每立方米高达 49700 个，拥挤的商场内每立方米空气中有 400 万个，绿化公园则为 1372 个，而郊区植物园只有 1046 个，仅为闹市区的 2.1%。此外，植物体内的挥发性物质还可起到驱赶害虫的作用，如新鲜的桃树叶可驱杀臭虫，黄瓜的气味可使蟑螂逃之夭夭，洋葱和番茄植株可赶走苍蝇，木本夜来香也具有驱蚊的功效等。

4. 滞尘功能

粉尘是大气污染物之一。据统计，全世界每年向大气排放烟尘约 10 亿吨。烟尘中最有害的部分是直径小于 0.05 微米的颗粒，即粉尘，其成分因地区、燃料的种类和工业原料的不同而异。除尘埃外，还含有油灰、炭粒、铅、汞等金属小粒以及附着在烟尘中的微生物和病原菌等。它们通过肺部直接进入血液，较大的颗粒沉积于肺中，使人易患上气管炎、支气管炎、尘肺、矽肺、肺炎等疾病。当悬浮在大气中的灰尘浓度较大时，能降低太阳辐射强度，特别是减少紫外线辐射，从而降低太阳光的杀菌和医疗作用。

森林对粉尘具有很大的阻挡、过滤和吸附作用。森林树木形体高大，枝叶茂盛，具有降低风速的作用，使大颗粒的灰尘因风速减弱而沉降于叶面，树叶表面因为粗糙不平、叶片上的褶皱、茸毛及从气孔中分泌出的黏性油脂、汁浆等，能黏截到大量微尘，有明显阻挡、过滤和吸附作用，从而使大气含尘量降低，提高了空气质量，有利于人类健康。

森林的叶面积总和可达其占地面积的 75 倍，一棵成形的白皮松大约拥有针形叶 660 万个，一棵成年松树的叶总面积在 30000 平方米以上，一株 165 年的松树针叶的总长度可达 250 千米。据资料显示，每平方米的云杉，每天可吸滞粉尘 8.4 克，松树林为 9.86 克，榆树林为 3.39 克。一般来说，林区大气中飘尘浓度比非森林地区低 10%～25%。在城镇中，街道林带的减尘率为 44.2%，乔木行道树减尘率为 63.1%～89.7%，乔木和绿篱结合的绿化带减尘率可达 95.7%。以森林面积而言，1 公顷云杉每年能滤尘约 320 吨，1 公顷水青冈每年可滤尘 68 吨。

5. 降低噪声

噪声对人类的危害随着工业、交通运输业的发展越来越严重，特别是城镇尤为突出。据研究表明，声音在 50 分贝以下，对人没有什么影响；当噪声达到 70 分贝，对人就会有明显危害；如果噪声超过 90 分贝，人就无法持久工作了。长期生活在高噪声环境下，不仅容易使人精神萎靡不振、疲倦不堪，严重的时候还会致人听力损伤、记忆力下降、引起头晕、失眠甚至休克。

森林作为天然的消声器有着很好的防噪效果。树木的粗糙枝节和茂密的叶片具有散射和吸声作用，当声波穿过林带，各种树木的枝叶相互搭配成为无数弯曲小孔，树木叶片表面又有无数更小的小气孔，这些气孔能够吸收和减弱声波，从而起到消声防噪作用。

实验结果表明，10 米宽的林带可降低 30% 噪音；城市公园的成片树林可降低噪音 26～43 分贝，比离声源同距离的空旷地自然减弱效果大 5～25 分贝；汽车高音喇叭在穿过 40 米宽的草坪、灌木、乔木组成的多层次林带，噪声可以削减 10～20 分贝，比空旷地的自然减弱效果多 4～8 分贝。绿化的街道比没有绿化的减少 10～20 分贝；沿街房屋与街道之间，留有 5～7 米宽的地带种树绿化，可以降低车辆噪声 15～25 分贝。要使消声有好的效果，在城市里，最少要有宽 6 米、高 10.5 米的林带，林带不应离声源太远，一般以 6～15 米为宜。林带树木越高，宽度越大，降低市区噪声的效果越明显。营造城市森林，加大城市绿地建设，利用植物消声降噪作用，可以让我们的城市更安静、生活更舒适。

（三）调节气候

环境直接或间接影响着生物，而生物对环境的适应和反馈，一般称为反作用。生物对环境的反作用表现在由于生物的存在改变了生态因子的状况。如荒地上培育起森林或在城市中培养起树木等植被，森林等绿色植物能吸收大量的太阳辐射，能通过植物的蒸腾作用，降低周围环境的温度，增加湿度，保持水分，降低风速，形成新的小气候环境；树林的凋落物作为绝热层，可防止土壤冻结。又如土壤微生物与土壤动物的活动，可改变土壤的结构与理化性质；动植物残体分解后加入土壤，使土壤养分发生很大变化。

森林浓密的树冠在夏季能吸收和散射、反射掉一部分太阳辐射能，减少地面增温。冬季森林叶子虽大多凋零，但密集的枝干仍能削减经过地面的风速，使空气流量减少，起到保温保湿的作用。当大面积的森林郁闭成林后，它能有效地促进林地及周围地区的热量和水分状况的变化，森林对气温的影响主要表现在降低平均气温，缩小年温差、日温差，使温度变化趋于缓和。据测定，在森林上空500米范围内，有林地年平均气温比无林地低0.7～2.3℃。一天之中最高温度林内低于林外，而最低温度则林内高于林外；一般白天林内温度低于林外，夜间和黎明则高于林外。夏季森林里气温比城市空阔地低2～4℃，相对湿度则高15%～25%，比柏油混凝土的水泥路面气温要低10～20℃；冬季气温则高于1～2℃。

森林对气温的这种影响，主要是通过林冠层的活动来达到的。在晴朗的白天，太阳辐射强烈，由于林冠层的遮挡，约有80%的太阳辐射被茂密的林冠阻挡而不能直射林地，穿透林冠的部分，又为林内灌木、草本植物所吸收，因而辐射能量大大降低。据观测，白天林内辐射强度只有林外的10%～15%。林冠遮阴，加之本身的蒸腾吸热，使林内气温在一定时间和时期（例如白天和夏季）较无林地低；而林冠的覆盖又使林内空气对流大大减弱，因此又使林地气温在一定时间和时期（夜间、冬季）较无林地高。

森林对气温、土壤湿度和空气湿度的调节作用，不仅对林木本身的生长发育十分有利，而且对林地附近农作物的生长也十分有利，同时可以减少灾害性天气的发生。夏季白天气温、地表土温降低，可以减少蒸发，抗旱保墒，另外因林冠强大的阻挡作用降低了气温，从而可避免气流急速上升，破坏产生冰雹的条件，因此有林地区很少有冰雹危害；春季和秋冬气温和土壤温度升高，则可以延长林木生长期，提高生长量，还可减轻霜害。农田防护林就是通过这种作用对农作物起保护作用的。

森林对气候有调节作用，可以显著增加降水。森林对降水的影响，主要是因为森林具有强大的蒸腾作用。一个地区降水多少很大程度上取决于大气中水汽含量的多少。在无林空旷地，只有地表蒸发，蒸发量小，对空气中水汽含量的影响不大。而在有林地区，林木在生长过程中以其强大的根系吸收土壤深层水分，向上空大量蒸腾。据测定，在夏季，一株树一天中散失的水分相当于其本身叶重的5倍，而一棵树叶面积要比这棵树所占的面积大 75 倍，由于蒸腾面积比空旷地大得多，这就大大增加了输送到空气中的水汽量。由林木根系深入地下，源源不断地吸取深层土壤里的水分供树木进行蒸腾作用，将大量湿气被迅速带到上空，造成森林附近空气湿度大、温度低，为水分凝结形成降水创造了条件。

据测定，一棵中等高大的桉树，一年要从土壤中吸水近 4 吨；一个夏季每棵树平均要蒸腾 2 吨水分；森林上空的空气湿度比无林区年降水量要高 10% ~30% 。国外报道，要使森林发挥对自然环境的保护作用，其绿化覆盖率要占总面积的 25% 以上。在俄罗斯的森林地区，一般年降水量可增加 1% ~25% ，在印度南部的平原地区，造林使当地的年降水量增加 12% （约 150 毫米）。我国的观测证明，森林能使降水量平均增加 10% 。有的学者认为，我国西北地区绿化后，降水量可增加 110 毫米，届时西北干旱缺水状况就能得到很大程度的缓解与改善。

在一个地区，当有较大面积的森林时，不论是集中成片还是均匀成块状或带状分布，就能形成一个优越的气候区，有效地增加降水量。甘肃省是我国有名的干旱少雨省份，但"森林雨"现象比较明显，存在着以林区为中心的多雨区，如以陇南白龙江为中心的多雨区，面积约 5000 平方千米，年降水量 700 毫米，比周围无林区多 100 ~200 毫米。新中国成立前，雷州半岛林木稀少，干旱严重；新中国成立后，通过人工造林，森林覆盖率达 23% ，年降水量增加 32% 。据前苏联资料，有林地区降水量比无林地区多 3.6% ~17.6% ，最高可达 26.6% 。据对法国南锡地区的研究表明，林区比无林区年降水量多 16% 。一般认为，森林的规模面积到 7000 公顷以上，即可起到增加降水的作用。

二、文明摇篮

地球是一个充满生命的行星，这在所有已知的星球中是极为特殊的。地球大约形成于 46 亿年前，大约 38 亿~40 亿年前形成了地球的外壳。当时，地球表面为还原性大气，主要由水蒸气、H_2S、N_2、CH_4、NH_3 及 H_2 等组成，缺少氧气，大气层非常稀薄，也没有臭氧层，因此那时的紫外线特别强烈，昼夜之间以及季节之间的温差很大。这些条件对今天的生物来讲非常有害，甚至根本无法生存，但却正是原始生命得以形成的环境。在大约 35 亿年以前，在还原性大气形成的各种有机物随着时间的推移越聚越多，有的会形成较为复杂的化合物，最后形成蛋白质和能够进行自我复制的核酸分子，这就是生命的开始。这时，原始生命形态只能依靠分解复杂化合物时所释放的能量来维持生存，而太阳的紫外辐射又把简单物质再次变为复杂的化合物。

从具有生命活性的大分子到细胞，是生命进化中的关键一步，细胞生命一旦出现，就从化学进化过渡到生物学进化，进化过程就由变异、遗传等因素所驱动。大约在 30 亿年以前就已形成了光合自养生物，这种光合自养生物以蓝绿藻为主，它们在原始海洋里逐渐繁殖、蔓延，消耗二氧化碳，产生了氧分子，这一过程几乎进行了 28 亿年。当氧化大气出现，臭氧层开始形成，紫外线被截断，生命再也不能单纯依靠化学演化发展，因为这时原始生命发生的能量（紫外线）已感不足，已经得到进化的生物很快会把自然发生的有机分子消耗掉。因此，已不再存在通过化学演化从无生命物质变为有生命物质的条件。氧化大气的形成为绿色植物的登陆创造了条件：高空臭氧层的出现，使陆生生物的生命有了屏障。

最开始的绿色植物是水生的，大约在4亿年前，绿色植物成功登陆，此后，生命终于脱离了对海洋的依赖。苔藓植物是由水生转向陆生的过渡植物，直到蕨类植物才成为陆生植物。从水生到陆生是植物进化的又一个重要阶段。从水生到陆生，植物的生存环境发生了剧烈的变化，这也就加强了植物内部的矛盾，这种矛盾性也就引起了植物的发展。为适应陆地的环境，植物也就逐步地进化产生了根、茎、叶和维管组织。从蕨类植物到裸子植物，直到种子植物的出现，由于受精作用不再受外界水分的限制，而成为现时陆地上最占优势的植物。乔木是生命进化的伟大成果之一，在今天地球表面的大部分地区，除了南极洲之外，都有乔木存在。它们以自己顽强的生命力，对环境的适应能力，形成自己的生命类群，这种高等的植物开始在地球上适合生存的地方开拓疆域，很快就在地球陆地上大部分面积都形成了广袤的森林，也是从那时开始，陆地上开始呈现出五彩缤纷的景象。

森林不仅是陆地生态系统的主体，更是人类文明的摇篮。人类最初的足迹就是从森林里开始的。大约100万年前，人类的祖先，最开始就是依靠森林里的野菜、野果、鸟兽为食，并在夜晚栖息在大树上以避免猛兽的袭击伤害。当进化使他们从树上跳下来，开始直立行走，步入空旷的原野时，陌生的环境让他们心存恐惧。就在偶然遭遇猛兽袭击的时候，他们顺手拿起的棍棒成为战胜危险的有力武器。

在劳动创造人的漫长过程中，人类的祖先依靠森林的供养和庇护，才使得人类的生命在地球上得以繁衍生息。他们不仅依靠茂密的森林遮挡酷暑严寒，依靠结实的林木搭棚筑屋，还在森林的王国里，尝百草，辨五谷，认识了可供食用的植物，并进行人工种植和培育。在数千年的农耕文明时代，森林一直是人类得以生存和发展的重要基础，居住的茅草木屋，厅堂里的桌椅、板凳，吃饭时用的木碗、木筷，再到生活中的日常劳动工具、家具，到船只、车辆、战争器械等，都离不开森林的支持。

火的利用是人类文明的一大进步。原始森林中偶然由雷电引起的大火，让人类的祖先尝到了火的好处，从而学会了火的使用。熊熊的篝火帮助人们驱赶恐惧，也带来了光明与温暖，重要的是还有美味的熟食。火的温暖和烧烤食物也让人们的体魄更加健康和强壮，也让人类的祖先在与恶劣的自然环境斗争中更加充满力量，也更能不断发展壮大，直至最终成为地球上的统治者。

凡此种种，如果说海洋是地球上生命的起源，那么森林就是人类文明的摇篮。直到今天，我们人类仍然在享受着森林带来的各种福泽。

三、蓄水保土

森林的蓄水保土功能主要是指由于森林生态系统所特有的水文生态效应，而使森林具有减小土壤侵蚀、调节径流、防止水土流失、缓洪补枯和净化水质等功能。主要表现在截留降水、缓和地表径流、抑制土壤蒸发、涵蓄土壤水分、改善水质、补充地下水、调节河川流量等方面。

森林之所以具有这种功能作用的原因在于以下几个方面：

(1)林冠层对天然降雨的截留作用：在降雨过程中，雨滴对裸露土壤表现出直接的破坏作用。郁闭的森林，枝叶繁茂，树冠相接，直接承受着雨水的冲击，减缓了雨水对地面的冲击力，减轻了土壤侵蚀。同时，林冠的枝叶可以吸收和截留降落在树冠上的一些雨水从而使降水发生再分配。

(2)林下灌草和枯枝落叶层的截留作用：森林内的灌木与草本植物层对于分散、减弱降雨，减缓降水对林地地面的直接冲击有重要的作用。它使林地土壤免受暴雨的直接打击，削弱了雨滴对土壤的击溅作用，是森林截留降水的重要组成部分。

森林的枯枝落叶层是指覆盖在林地表面的枯枝、落叶、落花、落果，以及其他动植物残体等。它不仅是土壤有机养分的重要来源，而且在森林涵养水源和保持水土中具有极其重要的意义。森林地面的枯枝落叶层处于松软状态，具有很大的孔隙度和持水力，具有相当大的容水性和透水性，所以具有很强的水分截留能力。枯落物的截持雨水能力与枯落物的现存量、种类、成分、干燥程度、厚度和分解程度等因素密切相关。一般说来，混交林凋落物层比纯林的厚度大；阔叶林的凋落物层比针叶林厚度大；树龄大的凋落物层要比树龄小的凋落物层厚度大。凋落物层厚度越大，吸水能力越强，对涵养水源和保持水土的作用也越大。一个良好的枯枝落叶层能吸持10毫米以上的降水，其下渗力在100毫米/小时以上。通常森林枯枝落叶层的持水能力是自身重量的40%~400%，转化成的腐殖质的持水能力是自身重量的2~4倍。

一般在中等降雨强度下(每小时10~20毫米)，由于森林的存在，林冠可截留降雨量的15%~30%，而后再蒸发到大气中去。落到林内的降雨，一部分被林内枯枝落叶吸收，一部分则渗入土壤变成地下径流，两者之和为降雨量的50%~80%，还有5%~10%的雨水从林内蒸发掉，只有10%以内的降雨形成地表径流。而裸露地上，渗入土壤内的雨水往往不超过10%，形成地表径流的则高达70%~80%，加之裸露地表几乎没有什么障碍，地表径流速度快，极易引起土壤侵蚀。据计算，每公顷森林土壤能蓄水640~680吨；3300公顷的森林的蓄水能力相当于100万立方米贮量的水库。

(3)林下土壤涵养水源作用：首先，林地土壤多孔疏松，空隙度高，具有强大的透水性和容水性，这是因为森林改善了土壤理化性质。森林每年都产生大量的枯枝落叶，同时土壤中还有相当数量的树根和草根腐烂,可大量增加土壤中的有机质。有机质经分解,变成黑色的腐殖质,与土壤结合形成良好的团粒结构,使土壤密度减小、孔隙度增大。据测定,林地土壤具有大量大团粒结构的土层可深达 40～50 厘米,而一般草地和农田土壤只有少量小团粒结构,且主要分布在土壤表层。其次,根系腐烂形成了大量孔道。森林土壤中林木根系盘根错节,且分布较深,林木采伐后,这些根系逐渐腐烂,形成根系孔道。据研究,黄土高原 20 年生刺槐人工林,每公顷垂直根系通道在 15000 条以上,许多侧根是从中心辐射出去的,因而腐烂后也形成辐射状的孔道,有利于水分迅速地分散到较深的土层中。此外,土壤动物活动形成了大量洞穴、孔道。森林中大量的枯枝落叶,给土壤动物提供了丰富的食物和良好的隐蔽场所,这些动物不仅疏松了土壤,而且其排泄物能在土壤表面形成良好的水稳性团粒结构,增大土壤孔隙。

由于上述原因,在森林土壤中水分下渗速度很快(表 2-3)。良好的土壤渗透性能有利于地表径流转变为土内径流,削弱了地表径流,从而减少了地表的水土流失。在自然条件下,林地土壤的透水性取决于林分类型、林分组成、林分年龄等因素。一般未受人为干扰的天然林土壤具有最高的水分渗透性。如果林地渗透率以 100 计,则采伐迹地、草地、崩塌地、步行道分别为 62、39、39 和 4。处在斜坡上的森林不仅有能力接纳林地上空的降水,而且可能还有余力接纳来自上方(如农田、牧场或荒地)的地表径流。

表 2-3　林地与非林地土壤渗透能力

调查内容	林地			非林地			
	针叶林	阔叶林	林地平均	采伐迹地	草地	崩塌地	步道
调查样点数	13	10	23	13	3	8	4
渗透能力(毫米/小时)	246	272	259	160	191	99	11
相对值(%)	96	106	100	62	39	39	4

森林土壤的蓄水能力取决于它的孔隙率和土层厚度。由于森林土壤的孔隙率远比其他类型的土地大,因而其贮水能力很强。在土壤孔隙中,毛管孔隙所贮存的水分能够抵抗住重力作用而保持在孔隙中,这种水分对江河水流和地下水不起作用,但坡地植被所需的水分几乎全靠它们供应。非毛管孔隙除形成水分运动的通道外,还为水分的暂时贮存提供了场所。当水分进入土壤的速度大于它底层的速度时,水分就贮存在孔隙中,延长了水分向底层渗透的时间。森林这种减少地表径流,促进水流均匀进入河川或水库,在枯水期间仍能维持一定水位、水量的作用,称为森林的水源涵养作用。

另外,森林还具有净化水质的能力。森林对水的净化主要通过以下途径:一是植物能转化某些有毒物质;二是树木根系的分泌物也能杀灭土壤中的病原菌,从而对土壤起消毒作用;三是土壤微生物能够吸收或转化分解有毒化合物。据报道,水流在通过 30～40 米宽的林带后,细菌量减少了 1/2;在流经宽 50 米的 30 年生的杨桦混交林后,含菌量减少90%以上。在低浓度的情况下，植物能吸收某些有毒物质，并在体内将有毒物质分解和转化为无毒成分。例如，植物从水中吸收丁酚，丁酚进入植物体后，就能与其他物质形成复杂的化合物，从而失去毒性。其中最常见的为酚糖苷，它可以贮藏在液泡内变成对植物无毒的结合态物质，在以后的生长发育过程中，可以被分解和利用，参加细胞正常的代谢过程。

（4）森林具有阻挡、降低风速的作用：当前进中的风遇到树木后，一小部分从枝、叶、干的空隙中挤过去，在这个过程中经过碰撞，就减弱了；大部分由于林木阻挡，迫使它沿林冠向高空吹去，然后再逐渐回到地面，这本身就会使风速变小，而且当透过林木时，又削弱了一部分风力。如果是防护林网，被削弱的风在没有恢复到原来的风速时，就被另一条林带阻挡。这样，经过几次阻挡，强风就被驯服了。据测定，风在入林前200米以外，风速变化不大；过林带后，大约要经过500~1000米才能恢复过林前的速度。人类便利用森林的这一功能治沙。在风害区营造防护林带，在防护范围内风速可降低30%左右；有防护林带的农田比没有的要增产20%左右。内蒙古赤峰市40年造林7300公顷，固定了近千个沙丘，年沙暴天数由3.7天减少到1.5天，年扬沙天数由54天减少到20天，最大风速由每秒40米下降到每秒17米。

由于防护林降低了风速，故能有效地起到防风固沙作用。以"风库"著称的新疆吐鲁番，在1961年5月31日刮了一场持续13小时的十二级大风，由于没有林带防护，全县受灾农田达到15000公顷，其中10000公顷颗粒无收。但在1979年4月的一场持续20小时的十二级大风中，由于有了防护林带的保护，全县受灾面积只有2300公顷，只相当于上次的18%，现在八级以下的大风基本无灾害。所以，当地群众说"沙地没有林，有地不养人；沙地有了林，沙地变黄金"。

水在自然界起着循环作用，人们对水调节得好，就是水利；调节不好，就是水灾。有森林的山丘区，在下暴雨的时候，很少出现水土流失现象，暴雨之后，不致造成洪水泛滥，也不会因为干旱而使河川枯竭；而光山秃岭，一旦遇到暴雨，水土大量流失，甚至引起山洪暴发，洪水泛滥，造成很大危害。俗语说："山上没有树，水土保不住；山上栽满树，等于修水库；雨多它能吞，雨少它能吐。"人类出现以后，特别是人类大量毁坏森林以及不合理利用，加剧了水土流失破坏了生态平衡，给生产建设和人民生活带来了严重的后果和影响。大量研究表明，我国各地河流含沙量与流域内森林覆盖率呈明显的正相关关系，森林覆盖率越高，河流含沙量越低；反之，含沙量越高（表2-4）。

表2-4　我国各地河流含沙量与森林覆盖率的关系

地区和河流	森林覆盖率（%）	径流总量（亿立方米）	含沙量（千克/立方米）	年输沙量（亿吨）
东北	29.6	1702	0.51	0.86
华北	4.5	172	8.72	1.5

（续）

地区和河流	森林覆盖率 （%）	径流总量 （亿立方米）	含沙量 （千克/立方米）	年输沙量 （亿吨）
黄河	6.7	430	37	15.93
淮、沂、沐河	16.2	598	0.35	0.15
浙闽区各河流	43.7	2462	0.11	0.26
长江	20.8	9293	0.54	5.02
珠江及华南各河流	28.6	467	0.22	0.95
西南地区各河流	19.1	2158	0.75	1.62

大量研究表明，森林植被覆盖率与水土流失面积之间存在着明显的反比关系。大致可以分为3个等级，森林植被覆盖率在30%以下，水土流失面积大于30%；森林植被覆盖率为30%～50%，水土流失面积为10%～30%；森林植被覆盖率为55%以上，水土流失面积小于10%。可见，森林植被覆盖率越大，则水土保持作用越显著。森林破坏直接的影响在于生态平衡遭到破坏，造成土表裸露、水土流失，从而导致土层干燥，土壤侵蚀。我国黄土高原的变迁，也是这方面很好的例子。据记载，昔日的黄土高原是森林茂密、郁郁葱葱、气候湿润、流水清澈。在西周时期，森林面积达56万平方千米，植被覆盖率达53%。随着历代王朝大兴土木和无数次的战争，以致使黄土高原毁林毁草，造成了今日千沟万壑、泥沙流失、土地贫瘠的局面。黄河由清变浊，现为世界上含沙量最多的河流，由"母亲河"变为"灾难河"，正是大自然对毁林惩罚的见证。

科学家们观测发现森林覆盖率30%的林地，水土流失比无林地减少60%；还有人对坡度为13°的山地做过观测，发现每年流失的土沙量，裸地是林地的48倍。据北京林业大学在密云水库流域的研究，在天然降雨下，荒坡产沙量是刺槐林地的4～12倍，是油松林地的19～44倍。四川苍溪县龙王公社"大跃进"时森林砍伐殆尽，1964年三天降雨250毫米，冲毁土地67公顷；经大规模造林，覆盖率恢复到30%，1981年两天降雨290毫米，没有成灾。1996年河北邢台、邯郸等地暴雨成灾，使太行山区许多农田遭到毁灭性的破坏，而邢台的前南峪村等地由于营造了乔灌草结合的水土保持林以及经济林果梯田，大灾之年仍是一派丰收景象。

四、资源宝库

森林的重要功能是产出生物量。森林生产的木材，其他植物材料以及各种动物产品都具有重要的经济价值，在人类生活中占有重要地位。

人类从原始社会到现代，从陆地到海洋再到太空，随时随处都离不开森林的最主要产品——木材。森林生产的木材（也包括竹材）是重要的生产资料和生活资料，广泛应用于车辆、船舶、桥梁、码头、飞机以及家具、文具、玩具、运动器具、乐器等的制造，在今后相当长的时期，木材的重要地位仍然是不可替代的。除了木材以外，森林还能生产许多珍贵的林副产品，如树皮、树叶、树脂、果实等，这些林副产品不仅是轻化工业和医药制造方面的重要原料，还可以食用、提高人们生活水平，其中有许多是重要的出口资源，有时其经济价值远远大于木材本身的收益，在国民经济中占有重要地位。

在我们的日常生活中，有许多树木和草本植物生产的果实。例如：板栗、核桃、木瓜、无花果、柚、柿、荔枝、酸枣、杜果、猕猴桃、龙眼、杨梅、石榴、野葡萄、沙枣、越橘、草莓、山楂、山荆子、野海棠、枇杷、悬钩子、稠李、杜梨等，既可直接食用，也可以做酒或做饮料。西番莲果汁营养价值丰富，不仅富含有机酸、糖、维生素等人体所需要的营养成分，而且具有怡人的香味，具有优良天然饮料所需的天然色香味，素有"饮料之王"的美称。此外，许多树木的嫩芽和林下植物可以作为很好的蔬菜，如竹林除生产竹材以外，同时也生产竹笋，竹笋肉质鲜嫩，营养丰富，蛋白质含量高达2.7%，并含有18种氨基酸，是天然的绿色食品，深受人们欢迎的森林蔬菜，同时还可以进行深加工，竹荪也是竹林生长的一种很名贵的食用菌。蘑菇和木耳是林下常见的菌类植物，多生于腐朽的倒木上，具有很高的营养价值。香椿、蕨菜等也是人们非常喜欢的蔬菜食品。

油料也是重要的林副产品，许多林木的种子含油量很高，其中含油量在50%～60%的有50多种，作为食用油料植物的有10多种。油茶是我国特有的木本油料植物，与油棕、油橄榄和椰子并称为世界四大木本食用油料树种。用茶籽榨出的茶油风味独特，其不饱和脂肪酸含量达90%以上，易被人体吸收，经常食用具有降低胆固醇，预防心血管疾病之功效，是深受群众喜欢的优质食用油。油茶还能通过油脂的深加工生产高级保健食用油和化妆品等。油橄榄是著名的常绿木本油料树种之一，具有产量高、寿命长、适应性强、油质好、用途广的优点。橄榄油是高级食用油，具果香味，含丰富维生素，除食用外，也用于制药、化妆品等。桐油是一种优良的干性植物油，干燥快，比重轻，有光泽、耐冷、耐热、耐酸、耐碱、防湿、防腐、防锈，在工业上具有广泛用途。油棕、文冠果、核桃楸、杏仁、桃仁、榛子、黄连木、黄檗以及松类（特别是东北的偃松）的种子含油量都很高。此外，当前世界许多国家利用油料木本植物致力于由传统能源向生物能源过渡的研究，在生产生物乙醇，生物柴油等方面取得了一定的成果，在将来还有更广阔的前景。

森林中有很多药用植物。比如从粗榧科中的三尖杉属和红豆杉属中提取的粗榧碱和紫杉醇，具有抗肿瘤和治疗白血病的功能；银杏叶中所含的白果素对治疗心血管病很有效果；枸杞能提高机体的免疫力，具有抗肿瘤、降血糖和降低胆固醇的作用。人参更是中药中最珍贵的补品。绞股蓝含有与人参相同的成分，具有镇痛、降血脂、抗衰老、抗肿瘤等功效，被誉为南方人参。此外，杜仲、厚朴、贝母、党参、当归、白芍、半夏等，非常丰富，不胜枚举。

　　人类使用天然香料植物有着悠久的历史，我国是世界香料的发祥地之一。森林里还有许多香料植物，从这些香料植物中提取的芳香油，可广泛地应用于制造牙膏、烟草、化妆品、糖果、饼干、医药和杀虫剂等多种产品。例如柏木油可用来配制香料，松针油可用来制造医药消毒剂，从樟树叶及木材中可提取作为医用和化工香料的樟脑及樟油。八角、肉桂、花椒也是人民生活中重要的调料。

　　许多树种的树皮、树叶等作为重要的工业原料广泛用于工业生产领域。青檀纤维是从树皮中分离出来的韧皮纤维，强度较大，所造的宣纸有洁白、绵软、坚韧、抗蛀、经久等优良特性，畅销中外，一直被书画家视为珍品。杞柳枝条柔软、韧性强，能编织加工成各种用具和工艺品。棕榈的树皮用途广泛，是极好的植物纤维，韧性强。从漆树中可提取生漆，生漆在常温下易干燥，结膜快，结成的漆膜附着力强，色泽光亮，耐磨，耐热，防腐，防潮，耐溶剂侵蚀，绝缘性好，是一种优质天然涂料，有"涂料之王"的美称。有些树种，如栓皮栎，可以生产栓皮，它们具有密度小，弹性强，不透水，具有防震、防热和隔音的功能。许多种松树可产松脂，它是制取松香和松节油的原料，可广泛地用于很多生产、生活领域。

　　除了以上的木材和其他林产品以外，森林还有丰富的动物资源，如虎、熊猫、熊、蛇、犀牛、羚羊、麝、水獭、灰鼠、紫貂、猞猁、狐等。许多林区河流出产的鱼类产品，广大林地上开展的狩猎业、畜牧业以及养蜂业等也可为人类提供多种有价值的食品和其他产品，也可创造很高的经济效益。

　　除此以外，在各类生态系统中，森林生态系统是物种最丰富的区域，具有最高的生物多样性。森林不但为植物和微生物提供了生存的基地和营养来源，也为动植物提供了栖息场所和丰富的食物。在森林生态系统中，植物多样性决定了动物多样性。我国陆生的野生动物80%以上生存于森林中。全世界热带森林虽然只占陆地总面积的7%，然而它却集中了世界物种总数的50%～70%。森林是最大的物种基因库。

　　综上所述，森林是一个巨大的资源宝库。给人类提供了大量必不可少的生活和生产资料。此外，除了这些森林产品的直接价值，森林还有大量的潜在价值等待人类去开发和利用，如对植物基因的研究，未来在基因工程中对于一些顽固疾病的治疗、生物育种等方面将起到不可估量的作用。

五、森林游憩

　　森林游憩是指森林生态系统为人类提供休闲和娱乐场所，使人消除疲劳、身心愉悦、有益于健康的功能。森林在精神价值方面的作用，也是不可低估的，这包括森林的观赏、娱乐、科学和教育等多方面的价值。在中国以及全世界范围内，目前都兴起了热火朝天的森林旅游热。假日里人们时常以各种形式到森林中去娱乐、野游、爬山、垂钓、漂流等，森林旅游成了人们重要的生活内容。同时，由于森林旅游的兴起，也增加了林区的收入。为了满足广大人民群众在文化娱乐和保健娱乐方面的需要，我国开辟了许多国家森林公园。

森林是一种美学对象。它的存在作用于人的感官，使人们产生美感。很多林区都具有很高的观赏价值，成为人们向往的风景名胜地区。对于艺术家来说，面对森林，可以产生艺术价值很高的作品，这包括摄影、绘画、诗篇、文章。人们喜爱森林不仅停留在感观意识上，并且对于人的心理和生理也有深层次的影响，大自然的美景可以培养人们的良好性格和高尚情操。

当前，城市的环境现状是人口稠密、高楼林立、车辆杂沓、工厂鳞次栉比，废气、废水骤增，热岛效应、空气污染、噪音喧嚣、烟尘弥漫，严重影响着城市居民的身心健康。原有的城市绿化，均不能消除这些污染，更不可能营造一个舒适、清闲、幽静，适合人类居住、生活、工作的优美环境。在城市营造一定面积的森林，就能够起到调节气候、防风固土、控制烟尘、增加空气湿度的作用，改善人们的生活环境。城市森林是近些年才发展起来的，营造城市森林，增加城市的绿色面积，并提高其生物量，可以有效解决现代城市污染、环境恶化问题。因此，城市森林在城市环境中起着十分重要的作用，是城市建设中不可代替的组成部分。

第三节　历史与现状

一、历史演变

森林是人类文明的摇篮。源于森林的原始人类依赖森林维持生存，他们对森林的热爱和保护是朴素而又真挚的。森林在人类社会的资本积累时期作为生产木材的资源，而林业则很长时间内一直被当作单一生产木材的行业。随着森林资源被肆意掠夺破坏和所带来的生态灾难，人类才重新认识到森林的重要性，意识到人类的生存兴亡与森林生态系统的密切关系。今天，森林已经被看成是人类社会可持续发展的基础。中国是世界四大文明古国之一，五千年的华夏文化在其形成和发展过程中同样伴随着森林生态系统的变化与发展。

距今 10000 年以前，中华大地上人口稀少，森林处于自生自灭状态。距今 7000 年前的三皇五帝时期，原始农业出现，同时出现了木结构的原始建筑物，人们开始砍伐森林，开辟农田，但采集和渔猎仍然占有主要位置。到了夏商周时期(公元前 21 世纪～公元前 771 年)，农业和建筑都有较大发展，当时实行"井田制"，砍伐了大量森林，开垦大面积农田，森林火灾增多。这个时期，中国人口大部分集中在黄河中、下游，地域内森林被大量砍伐，同时又开始植树和培育、经营森林。如《论语》记载："夏后氏以松，殷人以柏，周人以栗。"人们开始在建立的社坛上植树。据《诗经》、《山海经》、《尚书》等古籍的记载，可以将夏商时期的森林分布情况勾画出一个大致的轮廓。

(一)春秋战国时期的森林

春秋(公元前770~公元前476年)战国(公元前475~公元前221年)时期，把疆域划分9个州，即冀州、兖州、青州、徐州、扬州、荆州、豫州、梁州、雍州，北至河北，南至福建、江西，东至山东、江苏，西达甘肃、四川、云南、贵州。此时，随着人口逐渐增多，建立大大小小的部落、民居和规模宏大的城邑、都城、宫殿，有许多森林被砍伐。据《史记·夏本纪》相传夏禹治水时，"陆行乘车，水行乘船，泥行乘橇，山行乘檋"，这些交通工具都是木制的。随着人类文化和科学技术发展，人们使用木材逐渐增多。到战国时期，七雄并峙，战火不断。由于遭受大量砍伐、火灾和战争焚毁，黄河中下游山地许多原始林演变成了天然次生林，平地许多森林变成了农田和城邑，淮河和长江中游的平地森林也大部分变成农田。同时，开始制定关于防止森林火灾的法令，提倡爱护森林，植树造林。到春秋战国末期，全国森林覆盖率在50%左右。

(二)春秋战国后至清代的森林

春秋战国时期以后(公元前221~公元1911年)，秦并六国，统一华夏，建立了中央集权的秦王朝。采取鼓励农业、手工业政策，社会生产有较大发展。同时，大兴土木，大建宫殿，大量砍伐森林，到汉代时由于开辟农田和建造宫殿，大量森林消失。秦汉时期(公元前221~公元220年，时间跨越400年)，全国森林覆盖率约40%。三国以后，两晋、南北朝时期(220~581年)长达360年，黄河流域仍然处于战乱和分裂状态，北方居民大批南迁，长江以南大面积森林逐渐被开垦为农田，全国森林覆盖率约30%。到唐宋时期(581~1234年)，上下约700年，东北地区森林仍然茂密，华北和西北地区，由于人口增长，经济发达，砍伐森林达到前所未有的规模，近山区森林已大为减少，全国森林覆盖率降至20%左右。明清时期(1279~1911年，共630年)，森林进一步减少，东北的森林也开始大规模砍伐，华北，西北地区原始森林已所剩无几，仅深山区还有一些森林，华东、华中和西南森林也遭到大规模砍伐，全国森林覆盖率约15%。

(三)中华民国时期的森林

到了中华民国时期(1911~1949年)，森林分布的基本格局是：东北地区森林最多，树种、材质最好，大多为原生针叶林和针阔混交林，交通便利处则原始林被砍伐而演变为天然次生林，树种以阔叶树为主。西南地区森林面积和林木蓄积量均占全国第二位，仍保存较多的原始针叶和针阔叶混交林，林相较好。其中滇南林区为热带气候，蕴藏着热带森林，林木高大，材质优良，生长迅速，树种极为丰富。雅鲁藏布江林区仍有高大的以云杉为主的原始针叶林，单位面积蓄积量很高。东南地区和华中地区为亚热带气候，多常绿阔叶林。台湾森林从低海拔到高海拔，分布热带雨林、亚热带林、暖温带林和寒温带林，而人工林也不少，森林覆盖率高达60%。东南和华中地区的农民有经营林业的传统，栽培杉木、马尾松、竹类林和油茶、油桐、桑、茶等经济林甚多。西北和华北地区则森林较少。这时，全国森林覆盖率在8%～12%之间，且各地分布很不均衡。

（四）新中国的森林

数千年的森林史，实际上是人类对森林无节制利用又轻视经营的发展史。直至新中国成立，国土上所剩余森林不是在边远地区，就是在重要的生态区位，已经不足以平衡生态。经过半个多世纪的艰苦努力，尤其是进入21世纪后，通过调整林业生产力布局，启动林业建设"六大工程"，推进林业历史性转变，确立以生态建设为主的发展战略，林业才从历史发展的轨迹中摆脱出来，森林在经济社会发展中的作用得到正确认识，并在此基础上把森林资源保护与发展提升到维护国家生态安全、全面建设小康社会、实现经济社会可持续发展的战略高度。总体上，新中国森林的变化经历了三个主要阶段。

1. 以木材利用为中心发展阶段（从20世纪50年代初期到70年代末期）

新中国成立之初，政府敏锐地看到了森林资源对国民经济和社会发展的重要性，并且意识到保护森林发展林业的现实意义，就制定了"普遍护林护山，大力造林育林，合理采伐利用"等林业建设方针。但是，在实践中这些方针并未得有效落实，在恢复国家整体经济机能、优先解决吃饭问题、推进赶超战略等更为紧迫的目标驱使下，森林作为一种自然和经济资源成为支持社会经济发展的重要资源。利用主导着新中国成立初期的林业建设，同时这也是当时历史条件下的必然选择。根据20世纪60年代初对各省（自治区、直辖市）的森林资源调查数据进行整理分析和统计汇总，1962年全国森林面积为11335.56万公顷，活立木蓄积量102.16亿立方米，森林覆盖率11.81%。天然林在林分资源中占有绝对优势，面积占99.6%，蓄积占98.7%。

从20世纪60年代初到70年代中期，"文化大革命"影响全国，但林业在利用制度优势的情况下得到一定程度的发展，平原绿化、"四旁"植树有了新进展，逐步从"四旁"扩大到大田；用材林基地建设得到恢复，飞播造林力度加大，1972年南方各地共完成飞播造林132万公顷，少林省份森林资源发展较快，全国森林资源有所增加。根据1973～1976年第一次全国森林资源清查结果，全国森林面积12186万公顷，森林蓄积95.32亿立方米，森林覆盖率12.70%。与60年代初相比，人工林资源有较大幅度增加，天然林面积趋于下降，森林资源总体上呈现面积有所增加、森林覆盖率回升、蓄积有所下降的变化趋势。

20世纪70年代末期，我国发动了新中国建立以来的重大变革，改革给林业发展带来新的希望。但是，由于建立新制度的方针政策不明确、各项制度不健全，在资源短缺、经济发展、需求急剧增长的背景下，森林利用的速度和强度不断加大，森林面积和森林覆盖率呈明显下降。据1977～1981年第二次全国森林资源清查结果，全国森林面积为

11528 万公顷，活立木总蓄积 102 亿立方米，森林覆盖率 12.0%。与第一次全国森林资源清查成果比较，森林覆盖率下滑 0.7 个百分点；人工林和天然林面积均有所减少，分别由前期的 2369.00 万公顷和 9609.00 万公顷，减少到后期的 2219.17 万公顷和 8791.00 万公顷。全国森林蓄积同比略有下降，林木蓄积生长量和消耗量均呈现上升势头，出现了消耗量大于生长量"长消赤字"的不利局面。

从新中国成立之初至 20 世纪 70 年代末，林种结构变化不大，均以用材林为主，1976 年和 1981 年两次全国森林资源清查结果表明，用材林所占比重高达 73% 以上，防护林所占比重不足 10%，充分反映了此阶段以木材利用为主的传统林业经营思想。

2. 木材利用为主兼顾生态建设发展阶段（20 世纪 70 年代末期到 90 年代后期）

党的十一届三中全会以后，党中央、国务院十分重视和关心林业，将造林绿化定为基本发展方针，针对林业建设作出了一系列重大决策。1979 年 2 月颁布了《中华人民共和国森林法（试行）》；1981 年 2 月，中共中央、国务院召开了全国林业会议，出台了《关于保护森林发展林业若干问题的决定》，明确了"保护林木，发展林业"的战略思想。1982 年 10 月，中共中央、国务院发出了《关于制止乱砍滥伐森林的紧急通知》等，使森林资源得到了初步恢复，森林面积和森林覆盖率开始回升。根据第三次（1984~1988）全国森林资源清查结果，全国森林面积为 12465.28 万公顷，活立木总蓄积 105.72 亿立方米，森林覆盖率 12.98%，人工林面积 3101.12 万公顷，天然林面积为 8847 万公顷。与 70 年代末期相比，有林地面积增加 385.95 万公顷。但林木蓄积继续保持着高消耗态势，可比口径活立木总蓄积量年均下降 2743 万立方米，全国用材林年均赤字 9610 万立方米，全国年均林木资源消耗量（3.44 亿立方米）仍大于林木年均净生长量（3.16 亿立方米），全国范围内蓄积量生长难于弥补消耗，蓄积量锐减的局面并未得到扭转。

从 1987 年开始实施森林采伐限额制度以来，初步形成了森林采伐限额总量管理制度，建立了森林采伐限额管理的执法体系。特别是进入 90 年代，党中央、国务院非常重视植树造林工作，1990 年 9 月批复了《1989~2000 年全国造林绿化规划纲要》，提出了 1989~2000 年全国造林绿化规划目标，发出了"全党动员，全民动手，植树造林，绿化祖国"，"绿化祖国，造福万代"的号召，掀起了全国大规模的造林灭荒运动，造林绿化工作取得了巨大成就。根据第四次（1989~1993）全国森林资源清查结果，全国森林面积为 13370.35 万公顷，活立木总蓄积 117.85 亿立方米，森林覆盖率 13.92%，人工林面积大幅度增加，达 3425.16 万公顷，可比口径人工林年均净增长 148.44 万公顷；天然林呈现回升势头，天然林面积 9428 万公顷，占森林面积的 73.35%，年均净增约 55 万公顷；随着采伐限额制度等一系列保护森林资源管理制度和措施的实施，天然林消耗在一定程度上得到控制，生长量开始大于消耗量，扭转了长消赤字的被动局面，实现了森林面积和森林蓄积双增长。

1993 年国家制定并颁布了《林地管理暂行办法》，对林地权属管理、林地开发利用及保护、占用、征用林地的审批及权限、奖励与处罚作了规定，使林地流失得到了有效控制。1994年5月16日国务院办公厅发出了《关于加强森林资源保护管理工作的通知》，各级政府和林业主管部门切实加强了对森林、林地和野生动物及珍稀植物的管理和保护，严厉打击破坏森林资源的违法犯罪活动，有效地保护了森林资源。根据第五次（1994~1998）全国森林资源清查结果，全国森林面积为15894.1万公顷，活立木总蓄积124.9亿立方米，森林覆盖率16.55%。森林面积、蓄积保持双增长，人工林面积和蓄积增速加快，但森林覆盖率同比增长缓慢，用材林成过熟林资源继续呈下降趋势，林木消耗量居高不下，呈现上升趋势。

从20世纪70年代末至90年代后期的20年间，全国林种结构有所调整，防护林、特用林所占比例逐年提高而用材林所占比例逐年下降，但调整幅度仍然不大，比重保持在2/3以上，防护林所占比重不足15%。这表明中国林业仍然没有从根本上摆脱传统林业经营思想的影响和束缚。

3. 以生态建设为主的发展阶段

1998年国务院制定了封山育林、退耕还林、退田还湖等改善生态环境的32字方针，再一次掀起了造林绿化和保护发展森林资源的新高潮，全国造林绿化事业蓬勃发展。从1998年起，六大林业重点工程相继启动。1998年，九届全国人民代表大会常务委员会第二次会议修改通过了《中华人民共和国森林法》，第一次以法律的形式明确规定了森林生态效益补偿基金制度，体现了当代中国森林资源发展和利用价值取向的重大转变。以六大林业重点工程的实施和森林生态效益补偿基金的试点为标志，林业建设进入了以可持续发展理论为指导，坚持三大效益兼顾，生态效益优先，充分发挥森林的多种功能，促进国民经济和社会可持续发展的新阶段，林业生产经营重点已经从木材生产为主逐步向森林管护、培育为主转移，森林资源得到了有效的保护与发展。根据第七次全国森林资源清查结果，这一时期，全国森林资源呈现出森林资源总量持续增加，林木蓄积平均生长速度加快，林地利用率有所提高；林种结构、树种结构、龄组结构渐趋合理，森林资源整体质量有所提高，森林质量持续下降的局面开始得到扭转的良好发展态势。全国历次森林资源清查结果主要指标状况见表2-5。

表2-5 历次全国森林资源清查结果主要指标状况

清查期	活立木蓄积（万立方米）	森林面积（万公顷）	森林蓄积（万立方米）	森林覆盖率（%）
第一次（1973~1976年）	953227.00	12186.00	865579.00	12.70
第二次（1977~1981年）	1026059.88	11527.74	902795.33	12.00
第三次（1984~1988年）	1057249.86	12465.28	914107.64	12.98
第四次（1989~1993年）	1178500.00	13370.35	1013700.00	13.92

（续）

清查期	活立木蓄积 （万立方米）	森林面积 （万公顷）	森林蓄积 （万立方米）	森林覆盖率 （%）
第五次（1994～1998 年）	1248786.39	15894.09	1126659.14	16.55
第六次（1999～2003 年）	1361810.00	17490.92	1245584.58	18.21
第七次（2004～2008 年）	1491300.00	19545.00	1372100.00	20.36

总之，新中国成立 60 多年来，中国的森林发生了极大的变化，森林面积、蓄积不断增加，结构逐步改善，质量有所提高。根据联合国粮食及农业组织的《2005 全球森林资源评估报告》比较分析，中国森林面积占世界的 4.95%，居俄罗斯、巴西、加拿大、美国之后，列第 5 位；森林蓄积居巴西、俄罗斯、美国、加拿大、刚果民主共和国之后，列第 6 位；人工林面积继续保持着世界第一的位置。

二、现实状况

根据 2009 年公布的第七次全国森林资源清查结果，我国森林的基本现状是：

（一）林地面积

林地是用于培育、恢复和发展森林植被的土地，包括有林地、疏林地、灌木林地、未成林造林地、苗圃地、无立木林地、宜林地和其他林地。全国林地面积 30378.19 万公顷，按现行的林地分类系统，其中，有林地面积 18138.09 万公顷；灌木林地面积 365.34 万公顷；疏林地面积 482.22 万公顷；未成林造林地面积 1046.54 万公顷；苗圃地面积 45.40 万公顷；无立木林地 709.61 万公顷；宜林地 4403.54 万公顷；其他林地 187.81 万公顷。

在有林地中，林分面积 15558.99 万公顷，占 85.78%；经济林 2041.00 万公顷，占 11.25%；竹林 538.10 万公顷，占 2.97%。

（二）林木蓄积

林木蓄积是一定范围土地上现存活立木材积的总量，也称活立木总蓄积，按照林木类型的不同，又分为森林蓄积、疏林蓄积、散生木蓄积和"四旁"树蓄积。全国活立木总蓄积为 1455393.79 万立方米[①]。其中，森林蓄积 1336259.46 万立方米；疏林蓄积 11423.77 万立方米；散生木蓄积 74468.12 万立方米；"四旁"树蓄积 33242.44 万立方米。

我国的林木蓄积主要集中分布在西南和东北地区，仅西藏、四川、云南、黑龙江、内蒙古、吉林 6 省（自治区）的森林蓄积就占 66.88%。尤其是西南地区，大部分森林蓄积为人不可及的成过熟林蓄积，林木枯损量大，基本上维持生长与枯损平衡状态。而生态极其脆弱的陕西、甘肃、青海、宁夏、新疆西北 5 省（自治区）森林蓄积不足 7%。这种状况极不利于森林资源可持续经营，已经成为森林资源可持续发展的障碍。

---

① 数据未包括香港、澳门特别行政区和台湾省的数据。

（三）森林结构

——林种结构：根据《中华人民共和国森林法》，我国森林划分防护林、用材林、经济林、薪炭林、特种用途林。在充分发挥森林多种功能的前提下，按照主要用途的不同，将防护林和特种用途林归为公益林，将用材林、经济林、薪炭林归为商品林。有林地面积中，公益林和商品林各占52.41%和47.59%。其中防护林8308.38万公顷，用材林6416.16万公顷，经济林2041.00万公顷，薪炭林174.73万公顷，特种用途林1197.82万公顷。森林蓄积中，防护林蓄积735033.12万立方米，用材林422704.82万立方米，薪炭林3912.03万立方米，特种用途林174609.49万立方米。

——龄组结构：我国地域辽阔，南北方森林树种生长发育差异很大，在同一地区同一树种，由于起源不同，生长也有较大差异。根据树种的生物学特性和生长过程及经营利用方向的不同，林分按年龄大小划分为幼龄林、中龄林、近熟林、成熟林和过熟林。幼龄林面积5261.86万公顷，蓄积148777.11万立方米；中龄林面积5201.47万公顷，蓄积386141.65万立方米；近熟林面积2305.37万公顷，蓄积264983.39万立方米；成熟林面积1871.25万公顷，蓄积315872.22万立方米；过熟林面积919.04万公顷，蓄积220485.09万立方米。在乔木林面积中，幼、中龄林面积比例较大，占67.25%，表明森林资源发展后劲较大。

——树种结构：由于我国气候类型多样，冷热干湿差异悬殊，树种资源极其丰富。有木本植物8000余种，约占世界的54%，其中乔木树种2000余种，银杏、水杉、红豆杉等都是世界珍贵树种，古老孑遗植物如水杉、银杏、银杉、水松、珙桐、香果树等，这些植物具有重要的科学价值。按优势树种（组）统计，面积比重排名前10位的有栎类、马尾松、杉木、桦木、落叶松、杨树、云南松、云杉、柏木、冷杉，面积合计8260.69万公顷，占全国的55.40%；蓄积合计760345.78万立方米，占全国的56.90%。

（四）天然林资源

天然林是我国森林资源的主体，是森林生态系统的主要组成部分，在维护生态平衡、提高环境质量及保护生物多样性、满足人们生产和生活的需要等方面发挥着不可替代的作用。随着天然林资源保护工程的全面实施，停止了长江上游、黄河中上游天保工程区内天然林商品性采伐，调减了东北、内蒙古等重点国有林区的木材产量，天然林资源得到了有效的保护，逐步进入休养生息的良性发展阶段。全国天然林面积11969.25万公顷，占有林地面积的65.99%；蓄积1140207.18万立方米，占森林蓄积的85.33%。天然林分单位面积蓄积量为98.64立方米/公顷。

（五）人工林资源

人工林是陆地生态系统的重要组成部分，在恢复和重建森林生态系统、提供林木产品、改善生态环境等方面起着越来越大的作用。培育人工林资源是改善人居环境，缓解林产品供需矛盾，促进地区经济发展的有效途径。新中国成立以来，党和政府高度重视人工林资源的培育，采取了一系列政策措施，有力地促进了造林绿化工作的开展。通过几十年的不懈努力，我国人工林资源有了较大发展，人工林面积居世界第一。全国人工林面积6168.84万公顷，占有林地面积的34.01%；蓄积196052.28万立方米，占森林蓄积的14.67%。人工林分单位面积蓄积量为49.01立方米/公顷。

（六）经济林资源

经济林是以生产干鲜果品、食用油料、饮料、调香料、工业原料和药材等为主要目的的林木，是森林资源重要组成部分。经济林发展已成为我国促进山区经济、环境和社会可持续发展的重要途径，也是我国改善生态环境，调整农业结构，繁荣农村经济，增加农民收入的重要措施，对满足人民生活需求、增加农民收入、促进区域经济发展发挥着重要作用。全国经济林面积2041.00万公顷，其中果树林面积1111.67万公顷；食用原料林面积545.71万公顷；林化工业原料林面积184.97万公顷；药材林面积37.67万公顷；其他经济林面积160.98万公顷。

（七）竹林资源

竹林具有生长快、周期短、产量高、用途广、效益好的特点，竹产品在人们生产和生活的许多领域被广泛利用。我国是世界上竹类分布最广、资源最多、利用最早的国家之一，发展竹林资源具有得天独厚的优势。全国竹林面积538.10万公顷。其中，毛竹林386.83万公顷，杂竹林151.27万公顷。竹林主要分布在福建、江西、浙江、湖南、广东、四川、广西、安徽、湖北、重庆10省（自治区、直辖市）。

（八）森林区域分布

长期以来，我国森林资源由于受人为活动和自然灾害等因素影响，其地理分布极不均衡，大部分森林资源集中分布在主要江河流域和山地丘陵地带。从地域分布来看，森林资源分布总的趋势是东南部多、西北部少，在东北、西南边远省（自治区、直辖市）及东南、华南丘陵山地森林资源分布多，而辽阔的西北地区、内蒙古中西部、西藏大部，以及人口稠密经济发达的华北、中原及长江、黄河下游地区，森林资源分布较少。按照《中华人民共和国国民经济和社会发展第十一个五年计划纲要》，将我国区域发展格局划分为西部地区、东北地区、中部地区和东部地区。其中东北地区森林覆盖率最高，达40.22%，西部地区最低，仅17.05%，东部地区为35.68%，中部地区为33.30%。如果按照流域来分析，我国十大流域中，森林资源集中分布在长江、黑龙江、珠江、黄河、辽河、海河、淮河等七大流域。七大流域土地面积占国土面积近一半，森林面积占全国的70%以上，其中长江流域、黑龙江流域的森林资源约占全国森林资源的50%。

三、问题与挑战

第七次全国森林资源清查结果显示，中国森林资源呈现出"总量持续增加、质量有所提高、结构趋于合理、体制渐趋完善"的良好发展态势。但是森林总量相对于生态建设、国民经济发展和人民生产生活的需求明显不足，森林地理分布不均与改善生态环境、减少自然灾害、保障可持续发展的要求极不适应，森林质量不高、结构不合理、经营水平低、综合效益差与促进区域经济发展、满足林产品有效供给、有效发挥森林多种效益的要求还有相当大的差距，建设和培育稳定的森林生态系统的任务仍十分艰巨。

（一）森林总量持续增长，但相对于需求依然不足

根据第七次全国森林资源清查结果，中国森林面积持续增长，与上次清查相比，森林面积增加 2054 万公顷，森林覆盖率由上次清查的 18.21% 增加到本次的 20.36%，增长了 2.15 个百分点，年均增加 0.43 个百分点；森林蓄积稳步增长，全国森林蓄积比上次清查净增 11.23 亿立方米，相当于为全国每人增加 0.84 立方米的森林储备量，特别是人工林蓄积增长明显加快，净增 4.56 亿立方米，占森林蓄积净增量的 41.6%。中国森林面积达 1.95 亿公顷，森林蓄积量达 137.21 亿立方米，绝对数值均非常可观，在世界上具有非常重要的地位。

但是，中国人口众多，地区差异性大，局部生态状况仍在恶化，提高人民生活水平和改善生态状况对森林资源的需求与日俱增，森林资源总量相对不足。在人均水平上，森林覆盖率为 20.36%，仅相当于世界平均水平的 2/3，居世界第 139 位；人均森林面积 0.145 公顷，不足世界人均占有量的 1/4；人均森林蓄积量为 10.151 立方米，只占世界平均水平的 1/7。中国用占世界不足 5% 的森林资源，既要满足占世界 22% 人口的生产、生活和国家经济建设的需要，又要维护世界 7% 的土地的生态安全，显然是不足的。从维护良好的生态状况，满足人民生产、生活和国家经济建设需要，有效发挥森林多种效益的要求看，中国的森林资源还是非常贫乏的。

（二）森林地域分布不均，生态脆弱区森林稀少

受自然地理条件、人为活动、经济发展和自然灾害等因素的影响，中国森林分布极不均衡。西部地区包括重庆、四川、贵州、云南、西藏、陕西、甘肃、青海、宁夏、新疆、内蒙古、广西 12 个省（直辖市、自治区），土地面积占国土面积的 70%，但森林覆盖率平均只有 17.05%；东北地区包括黑龙江、吉林、辽宁 3 个省，土地面积占国土面积的 10%，但森林覆盖率平均为 40.22%；中部地区包括山西、安徽、江西、河南、湖北、湖南 6 个省，土地面积约占国土面积的 10%，森林覆盖率平均为 33.30%；东部地区包括北京、天津、河北、上海、江苏、浙江、福建、山东、广东、海南 10 个省（直辖市），土地面积占国土面积的 10%，森林覆盖率平均为 35.68%。从森林面积人均占有量分析，人均占有森林面积西藏自治区最高；超过世界人均占有量水平的也只有西藏、内蒙古、青海；高于全国人均占有量水平的有 11 个省（自治区），依次为黑龙江、云南、吉林、新疆、江西、广西、福建、海南、陕西、四川、湖南省（自治区），其他省（自治区、直辖市）均低于全国平均水平。这种状况充分说明了中国森林分布存在明显的不均衡性，差异很大，限制了森林生态系统总体功能的发挥。

（三）森林质量有所提高，但总体上质量仍然偏低

近年来，通过积极培育和采取严格保护等措施，我国森林的数量快速增加，质量、结构明显改善，功能和效益正逐步朝着协调的方向发展。从第七次全国森林资源清查结果看，全国森林林每公顷蓄积量增加 1.15 立方米，每公顷年均生长量增加 0.30 立方米，混交林比例上升 9.17 个百分点。有林地中，公益林的比例上升 15.64 个百分点，达到 52.41%。

从森林生态学的角度分析，森林单位面积蓄积量、单位面积生长量、单位面积株数、平均郁闭度、平均胸径、群落结构、树种结构、森林灾害、森林健康状况等是评价森林质量的重要指标。综合利用这些指标，采用层次分析法和专家咨询法，对我国森林的质量按照好、中、差三个等级进行评估。结果显示，森林质量等级好的面积占 16.66%，中等的面积占 60.96%，差的面积占 22.38%。经综合评价，森林质量指数为 0.57，质量整体上处于中等水平。从各省（自治区、直辖市）来看，全国第七次清查森林资源质量等级达到良以上的有 2 个省份，评分值最高的西藏自治区达 0.696，其次是吉林省为 0.662，中等的有 25 个省份，较差的有北京、上海、河北和宁夏等 4 个省（自治区、直辖市），与第六次清查相比，质量指数有所提高的有 15 个省份，其中质量等级提高，由差等变为中等的有天津市和山西省。

另一方面，虽然人工林面积占世界首位，但就我国的全部森林资源来讲，人工林占的比例过大，幼龄林、中龄林的比例过大，成过熟林比例太低，森林生态系统的整体功能还非常脆弱，与社会需求之间的矛盾仍相当尖锐，保护和发展森林任重而道远。

（四）天然林逆向演替趋势有所缓解，但森林生态系统功能恢复依然面临较大压力

我国天然原始林已剩无几，且主要分布在边缘山区，次生林面积增加且质量低下，主要林区天然林面积不断减少，导致天然林生态系统逆向演替，质量不断下降，生态服务功能降低，已成为制约我国社会经济发展的重要因素，并引起了国内各个阶层的广泛关注。1998 年，启动实施以"加快天然林从以木材利用为主向生态利用为主转移的步伐，实现天然林资源有效保护和合理利用的良性循环"为目标的天然林资源保护工程以来，通过停止长江上游、黄河中上游天保工程区内天然林商品性采伐，调减东北、内蒙古等重点国有林区的木材产量等措施，天然林保护和恢复取得了明显成效。根据第七次全国森林资源清查结果，清查间隔期内天然林面积净增 393.05 万公顷，蓄积净增 6.76 亿立方米，天然林资源保护工程区，天然林面积净增 211.30 万公顷，比第六次清查净增量多 26.37%，天然林蓄积净增 3.66 亿立方米，是第六次清查净增量的 2.23 倍。天然林生物多样性明显增强，生态系统逆向演替趋势得到了初步缓解。

但是，天然林经营管理过程中，片面追求天然林资产增值而忽视天然林生态功能提高的现象仍十分普遍。天然林缺乏科学经营，抚育不及时、作业不规范，采大留小、采好留坏、超强度采伐等不合理的现象仍然存在，天然林每公顷蓄积只有98.64立方米，枯损量有较大幅度增加，天然林质量低的状况还没有得到改善。天然林仍是采伐利用的主要对象，天然林采伐消耗量占林分采伐消耗量的60.5%。天然林管护措施不落实，天然林变为其他地类的面积仍然巨大。面临着人口增长和经济发展巨大压力，恢复天然林生态系统任重而道远。

（五）人工林面积大，但整体水平普遍不高

新中国成立以来，中国政府高度重视人工林的培育，采取了一系列政策措施，有力地促进了造林绿化工作的开展。通过几十年的不懈努力，中国人工林建设取得了巨大成就，人工林面积居世界第一。全国人工林面积6168.84万公顷，占有林地面积的34.01%；人工林蓄积196052.28万立方米，占森林蓄积的14.67%。

但是，中国人工林经营水平普遍不高，加上人工林大部分还处在幼龄和中龄林阶段，中幼龄林面积比例占75.62%，人工林单位面积蓄积49.01立方米/公顷，相当于林分平均水平的57%，其中有些省份如山西、内蒙古、陕西、宁夏人工林林分每公顷蓄积量少于30立方米。人工林林分平均胸径11.7厘米，比天然林林分平均胸径低16%，其中浙江、广西人工林林分平均胸径还不足10厘米。全国人工林面积中，杉木、马尾松、杨树等3个树种面积所占比例将近50%，针叶林达到了近70%，人工林树种单一的现象十分普遍。单一化的树种结构，造成了病虫害发生率增高，地力衰退严重，生物多样性下降，不利于人工林持续健康发展，人工林的多功能效益也难以充分体现。加强人工林的科学经营，加大集约经营力度，提高林地生产力，已迫在眉睫。

（六）森林经营有所加强，但管理水平有待加强

森林资源可持续经营管理仍然是我们面临的一个重大课题，森林资源的集约化、信息化、现代化建设是一个长期任务。人工林存在着树种单一、病虫危害、地力衰退、效益不高、功能低下等问题，经营水平亟待提高；森林资源分类管理、分区施策还要根据自然条件、森林类型、经济发展水平、经营管理水平等方面的差异，进一步细化并落实；破坏森林资源案件频发，乱砍滥伐林木、乱捕滥猎野生动物、乱批滥占林地等现象还未得到根本遏制，森林资源林政管理、监测、监督体系仍待加强；基层森林资源林政管理、执法、林业工作站等机构基础设施和能力建设滞后，亟待得到强化。

（七）林业发展的体制机制改革有进步，但政策法律依然滞后

林业面临的三大改革任务中，集体林权制度改革已逐步推向深入，同时，按期完成主体改革、进一步推进后续改革、完善林改政策的顶层设计、大力发展林下经济，真正实现生态得保护、林农得实惠的改革目标，仍有大量工作要做；重点国有林区和森工企业改革任务艰巨，政企不分、产权不清等问题急需解决，森林资源危机、企业经济危困等问题依然存在，林区基础设施滞后和民生问题仍然严重，改革任重道远；国有林场改革需要在试点和已有方案的基础上，最终形成中央意志，逐步全面铺开。森林资源管理的政策和法律制度亟待完善，林木采伐、木材流通等管理制度需要根据新的形势和要求进一步改革、调整和完善；森林生态效益补偿制度还需不断扩大范围，提高标准；要进一步建立和健全林业支付保护制度、金融支撑制度、林权流转制度和林业社会化服务体系，并强化落实。林业法律法规，特别是《中华人民共和国森林法》要根据经济社会和现代林业发展的要求做出必要的修改和完善。进一步建立健全社会主义林业市场经济体制，稳步推进林业产权改革，不断完善林业市场体系，着力加强林业宏观调控，并做好相应的政策设计。

第四节　目标与选择

一、世界趋势

纵观世界林业发展，可以看出，尽管各个地区和不同国家间的社会和经济发展水平差异较大，但进入 20 世纪 80 年代以后，林业发展的模式和对森林生态系统的经营管理都出现了日益同化的趋势，大体可概括为以下几个方面：

（一）由传统林业向多功能林业转变

从历史发展角度来看，世界各个国家的经济发展普遍经历了和正在经历着农业社会的自然经济阶段和资本主义萌芽阶段、工业社会的工业革命阶段、工业化阶段和现代工业大发展阶段，以及以 1972 年斯德哥尔摩会议为起点的生态化社会阶段。人类社会已经由农业文明和工业文明转向生态文明。

在不同社会经济发展阶段的背景下，世界各国的林业也相应地经历了和正在经历着森林原始利用阶段、林业产业形成阶段、林业产业停滞和恢复阶段、林业产业大发展阶段和生态、社会及经济效益全面协调发展阶段，即多功能林业阶段。工业化国家的林业正在由传统林业向多功能林业过渡，其特点是生态和社会效益在经营目标中日益上升到重要地位。在广大发展中国家，经济发展较快的一部分南美国家（如巴西、智利）和东南亚国家（如印度尼西亚、马来西亚），其林业已进入以经济效益为主的大发展阶段，并开始重视林业的生态和社会效益，制定和采取了相应的政策和措施。当然，一些经济发展比较滞后的国家（如西非诸国和大洋洲的一些岛国），其林业依然处于产业形成阶段，甚至仍停留在单一木材利用阶段。

（二）由传统经营模式向现代经营模式转变

为了发挥森林的多种效益和实现可持续发展，发达国家和发展中国家普遍实施森林分类经营原则，即根据不同的经营目标划分林种，其中包括工业林（或商品林）、公益林和多功能林。目前出现的明显趋势是，公益林（包括各种防护林、自然保护区和森林公园等)所占比例不断提高,工业用材林比重逐步缩小。不同的林种代表着不同的生态系统,政府主管部门要求森林经营者按不同林种制定符合各自生态系统要求的经营措施,最终实现各林种可持续发展的目标。多数国家都对本国森林资源进行了经营目标区划(林种区划),一些经济发展比较快的国家,尤其是经济发展水平已进入到中上等收入行列的国家,亦出现了公益林比重逐渐扩大,人工速生林在用材林中比重明显增加和天然林提供的工业材所占比重日趋缩小的良好趋势。

(三)由传统森林经营向可持续森林经营转变

林业作为国民经济的一个重要组成部门,肩负着保护国土环境、改善生活条件、提供工业原材料和维持物种资源等多方面的使命。但其具体任务和经营目标,则是随着不同时期社会需求的变化而变化。如在农业社会,人们向森林索取的只是为满足生存所需要的薪炭材、生活和建筑用材,以及为发展农业经济所需要的生产用材。在工业社会,经营森林的主要目的在于满足发展工业所需要的各种原材料,即实现以满足木材需求为主要目的的木材永续利用为主要目标。而在生态化社会,人们对林业的需求已经由单一的经济需求向生态、社会和经济(木材)等多方面需求转变。

伴随着人类对森林需求的不断变化,森林经营的理论和思想,在其诞生以来的200多年里,也一直在不断发展和完善,以适应社会经济发展对林业的需求。由于世界各国社会经济发展水平的差异,森林经营理论、思想与方法在发达国家与发展中国家呈现出不均衡的态势。发达国家的森林经营理论与思想比较活跃,以德国和美国为代表,德国林学家马尔提希(G. L. Martige)、柯塔(H. Cotta)、洪德斯哈根(J. Ch. Hurdeshagen)、盖耶尔(K. Gayer)在18世纪末、19世纪初和19世纪末相继提出了"森林永续经营"、"龄级法"、"法正林"、"近自然林业"等森林经营理论。在20世纪中叶,德国又陆续出现了"林业政策效益论"、"船迹理论"、"和谐理论"、"林业服务于国家和社会理论"和"森林多功能理论"等森林经营理论。美国林学家在20世纪初和70~80年代分别提出了"林业分工论"和"新林业理论"。发展中国家由于受到经济发展水平的限制,基本处于应用现有理论进行森林经营的阶段。

森林经营思想的真正变革应该说是1991年的第十届世界林业大会和1992年联合国环境与发展大会以后,"森林可持续利用"渐渐成为世界范围内森林经营理念的主流,它不仅丰富了以前森林经营理论的内容,而且以可持续经营作为森林经营和林业发展的目标,极大地丰富了森林经营理论的内涵,标志着传统林业思想向现代林业思想的转变。尽管对于森林可持续经营在世界范围内尚未完全达成共识并形成完整的理论体系,但随着"森林可持续经营"思想的不断运用和完善以及相关领域研究的不断深入,该理论必将很快得到系统的发展和完善,这将是森林经营思想的历史性变革。

(四)由单纯开发天然林向保护天然林与培育人工速生林相结合转变

为了发挥森林的综合效益,解决环境和木材需求之间的现实矛盾,工业化国家和许多发展中国家的普遍做法是：严格保护天然林，在充分发挥天然林的生物多样性保护和其他各种生态效益的前提下，把大力发展速生人工林作为解决 21 世纪木材需求的根本性措施，并且普遍制定了长期的人工林发展规划。

在工业发达国家，出于维护环境和改善生活条件的需要，划为各种保护林的天然林面积迅速扩大，可供大规模工业利用的天然林资源日趋减少。同时，随着优质天然林大径材的减少，锯材和胶合板产量急剧降低，可供生产非单板型人造板和制浆的加工剩余物亦随之减少。在这种形势下，为了保证林产工业的持续发展和满足国民经济对林产品的需求，很自然地由依靠开发天然林转向大规模营造人工速生林。人工速生林占地面积小，产量高，生产周期短，交通方便，可采用现代化集约经营措施，因此资金回收快，经济效益好，而且随着科学技术的发展，通过改进加工工艺和生产设备已可利用人工速生材生产出代替天然林大径材产品。因此，即使一些天然林资源十分丰富的国家也把未来的木材供应寄托在人工速生用材林上。

我国从 2000 年启动的天然林资源保护工程（现在已经进入二期）以及正在实施的速生丰产林建设以及珍贵用材树种基地建设工程等，正是顺应这样的历史潮流。

（五）由部门林业向社会林业转变

在传统林业时期，人们将森林仅仅视为能为社会生产财富的资源之一，人们经营管理森林的主要目的是为社会积累财富，林业的主体是森林经营者，关注森林和林业问题的群体也主要是林业行业的相关群体。随着社会的发展和人们对森林功能认识程度的不断深入，特别是伴随着工业化进程的不断加快，人类社会面临的以气候变化为核心的全球环境问题越来越严重，人类对森林的关注程度越来越高，希望森林在产生经济效益的同时，能更多地发挥环境保护和生态建设功能，越来越多的社会群体开始关注森林，林业也正从部门林业向社会林业转变。

二、总体思路和发展目标

人类是从森林中走出来的，可以说森林是人类的摇篮。可以说没有森林就没有人类生存的条件。工业革命以来，人类对森林的开发索取从未停止，且愈演愈烈，尤其大面积的天然林，特别是原始森林被破坏后，造成森林生物多样性聚减，森林环境恶化，给人类带来严重的灾难。20 世纪 80 年代以来，森林资源保护与合理利用问题逐渐成为人们关注的重要问题。Boyle(1990)参照联合国环境与发展世界委员会(WCED)给可持续发展下的定义，提出了可持续林业的概念，即"既满足当代人的需要，又不会对后代人满足其需求构成危害的森林经营"。

2001 年国家林业局组织了林学、生态学等 40 多个学科的近 300 名专家就"中国可持续发展林业战略"进行了研究。在其研究总论中提出了林业可持续发展的目标：可持续林业是对森林生态系统在确保其生产力和可更新能力，以及森林生态系统和生物多样性不受到损害前提下的林业实践活动，它是通过综合开发、培育和利用森林，发挥其多种功能，并且保护空气和水的质量，以及森林动植物的生存环境、既满足当代社会经济发展的需要，又不损害未来满足子孙后代需求能力的林业。可持续林业不仅从健康、完整的生态系统，生物多样性、良好的环境及主要林产品持续生产等诸多方面反映了现代森林的多重价值观，而且对区域整个国家、全球的社会经济发展和生存环境的改善，都具有不可替代的作用。

以往的森林经营目标是以林木及其林副产品为主，希望能够充分提供食物和生活资料、货币收益最大、森林纯收益最大、林地纯收益最大。而森林可持续发展的经营目标则为：保持森林生态系统的完整；生态与环境服务功能最大，社会福利贡献最大。

从森林生态系统的内部结构组成来看，可以用下面几个具体的目标作为森林可持续发展的目标：无退化地开发使用林地，使林地能够永续不断地得到合理利用，充分发挥其生产潜力；森林资源通过可持续方式的管理，能够有效不断地利用，并保证其质量不能下降，生物物种不能减少；对森林其他野生动植物及非林木资源要持续不断地加以保护与利用。

党的十七大提出了建设生态文明的奋斗目标，为林业工作指明了方向，也为森林可持续经营提出了新任务和新要求，森林经营的地位将更加突出、作用更加显著、任务更加繁重。

面对我国森林资源存在的主要问题和承担的主要任务，今后一个时期，我国森林可持续经营要高举中国特色社会主义伟大旗帜，以邓小平理论和"三个代表"重要思想为指导，全面贯彻落实科学发展观，坚持严格保护、积极发展、科学经营、持续利用的方针，以增加森林资源总量、提高森林资源质量、优化森林资源结构为主线，以构建稳定的森林生态系统、实现森林可持续经营为宗旨，深化改革，创新机制，全面提升森林资源的质量和效益，为发展现代林业和建设生态文明提供基础保障。

通过努力，力争到2020年，林地总量适度增加，林地保有量增加到31230万公顷，占国土面积的比重提高到32.5%以上；森林保有量稳步增长，全国森林面积力争达到22300万公顷以上，比2005年增加4200万公顷左右，森林覆盖率达到23%以上；林地生产力明显提高，全国林地生产率达到90立方米/公顷以上，现有乔木林地的林地生产率力争达到102立方米/公顷，全国森林蓄积量增加到150亿立方米以上，比2005年增加23亿立方米左右。

在此基础上，到2050年，森林覆盖率达到并稳定在26%以上，全国自然保护区面积达到1.728亿公顷，占国土面积的比例达到18%（林业自然保护区总面积占国土面积的16%），典型生态系统类型得到良好保护，适宜治理的荒漠化土地基本得到治理，全国70%的城市林木覆盖率达到45%以上，真正实现山川秀美，生态状况步入良性循环，林产品供需矛盾得到缓解，建成比较完备的林业生态体系、比较发达的林业产业体系和比较繁荣的生态文化体系，为发展现代林业、建设生态文明、推动科学发展，为全面建设小康社会、建成生态环境优美的国家做出新贡献。

三、对策选择

千百年来，"征服自然"、"人定胜天"、认为人类能主导一切的观念牢固地统治着人们的思想，直至遭到大自然无情的报复。近年来特大自然灾害越来越频繁，干旱、洪水、地震等，一次又一次地受到自然的惩罚后，人们才逐渐觉醒认识到：人类也是自然界的一个组成部分，人类的行为也必须遵守自然规律。在生态与环境问题日趋严重的形势下，传统的森林经营方式方法越来越受到广大民众和环保主义者的反对。

当前，人类面对着环境、人口、资源三大难题，尤其是环境问题，已引起世界各国的普遍关注，森林破坏、植被减少、资源的过度消耗、环境质量的恶化、水土流失、荒漠化、沙尘暴、干旱等灾害日趋严重，我们正面临着生态环境危机的严峻挑战。作为陆地生态系统主体的森林生态系统的变迁会导致自然生态的重大变化，再进一步影响和制约社会的发展。世界上许多文明古国的兴衰和消亡的历史都充分地证明了这一点。在发展与环境保护、全局利益与地方利益、眼前利益与长远利益等种种矛盾面前，保护森林生态系统已成为全球共同的责任。

为实现森林保护发展目标，按照发展现代林业、建设生态文明、推动科学发展的总要求，以兴林富民为宗旨，继续坚持严格保护、积极培育、科学经营、持续利用森林资源的方针，加大投入，攻坚克难，继续实施林业重点工程，全面加强森林经营，着力增加森林资源总量，提高森林资源质量，增强森林生态服务功能和应对气候变化的能力，推进现代林业科学发展。

（一）加快推进造林绿化，稳定增加森林资源总量

深入开展全民植树运动，继续加强林业重点工程建设，加快荒山荒地绿化、平原绿化、通道绿化、村镇绿化和森林城市绿化建设步伐，不断增加森林资源总量。

继续实施天然林资源保护工程，进一步加强森林管护和公益林建设，加快森林后备资源培育，逐步建立天然林保护长效机制，使森林总量显著增加，森林质量和生态功能明显提高，生物多样性进一步丰富。

进一步巩固退耕还林成果，稳步推进退耕还林工程建设，加强森林经营，培育和发展退耕还林后续产业，提高工程建设质量和效益，使工程区水土流失和风沙危害逐步减轻，生态环境得到进一步改善，退耕农户长远生计问题得到切实解决。

扎实推进"三北"、"沿海"、"长江"等防护林体系建设，稳步推进重点流域、大江大河源头两岸、三峡库区、南水北调源头等重点区域防护林建设；实施全国防沙治沙规划，继续推进京津风沙源治理工程和石漠化综合治理工程，加强重点地区土地沙化防治和沙化土地封禁保护措施，加快构筑北方防沙治沙、沿海防风消浪两大绿色生态屏障和主要江河流域生态保护网络，强化区域性防灾、抗灾、减灾等防护功能，逐步改善我国生态状况。

继续推进全国野生动植物和古树名木保护及自然保护区建设工程，强化稀少种群野生动植物保护、生境改造与野外放归工作，拯救濒危物种，改善栖息地生境，推进濒危物种的繁育及放归。组织实施全国林业自然保护区发展规划，加快野生动植物物种源繁育基地和珍稀野生植物培植基地建设。

大力发展速生丰产林、工业原料林、珍贵大径材、木本粮油经济林、生物能源林和生态经济型防护林，加大投入和经营管理力度，提高林地生产力，增加供给能力，确保林产品的有效供给。

加快各地义务植树立法，落实义务植树属地管理和部门绿化责任制度，开展多种形式义务植树活动，推进部门、单位和社区绿化，依靠人民群众，促进身边增绿，改善人居环境。

(二)全面加强森林经营，着力提升森林质量和效益

完善森林经营政策，推进经营模式的改革与创新，全面加强森林经营，促进森林可持续利用，以有效解决经营管理粗放、质量效益低下的问题，提升森林功能效益，增加森林产品的供给能力。

建立造林、抚育、保护、管理投入补贴制度，改革育林基金管理办法，充分发挥市场机制和产权机制的资源配置作用，鼓励和引导各种生产要素参与森林经营。

积极开展全国森林经营试点，加快建立森林经营技术体系和科技推广体系，确定公益林和商品林最优经营模式，推动分类经营向纵深发展。

编制并实施全国森林可持续经营实施纲要，加快构建以全国林业发展区划及森林资源经营管理分区施策导则为基础的宏观指导体系，全面推进我国森林可持续经营。

推进建立以森林经营方案为基础的森林经营机制，科学进行更新造林、抚育间伐和低效林改造，结合发展林业产业，全国推进森林经营，加快培育健康、稳定、高效的森林生态系统。

(三)扎实推进集体林权制度改革，激发促进森林资源发展动力

全面推进集体林权制度改革，将集体林地的经营权和林木所有权落实到农户，进一步解放和发展林业生产力。完善森林资源管理政策，健全社会化服务体系，形成集体林业的良性发展机制，充分调动广大农民造林育林护林的积极性，实现资源增长、生态良好、农民增收。

全面推进集体林权制度改革，完成明晰产权、承包到户的任务，确立农户的经营主体地位，实现"山有其主、主有其权、权有其责、责有其利"的产权格局。

　　建立支持集体林业发展的公共财政制度，各级政府加大对林业基础设施的投入，完善森林生态效益补偿基金制度，多渠道筹集补偿资金。

　　加大林业金融支持力度，深化符合林业特点的政策性金融服务，积极实施林权抵押贷款，拓宽林业融资渠道，加快推进政策性森林保险，提高林农开展林业生产经营和抵御自然灾害的能力。

　　加快推进森林采伐管理改革，完善林木采伐管理制度，实行分类管理、分区施策，实现森林资源保值增值，促进森林资源保护与利用的良性循环。

　　加快集体林地、林木流转制度建设，盘活林业资源，鼓励林业适度规模经营，优化林业要素配置，提高林地产出和效益。加强森林资源资产评估管理，依法维护林权权益人的利益。

　　不断完善林业社会化服务体系，着力增强服务的网络化、专业化、社会化水平，满足广大林农对林业生产技术、信息、金融等多方面、多层次的服务需求，推进林业标准化、集约化、产业化经营，提高经营效益。

（四）加大依法治林力度，保障森林资源安全

　　加强林业法律法规体系建设，全面推进林业立法、普法和执法工作，提高森林资源管理和保护依法行政能力，保障森林资源安全。

　　完善林业法律体系，制定修改《中华人民共和国森林法》、《中华人民共和国湿地保护条例》等法律法规，制定出台林地保护管理、林权流转、林木采伐管理、非公有制林业发展、天然林保护、公益林管理、林业工程质量监管等规章制度，健全林业发展和生态建设的法律保障。

　　加大林业执法和监督力度，严厉打击乱砍滥伐林木、乱捕滥杀野生动物等违法犯罪行为，督察督办破坏森林资源重大案件，保护和巩固林业建设成果。

　　依法加强林地保护，实行分级管理、差别管理、定额管理和用途管制，强化林业普法教育，加大《中华人民共和国森林法》、《中华人民共和国防沙治沙法》、《中华人民共和国种子法》、《中华人民共和国森林病虫害防治条例》、《中华人民共和国植物检疫条例》等法律法规的宣传力度，普及林业法律知识，提高法律素质，以维护林区社会和谐稳定，营造良好的法治环境。

　　依法加强森林火灾、林业有害生物等重大突发事件的预警监测、应急处置、灾害防控工作，确保森林资源健康与安全。

（五）坚持科技兴林，增加森林资源可持续发展能力

　　坚持把科技进步和创新作为林业生产和资源管理的重要推动力量，充分发挥科技的支撑、引领、突破、带动作用，构建林业科技产业链，提升森林资源可持续发展能力。

　　加强生态建设与生态安全、林业生物技术与良种培育、森林生物种质资源保护与利用、林业生物产业发展、数字林业、林业科技创新能力建设等重点领域的科学技术研究，集中力量、重点攻关，尽快突破长期制约林业发展的关键技术难题。

加强科技推广服务，加大林业新品种新技术的推广应用示范，健全林业科技推广网络，搭建科技普及平台，实施百县千村万户科技行动和林业科技示范基地建设，以林业科技助推林改，提高林农森林经营技能。

扎实推进森林资源保护、利用与发展标准体系建设，建设标准化示范区，强化相关标准的实施，推动实现从种苗培育、造林更新、抚育到利用管理等各环节的标准化。

加强良种基地建设，实施林木良种补贴制度和良种基地建设补贴制度，大力培育和开发乡土树种，积极引种国外优良树种，全面提高良种壮苗应用率。推广先进的林业分类经营技术和经营模式，强化低碳经济发展的科技支撑。

（六）加强森林资源管理基础建设，提高森林资源保护管理水平

强化森林资源管理工作，加快构建现代森林资源保护管理体系，提高森林资源保护管理监督水平，着力夯实现代林业建设的基础和保障。

强化各级森林资源管理队伍建设，加大森林资源保护管理系统的装备和基础设施建设投入，全面提高森林资源保护管理能力和执法水平。强化林业工作站的机构和队伍建设，保障人员和工作经费，加大人员培训力度，全面提高工作人员的业务水平。

加强森林资源和生态状况监测与评价，稳步推进全国森林资源管理信息系统建设，不断深化森林资源监测的优化改革，逐步构建技术先进、反应灵敏、准确高效的全国森林资源和生态状况综合监测体系。

加快推进重点国有林区森林资源管理体制改革，建立森林资源行政管理与企业经营分离，政企分开、企社分离、产权明晰、责权统一的国有森林资源管理体制。

强化林业调查规划设计资质管理，建立森林资源资产评估师制度和评估制度。

加快林业数表修编进程，构建实物度量、效益评估和经营评价标准体系。

（七）大力增加森林固碳总量，提高林业应对全球气候变化能力

保护和发展森林资源，建立稳定的森林生态系统，增强森林固碳功能，充分发挥森林的间接减排作用，积极有效地应对全球气候变化。

全面推进《应对气候变化林业行动计划》的落实，突出抓好抓实碳汇林和生物质能源林的培育和发展，增加森林资源总量，为应对气候变化做出积极贡献。

促进发展绿色经济、低碳经济和循环经济，鼓励企业、公民积极参与各种形式的造林活动，形成全社会积极应对气候变化的良好氛围与合力。

尽快建立全国森林碳汇计量和监测体系，提高森林固碳监测和评估能力；制定与国际接轨的森林碳汇计量与监测指南，并推进建立交易规则；推动建立碳汇相关资质管理制度，全国提升我国有效参与国际碳市场的竞争力。

加强林业减排增汇的技术潜力与成本效益分析，以及森林生态系统对气候变化的适应性研究。

（八）积极参与国际合作，促进林业国际交流与协作

进一步扩大对外交流，加强林业国际协作，促进森林资源的保护与发展，提升我国林业的国际影响力。

积极参与全球森林资源评估，认真履行国际森林文书、《联合国气候变化框架公约》、《联合国防治荒漠化公约》、《生物多样性公约》、《湿地公约》、《濒危野生动植物种国际贸易公约》等国际公约，为实现全球森林目标，缓解全球生态危机做出贡献。

积极参与国际有关森林可持续经营的多边合作和区域进程，以及有关温带寒温带森林的可持续经营的标准与指标体系进程，加快我国森林可持续标准指标体系的制定。

统筹"引进来，走出去"对外合作战略，推进亚太森林恢复与可持续管理网络建设，巩固和扩展双边多边合作渠道，积极引进国外资金、资源、技术和管理经验，促进森林资源的保护与发展。

加强林木种质资源的保护和输出管理，严控外来有害物种入侵，保护生物多样性。稳步推进林木转基因工程，加强转基因林木的研究、试验、生产、经营和进出口管理，确保我国生物物种基因安全。

积极参与国际林业规则制定，妥善应对国际林业热点问题，争取国际重大决策的话语权，维护国家权益。加大林业对外宣传力度，进一步提高我国林业的国际影响力。

第三章

湿地生态系统

——地球之肾

对于很多人来说，湿地是一个十分生疏的概念，只是近年来，随着环境问题的突出，媒体开始关注湿地。"湿地"一词源自英文 wetland，该词由两个词组成，即 wet 和 land。wet 是潮湿的意思，land 是土地。

湿地是人类最重要的环境资源之一，也是自然界富有生物多样性和较高生产力的生态系统。它不但具有丰富的资源，还有巨大的环境调节功能和生态效益，在提供水资源、调节气候、涵养水源、均化洪水、促淤造陆、降解污染物、保护生物多样性和为人类提供生产、生活资源方面发挥了重要作用。

第一节　概念与特征

一、概　念

很多人都曾有过池塘边钓鱼或湖泊上划船游玩的经历，在你追求片刻休闲的时候，也许根本就没有想到，你所置身之处就是湿地。

湿地是地球上最富生物多样性的生态系统和人类最重要的生存环境之一，与人类息息相关，它不仅可以给人类提供水和食物，而且还在抵御洪水、调节径流、控制污染、调节气候、美化环境等方面起到重要作用。它既是陆地上的天然蓄水库，又是众多野生动植物资源，特别是珍稀水禽的繁殖和越冬地，因此湿地被称为"生命的摇篮"、"地球之肾"和"鸟类的乐园"。

美国是世界上率先提出并使用湿地概念的国家。早在 20 世纪 50 年代，美国鱼类和野生动物保护组织的第一次湿地资源普查中，就已经使用了"湿地"这一专业术语，并将湿地定义为：被浅水或间歇性积水覆盖的低地；生长挺水植物的湖与池塘，但河流、水库和深水湖泊等稳定水体不包括在内。70年代末期，美国将上述定义进一步修改为：湿地是指陆地生态系统和水域生态系统之间的转换区，其地下水位通常达到或接近地表或处于浅水淹覆状态。

加拿大国家湿地工作组将湿地定义为：被水淹或地下水位接近地表、或浸润时间足以促进湿成或水成过程并以水成土壤、水生植被和适应潮湿环境的生物活动为标志的土地。加拿大学者认为，湿地是一种土地类型，其主要标志是土壤过湿、地表积水但小于2米、土壤为泥炭土或潜育化沼泽土，并生长水生植物。

在日本，受法律保护的湿地范围非常广泛，仅其《自然公园法》就规定，在国立公园内凡从事涉及河道、湖沼等水位、水量增减的活动，在指定湖沼、湿原的水系范围内或其周围1千米区域水域范围内建立污水或者废水设施的活动，以及填埋或者拓干湿地的活动，必须得到环境长官或者都道府县知事的许可。

法国在其《水法》中将湿地定义为"已被开发或者未被开发的，永久性或者暂时性充满淡水或者咸水的土地"，其《湿地行动计划》中则引用了《湿地公约》的湿地定义。

比利时在《保护自然和自然环境令》及其相关法令中，均采用《湿地公约》的定义，不过后者只适用于具有生物价值的湿地。

丹麦在《自然保护法》中采用列举的方式，规定了将湖泊、水道、沼泽、泥炭地、永久性湿草地等野生动植物栖息地类型的湿地作为调整对象。

亚美尼亚在制定《国家环境行动计划》时，将湿地的调整范围明确为自然湿地和人工湿地、永久性湿地和非永久性湿地类型。

在不同的国家和地区，关于湿地的定义不尽相同，有人粗略估计有20多种，也有人说50多种，但大体上可分为广义和狭义两种。

狭义定义一般是认为湿地是陆地与水域之间的过渡地带。广义则把地球上除海洋（水深6米以上）外的所有水体都当做湿地。但是，无论是从广义上还是狭义上来讲，严格的科学定义只有一个，这就是《湿地公约》提出的国际上公认的湿地定义，我国对湿地的定义就是采取《湿地公约》上的定义，即把所有的天然、人工、长久或暂时性的沼泽地，泥炭地或水域地带，以及静止或流动的淡水、半咸水、咸水体，包括低潮时水深不超过6米的水域都统称为湿地。湿地包括多种类型：珊瑚礁、滩涂、红树林、湖泊、河流、河口、沼泽、水库、池塘、水稻田等。它们共同的特点是介于陆地和水体之间的过渡带，表面常年（或经常）覆盖着水或充满了水。

虽然我国研究和利用湿地的起步较晚，但是在历史上我国古人早就注意到湿地，《礼记·王制篇》中把水草所聚之处称为"沮泽"、"沮洳"、"斥泽"或"下湿地"等。而《禹贡》、《水经注》、《徐霞客游记》等地理古籍中也都有关于湿地的记载，只是称谓各不相同。而真正认识到湿地在提供水资源、调节气候、蓄水兴利、净化水质、旅游资源、保护生物多样性等方面的作用，则是从20世纪70年代才开始，到了80年代和90年代，随着一批人工湿地的建成投产，国内在人工湿地净化功能方面的研发也迈出了重要的一步，如 1987 年、1989 年和 1990 年，我国先后在天津、北京和深圳建成了用于处理污水的人工湿地等。

二、分　类

为了更好地研究和利用湿地，湿地的管理者和研究人员也将湿地进行了分类。

湿地的类型多种多样，通常分为自然和人工 2 大类 42 型。国际上的湿地分类是在充分认识湿地本质特征的基础上，根据湿地结构、功能特征划分的。它是以《湿地公约》为依据，从湿地保护与管理的角度出发所制订的湿地综合分类系统，并被国际社会普遍采用，见表 3-1。

表 3-1　《湿地公约》的湿地类、型及划分标准

湿地类	湿地型	划分技术标准
海洋/湿地	永久性浅海水域	多数情况下低潮时水位小于 6 米，包括海湾和海峡。
	海草层	包括潮下藻类、海草、热带海草植物生长区。
	珊瑚礁	珊瑚礁及其邻近水域。
	岩石性海岸	包括近海岩石性岛屿、海边峭壁。
	沙滩、砾石与卵石滩	包括滨海沙洲、海岬以及沙岛；沙丘及丘间沼泽。
	河口水域	河口水域和河口三角洲水域。
	滩涂	潮间带泥滩、沙滩和海岸其他咸水沼泽。
	盐沼	包括滨海盐沼、盐化草甸。
	潮间带森林湿地	包括红树林沼泽和海岸淡水沼泽森林。
	咸水、碱水泻湖	有通道与海水相连的咸水、碱水泻湖。
	海岸淡水湖	包括淡水三角洲泻湖。
	海滨岩溶洞穴水系	滨海岩溶洞穴。
内陆湿地	永久性内陆三角洲	内陆河流三角洲。
	永久性的河流	包括河流及其支流、溪流、瀑布。
	时令河	季节性、间歇性、定期性的河流、溪流、小河。
	湖泊	面积大于 8 公顷永久性淡水湖，包括大的牛轭湖。
	时令湖	大于 8 公顷的季节性、间歇性的淡水湖；包括漫滩湖泊。
	盐湖	永久性的咸水、半咸水、碱水湖。
	时令盐湖	季节性、间歇性的咸水、半咸水、碱水湖及其浅滩。
	内陆盐沼	永久性的咸水、半咸水、碱水沼泽与泡沼。
	时令碱、咸水盐沼	季节性、间歇性的咸水、半咸水、碱性沼泽、泡沼。
	永久性的淡水草本沼泽、泡沼	草本沼泽及面积小于 8 公顷泡沼，无泥炭积累，多数生长季伴生浮水植物。
	泛滥地	季节性、间歇性洪泛地，湿草甸和面积小于 8 公顷的泡沼。
	草本泥炭地	无林泥炭地，包括藓类泥炭地和草本泥炭地。

（续）

湿地类	湿地型	划分技术标准
内陆湿地	高山湿地	包括高山草甸、融雪形成的暂时性水域。
	苔原湿地	包括高山苔原、融雪形成的暂时性水域。
	灌丛湿地	灌丛沼泽、灌丛为主的淡水沼泽，无泥炭积累。
	淡水森林沼泽	包括淡水森林沼泽、季节泛滥森林沼泽、无泥炭积累的森林沼泽。
	森林泥炭地	泥炭森林沼泽。
	淡水泉及绿洲	
	地热湿地	温泉。
	内陆岩溶洞穴水系	地下溶洞水系。
人工湿地	水产池塘	例如鱼、虾养殖池塘。
	水塘	包括农用池塘、储水池塘，一般面积小于8公顷。
	灌溉地	包括灌溉渠系和稻田。
	农用泛洪湿地	季节性泛滥的农用地，包括集约管理或放牧的草地。
	盐田	晒盐池、采盐场等。
	蓄水区	水库、拦河坝、堤坝形成的一般大于8公顷的集水区。
	采掘区	积水取土坑、采矿地。
	废水处理场所	污水场、处理池、氧化池等。
	运河、排水渠	输水渠系。
	地下输水系统	人工管护的岩溶洞穴水系等。

依据《湿地公约》中的分类系统和标准，我国湿地管理部门和专家学者经过多次的湿地资源调查和研究，初步将我国湿地分为近海与海岸湿地、河流湿地、湖泊湿地、沼泽湿地和人工湿地5大类34型（表3-2），这样的分类既和《湿地公约》分类方法相接轨，又立足我国湿地资源具体情况，简单明了，符合我国湿地学者和管理部门对湿地传统的分类方法。

表3-2　我国的湿地类、型及划分标准

湿地类	湿地型	划分技术标准
近海与海岸湿地	浅海水域	浅海湿地中，湿地底部基质为无机部分组成，植被盖度<30%的区域，多数情况下低潮时水深小于6米。包括海湾、海峡。
	潮下水生层	海洋潮下，湿地底部基质为有机部分组成，植被盖度≥30%，包括海草层、海草、热带海洋草地。
	珊瑚礁	基质由珊瑚聚集生长而成的浅海湿地。
	岩石海岸	底部基质75%以上是岩石和砾石，包括岩石性沿海岛屿、海岩峭壁。
	沙石海滩	由砂质或沙石组成的，植被盖度<30%的疏松海滩。
	淤泥质海滩	由淤泥质组成的植被盖度<30%的淤泥质海滩。
	潮间盐水沼泽	潮间地带形成的植被盖度≥30%的潮间沼泽，包括盐碱沼泽、盐水草地和海滩盐沼。

（续）

湿地类	湿地型	划分技术标准
近海与海岸湿地	红树林	由红树植物为主组成的潮间沼泽。
	河口水域	从近口段的潮区界（潮差为零）至口外海滨段的淡水舌锋缘之间的永久性水域。
	三角洲/沙洲/沙岛	河口系统四周冲积的泥/沙滩，沙洲、沙岛（包括水下部分）植被盖度<30%。
	海岸性咸水湖	地处海滨区域有一个或多个狭窄水道与海相通的湖泊，包括海岸性微咸水、咸水或盐水湖。
	海岸性淡水湖	起源于泻湖，与海隔离后演化而成的淡水湖泊。
河流湿地	永久性河流	常年有河水径流的河流，仅包括河床部分。
	季节性或间歇性河流	一年中只有季节性（雨季）或间歇性有水径流的河流。
	洪泛平原湿地	在丰水季节由洪水泛滥的河滩、河心洲、河谷、季节性泛滥的草地以及保持了常年或季节性被水浸润内陆三角洲所组成。
	喀斯特溶洞湿地	喀斯特地貌下形成的溶洞集水区或地下河/溪。
湖泊湿地	永久性淡水湖	由淡水组成的永久性湖泊。
	永久性咸水湖	由微咸水/咸水/盐水组成的永久性湖泊。
	季节性淡水湖	由淡水组成的季节性或间歇性淡水湖（泛滥平原湖）。
	季节性咸水湖	由微咸水/咸水/盐水组成的季节性或间歇性湖泊。
沼泽湿地	藓类沼泽	发育在有机土壤的、具有泥炭层的以苔藓植物为优势群落的沼泽。
	草本沼泽	由水生和沼生的草本植物组成优势群落的淡水沼泽。
	灌丛沼泽	以灌丛植物为优势群落的淡水沼泽。
	森林沼泽	以乔木森林植物为优势群落的淡水沼泽。
	内陆盐沼	受盐水影响，生长盐生植被的沼泽。以苏打为主的盐土，含盐量应>0.7%；以氯化物和硫酸盐为主的盐土，含盐量应分别>1.0%、1.2%。
	季节性咸水沼泽	受微咸水或咸水影响，只在部分季节维持浸湿或潮湿状况的沼泽。
	沼泽化草甸	为典型草甸向沼泽植被的过渡类型，是在地势低洼、排水不畅、土壤过分潮湿、通透性不良等环境条件下发育起来的，包括分布在平原地区的沼泽化草甸以及高山和高原地区具有高寒性质的沼泽化草甸。
	地热湿地	由地热矿泉水补给为主的沼泽。
	淡水泉/绿洲湿地	由露头地下泉水补给为主的沼泽。
人工湿地	库塘	为蓄水、发电、农业灌溉、城市景观、农村生活为主要目的而建造的，面积不<8公顷的蓄水区。
	运河、输水河	为输水或水运而建造的人工河流湿地，包括灌溉为主要目的的沟、渠。
	水产养殖场	以水产养殖为主要目的而修建的人工湿地。
	稻田/冬水田	能种植一季、两季、三季的水稻田，或者冬季蓄水或浸湿的农田。
	盐田	为获取盐业资源而修建的晒盐场所或盐池，包括盐池、盐水泉。

三、基本特征

（一）湿地分布特征

湿地在世界上广泛分布，据统计，全球湿地面积12.8亿公顷，大约占到陆地表面积的9%。我国湿地分布广泛，从寒温带到热带、从沿海到内陆、从平原到高原山区都有湿地分布，按照《湿地公约》对湿地类型的划分作为对照，所有的天然湿地和人工湿地在中国均有分布，中国还有独特的青藏高原湿地。中国湿地具有类型多、绝对数量大、分布广、区域差异显著、生物多样性丰富等显著特点，是亚洲湿地类型最齐全的国家之一。

我国湿地类型多样、分布很广。从寒带到热带，从沿海到内陆，从平原到高山，都有湿地的分布。千百年来，广阔的湿地为促进经济发展，保障人民生活做出了巨大的贡献。

根据首次全国湿地资源调查（1995～2003年）统计，我国现有100公顷以上的各类湿地总面积为3848.55万公顷（未包括香港、澳门和台湾地区的数据）。其中，滨海湿地为594.17万公顷，占15.44%；河流湿地为820.70万公顷，占21.32%；湖泊湿地为835.16万公顷，占21.70%；沼泽湿地为1370.03万公顷，占35.60%；库塘湿地面积228.50万公顷，占5.94%。

受自然条件的影响，我国湿地类型的地理分布因区域的地理和气候的差异而有明显的分别，沼泽湿地以东北三江平原、大兴安岭、小兴安岭、长白山地、四川若尔盖和青藏高原为多，各地河漫滩、湖滨、海滨一带也有沼泽发育。滨海湿地主要分布于沿海的11个省（自治区、直辖市）和香港、澳门、台湾地区。杭州湾以北的滨海湿地多为砂质和淤泥质海滩，杭州湾以南的滨海湿地以岩石性海滩为主，其中海南省至福建省北部沿海滩涂、海湾、河口的淤泥质海滩上分布有天然红树林。河流湿地绝大多数分布在东部气候湿润多雨的季风区；西北内陆地区，河流较少，并有大面积的无流区。湖泊湿地主要分布于东部平原湖泊区、蒙新高原湖泊区、云贵高原湖泊区、青藏高原湖泊区、东北平原及山地湖泊区。库塘湿地主要分布于水利资源比较丰富的东北地区、长江流域中上游、黄河中上游地区以及广东等地。

另外，我国湿地物种和资源异常丰富，据首次全国湿地资源调查统计，我国湿地高等植物约有225科815属2276种（及变种），其中苔藓植物64科139属267种；蕨类植物27科42属70种；裸子植物4科9属20种；被子植物130科625属1919种。湿地水鸟12目32科271种。

在亚洲57种濒危鸟类中，中国湿地内就有31种，占54%；全世界雁鸭类有166种，中国湿地就有50种，占30%；全世界鹤类有15种，中国仅记录到的就有9种。

我国湿地鱼类有1000多种，占我国鱼类种数的1/3。

我国湿地爬行类有 122 种，隶属于 3 目 13 科，约占我国爬行类种数的 29.6%。

我国湿地兽类约有 31 种，隶属于 7 目 12 科，约占我国兽类种数的 5.6%。

(二)湿地生态系统的特征

湿地一般发育在陆地系统和水体系统的交界处，但又与陆地系统、水体系统有着本质差异。第一，它具有系统的生物多样性。由于湿地是陆地与水体的过渡地带，因此它同时兼具丰富的陆生和水生动植物资源，形成了其他任何单一生态系统都无法比拟的天然基因库和独特的生境，特殊的水文、土壤和气候提供了复杂且完备的动植物群落，它对于保护物种、维持生物多样性具有难以替代的生态价值。第二，它具有系统的生态脆弱性。湿地生态系统环境主要要素是由于水文、土壤、气候相互作用形成的，每一因素的改变，都或多或少地导致生态系统的变化，特别是水文，当它受到自然或人为活动干扰时，生态系统稳定性受到一定程度破坏，进而影响生物群落结构，改变湿地生态系统。第三，它具有生产力高效性。同其他任何生态系统相比，湿地生态系统初级生产力较高。据报道，湿地生态系统每年平均生产蛋白质 9 克/平方米，是陆地生态系统的 3.5 倍。第四，它具有效益的综合性。湿地生态系统既具有调蓄水源、调节气候、净化水质、保存物种、提供野生动物栖息地等基本生态效益，也具有为工业、农业、能源、医疗业等提供大量生产原料的经济效益，同时还有作为物种研究和教育基地、提供旅游等社会效益。第五，生态系统的易变性。同陆地生态系统和水体系统相比，易变性是湿地生态系统脆弱性表现的特殊形态之一，当水量减少以至干涸时，湿地生态系统演潜为陆地生态系统，当水量增加时，该系统又演化为湿地生态系统，水文决定了系统的状态。

第二节　功能与作用

湿地生态系统为人类生产、生活提供了多种服务，能提供给我们食物，如鱼类、野生猎物、水果、谷物等，也能提供给我们淡水，保存和储存我们日常生活与工农业生产的用水。人类使用的可更新淡水主要来自内陆湿地，包括湖泊、河流、沼泽和浅层地下水。还能供给纤维与燃料、生物化学、基因材料等，与人们日常生活息息相关的木材、薪材、泥炭、饲料等大部分生产生活原料都来自于湿地。湿地还可以起到气候调节、水资源调节、自然灾害调节、水质净化与废水处理、土壤与沉积物的保持等作用。湿地还具有自然观光、旅游、娱乐等美学方面的功能，中国有许多重要的旅游风景区都分布在湿地区域。滨海的沙滩、海水是重要的旅游资源，还有不少湖泊因自然景色壮观秀丽而吸引人们向往，辟为旅游和疗养胜地。滇池、太湖、洱海、杭州西湖等都是著名的风景区，除可创造直接的经济效益外，还具有重要的文化价值。尤其是城市中的水体，在美化环境、调节气候、为居民提供休憩空间方面有着重要的社会效益。

除此之外，湿地还具有教育与科研价值。湿地生态系统、多样的动植物群落、濒危物种等，在科研中都有重要地位，它们为教育和科学研究提供了对象、材料和试验基地。一些湿地中保留着过去和现在的生物、地理等方面演化进程的信息，在研究环境演化、古地理方面有着重要价值。

广阔众多的湿地具有多种生态功能，被人们称为"地球之肾"、物种贮存库、气候调节器，在保护生态环境、保持生物多样性以及发展经济社会中，具有不可替代的重要作用。

湿地可以调节气候，使气候温和湿润；因为湿本身就是水的载体，所以它能够源源不断地补充着地下水；湿地能够抵御和减轻自然灾害，如热带海滨的红树林能抵抗台风的侵袭，凡是有红树林的地方，台风的破坏力将大大减弱；再如江河湖泊、水库、沼泽能够抗涝防旱，洪峰来时它们吸纳大量的水，枯水期时再将水释放；在海滨地带，湿地能够防止海水的入侵和倒灌，防止土地盐碱化；湿地是野生动物特别是珍稀水禽繁衍栖息的乐园，我国的许多湿地，都是重要的自然保护区。

湿地能有效控制洪水和防止土壤沙化，还能滞留沉积物、有毒物、营养物质，从而改善环境污染；它能以有机质的形式储存碳元素，减少温室效应，保护海岸不受风浪侵蚀，提供清洁方便的运输方式……

湿地还是众多植物、动物特别是水禽生长的乐园，同时又向人类提供食物（水产品、禽畜产品、谷物）、能源（水能、泥炭、薪柴）、原材料（芦苇、木材、药用植物）和旅游场所，是人类赖以生存和持续发展的重要基础。

一、地球之肾

肾是人之本，湿地是"地球之肾"。从广义讲，湿地是地球生态系统，包括人类社会之根本；从狭义讲湿地是地球的"过滤器"，跟人的肾一样，起过滤的作用。它不仅为人类的生产、生活提供多种资源，而且具有巨大的生态效益，在抵御洪水、调节径流、蓄洪防旱、控制污染、调节气候、控制土壤侵蚀，促淤造陆、美化环境等方面有着其他系统不可替代的作用。

（一）淡水调蓄器

湿地常常作为居民生活用水、工业生产用水和农业灌溉用水的水源。溪流、河流、池塘、湖泊中都有可以直接利用的水。其他湿地，如泥炭沼泽森林可成为浅水水井的水源。

另外，我们平时所用的水有很多是从地下开采出来的，而湿地可以为地下蓄水层补充水源。从湿地到蓄水层的水可以成为地下水系统的一部分，又可以为周围地区的工农生产提供水源。如果湿地受到破坏或消失，就无法为地下蓄水层供水，地下水资源就会减少。

除此之外，湿地还与蓄水层互通，成为间接利用的水源。从湿地流入到蓄水层的水随后可成为浅层地下水系统的一部分，得以保持。浅层地下水系统可为一个更为复杂的自然生境、农业、居民用电或工业系统提供水源，维持水位，或最终流入深层地下水系统，成为长期的水源。当蓄水层高于另一块湿地时，又成为另一块湿地的水源，为这块湿地相关的社区、农业、工业提供水源。

1. 储存地表水

全球约有96%的可利用淡水储存在湿地中，它是一个巨大的"生物蓄水库"。每逢洪涝灾害发生时，只要周围有湿地，洪水就会被储存于湿地土壤中，或以表面水的形式保存在湿地中，储存在湿地中的洪水可以在数天、数星期或几个月的时间里从储存湿地释放出来，一部分则在流动过程中通过蒸发而提高了局地空气湿度，一部分下渗补充地下水而增加地下水储量。为此也就直接减少了下游的洪水量。与此同时，湿地植被也可减缓洪水流速，因此避免了所有洪水在同一时间到达下游，这个过程减低了下游洪峰的水位，并使之平稳缓慢下泄，延长洪水在陆地存留时间。

在沼泽湿地中，其土壤能保持大于其本身重量3~9倍或更高的水。以中国三江平原为例，沼泽和沼泽化土壤的草根层和泥炭层，孔隙度为72%~93%，饱和持水量为830%~1030%，最大持水量为400%~600%，每公顷沼泽湿地可蓄水8100立方米左右，全区沼泽湿地蓄水量高达38.4亿立方米。此外，沼泽湿地一般微地貌较为复杂，如在三江平原沼泽湿地中往往存在许多闭合的碟形洼地，当湿地地表水位上升至一定高程时，这些洼地中的水可能会发生水力联系，使得湿地既有明显的显性蓄水空间，同时又有较大的隐性蓄水空间。

湖泊湿地更是名副其实的天然水库，我国湖泊总贮水量约7077亿立方米，其中淡水贮水量占31.8%。素有"水乡泽园"之称的长江中下游湖群占有重要地位，约750亿立方米。湿地的蓄水量主要与土壤的持水量有关。沼泽土壤持水量比一般矿质土壤高2~8倍。三江平原泥炭土和泥炭沼泽土表层饱和持水量高达6000~9000克/千克，腐殖质沼泽土和草甸土沼泽土为1000~6000克/千克。由表层至底层，土壤的持水能力迅速降低（表3-3）。

表3-3　沼泽土壤的持水量

类型	深度（厘米）	饱和持水量（克/千克）	毛管持水量（克/千克）	田间持水量（克/千克）
草甸沼泽土	0~8	1240	1070	850
	8~16	930	750	440
淤泥沼泽土	0~10	1240	1100	
	10~20	690	490	
腐殖质沼泽土	0~20	6100		
	20~30	5630		

（续）

类型	深度（厘米）	饱和持水量（克/千克）	毛管持水量（克/千克）	田间持水量（克/千克）
泥炭沼泽土	0～20	8600	6080	4720
	20～35	6120	5560	4480
	35以下	600	330	310
泥炭土	0～15	9700		
	18～37	8450		
	40～55	6180		
	56－62	6540		

2. 调节河川径流及均化洪水

湿地也可以起到调节河流和均化洪水的作用。这是因为湿地土壤特殊的水文物理性质，可以让洪水被储存在土壤内或以表面水的形式保存于湖泊和沼泽中，这就直接减少了下游的洪水量。一部分洪水可在数天、几星期或几个月的时间内从储存地排放出来，一部分则在流动的过程中通过蒸发和下渗成地下水而被排除，直接减少了下游的洪水压力。其次，湿地植被增加了地表粗糙度可减缓洪水流速，因此避免了所有洪水在同一时间到达下游，降低下游洪峰的水位，并使之缓慢下泄，能够有效地分散、消解洪水带来的巨大能量。这两种过程降低了下游洪峰的水位，并使河溪一年中的水量比没有湿地时保持更长的时间。

3. 湿地与地下水相互补给渗透

我们平时所用的水有很多是从地下开采出来的，而湿地可以为地下蓄水层补充水源。

湿地作为一种长期存在、有着丰富水资源的自然生态系统，往往与区域地下水含水层有直接水文联系，从湿地到蓄水层的水可以成为地下水系统的一部分，处于不同地貌部位的湿地，对地表水和地下水的影响也不同。特别是浅层地下水与湿地水文，二者相互补充，相互渗透，当湿地水位低于周围陆地潜水面时，会产生地下水入流，如果湿地的水位高于周围潜水面，地下水就会流出湿地。

季节性积水的湿地或多或少都依赖于地下水，地下水和地表水存在明显的相互补给关系，尤其是地下水对湿地具有重要的顶托作用，因此地下水位的变化明显影响着这一类湿地生态系统。

湿地的自然存在与地下水条件是密不可分的，如：沼泽湿地补给地下水的方式有直接补给和间接补给，直接补给是水分通过沼泽土壤直接渗透进入含水层。间接补给是指水分首先水平运动通过土壤进入位于可渗透性的土壤或河流，然后通过河流基底补给地下水。内陆淡水湿地往往与地下含水层有直接水文联系，当地下水流入湿地时，湿地具有储存地下水的功能；当湿地水流入地下含水层时，湿地具有补充地下水的功能，所以地下水位降低到一定程度时，将导致湿地面积的萎缩。

（二）水质净化器

湿地能够分解、净化环境物，起到"排毒"、"解毒"的功能，因此被人们喻为"地球之肾"。假如没有了湿地，好比一个人被割去了肾脏。

1. 排除泥沙

某些湿地特别是沼泽地和泛洪平原的自然属性，如植被、大小、水深等，有助于减缓水流的速度，利于沉积物的沉降。而这些滞留沉积物在排除泥沙方面却起到了良好的作用，并且有益于社区及其下游地区保持良好的水质，防止具有防洪和运输作用的水道变浅。例如，中国三江平原的挠力河发源于完达山区，近些年来因森林采伐，土壤侵蚀加重，河流泥沙量增大，河水携带的泥沙沉积在两岸的河滩沼泽中，使挠力河下游河水含沙量变小，水环境质量有所提高。与此同时，滞留沉积物还有造陆的作用。通过恢复养分和土壤质量，使这些湿地内的农业受益。黄河是世界上含沙量最高的河流，平均每年有8亿吨沉积物在黄河河口沉积，可造陆40~50平方千米，海岸线推进1~2千米，使该区农业和工业生产受益。

2. 排出养分

湿地有排出养分的作用。营养物来源广泛，通常是由径流带来的农用肥、人类废弃物和工业排放物。营养物随沉积物沉降之后，通过湿地植物吸收，经化学和生物学过程转换而被储存起来。但被湿地植物吸收的营养物并不完全从水中排出，因为营养物可能随植物的腐烂而再次释放到水中。无机磷和氮是通过湿地的化学过程被排出、储存或转移的最重要的营养物质。硝酸盐可附着在湿地矿质土壤的无机离子上，硝酸盐化合物被反硝化过程所排出，生活在缺氧湿地土壤中的细菌把硝酸化合物转变成为氮气分子，释放于大气中。在缺氧的地方，营养物如磷酸盐实际会被释放到上层水而向湿地外输出。例如，收割禾本科草类和莎草类用于盖房子和养鱼，这意味着营养物质以有用的形式从该系统中排出。另外，许多湿地在转移和排出营养物方面要比陆地生境的效率高。例如，由于沼泽能有效地排出水流中的营养物，所以很多天然湿地被用来处理废水。在美国佛罗里达州，人们发现废水在进入地下水之前流经一片柏树沼泽地后，几乎98%的氮和97%的磷被净化排除了。这个过程如此有效，以至于在世界许多地方人们建立人工湿地来净化水源。这些自然系统在建造、操作和维护方面比常规的人工系统更为便宜。然而，过量的营养会导致水体富营养化，刺激植物生长过快，造成麻烦。例如，水生漂浮植物——水浮莲的大量繁殖导致水质下降，并减少溶解氧，造成鱼类死亡；过量的磷导致蓝藻"水华"暴发，产生某些毒素，水体腥臭难闻，饮用水困难，工厂被迫停产，生活用水的成本增加。

3. 排除毒物

湿地还有排除毒物的作用。进入水体生态系统的许多有毒物都是吸附在小沉积物的表面上或含在黏土的分子链内的。有毒物质来源多样，但通常来源于径流带来的农用杀虫剂、工业排放物和采矿活动。必须强调的是，湿地对于有毒物质的吸收能力不是无限的。一些水生植物能有效地吸收有毒物质，保持或提高水质。可是，一旦植食性动物吃了被污染的植物，这些有害物质可能会重新进入食物链。例如，湿地中有许多水生植物，包括挺水、浮水和沉水植物。它们能够在其组织中富集重金属的浓度比周围水中浓度高出10万倍以上。许多植物还含有能与重金属链接的物质，从而参与金属解毒过程。水湖莲、香蒲和芦苇都已被成功地用来处理污水，包括处理从矿区排除的含有高浓度重金属（如镉、银、镍、铜、锌和钒等）的污水。沼泽中的芦苇具有对污染物质吸收、代谢、分解、积累及对水体净化的作用。随着芦苇成为工业原料，被吸收的有毒物质被排出水体和土壤之外，提高了水体及土壤环境的质量，消除了对人类的潜在威胁。

4. 湿地水质净化的过程

在日常生活中，我们会看到这样的情景：人们为了得到清澈的水，经常会有一个水箱或水桶一类的容器，里面装上石块、细沙、活性炭等过滤介质，混浊的水经过这些介质的处理后就变得清澈了。

也许您并不知道，湿地是一个天然的大过滤器。作为独特的土壤—植物—微生物系统，当污水流经湿地时，水中的有机质、氮、磷等物质将发生复杂的物理、化学和生物转化，从而使水质得到不同程度的净化。

湿地水质净化的主要机理包括以下几方面。

沉降过程：沉降是湿地中去除磷的主要方法。进入湿地中的污染物，在重力的作用下，而沉降到湿地土壤或沉积物中，这就是沉降过程。

滤过过程：悬浮态污染物被粘附到湿地植被和别的滤过媒体上的过程。

吸附过程：污水中的溶解态或颗粒态污染物被粘附到泥炭土壤和植物根系上的过程。这个过程对污染物去除作用可以通过增加接触面积和延长接触时间得到提高。

生物化学过程：微生物将污染物分解或转化为简单分子，实现对污染物的降解和去除的过程。如氮在湿地中存在多种形式并且通过氨化作用，反硝化作用和硝化作用被从一种形式转化成另一种形式（氨气和氮气）扩散到空气中，进而实现对氮的去除。

5. 湿地水质净化的生态系统

湿地植物对污染物去除：湿地植被是湿地生态系统的重要组成部分，一般植物的长势越好、密度越大，对水质的净化能力也越强。不同植物对污染物有不同去除效果。

湿地基质（土壤/沉积物）对污染物的去除：湿地基质对污染物的净化机理，主要通过沉降作用、吸附与吸收作用、离子交换作用、氧化还原作用和代谢分解作用等途径实现。

湿地微生物对污染物的去除：湿地基质土壤/沉积物中发育着大量的微生物，污染物在湿地土壤中的降解和转化主要靠微生物来完成，微生物对污染物的分解和转化是湿地降解污染物的主要机制之一。

湿地动物对污染物的去除：除了众所周知的湿地植物和微生物外，一些湿地动物也有助于湿地对污水的净化。美国东海岸的切萨皮克海湾采取了多种举措治理海湾污染问题，牡蛎床的恢复和管理即是其中的一种。牡蛎过滤水以获得食物，同时也去除了水中的污染物，从而提高了水质并增加水的透明度，有利于水草和其他水生植物的生长。

（三）盐水防入器

（1）地下水。在地势较低的沿海地区，下层基底是可渗透的。淡水楔一般位于较深咸水层的上面，通常由沿海淡水湿地所保持。淡水楔的减弱或消失，会导致深层咸水向地表上移及土壤盐碱化，因而影响生态群落和当地居民的水供应。

（2）地表水。从河流或小溪向外流出的淡水限制了海水的回灌。然而，随着过多抽取或排干周围的湿地，淡水流量减少，海水逐步回灌，因此会剥夺当地居民、工农业及生物群落的淡水供应。在20世纪70年代中国沿海一带海水倒灌仅限于几个地区，现在从辽宁省到广东省沿海，大面积海水倒灌时有发生。山东省莱州湾由于过多抽取地下水、河流入海流量减少等原因，海水入侵面积达400余平方千米，海水入侵以每年400米速度向内陆推进，造成耕地盐化，人畜饮水条件恶化；莱州至烟台一段，已有6264眼机井报废。在某些情况下，河流、渠道和沿岸植被的特点也有助于防止潮水侵入河流。直而深的渠道或者滥伐沿岸的植被可能导致海水大量侵入河流，尤其在潮峰期更是如此。

（四）海岸线保护器

湿地植被的自然特性可防止或减轻自然力对海岸线、河口湾和江河岸的侵蚀。其作用主要有3种：①植物根系及堆积的植物体对基底的稳固作用；②削弱海浪和水流的冲力；③沉降沉积物。例如：红树林防浪护岸是通过消浪、缓流和促淤来实现的。实验表明，50米宽的白骨壤林带，可使1米高的波浪减至0.3米以下；红树林对潮水流动的阻碍，使林内水流速度仅为潮水流速的1/10；红树林纵横交错的根系及地上根的发育，使粒径<0.01毫米的悬浮物沉积量增大，其淤积速度是附近裸地2~3倍。中国东南沿海台风盛行，因此红树林对防风护堤的作用相当明显。1959年8月23日厦门地区遭受12级特大台风袭击，但是唯有龙海县寮东村8米高的红树林保护下的堤岸安然无损。而厦门市附近的青礁村，由于红树林遭受破坏，一年就冲崩堤岸内侵7米，有些地段更为严重。红树林消失已成为中国华南沿海湿地的主要威胁，1972年该地区有红树林6.7万公顷，到1990年下降为1.5万公顷。政府部门正在有计划地恢复红树林的生长。此外，有防风作用的湿地植被可使建筑物、作物或天然植被免遭强风或盐风的破坏。在孟加拉国，大约有1500万人居住在构成大部分领土的三角洲地区，这个地区的大部分天然植被已破坏殆尽。1985年6月丧生于海啸的人数超过4万人。孟加拉国政府已认识到红树林对减轻海啸的重要性，所以开始着手制定恢复红树林的宏伟计划。

二、气候变化缓冲器

湿地还是重要的"储碳库"和"吸碳器"，是气候变化的"缓冲器"。湿地与气候变化之间的关系是相互影响、相互作用的。作为温室气体的储存库、源和汇，湿地在缓解气候变化方面发挥着重要作用。

地球变暖主要的原因是二氧化碳、甲烷等温室气体的排放增加所致，那么，减少这些气体，特别是二氧化碳的排放就是减缓地球变暖的主要手段。

在减缓气候变化影响方面，湿地主要在两个方面起作用：一是在温室气体（尤其是碳化合物）管理方面的作用；二是在物理上缓冲气候变化影响方面的作用。同时，气候变化对湿地的功能、面积和分布也产生着重要影响。湿地是气候变化的调节器，又是气候变化的指示器。

湿地在全球碳循环中发挥着重要作用。由于其特殊的生态特性，湿地在植物生长、促淤造陆等生态过程中积累了大量的无机碳和有机碳。在湿地环境中，微生物活动弱，土壤吸收和释放二氧化碳十分缓慢，形成了富含有机质的湿地土壤和泥炭层，起到了固定碳的作用。湿地是全球最大的碳库，全球所有湿地面积之和仅占地球陆地面积的6%，但它却拥有陆地生物圈碳素的35%，碳总量约770亿吨，超过农业生态系统（150亿吨）、温带森林（159亿吨）和热带雨林（428亿吨）。温带和热带泥炭地是碳储量最高的湿地，其储存的碳总量约为540亿吨，占全部湿地碳储量的70%左右。例如，若尔盖泥炭地总面积4900平方千米，泥炭深度为0.3～8.8米，泥炭总量在10亿～40亿吨之间。此外，沿海湿地和红树林也被认为是碳吸收最重要湿地生态系统，单位面积的红树林沼泽湿地固定的碳是热带雨林的10倍。

如果温度升高、降雨减少或土地管理措施不当引起湿地土壤变化，湿地固定碳的功能将大大减弱或消失，湿地将由"碳汇"变成"碳源"。湿地中有机残体的分解过程产生大量的有机气体，其中最重要的是温室气体二氧化碳和甲烷。这些温室气体源源不断地释放，绝大多数直接进入大气中。全球天然湿地每年释放的甲烷约为10亿～20亿吨，全球水田每年甲烷的释放量约为2亿～15亿吨，它们分别占全球总释放量的22%和11%。从全球角度看，如果沼泽全部排干，则碳的释放量相当于目前森林砍伐和化石燃料燃烧排放碳量的35%～50%。大气中二氧化碳和甲烷等温室气体积累会加强温室效应的影响而使地球表面温度逐年上升，从而对全球气候产生重大影响。

湿地对调节区域气候有较大的影响，《湿地公约》和《联合国气候变化框架公约》均特别强调了湿地对调节区域气候的重要作用。湿地的水分蒸发和植被叶面的水分蒸腾，使得湿地和大气之间不断地进行着能量和物质交换，从而保持当地的湿度和降水量。在有森林的湿地中，大量的降水通过树木被蒸发和转移，返回到大气中，然后又以雨的形式降到周围的地区。附近有沼泽湿地的区域产生的晨雾可减少土壤水分的丧失。湿地在增加局部地区空气湿度、削弱风速、缩小昼夜温差、降低大气含尘量等气候调节方面都具有明显的作用。据测定：地处半干旱地区的新疆博斯腾湖湿地周围比远离湿地的地域气温低3℃，湿度高14%，沙尘暴天数减少25%。对于城市而言，由于城市热岛效应明显，因此城市内部湿地对于调节城市小区域气候的作用尤为显著。

三、物种基因库

湿地是地球上具有多功能和高价值的独特生态系统。它具有巨大的自然资源供给服务价值，如淡水资源、食物(尤其是鱼类)和纤维等，为人类提供众多改善福祉以及减轻贫困的服务。

从社会经济学的角度看，湿地生态系统丰富的自然资源蕴含着巨大的社会经济效益。湿地不仅为人类提供丰富的动植物食品资源，是人类赖以生存的衣食父母，同时还为人类提供了丰富的工业原料和能量来源，是人类社会发展的物质基础和社会物质财富的源泉。

(一)生物超市

湿地生物资源丰富，虽然湿地覆盖地球表面仅为6%，却蕴藏着地球上40%的已知物种。湿地生物资源中的水产品(如鱼类、虾类、贝类、藻类等)、禽畜产品和植物产品(如莲、藕、菱、芡等)是湿地提供的一项尤为重要的生态系统服务，是人类重要的食物来源。水稻作为湿地作物，在农业生产发展和历史文明中占有重要地位，可以追溯到7000多年前中华民族开启有史以来可考证的农业文明之时，现在则养育着全球近半数人口，成为世界上食用人口最多、历史最悠久的农作物。鱼类资源的供应则是湿地丰富自然资源的另一直观体现，是湿地提供的一项尤为重要的资源供给服务。在发展中国家中，内陆渔业的地位尤其重要，有时甚至是农村人口所能获得的首要动物蛋白质来源。比如，在柬埔寨，人们所获得的所有动物蛋白质中，约有60%~80%来自于洞里湖渔场及相邻河漫滩的渔场；而在马拉维，城镇和农村低收入家庭70%~75%的动物蛋白来源于内陆渔场。以湿地为依托的渔场对区域及国家的经济发展做出了重要贡献，湄公河下游流域消费的鱼类和其他水生动物每年高达200万吨，其中150万吨来自于天然湿地，另外24万吨来自于人工水库中，整个价值约12亿美元。沿海水域的捕捞渔业每年为世界总产值的贡献高达340亿美元。

在我国3620万公顷自然湿地中，生存着高等植物2276种、兽类31种、鸟类271种、爬行类122种、两栖类300种、鱼类1000多种。高等植物为225科815属2276种(包括种以下分类单元)，分别占全国高等植物科、属、种数的63.7%、25.6%和7.7%。

另外，我国的常见外来湿地入侵植物包括：耳基水苋、多花水苋、莲子草等。此外，豚草、三裂叶豚草等也见于河流边缘湿地，而且豚草、意大利苍耳均有形成群落的趋势。

　　湿地动物群落组成复杂多样，不同类型的湿地，其动物群落的区系、组成和生物生态学特征差异很大。包括哺乳类、鸟类、两栖类、爬行类和鱼类以及无脊椎类等。其中水鸟是湿地野生动物中最具代表性的类群，我国许多湿地自然保护区是为保护濒危水鸟而成立的，例如：黑龙江扎龙保护区、辽宁双台河口保护区、黄河三角洲保护区、上海崇明岛保护区等。据统计，我国有水鸟12目32科271种，其中属国家重点保护的水鸟有10目18科56种，属国家保护的有益或者有重要经济、科学研究价值的水鸟有10目25科195种。全世界鹤类有15种，中国有记录的就有9种，占60%。

　　我国有湿地鱼类1000多种，占我国鱼类种数的1/3。湿地鱼类由内陆湿地鱼类、近海海洋鱼类、河口半咸水鱼类和过河口洄游性鱼类构成。内陆湿地鱼类的种类最多，约有770种（包括亚种）；其次是近海海洋鱼类，约有100种；河口半咸水鱼类60种；过河口洄游性鱼类20～30种。在我国所有的湿地鱼类中，内陆淡水特产鱼类种类特别多，达410种，占我国鱼类种数的14.6%。

　　我国湿地鱼类也呈现出丰富的多样性。从寒温带到热带、从沿海到内陆、从平原到高原山区都有鱼类的分布。中国河流四大水系中，黑龙江水系是寒温带水系的代表，约有鱼类100种，包括雷氏七鳃鳗、乌苏里白鲑等冷水种和施氏鲟等北方特有种。黄河水系是暖温带水系的代表，约有鱼类190个种与亚种。上游种类少，均属裂腹鱼亚科和条鳅亚科种类；中游种数增多，包括鸽子鱼等特有种；下游种类更多，多属江河平原型和一些洄游性鱼类。长江水系是北中亚热带水系代表，有鱼类332个种与亚种，纯淡水鱼291种，以江河平原鱼类为主，鲤科约占一半；鲥、鳗鲡等洄游性鱼类在下游很多。中国特有珍稀鱼类白鲟和胭脂鱼主要产于长江。珠江水系是南亚热带水系代表，有鱼类313个种与亚种，纯淡水鱼270种，特有种有须鲫等100种。其余10个水系中，辽河水系和海河水系各有鱼100种，区系介于黑龙江和黄河之间。淮河水系有鱼120种，区系介于黄河与长江之间。钱塘江水系有鱼157种，纯淡水鱼123种；闽江水系有鱼160种，纯淡水鱼118种，以鲤科和江河常见鱼类为主。台湾岛水系和海南岛水系各有鱼类97种和122种，纯淡水鱼81种和105种，区系与大陆相近，澜沧江、怒江水系和雅鲁藏布江水系均属高原河流，鱼种数多，待定种也多，区系复杂，以裂腹亚科、鲃亚科等鱼类居多，塔里木河水系鱼类仅10余种，包括黑鲫、丁鱼岁等多个特有种。

　　两栖动物是脊椎动物中从水到陆的过渡类型，因此，所有两栖动物全部归入湿地动物。我国两栖动物共有3目11科300种，其中国家重点保护的有2目3科7种。

　　我国已知的412种爬行动物中，有3目13科122种属于湿地野生动物，其中属国家重点保护的有3目6科13种。

　　我国湿地兽类有7目12科31种，约占我国兽类总种数的62%，其中属国家重点保护的有23种。

分布在我国海域的甲壳类动物中，目前已知的蟹类有 600 余种，虾类有 300 余种，磷虾 42 种。

我国境内江河、湖泊、水库中淡水桡足类 206 种；枝角类约 162 种，接近已知种数 40%。淡水藻类尚未完成全面调查，已知蓝藻门的色球藻纲有 253 种，占该纲已知种数 80%；绿藻门双星藻科有 347 种，占该科已知种数 40%，鞘藻属和毛鞘藻属有 301 种、81 变种和 33 个变型。水生维管束植物和大型藻类有 437 个种与变种。

（二）资源宝库

水资源是湿地生态系统最直接的产出，能够为人类提供大量的淡水资源，可被人类直接用于生产和生活，是人类生存和社会发展不可缺少的自然资源。供给人类利用的可再生淡水，主要来源于包括湖泊、江河、沼泽以及地下浅表蓄水层等各种类型的内陆湿地。除直接供水之外，湿地还具有重要的间接供水能力，湿地间接供水是通过对地下水位和河川径流的控制补给来实现的，面积广大的湿地是一定区域范围内地下水的基础，对其周围地下水位起重要的稳定作用。湿地补给地下水，在水资源供应中发挥着至关重要的作用。全世界约有 15 亿～30 亿人依靠地下水提供饮用水，40% 的工业用水和 20% 的灌溉用水也来自于地下水。

湿地还可以通过各种方式为人类提供能源。水力发电清洁而无污染，是湿地对人类慷慨的馈赠。湿地上生长的植物被当地居民采伐晒干，用于做饭、烧砖等，是湿地附近居民的重要能源。湿地还蕴含着丰富的泥炭资源，泥炭具有广泛的用途，它不仅在农业上能做各种肥料和饲料或添加剂；还广泛应用在建筑、化工等方面，制造各种建筑材料、提取几十种化工产品和半成品；作为具有特殊性质的燃料，是一种贮备能源；泥炭还有一种十分有益的用途能够用于临床治疗，著名的"泥炭浴医疗"就是泥炭应用于临床的一种独特的治疗方法，这种应用在欧洲已有 180 年的历史了。目前，在德国、捷克、奥地利等欧洲国家中，"泥炭浴"已经是一种很流行的医疗手段，对风湿性、类风湿性关节炎等具有良好的治疗效果。

四、文明摇篮

湿地是人类赖以生存的家园。在生产力水平低下的远古时代，人们不得不依赖气候适宜、水源充沛、土地肥沃的自然环境来耕作生息，聚合部落。纵观古今，人类的文明史就是江河的历史。世界上许多河流、平原湿地都为养育古代文明提供了一个可靠的栖息地，成为孕育人类古老文明的"摇篮"。历史上，悠久而伟大的尼罗河造就了光辉灿烂的金字塔古埃及文明，幼发拉底河与底格里斯河是古巴比伦文明的摇篮，恒河和印度河是孕育印度文明的胎盘，长江与黄河同心协力、和衷共济创造了华夏文明。没有湿地就没有人类社会的进步与发展，也就没有现代人类的文明与文化。在目睹了自然、生命变迁的同时，湿地也见证了文明、历史的演变。

世界上很多城市的兴起都与湿地息息相关。湿地为城市提供了最优的立地条件。在城市出现的早期，陆地交通尚不发达，舟楫之便自然十分重要，而且也无法摆脱对水中鱼、藻类等动植物资源作为食品的需求。江河、湖泊等体现淡水资源和交通条件的湿地无疑成为城市立地的最优条件。依托河、湖湿地建市是城市形成和发展的一条普遍规律。

纵观世界上的历史文化名城，大多依水而兴。如法国巴黎，就是因为有了塞纳河才得以兴盛发展，并在河的两岸形成了丰富的人文资源。在中欧，在莱茵河和多瑙河两岸，绵延不尽的葡萄园中点缀着中世纪的古堡和田园风味的小镇，蓝色多瑙河的优美旋律荡漾在历史名城的上空。北美五大湖区是美国和加拿大重要的工业区，那里星罗棋布地分布着像底特律、多伦多这样的大城市。我国古老黄河的三门峡、长江中上游的涪陵、白帝城等也是在河流与滨海湿地交汇处或临近处发展起来的。

湿地是城市可持续发展的重要保障。城市面积是全球面积的 0.3%，而全球污染物总量的 60% 是由城市产生的。城市既是人类消耗自然资源和能源最多的空间地域，也是生态环境污染的重要来源。现代城市发展面临着大气、固体废物污染、土地资源问题以及生物多样性降低等一系列的环境问题。湿地可以为解决各种城市生态环境问题提供基础条件和重要保障。湿地能提供水资源、调节城市气候、净化污染、调蓄洪水、提供丰富的动植物资源和多样的生境。同时，城市周边湿地是城市生态安全的重要保障。湿地对于城市文明的兴起和可持续发展发挥了重要作用。

湿地是景观的重要组成部分。湿地常常是景观的关键内容，它为视野产生了多样性，并成为视野的焦点。一个景观或景观组成部分的美学意义依赖于线条、质地和土地利用的和谐性等因素。景观为许多不同的社区提供价值。景观作为可见生活质量的一部分，对于当地社区来说非常重要。对于地区计划者和企业家来说，要想吸引商业和旅游业，景观也是很重要的。

湿地与宗教信仰和宗教活动有关。许多社区利用一些著名的场所开展宗教信仰方面的活动，或他们相信在那里发生过某些宗教信仰方面的事件，因此使那个地点具有一定的价值。这种观念可能被完全融合在社区的生活方式中，以致无法被外人轻而易举地观察到。此外，当地居民很可能对某个地点有很强的精神依附性，因为他们的家庭或社区利用那个地点已有许多世代了，或是因为那个地点与他们文化的某些方面有关系。重要的是，一旦具有这种价值的地点丧失，很可能是无法弥补的，因为这类地点是独特的。例如：在菲律宾棉兰老岛的拉瑙，马莱瑙人的文化不可避免地与拉瑙湖有联系。这种涉及湖泊的文化表现在从他们发展起来的独特的捕鱼方法到宗教迷信等一系列的活动中。这种文化上的重要性正成为阻止拉瑙湖开发计划的原因之一。

湿地具有极为重要的旅游休闲价值。许多湿地是没有人类干扰的荒野地。荒野地可能具有很大的以生态旅游为基础的经济意义，如漂流和徒步。湿地具有丰富秀丽的自然风光，正在逐步成为人们观光旅游、休闲娱乐的好地方。

可以说，湿地是人类文明的摇篮，没有湿地就没有人类社会的进步与发展，也就没有现代人类的文明与文化。人类的未来与发展，必将与湿地紧密相连。

第三节　历史与现状

湿地是人类文明的发源地，历史文化丰富多彩。河流文化、稻作文化是湿地文化的典型代表；京杭大运河、都江堰、哈尼梯田等都是重要的中国湿地文化遗产；黄河和长江流域湿地缔造了中华文明的摇篮。作为全球生物多样性最为丰富的生态系统之一，湿地不仅有着独特的景观和多种服务功能，也是人类生存环境的重要组成部分，是宝贵的自然资源。近年来，随着人口增加和社会经济的快速发展，人类活动给湿地环境带来了深刻影响，湿地生态系统也发生了极大变化。

一、历史演变过程

在人类历史上，古文明的起源无不与河流、海滨等湿地密切相关。一条大河，一方文明，一部历史。从四大文明古国的诞生到中美洲"文化之母"——玛雅文明的兴起；从京杭大运河、塔里木河文化的繁荣到国际著名大都市的发展；从丰富多彩的河流文化、稻作文化到杂交水稻的培育成功……在人类生活、生产发展史上，我们从未也不可能离开过湿地。

中国湿地开发利用具有数千年的历史，早在春秋战国时期就开始了对湖泊的围垦开发，出现了许多科学利用湿地资源的成功范例。距今已有2000年历史的都江堰的成功修建，使大约300万亩农田得到了灌溉，使原来旱、涝多灾的成都平原变成了"沃野千里"的"天府之国"，是中国古代水利工程最杰出的代表。隋朝开凿的京杭大运河经过天津、河北、山东、江苏和浙江，沟通了海河、黄河、淮河、长江和钱塘江等五大水系，成为南北方交通的大动脉，对巩固中国的统一、中国古代中央集权统治的巩固、军事防务、促进南北经济文化交流和发展，起到了重大作用。

古人称湿地为"薮"或"泽"或"海"，《吕氏春秋》记载古代中国有"十薮"，其中大部分在黄河中下游。在这些山泽之间，形成千里沃野，河流两岸肥沃的土地和充足的水源为发展农牧业提供了水利条件，华夏民族原始部落逐水草而居，创造了灿烂的东方文化。早在旧石器时代，黄河、长江流域就有人类活动的足迹。自殷商至北宋2500年间，黄河流域已经成为中国政治、经济、文化中心，一部中华民族的文明史，就这样伴随着湿地而诞生。

湿地诞生文明，也沟通文明。大运河的通航还促进了沿岸城市的兴起。城市的兴起是生产力发展、人口和物质资源在一定空间范围聚集的结果。京杭大运河作为中国古代主要的运输通道，对古代城市的形成和城市布局发挥了极其重要的作用。大运河带动了人口的大流动、大聚居，促进了一批城市的大发展，如盛唐长安和洛阳的辉煌，宋都开封和杭州的繁荣，明清北京和扬州的奢华等，也催生了一批新兴城市，如汴州、常州、镇江、济宁、德州、临清、仪征、嘉兴、徐州、天津等。

湿地不仅是生命的摇篮、历史文明的源头，还是人类文化传承的载体。人类的渔樵耕读的生活方式，赋予了湿地深厚的文化底蕴和独特的文化形态。湿地具有鲜明的文化特征，以其特有的美学、教育、文化、精神等功能，涵盖了音乐、艺术、文学等方面，湿地是鲜活丰富的文化，是人类艺术创作的源泉。中国文学史开篇之作《诗经·关雎》起兴之句就是从湿地说起，而中国四大名楼黄鹤楼、岳阳楼、滕王阁、蓬莱阁又都位于湿地或其周边地区，成就了许多流传千古的诗词歌赋。湿地的文化遗产是人类与湿地长达数千年融合的产物，这种融合给人类带来了巨大财富，湿地文化极大地丰富了人类文化的内涵。

千百年来，湿地不仅养育了人类，也承载和记录了大量自然、生命的变迁和人类的文明。

但是，自20世纪以来，随着全球许多地区湿地类型改变、湿地面积减少等现象的发生，湿地生物多样性下降、自然灾害频发等环境问题日益突显，湿地变化已经引起了全社会的广泛关注。

据千年生态系统评估报告数据显示，20世纪以来，北美、欧洲、澳大利亚和新西兰部分地区的某些类型湿地超过50%已发生转变。就湿地面积变化来看，美国的湿地丧失了54%，法国67%，德国57%。其间，由于过度开发、毁灭性捕捞、污染与淤积，全球约有20%的珊瑚礁已丧失。由于过度排水、建坝和工业发展，美索不达米亚平原沼泽（位于伊拉克南部底格里斯河与幼发拉底河之间）的面积从10世纪50年代的15000～20000公顷减少到今天不足400公顷。而在过去近20年的时间里，全球约有35%红树林已经消失。在美国，仅在1986～1997年10年间，湿地净丧失就达260700公顷，折合年均23700公顷。尽管如此，美国的湿地丧失速率还是远远低于此前的几十年间。到1997年，美国只剩下0.427亿公顷的湿地，不足欧洲殖民时期0.89亿公顷的一半。

近年来的研究表明，中国湿地的退化和丧失的速率和后果非常惊人。据不完全统计，近40年来我国已有50%的滨海滩涂湿地不复存在；全国约13%的湖泊已经消失；黑龙江三江平原78%的天然沼泽湿地丧生；洪湖水生植物种类减少24种、鱼类减少约50种；七大水系63.1%的河段水质污染失去了饮用水功能；全国有近40%具有全球意义的湿地正受到中度或重度威胁。

调查资料表明，自20世纪50年代到1977年，长江河口湿地已经被围垦滩涂达7.85万公顷，相当于下区陆地面积的12.39%。长江中游地区的湖泊面积由1949年的25828

平方千米，减少到了现在的10493平方千米，占原有湖泊面积的59.4%。其中，洞庭湖面积由50年代初的4300平方千米，减少到现在的不足2270平方千米。40多年来，江汉平原围湖造田6000平方千米，江汉湖群面积已经从8330平方千米下降到2270平方千米，如果按着面积大于0.5平方千米的湖泊计算，50年代初有湖泊4707.5平方千米，80年代仅为2656.8平方千米，湖泊面积缩小了43.5%。洞庭湖湖群曾是我国面积最大的湖泊湿地，面积87.8万公顷，于1992年被列入到《国际重要湿地名录》，从50年代至今，垦殖率已经高达50%以上。素有"千湖之省"美称的湖北省，50年代有1066个湖泊，目前仅剩300多个。历史上水网交织，湖泊星罗棋布，呈现一派"水乡泽国"的自然景观，如今已经风光不再。

黑龙江省的三江平原是中国最大的淡水沼泽区之一，该湿地是由黑龙江、松花江、乌苏里江冲击堆积而成。1955年之前，三江平原基本处于原始状态，水草丰茂，沼泽遍布，当地人沿江居住以打鱼为生，少数人在山林和岛状高地从事粗放的农事活动，当时全区的沼泽湿地面积为534.5万公顷，占三江平原地区平原总面积的80.2%。1955～2000年，三江平原进入迅速开荒期，在经历过了土地开发初期(1956～1960)，土地开发中期(1967～1983)和开发近期(1983～2000)等几个开垦阶段后，该地区兴建了大批的农场。受不同时期国家土地政策及经济发展的关系影响，该地区土地在经过了沼泽开垦为旱田、沼泽直接开垦为水田或旱田转变为水田等土地不同利用方式后，沼泽湿地大面积减少，耕地数量猛增。2000年该地区湿地面积仅存134.9万公顷，直至2005年湿地面积减少为81万公顷。

二、湿地变化的原因

湿地消亡、功能丧失引发了一系列的生态问题，也使得人类对湿地变化的原因产生了高度关注。是什么原因导致了湿地资源发生如此巨大的变化？究竟应该采取哪些措施才能在源头上遏制湿地生态系统的剧烈变化？

一般来说，导致湿地变化的原因主要有自然驱动力和人为驱动力这两大类。自然驱动力主要包括气候变化、地质、地貌、土壤、植被、水文等自然因素的变化导致的湿地系统发生的改变，如地球表层的逐渐变化(由地质、地貌、水文等湿地形成因素变化所引起的渐变)或地球表层的突然变化(如地震、泥石流、洪水、虫害、物种侵袭、火灾等突发自然事件导致的变化)而引起湿地形成发育的环境产生变化。人为因素则比较复杂，包括国家政策、人类的认知程度、资源利用方式、利用强度等多方面因素(如人口状况、经济状况、社会政治状况、科学技术状况、文化与宗教状况、外部输入、资源消耗、土地利用/覆盖变化、物种入侵等)，都会直接或间接地对湿地的形成和演变产生巨大的影响，从而导致湿地发生变化。总体看来，导致我国湿地变化的人为驱动因素主要有以下几个方面。

(一)农业开垦活动

农业开垦活动是湿地面积丧失和功能退化的主要因素之一。农业开垦活动包括有很多内容，湿地开垦为农田是比较直观的一种直接破坏湿地的活动，其后果将直接导致湿地开垦为农田，从而使湿地消失。湿地过度放牧活动也是导致湿地变化的一种因素，过度放牧将会使很多湿地植物不能有规律的完成其生活史，湿地植物多样性丧失，破坏了湿地生态系统的良性循环。为了改变湿地的用途，有些湿地会采用一些湿地排水措施。湿地排水对湿地内的水量、水文周期和水位波动等水文状况产生深刻的影响，从而会导致区域水文环境的改变，出现一些水质和水量问题，进而影响湿地的多种功能。灌溉活动也是导致湿地变化的一种农业活动，灌溉可以使湿地接收灌溉排水，从而使湿地的污染程度发生变化，进而影响湿地的水质水量，使湿地生态系统发生变化。资料表明，到1985 年，欧洲与北美约有56% ~65%的内陆与海岸湿地(包括湖泊与水塘)排水转为农业用地。这一数值在亚洲为27%，南美为6%，非洲为2%。

(二)城市化过程

在中国，伴随着城市化的发展，湿地变化过程也非常显著。在城市化过程中，由于道路、交通和建筑以及工业用地的出现，会直接导致湿地面积丧失和功能的退化。由于道路、建筑等设施的修建，地表不透水层面积的增大，以及城市生活、工业废水的排放，会直接或间接地使湿地的面积、湿地的生物、物理化学过程发生变化，从而导致湿地结构和功能的退化。近几年来，随着人们崇尚自然、追求高品质生活意识的逐渐提高，在城市中兴建湿地公园已经成为人们改善城市人居生活的一个热点，城市湿地面积开始有了逐渐增加的趋势。

(三)水利工程

水利工程是人类在经济社会发展过程中必然出现的一种现象。新中国成立以来，我国在全国范围内进行了大规模的水利工程建设，在防洪、发电、蓄水灌溉方面取得了良好的效益，但对湖泊和河流湿地的生态环境和水产资源却产生了不利影响。20 世纪50年代以后，中国已经在许多的江河、湖泊通江口区域，修建了许多大型的水利工程。闸坝等水利工程的修建，切断了洄游鱼类的通道，洄游鱼类资源衰竭；同时也妨碍湖水与外江水发生直接交换，使湖水植物群落发生变化，沼泽化进程加剧。如巢湖原是通江湖泊，洄游和半洄游性鱼类的产量占总产量的40%，60 年代兴建巢湖、裕溪口两闸后，洄游鱼类几乎绝迹，而定居性鱼类却占绝对优势。中国西部内陆干燥地区一些湖泊与入湖河流的水量补给关系密切，由于在河流上游拦河筑坝、发展灌溉农业，使位于河流尾闾的一些湖泊得不到足够的水量补充而逐渐萎缩、水质咸化，直至消亡。湖泊的缩小乃至消亡，不仅使得湖泊湿地本身丧失，同时也对湖泊周围地区的生态平衡也产生了深刻的影响。

（四）采矿等工业活动

工业活动对湿地的负面影响主要包括：减少湿地的面积、由于工业用水的排水改变湿地水文、水温增加、点源和非点源污染、由于排水造成水质水量的改变等方面。

湿地是一种宝贵的自然资源，拥有许多珍贵的矿产资源。泥炭资源作为其中的一种重要的有机矿产，不仅可以作为工业燃料来源，还是一种天然的高效肥料。国内外许多地区对泥炭资源开采的历史已经表明，无序开采，过度开采都对会湿地资源形成巨大的破坏作用，导致湿地面积减少、质量下降、功能退化。泥炭开采过程中，不仅要将泥炭从湿地中移走，而且还需要清理其上的植被，对湿地进行排水、为运输泥炭而修建道路。这些活动不但破坏了自然湿地，容易造成水土流失，会使周围地区湿地退化，对湿地生物保护非常不利，还对湿地生物多样性保护和可持续发展构成严重的威胁。

三、问题和挑战

为了保护湿地资源，中国政府从 20 世纪 70 年代开始建立湿地自然保护区。随着湿地各类保护政策的陆续出台，也有效地遏制了湿地退化现象的发生。2000 年，国务院 17 个部门联合颁布了《中国湿地保护行动计划》。2004 年，国务院办公厅发出《关于加强湿地保护管理的通知》，要求各级政府将湿地保护作为改善生态的重要任务来抓。2005 年，国务院批准了《全国湿地保护工程实施规划》，计划总投资 90 亿元，实施项目 400 多个。2006 年工程启动以来，中央累计投资 14 亿元，实施湿地保护项目 200 多个，使许多天然湿地得到了有效保护。

虽然我国在湿地保护方面取得了积极进展，但是随着社会经济发展，以及资源环境和人口等压力的不断加大，湿地生态系统仍然面临着很多威胁。湿地面积减少、功能退化的趋势仍然没有得到根本遏制；水土流失现象也未从根本上得到有效治理，很多河流、湖泊、沼泽水体污染和水质恶化依然严重；生物多样性锐减，一些濒危野生动植物种还在经受着严重的威胁甚至面临灭绝的危险；全球气候变暖也给湿地和生物多样性保护带来巨大威胁和挑战。

（一）政策和法规体系薄弱，保护管理能力低下

由于湿地保护的历史较短，中国湿地保护体系还比较薄弱，到目前为止，中国还没有一个专门的国家层次湿地法规体系来保护湿地。现有的湿地保护条款大多都是融合到其他部门和领域的保护范围之中。因此容易使人产生界限不明、领域模糊等错觉，从而造成政策和法规体系的不完善和湿地保护管理能力低下等一系列问题。目前，中国湿地保护区大多采用政府拨款批准、兴建、管理的制度，属于政府部门强制式管理的模式。这种模式在实施管理过程中，目标简单明确，保护区在自己上级主管部门的业务指导下，负责本地区的湿地保护与管理的具体工作，具有很多优点，但同时需要依靠国家财政来

支撑，管理成本比较高，因此容易出现面对利益时各部门争抢，面对问题时大家相互推诿、不负责任等一些问题的出现。

由于湿地保护与管理牵涉面广，涉及部门多，因此有些地区和部门在湿地保护与管理过程中，经常出现湿地保护的宣传与教育相对滞后，普及广度、力度、深度都不够，公众对湿地生态功能缺乏认识和理解等现象，从而使得湿地保护与管理能力相对较弱。

2003 年 10 月，国家林业局牵头、9 个相关部门共同编制的《全国湿地保护工程规划》报经国务院同意，国务院指示在此基础上编制近期的实施规划。2004 年 6 月，国务院下达《关于加强湿地保护管理的通知》（国发办〔2004〕50 号），指示国家林业局尽快会同有关部门编制 2005~2010 年全国湿地保护工程实施规划，明确建设目标任务和具体措施。从根本上解决我国湿地保护管理存在的体制机制性障碍，一是投入机制，在国家基本建设投资和财政投入上，要建立长期稳定的投入制度，要按照"谁受益，谁补偿"的原则，尽快建立湿地生态效益补偿机制。二是征占用湿地的补偿机制，对湿地转变用途实行相应的资金补偿和面积补偿，逐步实行湿地"占补平衡"制度，确保湿地面积不减少。三是功能平衡机制，对湿地因缺乏生态用水及其他行为导致的生态功能下降等问题，要建立湿地生态用水补偿机制，建立湿地污染的生态功能恢复机制，确保湿地发挥正常的生态功能。四是主体功能区划，要将重要湿地纳入禁止开发区范围，作为重要生态用地予以保护，并享受国家禁止开发区的相关优惠政策。

（二）湿地开垦和改造

如前所述，湿地开垦和湿地改造是导致湿地面积减少、湿地退化最主要的因素。据国家林业局开展的全国第一次湿地资源调查数据显示，在 376 块重点调查的湿地中，有 117 块湿地已经遭到或正在面临着盲目开荒和改造的威胁，占所调查湿地总数的 30.3%。在面临该威胁的湿地中，湖泊湿地占 39.5%；近海与海岸湿地占 27.2%；沼泽湿地占 20.2%。从地域上来看，该威胁主要存在于沿海地区、长江中下游湖区、东北沼泽湿地区。随着湿地面积的减小，湿地生态功能明显下降，生物多样性降低，生态环境恶化已经日益严重。

（三）泥沙淤积

湿地具有涵养水源、调节气候等许多服务功能，对河流的发育具有重要意义。由于大江、大河上游的森林砍伐影响了流域生态平衡，使河流泥沙含量增大，造成河床、湖底等的淤积，并使湿地面积不断减小，功能衰退，许多地区都出现了洪涝灾害加剧等现象。国家林业局公布的对 376 块重点调查湿地数据中显示，共有 30 块湿地正面临着泥沙淤积的威胁，占所有重点调查湿地的 8.0%。在面临该威胁的湿地中，湖泊湿地占 43.3%；库塘湿地占 36.7%。水库是中国重要的人工湿地，目前其泥沙淤积问题也令人担忧。自 1949 年以来，中国已建成 8.4 万座大中小型水库，库容 4600 亿立方米以上，现淤死 1000 亿立方米以上。

(四)污染严重

湿地环境污染不仅对生物多样性造成严重危害，也使得湿地的水质日趋下降，是中国湿地面临的最严重的威胁之一。污染湿地的因子包括大量工业废水、生活污水的排放，油气开发等引起的漏油、溢油事故，以及农药、化肥引起的面源污染等，而且环境污染对湿地的威胁正随着工业化进程的发展而迅速加剧。在 376 块重点调查湿地中，共有 98 块湿地正面临着环境污染的威胁，占所有重点调查湿地的 26.1%。在面临该威胁的湿地中，湖泊湿地占 39.8%；近海与海岸湿地占 24.5%；库塘湿地占 24.5%。从地域上，该威胁主要存在于沿海地区、长江中下游湖区以及东部人口密集区的库塘湿地。通过对我国大江大河中的 740 多个点位进行监测，只有 29% 的断面达到了好于三类水的标准。有 40% 多的断面污染还是很严重的。太湖水体中藻类共有 97 个种别，20 世纪 80 年代，蓝藻、硅藻、绿藻为总体优势种群，分别占 20%、28% 和 40%。由于太湖湖体污染加重，湖体生态结构受到破坏，蓝藻占绝对优势，最高时约占藻类总量的 94%。

(五)水资源过度利用

只要是自然资源，就具有资源属性，如果保护不当，就会出现资源枯竭等问题。湿地是一种重要的自然资源，能够为人类提供多种服务功能，合理利用可以使之发挥出特有的自然资源属性，否则就会使这种功能逐渐降低或者丧失。在中国的西北、华北等部分地区，因过度从湿地取水或开采地下水，已经使该地区的湿地水文环境受到了严重威胁。西北地区如塔里木河、黑河等重要的内流河，由于水资源的不合理利用，导致下游缺水，大量植被死亡，沙进人退。近年来，黄河水量干枯的趋势也经常呈现，1997 年利津水文站累计断流天数达 226 天，占全年总天数的 62%，严重影响了下游工农业生产和人民生活。中国西部地区的湖泊也因上游地区超负荷的截水灌溉，而导致湖泊萎缩，水质咸化，许多湿地干涸后成为沙尘暴的策源地。

(六)生物多样性锐减

湿地是地球上生物多样性最丰富、生产力最高的自然生态系统之一，被誉为"物种基因库"，这些物种和种质基因资源对维护地球生物多样性具有重要意义。过度利用及不合理的开发活动已经使得湿地生物多样性呈现出锐减的趋势，严重影响了湿地生态系统的健康发展。

三江平原区历史上曾经享有"棒打狍子瓢舀鱼"的美誉，鱼类资源丰富。随着过度捕捞和酷捕幼鱼，加上水域污染，中小河流的鱼类资源较 30 年前减少了 70% 以上，许多河段已无鱼可捕。在 20 世纪 70 年代以前，该地区国家一级保护动物东方白鹳约 500～900 只，随着三江平原沼泽地开发和过度狩猎水鸟，至 20 世纪末仅有 40～60 只。洞庭湖湿地鱼类的天然捕捞量已由 50 年代的 3070 万千克，降至 80 年代的 1500 万千克；鱼类的种数也从 114 种减少到 80 种，另外，江湖阻隔使原有的海水—淡水湖洄游的珍贵鱼类几乎濒临绝迹。红树林地区是鱼、虾、蟹、贝类栖息繁殖的重要场所，中国的红树林区域由于围垦和砍伐等过度利用，已经有72%的红树林丧失。红树林的大面积消失，使中国的红树林生态系统处于濒危状态，同时使许多生物失去栖息场所和繁殖地，也失去了防护海岸的生态功能。

四、保护与管理

（一）制定与湿地保护有关的国家宏观战略计划和规划

近年来，我国采取了一系列措施加强湿地保护管理工作。《中共中央　国务院关于加快林业发展的决定》把加强湿地保护作为以生态建设为主的林业发展战略的重要组成部分，我国《国民经济和社会发展第十一个五年规划纲要》把加强湿地保护作为"切实保护好自然生态"的一项重要措施列入国家"十一五"规划。1994年，林业部负责组织成立了编制《中国湿地保护行动计划》工作领导小组，外交部、国家计委等17个部门参加了该领导小组（中国湿地保护行动计划，2000）。2003年，国务院原则同意了《全国湿地保护工程规划（2002～2030年）》，批准了《全国湿地保护工程实施规划（2005～2010年）》。目前，国家林业局正在组织国务院有关部门着手制订《全国湿地保护工程实施规划（2011～2015年）》，这些湿地保护的国家宏观战略规划为未来湿地保护与管理工作提供重要的指导原则与政策支持。根据这些规划的要求，我国将继续开展湿地调查监测、宣传教育、科学研究、自然保护区建设、湿地恢复等措施，加强国家重要湿地的保护管理工作。通过实施"十一五"规划，到2010年，我国50.3%的自然湿地得到有效保护，恢复湿地7万多公顷，初步建立了湿地保护管理网络体系，促进了全国湿地保护管理工作的健康发展。

2001年，六大林业重点工程之一的"全国野生动植物保护及自然保护区建设工程总体规划"正式启动，其中湿地保护恢复示范，湿地监测等内容也纳入其中，成为国家重点支持项目。2002年，国务院批复了《全国海洋功能区划》，强调了滨海滩涂的使用状况的调查与评价，强化政府对滨海滩涂的使用和保护的监督管理。2004年，国务院办公厅下发了《关于加强湿地保护管理的通知》，这是中国政府第一次就湿地保护做出的明确声明，表明湿地保护已经纳入国家议事日程，具有里程碑式的意义。

在国家的高度重视下，各部委、各省及有关部门的湿地保护意识普遍增强。在国土、水利、环保等部门制定的规划中，均涉及湿地保护，尤其是滨海滩涂的保护与利用。许多省份召开了湿地保护管理工作会议，部分省份已经批准或正在编制省级湿地保护规划。

（二）政策和法规体系建设

我国湿地立法正在稳步推进，政策研究和标准制定取得新进展：从1998年起，国家林业局就开始组织对中国湿地保护有关立法问题进行了系统研究，并在完成前期研究、国内外立法调研的基础上起草了"湿地保护条例"。根据我国湿地保护工作现状，湿地保护立法的基本方针确定为"全面保护、生态优先、科学恢复、合理利用、持续发展"。立法以保护为核心，强调将湿地作为特殊生态系统从整体上进行保护；在保护的基础上，合理利用湿地，限制湿地无序开发。国务院法制办对"湿地保护条例"非常重视，已决定把湿地立法列入国务院立法计划。同时地方立法工作取得新进展，黑龙江、甘肃、湖南、陕西、广东、内蒙古、辽宁、宁夏、四川、吉林、西藏11个省(自治区)已相继出台生效，管辖范围近国土面积的50%，现在不少地方正在审议本地区的湿地保护条例。我国部分省份在保护本辖区湿地资源所进行的积极探索，为我国湿地专门立法积累了宝贵的经验。同时国家林业局还开展了湿地重大政策的研究工作，启动了湿地生态补水机制研究，开展了黄河流域生态补水的调研工作。进一步推进标准化建设，湿地保护恢复技术标准研究获得重大进展，国家林业局出台了《国家湿地公园管理办法》、《国家湿地公园总体规划编制导则》、《国家湿地公园验收办法》，福建、江西等省出台了湿地公园管理办法，包括《湿地公园规划导则》、《湿地公园的建设规范》、《湿地公园检查验收办法》等，这些标准和规范对促进科学管理、推动湿地公园健康发展起到了很好的作用。

建立了湿地生态补偿制度，并得以示范推广：近年来，中央对于湿地生态效益补偿工作重视程度有了进一步提高，且取得了重大的政策突破。2009年专门就湿地生态效益补偿试点问题作了明确规定。《中共中央 国务院关于2009年促进农业稳定发展农民持续增收的若干意见》(中发[2009]1号文件)明确要求："启动草原、湿地、水土保持等生态效益补偿试点。"《国务院办公厅关于落实中共中央 国务院关于2009年促进农业稳定发展农民持续增收若干意见有关政策措施分工的通知》(国办函[2009]16号)进一步明确："启动草原、湿地、水土保持等生态效益补偿试点工作，由财政部会同国家林业局、水利部、农业部、环境保护部等部门负责落实。"建立湿地生态效益补偿制度，是认真履行《湿地公约》的迫切需要，是正确处理各种利益关系、实现和谐保护湿地的迫切需要，是建设生态文明社会的需要。经过充分调研，目前国家林业局已经在全国开始了湿地生态效益补偿的试点工作，2010年、2011年中央财政专项每年投入2亿元资金在国际重要湿地、湿地自然保护区和国家湿地公园开展湿地保护补助工作，极大地提高了重要湿地保护管理能力。

(三)保护管理体系建设

近年来，我国采取了一系列措施加强湿地保护管理工作。为加强全国湿地保护管理和国际履约工作，2005年，经中央编制委员会办公室批准，在国家林业局专门成立了湿地保护管理中心(中华人民共和国国际湿地公约履约办公室)。各省份还建立了湿地保护管理专门机构。1999年9月，吉林省湿地研究中心成立，这是我国第一个地方成立的专门针对湿地保护的研究所。山西省湿地保护管理工作协调领导组、青海省湿地保护管理工作领导小组成立副省级湿地保护领导小组，同时在吉林、江西、重庆、四川、甘肃、湖北、辽宁等14省(直辖市)也成立了湿地保护管理的专门机构。

　　我国于1975年在青海青海湖建立了第一个湿地鸟类自然保护区；1979年在黑龙江扎龙建立了第一个内陆沼泽湿地自然保护区；1980年，又建立了新疆巴音布鲁克、海南东寨港、吉林莫莫格和吉林向海自然保护区；1982年，在山东长岛建立了第一个海岛湿地型自然保护区。经过多年努力，截至2010年底，全国共有湿地类型自然保护区550多个，国家湿地公园140多个，纳入湿地保护体系的自然湿地面积1820万公顷，占自然湿地总面积的50.3%。政府主导、全民参与湿地保护的工作局面正在逐步形成。这些保护区的建立对保护典型湿地生态系统、大江大河源头、主要河流入海口、候鸟繁殖和越冬栖息地等发挥了极其重要的作用。实践表明，建立自然保护区对湿地进行严格就地保护是保护天然湿地最积极、最直接、最有效的途径和措施。

（四）调查监测和科学支撑体系建设

　　为了全面掌握湿地资源情况，为有效保护和合理利用湿地提供科学依据，国家林业局在财政部等有关部门的大力支持下，从1995~2003年，历时9年，开展了新中国成立以来的首次大规模的全国湿地资源调查工作，对全国除香港、澳门特别行政区和台湾省外的31个省（自治区、直辖市）面积超过100公顷的湖泊、沼泽、河流、滨海湿地、库塘进行了比较全面、系统的调查。

　　本次调查参考了《湿地公约》的湿地定义和分类系统，在调查范围、方法、强度、手段等方面与以往的各专项调查均存在一定的差异。首次全面系统地查清了全国面积100公顷以上的湿地类型、面积与分布。全面系统地查清了全国湿地高等植物的区系组成、珍稀湿地植物及其分布等。首次全面系统地查清了全国湿地两栖类、爬行类、鸟类、兽类和鱼类资源的区系组成、珍稀种类、地理分布和栖息地状况。

　　2009年，在中央财政的支持下，开展了第二次全国湿地资源调查工作。这次调查的湿地面积是从8公顷起调，这个调查面积与《湿地公约》规定的湿地调查面积相接轨。同时第二次调查主要采用先进的3S技术，并结合已有的统计资料，加大调查的科学性和时效性。2009年对黑龙江、江苏、广东、吉林等6个省做了湿地资源的试点调查，同时对调查结果进行了评估分析。在利用试点工作成功经验的基础上，陆续启动了其他省份的湿地资源调查。截至2010年年底，已经完成15个省（自治区、直辖市）的调查，全国调查工作预计2012年年底完成。

　　针对沼泽、湖泊、滨海等专项调查也曾先后开展。20世纪70年代中期以来开展了全国的湖泊调查，基本摸清了全国湖泊的贮水量与水质状况；70年代末至80年代初期开展了全国海岸带和海涂资源调查；1992~1996年，中国科学院开展了"中国湖沼系统调查与分类系统"研究，在此基础上出版了《中国沼泽志》和《中国湖泊志》。近15年来，国家科技部、自然科学基金委等部委相继启动了各类国家级湿地研究项目170多个。包括国家重大基础研究发展计划（973计划）11项，国家重大高技术研究发展计划（863计划）3项，引进国际先进林业科学技术计划（948计划）7项，行业专项4项，科技部科技支撑项目4项，国家自然科学基金140多项，省、市地方科技项目、横向协作项目数百个。这些项目涉及湿地资源调查及监测、湿地保护基础研究、湿地恢复技术研究、湿地与全球气候变化、湿地净化水质技术及其机制研究、湿地演变基础理论研究等。到2009年为止，科技部公布的同湿地研究有关的科技支撑项目主要有"黄河健康修复关键技术研究"、"东北地区水资源全要素优化配置与安全保障技术体系研究"、"极地科学研究"、"流域洪水预警预报及风险管理关键技术研究"、"水库大坝安全保障关键技术研究"、"重大工程建设区生态恢复整治技术研究"、"典型脆弱生态系统重建技术与示范"、"城市生态规划与生态修复的关键技术研究与示范"、"罗布泊盐湖资源综合开发利用关键技术研究"等多个项目。与此同时，国家相关部门还在全国范围内开展了退耕还林、还湿、还草工程，有效地改善了流域和湿地周边地区的生态状况。主要工程有：在三江平原滞洪区、天津塘沽、衡水湖等地区实施退耕还泽(滩)工程；在三江源、川西若尔盖高原、新疆艾比湖、青海湖等地区实施恢复湿地植被工程；对富营养化程度严重的湖泊湿地，通过湿地植被的重建和恢复，改善湿地生态，在鄱阳湖、洞庭湖、巴音布鲁克、居延海、黄河中游、三峡水库和密云水库等区域实施栖息地恢复工程；全面开展珊瑚礁生态系统的保护和恢复工作和在沿海退化红树林地区实施红树林恢复工程；上述工程已经并正在陆续实施。所有这些项目或计划的设立都为我国湿地科学的稳固发展提供并创造了良好的契机。

基础研究平台建设和人才培养是湿地科学发展的重要基石，也是湿地发展水平的重要支撑。根据目前所掌握的资料，同湿地有关或者直接以湿地命名的省、部级重点实验室主要有：中国科学院湿地生态与环境重点实验室(中国科学院东北地理与农业生态研究所)、国家高原湿地研究中心(西南林业大学)、国家湿地保护与修复技术中心(北京大学)、国家环境保护湿地生态与植被恢复重点实验室(东北师范大学)、滨海湿地生态系统教育部重点实验室(厦门大学)、鄱阳湖湿地与流域研究教育部重点实验室(江西师范大学)、亚热带湿地生态学重点实验室(福建师范大学)、森林和湿地生态恢复与保育四川省重点实验室(四川省林业科学研究院)、涝渍灾害与湿地农业重点实验室(长江大学)、湿地与恢复生态学重点实验室(黑龙江省科学院)。2009年，东北林业大学还率先设立了全国第一个湿地科学本科专业，对人才等基础平台建设提供了良好的支撑。

2009年6月1日，国家湿地科学技术专家委员会成立，确定了未来3~5年湿地保护管理和科学研究的工作方向。国家湿地专家技术委员的成立为解决我国湿地保护管理的重大课题，推动湿地科学研究深入开展，加强湿地保护管理的科技支撑，搭建了一个很好的平台，必将为推进全国湿地保护事业健康发展起到重要作用。

（五）履行《湿地公约》和开展国际合作

1971年，18个国家代表团，5个观察员国家和几个政府间和非政府间组织相聚伊朗拉姆萨尔，通过了《湿地公约》文本。伊朗作为东道国率先宣布它愿意提供其国内的一处具有全球意义的湿地与适当的国际组织共同管理，以起到为全人类利益保护和经营湿地的榜样作用。《湿地公约》是世界上第一个国际性的环境公约，并与一些非政府组织合作，如世界自然基金会、湿地国际、鸟类生命国际以及世界自然保护联盟，为国家行动和国际合作提供框架。它致力于通过国家、地区及国际组织促进为湿地管理提供地方性的解决办法。《湿地公约》为各国提供了行动框架，这些行动可以在地区、国家和地方层次上开展。《湿地公约》通过其合理利用概念所促进和支持的综合方案是使湿地继续存在的关键，简单地讲，合理利用即以可持续的非破坏的方式经营并利用湿地资源。

我国是《湿地公约》缔约国，积极履行了公约的各项义务，加强了湿地资源保护管理，特别是在基础设施、能力建设、划定和加强湿地自然保护区的建设和管理等方面做了大量工作，取得了显著成绩。目前中国共有 37 块湿地被列入《湿地公约》国际重要湿地名录，总面积 38000 平方千米。1992 年第一批列入名录的中国湿地有 6 块；1997 年香港回归祖国后，米埔国际重要湿地划归中国政府管理；2001 年第二批列入名录的中国湿地有 14 块；2005 年第三批列入名录的中国湿地有 9 块；2008 年第四批列入名录的中国湿地有 6 块，2009 年西溪国家湿地公园被列入。中国 37 块国际重要湿地均建立了保护机构，其中 36 块为自然保护区，1 块为国家湿地公园。扎龙湿地是世界上最大的丹顶鹤繁殖地。盐城湿地是全世界最大的丹顶鹤越冬地，也是国际濒危物种黑嘴鸥的重要繁殖地。若尔盖湿地是世界上最大的高原泥炭沼泽，储存了 19 亿吨左右的泥炭。玛旁雍错湿地是世界上最高的淡水湖泊湿地。这些国际重要湿地已经成为我国保护水禽栖息地和典型湿地生态系统不可替代的重要基地。

我国与国际社会积极合作，启动了一系列湿地保护和合理利用的技术援助项目。1995 年启动的全球环境基金自然保护区管理项目，通过加强湿地保护区组织机构、规划设计、技能开发、信息管理和社区参与等工作，提高了我国湿地及其生物多样性保护管理水平；全球环境基金资助的中国湿地生物多样性保护和可持续利用项目，加强了黑龙江三江平原、四川和甘肃的若尔盖、江苏盐城和湖南洞庭湖等 4 处国家重要湿地的保护和管理工作，还为全国同种类型的湿地保护起到了示范作用；与国际社会共同开展的长江项目、抗洪项目、红树林保护与恢复项目、西洞庭湖航道清淤项目、长江流域造林项目、森林保护和发展项目、生命之河保护项目等多项国际合作项目对我国湿地保护和合理利用起到了促进和示范作用。

第四节 目标与选择

一、世界趋势

(一)世界湿地研究

湿地研究最早可以追溯到 17 世纪，最早的著作可以认为是 J·莱兰德(Leland)的《旅行游记》(1535～1543 年)，他认为沼泽是从森林演变而来的。

17 世纪末以前是湿地科学的孕育期。18 世纪末到 19 世纪末为湿地科学创立期，欧洲最早对沼泽物质来源、形成因素、沼泽类型、沼泽演变与分布规律及开发利用都进行了较为系统的探讨，创立了湿地科学基本理论的雏形。

20 世纪初，湿地学进入发展期，学术著作开始出现湿地一词。受益于新技术和新方法的应用，大量湿地研究成果问世，对湿地的认识开始从感性上升到理性，并开始走向系统与综合研究，从而确定湿地科学较为系统的科学理论与方法论，基本形成一门独立的学科。德国沼泽学家韦伯等学者共同建立了"沼泽统一发育过程学说"理论，为湿地科学的主要理论之一。此后一大批湿地著作相继问世，丰富了湿地科学理论。1982 年开始为湿地科学的蓬勃发展期，其标志是在印度召开的第一届国际湿地会议，迄今为止已召开了六届会议。特别是 2000 年在加拿大举办的魁北克 2000——世纪湿地大事件活动在世界湿地科学发展历史上具有里程碑的意义。

(二)世界湿地现状

全球湿地损失严重，湿地保护形势严峻。世界湿地分布广泛，据统计，全球湿地面积 12.8 亿公顷，大约占到陆地表面积的 9%。但由于自然因素和人为因素对湿地生态系统的干扰，使湿地面积大幅度减少。其中主要原因是由于人类对湿地的不合理利用，导致了湿地大面积丧失。从全球范围来看，湿地损失大约 50%。这仅是根据许多工业化国家(西欧，美国东部和中西部，加拿大和部分的亚洲和澳大利亚)已经损失一半以上(经常 90% 或更多)的湿地面积计算的。湿地损失率见表 3-4 所示。

全球湿地保护向主流化趋势发展。环境问题"主流化"的概念源于联合国 1972 年发布的《人类环境宣言》。就湿地保护而言，其主流化就是改变公众和机构对湿地功能与效益的认识，使他们从现在开始并长期支持湿地保护与可持续利用。长期以来，供水、灌溉、水电、渔业、交通、旅游等产业的发展更多的是关注湿地某种效益的最大化，而且与基本农田、森林等生态系统相比，湿地保护工作相对比较薄弱，因此，更需要将湿地保护纳入到有关部门的政策、规划和项目之中，实现湿地保护的主流化。

表3-4　全球各种地理区域湿地的损失百分率

位　　置	损失率（%）
美国	53
加拿大	
大西洋沿海沼泽湿地	65
五大湖－圣劳伦斯河下游	71
大草原壶穴与泥沼	71
太平洋沿海河口湿地	80
新西兰	>90
澳大利亚	>50
天鹅沿海平原（澳大利亚西部）	75
新南威尔士沿海	75
维多利亚	33
墨累河盆地	35
菲律宾红树林沼泽	67
中国	60
欧洲	60

　　全球层面的湿地保护主流化主要是由国际组织推动的，一系列国际公约是实现全球层面湿地主流化的关键手段。积极推动湿地保护主流化的有《湿地公约》、《生物多样性公约》、《气候变化框架公约》等多边环境协定、全球环境基金（GEF）等多边基金、联合国开发计划署（UNDP）等国际组织以及世界自然基金会（WWF）、湿地国际（WI）等非政府组织。另外，部分双边和多边协议或协定等，如东亚—澳大利亚候鸟保护协定、中国—日本候鸟保护协定等，对湿地保护主流化工作也有促进作用。欧盟等双边援助也是推动湿地主流化的重要力量。

　　《湿地公约》是湿地保护主流化的重要工具，《湿地公约》秘书处是其主要推动力量。截至2011年7月26日，《湿地公约》共有160个缔约国，建立了1952处国际重要湿地，总面积达1.90亿公顷（表3-5）。

表3-5　全球国际重要湿地数量统计

序　号	国　　家	数量（块）	总面积（公顷）
1	阿尔巴尼亚	3	83062
2	阿尔及利亚	50	2991013
3	安提瓜和巴布达	1	3600
4	阿根廷	20	5339826
5	亚美尼亚	2	492239

（续）

序 号	国 家	数量（块）	总面积（公顷）
6	澳大利亚	65	7510177
7	奥地利	19	119962
8	阿塞拜疆	2	99560
9	巴哈马	1	32600
10	巴林	2	6810
11	孟加拉国	2	611200
12	巴巴多斯	1	33
13	白俄罗斯	9	370956
14	比利时	9	42938
15	伯利兹	2	23592
16	贝宁	4	1179354
17	玻利维亚	8	7894472
18	博茨瓦纳	1	5537400
19	巴西	11	6568359
20	保加利亚	11	35273
21	布基纳法索	15	652502
22	布隆迪	1	1000
23	柬埔寨	3	54600
24	喀麦隆	5	784115
25	加拿大	37	13066675
26	佛得角	3	未知
27	中非	2	376300
28	乍得	5	12405068
29	智利	12	358989
30	中国	37	3168535
31	哥伦比亚	5	458525
32	科摩罗	3	16030
33	刚果	7	8454259
34	哥斯达黎加	12	569742
35	科特迪瓦	6	127344
36	克罗地亚	4	86579
37	古巴	6	1188411
38	塞浦路斯	1	1107
39	捷克	12	54681

（续）

序　号	国　　家	数量(块)	总面积(公顷)
40	刚果(金)	3	7435624
41	丹麦	38	2078823
42	吉布提	1	3000
43	多米尼加	2	24600
44	厄瓜多尔	13	201126
45	埃及	2	105700
46	萨尔瓦多	6	192960
47	赤道几内亚	3	136000
48	爱沙尼亚	12	225960
49	斐济	1	615
50	芬兰	49	799518
51	法国	36	3289158
52	加蓬	9	2818469
53	冈比亚	3	31244
54	格鲁吉亚	2	34480
55	德国	34	868226
56	加纳	6	178410
57	希腊	10	163501
58	危地马拉	7	628592
59	几内亚	16	6422361
60	几内亚比绍	1	39098
61	洪都拉斯	6	223320
62	匈牙利	29	244913
63	冰岛	3	58970
64	印度	25	677131
65	印度尼西亚	5	964600
66	伊朗	24	1486438
67	伊拉克	1	137700
68	爱尔兰	45	66994
69	以色列	2	366
70	意大利	52	60223
71	牙买加	3	37765
72	日本	37	130027
73	约旦	1	7372

（续）

序号	国家	数量（块）	总面积（公顷）
74	哈萨克斯坦	7	1626768
75	肯尼亚	5	101849
76	吉尔吉斯斯坦	3	676569
77	老挝	2	14760
78	拉脱维亚	6	148718
79	黎巴嫩	4	1075
80	莱索托	1	434
81	利比里亚	5	95879
82	利比亚	2	83
83	列支敦士登	1	101
84	立陶宛	5	57090
85	卢森堡	2	313
86	马达加斯加	7	1146066
87	马拉维	1	224800
88	马来西亚	6	134158
89	马里	1	4119500
90	马耳他	2	16
91	马绍尔群岛	1	69 000
92	毛里塔尼亚	4	1240600
93	毛里求斯	2	379
94	墨西哥	123	8340620
95	摩尔多瓦	3	94705
96	摩纳哥	1	23
97	蒙古	11	1439530
98	黑山	1	20 000
99	摩洛哥	24	272010
100	莫桑比克	2	2051700
101	缅甸	1	256
102	纳米比亚	4	629600
103	尼泊尔	9	34455
104	荷兰	49	818908
105	新西兰	6	55512
106	尼加拉瓜	8	405691
107	尼日尔	12	4317589

（续）

序　号	国家	数量（块）	总面积（公顷）
108	尼日利亚	11	1076728
109	挪威	51	838127
110	巴基斯坦	19	1343627
111	帕劳	1	493
112	巴拿马	5	183992
113	巴布亚新几内亚	2	594924
114	巴拉圭	6	785970
115	秘鲁	13	6784042
116	菲律宾	4	132032
117	波兰	13	145075
118	葡萄牙	28	86581
119	韩国	16	14547
120	罗马尼亚	6	799294
121	俄罗斯	35	10323767
122	卢旺达	1	未知
123	圣卢西亚	2	85
124	萨摩亚	1	未知
125	圣多美和普林西比	1	23
126	塞内加尔	4	99720
127	塞尔维亚	9	53714
128	塞舌尔	3	44022
129	塞拉利昂	1	295000
130	斯洛伐克	14	40697
131	斯洛文尼亚	3	8205
132	南非	20	553178
133	西班牙	68	285185
134	斯里兰卡	5	19011
135	苏丹	4	8189600
136	苏里南	1	12000
137	瑞典	51	514675
138	瑞士	11	14688
139	叙利亚	1	10000
140	塔吉克斯坦	5	94600
141	泰国	11	372800
142	马其顿	2	21616

（续）

序　号	国　　　家	数量（块）	总面积（公顷）
143	多哥	4	1210400
144	特立尼达和多巴哥	3	15919
145	突尼斯	20	726541
146	土耳其	13	179898
147	土库曼斯坦	1	267124
148	乌干达	12	454303
149	乌克兰	33	744651
150	阿拉伯联合酋长国	2	13020
151	英国	168	1274323
152	坦桑尼亚	4	4868424
153	美国	30	1646745
154	乌拉圭	2	424904
155	乌兹别克斯坦	2	558400
156	委内瑞拉	5	263636
157	越南	3	35807
158	也门	1	未知
159	赞比亚	8	4030500
160	波黑	3	56779

全球环境基金作为全球最大的支持发展中国家从事环境保护和履行多边环境协定的基金，联合国开发计划署是联合国系统的发展援助机构，都是促进湿地保护主流化的主要力量之一。世界自然基金会也是《湿地公约》的国际合作伙伴，在推动湿地保护的主流化方面具有重要贡献，其重点是促进《湿地公约》缔约国建立湿地保护区和提名国际重要湿地，推动制定保护区管理计划，促进将湿地纳入到流域综合管理框架，进行湿地保护与管理示范、宣传与教育，提供社区可持续生计的小额资助和培训机会等。湿地国际也是《湿地公约》的国际合作伙伴，近期重点关注气候变化与湿地保护，在泥炭地和森林湿地缓解气候变化方面制订评价规则和指标，开展示范项目，对不可持续的工程措施提供替代方案等。

中国作为《湿地公约》的签约国，积极履行职责，建立了中国国家湿地委员会，积极制订湿地保护策略和政策，申报并确定国际重要湿地 37 块。积极推动与相关国际组织（如联合国开发计划署、全球环境基金和世界自然基金会）、国家（如澳大利亚、德国、日本等）和区域（如东北亚）的合作，开展湿地保护的宣传与教育活动等。

（三）世界湿地保护、开发和利用

当人类认识到湿地资源的真正价值后，必须用新的自然资源观来指导湿地自然资源的保护与利用。《湿地公约》对湿地合理利用定义为："人类福祉与生态系统自然属性相协调的湿地可持续利用。"湿地资源合理利用必须考虑湿地生态系统所能提供的各种服务的利益和价值。湿地的合理利用要以生态经济学原理为指导，以市场为导向，以保护湿地核心区功能和重要湿地为前提，贯彻因地制宜、可持续利用、科学性和实现生态、经济、社会效益最大化的原则。目前，国际湿地利用主要体现在以下两个方面。

1. 工程湿地污染物净化

采用工程湿地净化污染物始于20世纪50年代德国的马普研究所。1988年在美国田纳西州和1990年在英国剑桥召开了人工湿地技术国际研讨会，这标志着湿地系统已经成为一种具有自身特色的废水处理方法。

近20年来，工程湿地净化系统在欧美得到广泛应用。全欧洲已有1万多处、北美有近2万处工程湿地污水处理系统。北美2/3的湿地是自由表面流湿地，其中一半是自然湿地，其余为人工自由表面流湿地。在欧洲应用较多的则是地下潜流系统，特别是在一些东欧国家应用较广。欧洲采用此类系统趋向于对近1000人口当量的乡村级社区进行二级处理；北美则趋向于对人口较多的地区进行高级处理；在澳大利亚和南非，则用于处理各类废水。美国现有800多处工程湿地用于处理市政、工业和农业废水。在丹麦、德国、英国等国，至少有200处工程湿地废水处理系统(主要为地下潜流系统)在运行。新西兰也有80多处工程湿地系统投入使用。美国东部的400多个废水排放点是通过工程湿地系统处理后再进入地下水、河口、河流和湖泊的。另外，亚洲、大洋洲和拉丁美洲也在越来越多地建造工程湿地污水处理系统并投入运行，广泛用于处理生活污水和各种工农业废水。

目前，工程湿地处理技术在发达国家已被成功地用来处理各类水体，包括日常生活污水、家畜与家禽的粪水、尾矿排出液、工业污水、农业废水、垃圾渗出液、城市暴雨径流等。研究表明，城市污水在3~5小时内流过200余公顷的沼泽湿地后，硝酸盐即可减少63%，磷减少57%；2公顷湿地可净化200公顷农田径流中过剩的氮和磷。在美国佛罗里达州，城镇废水经过柏树沼泽后，98%的氮和97%的磷被吸收和净化。

2. 发展湿地生态旅游

由于湿地在美学、教育、文化、宗教、民俗、音乐等方面具有独特功能，因此其在生态旅游发展中的地位极其重要，如美国的大沼泽、秘鲁的喀喀湖、澳大利亚的大堡礁等湿地旅游已成为当地重要的经济活动，湿地观鸟游、湿地植物观赏、河口瀑布观赏和湿地教育游等生态旅游在发达国家和地区已非常普及。在湿地开展生态旅游，不仅能促进区域经济可持续发展，实现对湿地生态环境的积极保护，还可以对旅游者进行生动的环境教育，推动生态文明建设。

湿地类型多样，资源丰富，发展生态旅游潜力巨大。湖泊湿地和江河湿地的秀丽景色、沼泽湿地原始景观和珍稀水禽，向来是旅游者的理想目的地。在美国，仅湖泊湿地开展的垂钓收入就很可观。

香港米埔湿地是充分发挥湿地自身资源特点开展湿地旅游的全球典范。米埔沼泽地位于香港新界西北与广东省深圳市交界处，面积 380 公顷。1973 年定为禁猎区，1976 年宣布为具有特殊科学研究意义的地区，后由世界野生动物基金会香港分会设立了野生生物教育中心和自然保护区，米埔沼泽 1995 年被列入国际重要湿地名录。米埔沼泽湿地是香港面积最大的湿地，且是香港最大的红树林区；同时，米埔也是国际知名的候鸟重要集中地，分布有 4% 的濒危鸟类。香港米埔湿地利用自身特点，在湿地观鸟、科普教育等方面而著称。科普教育方面，湿地鸟类环志开始于 1966 年，每年冬季调查统计始于 1979 年，世界野生生物基金会香港分会的教育中心于 1986 年开发，可提供一些简单的湿地野外试验。该教育中心作为香港环境教育基地，每年参观的民众达数万人次。

发展湿地生态旅游，要根据不同的湿地类型特点和区域社会经济文化条件，选择不同的湿地生态旅游发展模式。基于社区共管的生态旅游，是有效解决区域湿地保护和经济发展的典型模式。例如，位于墨西哥南太平洋海岸瓦哈卡州的窗口（西班牙语为 Ventanilla）海岸社区居民在当地开发了湿地旅游活动，自发成立了社区管理机构，并得到了政府、非政府组织的支持。整个社区的经济发展都直接或间接地依赖生态旅游业。同时，当地的社区自觉地对自然资源的管理，对环境与地方特色文化的认同，又是生态旅游可持续发展的不可缺少的条件。因此，最终实现了野生动物及其栖息地的保护、环境保护教育、自然资源持续利用和社区经济发展的同时实现。

目前，在国际积极发展湿地旅游业的同时，更加重视湿地系统及珍禽栖息环境的保护，根据旅游市场的客观需求，全面分析、论证与规划湿地区的开发计划，总体布局景区体系、景点建设、旅游形式、旅游容量、旅游设施、服务体系、公用工程、生态保护、污染防治等，坚持有限开放、强化管理的原则。

（四）多形式管理措施和分部门管理体制

寻求优化区域社会经济发展和湿地生态系统有效保护之间的平衡，是湿地管理的途径。从国内外经验来看，主要的管理措施包括：立法、机构建设、政策与规划、科技支撑、公众参与、宣传与公众意识等。由于各国的体制与文化的不同，不同国家在湿地管理方面所采取的措施也不尽相同。

立法、政策与规划方面，多数国家立法中是将湿地的要素（如水、土、气、生等）纳入到不同的立法框架中，按照法律授权由相应的部门来对湿地要素进行分别管理。同时，许多国家都出台了湿地保护与管理的政策，制订了相关规划和实施计划等，这都是国家层面开展湿地保护与管理的基础和核心。有些国家还明确了湿地保护的目标和监督评价机制。

南非被认为是一个有湿地保护立法的国家，但其法律授权仍来自于《水法》。据调查，1970 年南非大约有 10% 的水以保护洪泛平原、河口和野生动物饮用水等环境为目的。1990 年，南非首次为了"环境目的"实施了湿地补水行动。1998 年，南非通过了新《水法》，进一步明确了只有"人类基本用水和水生生态系统用水才有绝对水权"（即在任何情况下都要优先保障供给），其中水生生态系统用水是指"可持续地维持水生生态系统所需要的水量与水质"。另外，该《水法》也明确了以流域为单元进行水资源管理的基本原则。

美国从 20 世纪 60 年代起，联邦政府和州就已经开始立法保护湿地，并广泛开展湿地科学研究工作。1977 年通过总统令改变了鼓励湿地开垦的政策，开始实施湿地保护；在 1977 年的《清洁水法案》中 404 条款和 1985 年的《食物安全法案》中有关"沼泽"条款中有湿地保护的内容。1987 年，在"国家湿地政策论坛"上提出的湿地"零净损失"目标最初是"任何地方的湿地都应该尽可能地受到保护，转换成其他用途的湿地数量必须通过开发或恢复的方式加以补偿，从而保持甚至增加湿地资源基数"。1989 年通过了《北美湿地保护法案》，1993 年颁布了《国家湿地政策》。2004 年小布什总统提出了美国湿地保护的新政策，提出除了防止失去湿地（零净损失）以外，还将扩大美国湿地。即美国不仅要保护好现有的湿地，而且要使总体湿地面积和质量有一个大的增长。并提出了具体的实施目标：在未来的 5 年内，美国将恢复或新建、改善和保护湿地的面积达到 300 万英亩（约为121.4 万 hm²）。

加拿大湿地管理以《候鸟公约法》、《联邦野生动植物法案》、《国家公园法案》、《联邦海洋法案》、《联邦渔业法案》、《联邦环境评估法案》以及《联邦所得税法案》中涉及湿地的相关条款为法律基础。虽然加拿大没有制定专门的湿地保护法律，但是为了履行《湿地公约》缔约国的法律义务，加拿大政府于 1991 年专门制定了《加拿大联邦政府湿地保护政策》。

1997 年 1 月，澳大利亚颁布了《国家湿地政策》，该政策成为澳大利亚湿地保护的重要文件。各州根据该《政策》制定湿地保护的战略和行动计划。

乌干达政府一直重视对湿地的保护。1999 年制定的湿地保护和利用法规明确规定，不管是在国有土地还是在私有土地上的湿地一律受国家法律的保护，湿地利用必须以不使其退化、不影响其生态现状为前提。2000 年制定了《国家环境（湿地、河岸及湖滨）管理条例》，同时制定了相关湿地保护的政策，包括对湿地水资源管理、湿地的可持续利用、供水与废水处理、湿地土地权属及其利用以及环境评估等。

韩国对湿地保护进行了专门立法，20 世纪末到 2007 年韩国对《湿地保护法》进行了两次修改，为配合《湿地保护法》的实施，2005 年韩国政府发布了《湿地保护法实施令》，明确了进一步加强湿地保护相关实施规定。

管理体制方面，西方多数国家采用"分部门管理湿地"的体制安排。美国、加拿大等是"分部门管理湿地"的典型国家，如美国陆军工程团是负责湿地管理的主要部门，但其他相关部门也有一定的湿地管理权限。其中陆军工程兵团负责供水与水污染管理；环保局负责湿地物理、化学、生物原始完整性；鱼类与野生生物事务局负责管理鱼与野生生物；国家海洋与大气管理局负责国家海岸资源，农业部自然资源保护局负责保护湿地不受农业活动影响。美国联邦政府中涉及湿地管理的机构很多，各部门之间难免有很多摩擦、冲突和矛盾，大多数情况下通过机构双边协商就能够解决，如果不能解决必须由总统裁决甚至通过司法程序。同时，历届总统往往都在白宫设立领导和协调性质的临时性机构，领导全国湿地计划的实施并协调部门间关系。

在加拿大，加拿大野生生物保护局负责湿地管理，但加拿大渔业、农业等部门也有一定湿地管理权限。为了解决湿地分部门管理可能存在的冲突，部分国家采用了《湿地公约》所建议的成立国家湿地委员会的做法。该类委员会一般是有中央政府（联邦政府）授权，委员来自负责湿地管理的不同部门，有些委员会还有非政府组织的代表。该类委员会一般一年召开一次会议，负责对湿地保护重大问题的决策，而日常湿地管理与协调的任务由该委员会的委托机构来承担。

在科技与教育方面，许多国家将湿地科学研究纳入国家科技体系，如美国成立了国家湿地研究中心，许多国家有专门的湿地监测机构，有大学开设湿地教育课程进行人才培养。但与农田与森林生态系统的研究与教育相比，湿地的科技与教育水平还比较低。

总之，目前随着各国对湿地保护工作的重视程度加大，逐渐建立了相对完善的湿地保护的法律法规及政策体系，健全了湿地保护的管理机构，加强了湿地保护部门之间的协调机制，注重非政府组织、相关利益方的积极参与，同时加强了对湿地的监测、评估与恢复工作，使湿地得到较好的保护。

二、整体思路

党的十七届五中全会提出了"保护好湿地"的明确要求，为加强湿地保护工作指明了方向。"十二五"期间，国家湿地管理部门将按照中央的一系列决策部署，继续谋划实施好国家湿地保护工程，加快构建湿地保护长效机制；促进湿地公园健康发展，进一步完善湿地保护体系建设；系统加强湿地保护科技支撑，研究建立湿地生态系统健康、功能和价值评价指标体系；认真履行《湿地公约》，进一步扩大国际合作；加强国际重要湿地建设和管理，维护我国良好的国际形象；广泛开展宣传教育，提高全社会湿地保护意识。

湿地保护管理的总体思路和主要目标是：以维护湿地生态系统健康为主要目标，正确处理保护与利用的关系，严格保护自然湿地，科学修复退化湿地，积极推进示范工程建设，大力夯实基础工作，积极推动湿地立法工作，逐步理顺体制机制，继续完善湿地保护体系，全面加强湿地国际合作，充分发挥湿地生态系统的多种功能，为发展现代林业、建设生态文明、推动科学发展做出新贡献。力争到2015年，使我国自然湿地保护率达到55%，初步缓解湿地面积减少和功能退化的趋势。

（一）指导思想

在评估、总结《全国湿地保护工程实施规划（2005～2010年）》实施情况的基础上，根据《全国湿地保护工程规划（2002～2030年）》的总体部署，以保护湿地资源，建设生态文明，促进经济社会可持续发展为总体目标，加大湿地生态系统的整体保护，以流域为单元进行保护布局，在项目安排上重点考虑对全局工作有重要影响的国际及国家重要湿地、湿地保护区和国家级湿地公园，同时对沿海湿地、高原湿地、鸟类迁飞网络、对气候变化有重大影响的泥炭湿地以及跨流域、跨地区湿地给予优先考虑，形成国家层次示范效果。同时，加大对科研、宣传、管理、培训以及执法的能力建设，加强湿地保护的对外交流与国际合作，加大对湿地社区的扶持力度，开展湿地资源合理利用的示范，促进湿地保护事业的健康发展。

（二）规划原则

（1）与时俱进，稳步发展。根据最新的湿地资源调查数据以及湿地保护的发展形势，以已经实施的"十一五"湿地保护工程为基础，对《全国湿地保护工程规划（2002～2030年）》阶段目标进行全面落实，同时，衔接国家、各部门已经批准实施的其他相关规划。

（2）因地制宜，保护优先。以流域为单元，根据我国湿地保护存在的主要问题和面临的新形势，因地制宜，保护优先，合理布局，加强湿地区生态系统以及保护网络系统的整体规划和保护，突出保护和治理的整体效果。

（3）全面规划，突出重点。在建设内容上，要改变"十一五"湿地规划项目中措施单一或者主要进行基础设施建设的情况，采取综合措施，通过建立自然保护区、加大水资源管理、控制污染、防治有害生物等综合措施对有重要影响的国际重要湿地、国家重要湿地进行生态综合治理（备注：湿地公园投资重点仅限于湿地保护与恢复等公益性建设项目）。

（4）强化管理，试点带动。加强湿地保护管理和协调，尤其要加强湿地保护管理能力建设和政策研究，同时，选择合适的湿地区开展社区管护等试点示范。

三、发展目标

（一）党和国家领导人关于湿地保护的重要指示

党和国家领导人高度重视湿地保护工作，多次做出重要指示，为我国湿地保护事业指明了方向。

中国共产党第十七次全国代表大会上胡锦涛总书记在报告中将全面落实科学发展观，建设生态文明，基本形成节约能源资源和保护生态环境的产业结构、增长方式、消费模式提到了发展战略的高度，要求到2020年全面建设小康社会目标实现之时，使我国成为生态环境良好的国家。2005年，胡锦涛总书记在中央人口资源环境工作座谈会上指出：一些地区地下水下降，湖泊萎缩，湿地减少，生态功能下降等生态问题十分突出。要继续实施以生态建设为主的林业发展战略，大力加强六大林业重点工程建设，加大荒漠化防治和湿地、野生动植物资源保护力度，防止已经有所改善的生态状况出现反复。

2002年，江泽民在中央人口资源环境工作座谈会上指出：我国湿地保护面临严峻挑战。由于围湖造田、围海造地、滩涂开垦等，我国天然湿地日益减少。随着工业发展，大量污水涌入湿地，造成大批植被和水生生物死亡。加强湿地保护刻不容缓。要有针对性地开展湿地保护宣传教育，提高广大干部群众对湿地保护重要性的认识。要严格控制湿地资源开发，在具备条件的地区要采取抢救性措施建立一批湿地保护区，同时要管理好已经建立的湿地保护区。

温家宝总理也曾经明确指出，保护湿地是生态环境建设的一项重要工作，要制定法规，采取综合措施，严禁在湿地开垦和造田。要积极推进生态治理工程，实施湿地保护和恢复工程。回良玉副总理也强调要加强湿地保护，这是实现人与自然和谐发展的重大举措。

(二)中长期规划和"十二五"规划的战略思路

总体目标：通过湿地及其生物多样性的保护与管理，湿地自然保护区建设、污染控制、土地利用方式调整等措施，全面维护湿地生态系统的生态特性和基本功能，使我国自然湿地的下降趋势得到遏制。以区域水资源承载能力和水环境容量为基础，通过加强对水资源的合理调配和管理，在重点生态区域开展退化湿地的恢复和治理等措施，逐步恢复一批自然湿地及其生态功能。同时，建立自然湿地改变用途许可制度和湿地生态监测、生态风险评估、质量变动报告制度，通过湿地资源可持续利用示范以及加强湿地资源监测、宣教培训、科学研究、管理体系等方面的能力建设。以能维持生态系统自然特性的方式，可持续地利用湿地，全面提高我国湿地保护、管理和合理利用水平，从而使我国的湿地保护和合理利用进入良性循环，保持和最大限度地发挥湿地生态系统的各种功能和效益。将湿地保护与湿地资源的可持续利用良好地结合起来，对人类健康和福利做出贡献。

近期目标(2011~2020年)：进一步加强我国湿地保护区网络建设、建立和完善湿地保护的法制法规体系、管理体系、科研监测体系建设，全面提高我国湿地保护、管理和合理利用能力，建立人工湿地高效利用示范和技术推广机制，使60%以上自然湿地得到有效保护，实现自然湿地无净损失，湿地生态环境得到明显好转。湿地保护的重点为：新增湿地自然保护区120处，新增国际重要湿地30处。湿地生态恢复示范建设重点为：开展退化湿地生态恢复12万公顷，进行湿地生物多样性恢复22万公顷，红树林保护与合理利用示范工程6.3万公顷。湿地合理利用重点工作为：建立五种类型的湿地可持续利用示范区共20处。能力建设重点为：投资60000万元用于科研监测体系、宣传教育体系和保护管理体系建设。

中长期目标(2021~2050年)：全面提高我国湿地保护和合理利用法制化、规范化和科学化水平，使我国的湿地资源保护和合理利用进入良性循环。到2050年，使全国湿地自然保护区达到713处，国际重要湿地80处。建立油田开发湿地保护、富营养化湖泊生物治理和水资源调配和管理工程的示范模式，完成退化湿地生态恢复83万公顷、湿地生物多样性恢复46万公顷，红树林保护与合理利用示范工程12万公顷。形成布局合理的湿地生态监测网络体系、科研和生态恢复技术开发体系。建立比较完善的湿地保护、管理与合理利用的法律、政策和监测科研体系。形成较为完整的湿地区保护、管理、建设体系，使我国进入湿地保护和管理的先进国家行列。

（三）中国湿地可持续发展战略研究

1. 加强自然湿地的保护工作

以防治的方式保护湿地及其生物多样性，如保护区的划定、保持湿地的自然或半自然状态，以及可持续的森林管理等，是拯救湿地及其生物多样性的必要手段之一，也是最直接、有效和经济的管理措施。

全面评估我国湿地生物多样性资源现状及其保护、管理状况。加强对湿地生物多样性的管理，实施湿地生物多样性重点保护工程。以保护我国湿地生态系统和抢救湿地野生动植物种多样性为重点，重点在我国生态脆弱地区、具有湿地生态系统代表性、典型性并未受破坏的湿地区域、湿地生物多样性丰富区域等抢救性新建一批不同级别、不同规模的湿地自然保护区，形成完善的湿地自然保护区网络，解决自然或半自然湿地保留面积低的问题。采取有效措施，加大对已建湿地自然保护区的监管、投入力度，重点解决保护管理水平低下、湿地生态功能受损问题，使湿地生态系统、野生动植物及其栖息地得到有效保护。

制定与湿地保护相联系的水资源管理战略，加强水资源开发对湿地生态系统及与之相关的生物多样性影响预测、监测；制定区域或流域性的湿地保护、恢复以及相应植被恢复的综合规划，统一协调区域或流域内的湿地保护工作。遏制河流流域生物多样性衰减趋势，特别对鱼类和两栖类野生动物，推进实行河流流域性的综合管理，以确保其生存；注重通过维护自然水系，维持、保护自然湿地。

在一些重要湿地区域，建立由当地湿地主管部门（或保护机构）和社区共同参与的湿地保护和管理委员会，由当地社区参与制定湿地保护和管理计划、区域经济文化发展规划等，使得湿地保护和管理的政府行为中充分体现当地社区的利益。

2. 大力推进退化湿地的生态恢复工作

根据2003年3月16日在日本召开的"第三届世界水论坛"大会上，世界水理事会的世界水行动小组的评估，当前湿地恢复是全球重大的活动。其含义包括恢复和重建退化湿地生态系统、促进受威胁的湿地物种的恢复。湿地恢复是以恢复生态学为科学基础的，尚需要时间、人力和财政能力的支持。

湿地的退化是由于多种自然或人为因素干扰的结果，因此湿地恢复重建项目首先必须考虑：一是排除湿地干扰因子；二是水文状况的恢复与水管理；三是富营养化的处理；

四是盐化的处理；五是湿地植被的恢复。

按照我国有关节约保护资源、加强生态建设、实现永续利用的要求，在过度开垦造成湿地退化的地方，下决心有计划、分步骤地实行退田还湖（还泽、还滩），逐步恢复湿地生态功能及其野生动植物资源。对因不合理利用水资源，造成江河下游自然湿地区域退化甚至丧失的地方，要采取措施，恢复自然水系或建立湿地的生态用水保障机制，使退化湿地得以逐步恢复，发挥其生态功能；在有条件的地方，应因地制宜采取工程或人工措施促进恢复湿地。制定重要江河的水资源保护规划，合理划分水功能区，确定河流水体的纳污总量和各种污染物的排放总量，对排污实施总量控制；建立保护水资源、修复生态系统的经济补偿机制。优化配置水资源。根据水资源承载能力和水资源状况确定全国、流域和省区水资源配置方案及水资源宏观控制指标体系和水量分配指标，按水量配额统筹兼顾生活、生产和生态用水。

3. 促进湿地资源的合理利用

对湿地资源的开发利用制定科学的规划，实现统一规划指导下的湿地资源保护与合理利用的分类管理。近期的湿地资源利用应首先服从于湿地资源保护的需要，禁止改变自然湿地用途、制止过度利用和不合理开发，使资源得以逐步恢复，形成良性循环。选择具有开发潜力、又有示范意义的区域和项目，多形式地开展湿地资源可持续利用示范区建设，如生态农业和生态渔业相结合，湿地多用途管理等示范区，并将其成果与管理体制紧密结合，开展技术推广和交流。结合退田还湖、因地制宜发展湿地农业建设、发展水生蔬菜、水生饲料、水生经济作物、水产养殖和高产的深生水稻等。充分发挥我国湿地景观丰富多样的特点，积极推进湿地生态旅游，建立不同类型的湿地特色旅游示范区，开展湿地保护与合理利用优化模式的试验，为不同生态类型的湿地合理利用提供可资借鉴、推广的示范模式。

4. 提高湿地保护与合理利用的可持续发展能力

在国家可持续发展战略框架下，尽快完善湿地保护与合理利用的方针、政策。将湿地保护、水资源的综合管理、环境规划、生物多样性保护、国土利用规划、国际公约等与湿地保护立法协调一致。建立国家主管部门组织协调与多部门分工合作的管理机制。推动湿地保护立法和加强现有湿地法律法规的执行，制定有利于湿地保护与合理利用的财政政策、金融扶持政策。

为了从根本上解决湿地保护管理所面临的严峻问题，首要的行动应是尽快制定湿地保护与合理利用的专门法律或法规，以法律形式确定湿地开发利用的方针、原则和行为规范，明确各级、各行业的机构权限以及管理分工，规定管理程序及对违法行为的处理方法和程序等，为从事湿地保护与合理利用的管理者、利用者等提供基本的行为准则。成立由林业、国土、农业、水利、环保、海洋等各部门组成的全国湿地保护协调小组，建立全国湿地保护与合理利用共同合作的有效管理机制。同步建立国家湿地保护与可持续发展研究科学咨询委员会，以指导我国湿地科学研究，并为我国湿地研究项目评估和开发项目、咨询评审等提供科学咨询。

5. 实施国家湿地保护生态工程

未来 10 年，湿地保护的重点工程包括：在太湖、巢湖、阳澄湖、乌梁素海、滇池和环博斯腾湖上游地区，开展富营养化综合治理工程。在三江平原滞洪区和生物多样性丰富地区，开展退耕还泽工程。在天津塘沽、衡水湖、秦皇岛等区域，进行退化和被改造滩涂湿地的恢复与重建。在三江源和青海湖地区，通过退牧还草、封沙育草、休牧（轮牧）育草等措施，遏制湿地区域的土地沙漠化趋势，逐步恢复原有湿地生境。在若尔盖高原湿地区，通过退牧还泽和湿地野生植被恢复等措施，恢复自然湿地。在新疆艾比湖周边地区，逐步恢复原有的水源，通过湿地植被恢复工程，改善湖边地区的植被状况和生态条件。在洞庭湖、鄱阳湖区，恢复水禽栖息地。在江汉湖群，开展退田还湖，进行自然河湖关系恢复性试验，恢复自然湿地。在巴音布鲁克区域，进行孔雀河下游至罗布泊湿地恢复，拯救动植物栖息地。在居延海湿地，配合国务院的黑河分水用水工程，结合退牧还草等工程措施，进行湿地及其野生动物栖息地的恢复和湿地植被重建。在淮河流域，通过退田还湖（还滩）和控制污染等措施恢复湿地野生动植物栖息地。在黄河中游湿地及周边区域，通过加强保护、引水及植被恢复等措施恢复水禽栖息地。在三峡水库、密云水库等大型人工湿地区，进行水禽保护和野生动植物栖息地建设。在海南、广东和福建省沿海退化红树林地区，进行红树林保护与生态恢复工程。在黄河源区的扎陵湖—鄂陵湖核心区、澜沧江源区的果宗木查湿地核心区、长江源区的年保玉则湿地核心区、格拉丹东雪山核心区、向海国家级自然保护区核心区和若尔盖国家级保护区核心区，进行湿地生态移民工程。同时加强湿地调查、监测和科研技术体系建设，重点进行湿地保护管理体系和规范湿地保护与合理利用管理秩序等能力建设。

四、对策选择

（一）积极推进《湿地保护条例》的出台

当前，要在前期工作的基础上，抓紧时间征求各有关方面的意见，力争尽快出台"条例"。在立法中，要根据我国湿地保护工作现状，贯彻"全面保护、生态优先、科学恢复、合理利用、持续发展"的基本方针。立法要以保护为核心，将湿地作为特殊生态系统从整体上进行保护，在保护的基础上，合理利用湿地，限制湿地无序开发。

（二）组织实施好湿地保护恢复工程，加快国家湿地公园的建设步伐

要加大投入力度，组织实施好国家湿地保护重点工程，加强对湿地保护工程项目建设的指导和监督检查，确保工程建设取得实效。同时，要进一步加快国家湿地公园建设的步伐，组织制定湿地公园建设标准、评价标准及总体规划导则，加强对湿地公园建设

的指导和管理，建设一批不同类型、各具特色的国家湿地公园。

（三）建立规范科学的湿地保护管理秩序

要在国家可持续发展战略框架下，尽快完善湿地保护与合理利用的方针、原则和行为规范。明确管理秩序、行为准则，将湿地保护、水资源的综合管理、国土及环境规划、生物多样性保护、国际公约等与湿地保护立法协调一致。建立国家林业局组织协调与多部门分工合作的管理机制。推动湿地保护立法和加强现有湿地法律法规的执行，制订有利于湿地保护与合理利用的财政政策、金融扶持政策。加强湿地保护与恢复的生态补偿，强调生态补偿主体应多层次，生态补偿途径应多元化，在政府主导的基础上加强国际合作，生态补偿应强调代际公平，应完善湿地生态补偿的相关立法。

（四）加强湿地履约和国际合作，带动国内保护管理工作的发展

履约和国际合作是向国际社会展示我国湿地保护成就的窗口，既关系到中国在生态保护上的国际形象，又能以此吸引国际力量支持我国湿地保护工作。我们要通过开展国际合作和担任《湿地公约》常委会成员国的有利条件，按照《湿地公约》的宗旨，进一步拓展国际合作领域，在更大范围和更深层次参与《湿地公约》的各项事务，更加关注和支持公约在亚洲的发展。一是要根据中国湿地保护管理工作的实际需要，结合亚洲湿地工作的具体情况，为公约提出决议和建议案，促进公约决策体制的完善。二是要加强国际合作，要在原有国际合作的基础上，进一步争取多边和双边合作机会，尽快推出一批资金需求量大、技术含量高的示范项目，争取国际资金和先进技术的支持。三是要支持和帮助亚洲各国开展履约工作，特别是中国所负责协调的 8 个国家，更要经常保持沟通和合作，帮助他们开展公约的履约事务，赢得他们的信任和支持。同时，我们要创造机会发展亚洲其他国家成为《湿地公约》缔约国。

（五）高度重视和切实做好宣传教育工作

要继续把加强宣传教育，提高全民湿地保护意识作为湿地保护管理的基础性工作来抓，做到一手抓工程建设和保护管理工作，一手抓宣传教育工作。要采取多种形式的宣教活动，宣传湿地的重要功能和效益，宣传保护湿地的重大意义，宣传六大林业工程对湿地保护的重要作用，宣传国家有关法律法规。要按湿地规划，建设好全国五大区域的湿地宣传教育培训中心，形成宣教网络。要面向湿地保护的专业人士和社会大众的不同需要，办好科学性刊物和科普性刊物，有针对性地开展宣传教育活动。

第四章

荒漠生态系统

——地球之脆弱带

　　荒漠和荒漠化，在人类语言中，显然不是一个褒义词。的确，无论是在地球上的任何一个角落，荒漠总是与荒凉、风沙、贫瘠、干旱等联系在一起，而很少能有人由此联想到绿色和生机。也许人们很难想到，荒漠是全球大量资源的贮藏地，是人类1/3食物和1/2牧产品的来源地。荒漠地区蕴藏着天然特有品种和品质的经济植物、动物和药材，是地球生态系统中一个独特的子系统，由荒漠地区各类生物和环境构成的陆地荒漠生态系统，在保障着全球41.3%的陆地面积和20亿人口生存的同时，还为人类保存了许多特有植物、动物和微生物，为人类提供了独有的丰富奇异的自然景观。荒漠生态系统，既是全球生态系统的脆弱带，同时也是不可或缺的生态类型。

　　荒漠生态系统主要分布在地球的干旱半干旱地区，气候干旱、降水稀少、植被稀少，生态系统结构脆弱，极易受外界环境影响。土地荒漠化是由气候变化、人类活动或两者共同作用所引起的。土地荒漠化是荒漠生态系统退化的主要指标，长期以来，人们盲目扩大耕地面积、过度放牧和乱采滥挖，加剧了土地荒漠化趋势，土地荒漠化已经成为制约人类生存发展的心腹大患。我国是世界上荒漠面积大、荒漠化危害严重的国家之一，党中央、国务院高度重视荒漠化防治工作，采取了一系列重大举措，取得了明显效果。近年来我国荒漠化和沙化土地实现了持续净减少，荒漠化和沙化势头整体上得到了初步遏制，但局部地区仍在扩展，荒漠化防治的任务仍然非常艰巨，治理难度越来越大，导致荒漠化扩展的各种人为因素依然存在，防治工作仍然面临巨大挑战。我国1/3的国土面积受荒漠化的困扰，4亿人口直接或间接遭受荒漠化的危害，因此，必须下大力气，采取科学的方法和措施，防止土地荒漠化，保护和改善荒漠生态系统，不断改善和提高荒漠生态系统的功能，促进经济发展，增加农牧民收入，最终实现荒漠化地区经济、社会、资源、环境的协调发展。

第一节　概念与分布

一、概　　念

荒漠是指包括气候变异和人类活动在内的种种因素造成的干旱、半干旱和亚湿润干旱地区土地退化所形成的地理景观。荒漠生态系统则是荒漠区全部生物(生物群落)和物理环境相互作用的统一休,是地带性干旱气候,或高寒地区地表仅有稀疏植被覆盖或没有植被覆盖,栖息的生物种群和荒漠环境组成的一个独特的陆地生态系统。系统内能量的变动形成一定的营养结构、生物多样性和物质环境,由非生物物质、生产者有机体、消费者有机体和分解者有机体组成。当生产、消费和分解之间,即能量和物质的输入和输出之间接近平衡状态时,系统即发展到相对稳定阶段。系统愈复杂,它就愈稳定,因为当生态系统受到一定干扰时,它能多途径地调节,维持其稳定性,反之则是脆弱的。荒漠生态系统是整个地球生物圈中分布较广的一个系统,涉及全球陆地面积的41.3%,是陆地生态系统的一个重要子系统。

二、类　　型

根据不同的目的和分类标准,可以将荒漠生态系统划分成不同的类型。

(一)根据自然气候条件和生态系统面临的生态问题的相似性划分

根据自然气候条件和生态系统面临的生态问题的相似性划分,可以将我国荒漠生态系统分为四类。

(1)干旱区荒漠生态系统。主要分布于贺兰山以西,祁连山、阿尔金山和昆仑山以北,主要包括新疆大部、内蒙古西部和甘肃河西走廊等地区。我国90%的沙漠集中于该生态系统,如塔克拉玛干沙漠、古尔班通沙漠、巴丹吉林沙漠、腾格里沙漠、库木塔格沙漠和乌兰布和沙漠。除原生沙漠外,荒漠化土地主要分布在绿洲周围和内陆河的中下游。这一区域年降水量在250毫米以下,蒸发量却高达2500~3500毫米,在沙漠边缘分布的绿洲的生存完全依靠地表水和地下水灌溉。由于大水漫灌等不合理的水资源利用方式,造成水资源严重浪费,生态用水严重不足,极易导致荒漠植被衰退死亡,同时过牧、樵采、乱挖、滥垦等不合理活动使荒漠植被遭到破坏,造成沙丘活化、沙漠迁移、绿洲萎缩、生态系统功能衰退是这一地区的主要生态问题。

(2)半干旱区荒漠生态系统。主要分布在贺兰山以东,长城沿线以北以及东北西部的荒漠草原和农牧交错区,集中分布着浑善达克、科尔沁、毛乌素、呼伦贝尔四大沙地。

这一区域降水量在200~400毫米，季节分配极不均匀，易发春旱，使得依靠天然降水维持生长的植被十分脆弱。在干旱背景下，不合理的人为活动导致草场沙化、风蚀沙化、沙丘活化、出现灌丛沙堆和砾质化地表是该区的主要生态问题。

（3）高原高寒区荒漠生态系统。主要分布在青藏高原高寒地带的柴达木盆地、共和盆地和澜沧江、金沙江、怒江、黄河源头、四川西北以及雅鲁藏布江中游河谷，涉及西藏、青海、四川三省份。该区地广人稀，生态环境极其脆弱，一旦破坏极难恢复。

（4）亚湿润干旱区荒漠生态系统。主要分布在河流中下游和三角洲平原，以黄河故道和黄泛区分布最为集中。该区春季干旱多风，夏季多雨，呈现一片绿色，生态系统功能强于其他几类，也易于保护和恢复。

（二）根据地表覆盖物质和地貌特征的不同划分

根据地表覆盖物质和地貌特征的不同，荒漠可进一步划分为：沙漠、沙化土地、戈壁、岩漠、盐漠等。另外，把高寒地区（高山和极地）被冰雪覆盖的地区也称为寒漠，寒漠是荒漠的一种特殊类型。

（1）沙漠。是指地表被深厚沙土覆盖的干旱和极端干旱的荒漠地带。自然因素、地质条件是沙漠形成的基本背景，人为因素在沙漠形成过程中起到一定的加剧作用。风沙活动及地形、植被和基质条件形成起伏的沙丘构成沙漠生态景观。

（2）沙化土地。是指由于气候变化和人类不合理活动导致农田、草场、森林、林地等生物生产力下降，自然植被伤失，地表覆盖沙物质的土地。

（3）戈壁。是干旱、半干旱区由于细物质被吹失后形成的地表组成物质以砾石为主的荒漠景观。植被稀少，地势平坦或呈波状起伏。

（4）岩漠。主要分布于干燥的山地地区，以物理风化和风蚀作用为主，岩石裸露，植被稀少，多蜂窝石等风蚀现象。在我国昆仑山脉、祁连山脉的山前地带分布较广。

（5）盐漠。盐水浸渍的荒漠，分布于荒漠的低洼处，干涸时形成龟裂地，土壤贫瘠，仅能生长少数耐盐碱植物。

此外，根据导致荒漠化的主要营力，把荒漠生态系统分为风蚀荒漠化生态系统、水蚀荒漠化生态系统、盐渍荒漠化生态系统、冻融荒漠化生态系统。根据生态系统植物群落和环境的特征，可划分为矮半灌木荒漠、半乔木荒漠、多汁盐生矮半灌木荒漠、灌木-半灌木荒漠、高寒匍匐半灌木荒漠5种基本生态系统类型。从荒漠生态系统包含的子系统类型看，包括位于干旱区的森林（高山森林）、草原、沙漠、绿洲、湖泊及沼泽、河流等类型或子系统，它们相互影响关联，相互依存，互惠互利。

荒漠绿洲是荒漠生态系统中一个特殊的、充满生机的景观单元，是荒漠生态系统中精华所在（例如我国新疆人口主要集中在占地近5%的绿洲中）。绿洲是干旱地区有稳定的水源可以对土地进行灌溉适于植物生长，明显区别于荒漠景观的地方。绿洲广泛地分布在非洲、亚洲、中南美洲、大洋洲等大陆上，在北美洲等地区也零星出现。绿洲是以干旱荒漠为背景，在干旱荒漠地区几乎都有绿洲分布。绿洲的形成必须依赖于丰富的水资源、合适的地理条件和一定社会环境等条件。

三、分　　布

全球荒漠生态系统(干旱区)主要分布在南、北纬15°~50°之间的地带。其中，南、北纬15°~35°之间为副热带，是由高气压带引起的干旱荒漠带；北纬35°~50°之间为温带、暖温带，是处于大陆内部的干旱荒漠区。即亚洲大陆的东部、中部和阿拉伯半岛、非洲、澳大利亚的部分地区以及南美洲和北美洲的西部、南部等地。全球荒漠化面积为3600万平方千米，占陆地面积1/4，110个国家、10亿人口受荒漠化影响。

荒漠在亚洲和非洲的分布从外阿尔泰戈壁、阿拉善、河西走廊、准噶尔盆地、塔里木盆地、柴达木盆地至帕米尔高原、昆仑山、喀喇昆仑山、哈萨克斯坦、中亚、西南亚直到撒哈拉，几乎连成一个巨大的荒漠带。北美洲西南部从大盆地到索诺拉连成又一片荒漠区。南半球的荒漠分布于南部非洲的纳米布和卡拉哈里盆地。大洋洲中部广布着一大片荒漠区。南美洲的荒漠分布于曼蒂、巴塔哥尼亚和阿塔卡马。全球荒漠化分布状况见表4-1。

表4-1　全球荒漠化分布状况(UNEP, 1996)　　　　　单位：万平方千米

区域	旱地面积	荒漠化面积	荒漠化程度			
			轻度荒漠化	中度荒漠化	重度荒漠化	极重度荒漠化
全球	5169.2	3618.4	427.3	470.3	130.1	7.5
非洲	1286.0	1000.0	118.0	127.2	70.7	3.5
北美洲	732.4	79.5	13.4	58.8	7.3	–
南美洲	516.0	79.1	41.8	31.1	6.2	–
大洋洲	663.3	87.5	83.6	2.4	1.1	0.4
欧洲	299.7	99.4	13.8	80.7	1.8	3.1
亚洲	1671.8	1400.0	156.7	170.1	43.0	0.5

我国荒漠生态系统分布的干旱、半干旱和亚湿润干旱区面积为331.7万平方千米，占国土总面积的34.6%。其中荒漠化土地总面积为262.37万平方千米，占国土面积的27.33%，占区域总面积的80.6%，远高于全球69.0%的平均水平。该区主体位于大兴安岭和太行山以西、燕山和祁连山以北，然后向南绕过柴达木盆地东部，向西抵达青藏高原西南部。主要分布于新疆、内蒙古、西藏、青海、甘肃、河北、宁夏、陕西、山西、山东、辽宁、四川、云南、吉林、海南、河南、天津、北京等18个省(自治区、直辖市)的大部或一部分地区。

我国荒漠生态系统是欧亚大陆中心温带荒漠生态系统的典型代表，按温度来说，我国荒漠位于温带和暖温带。我国荒漠的地理位置，较其他国家明显偏北，不在副热带高

压下沉气流控制的纬度带(南纬30°～北纬30°)内，而是位于青藏高原北侧的中纬度欧亚大陆内部。由于我国荒漠远离海洋，加上周围的高原、大山阻挡了湿润的海风吹入，因此，气候干燥，日照强烈，雨量稀少，气温日较差大，风沙频繁，具有典型的温带大陆性气候特征。图4-1为中国荒漠化土地分布图。

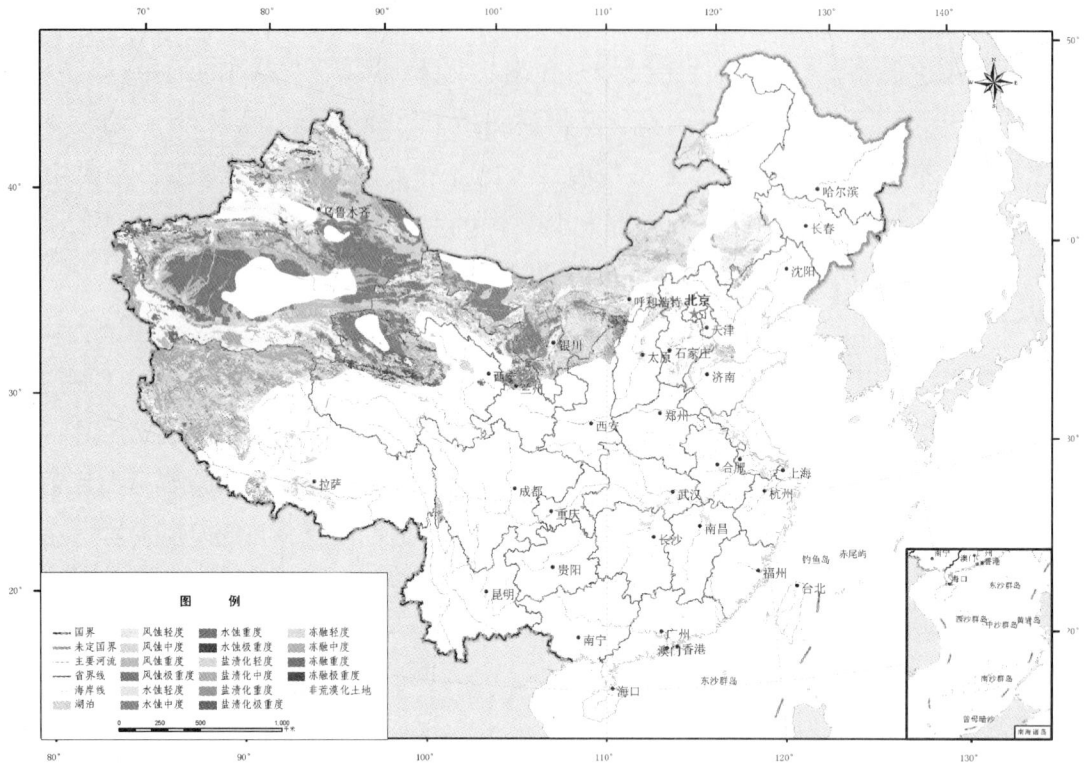

图4-1   中国荒漠化土地分布

第二节   特征与功能

一、特   征

荒漠是地球表面出现的一种自然景观。其自然特征是气候干旱少雨，植被稀少，风大沙多，人口、城市等人文景观较少，是地球表面生态最为脆弱的地区，荒漠化生态系统最突出的特征就是脆弱性和其影响的广泛性。

(1)荒漠生态系统面积巨大、分布广。依据《联合国防治荒漠化公约》秘书处资料，荒漠(干旱)生态系统不仅占到地球陆地表面的41.3％，同时影响着20亿人口的生存状态。荒漠(干旱)生态系统为人类提供的食物占到1/3，世界牧产品的50％产自荒漠(干旱)生态系统。从分布地域看，全球荒漠主要分布在南、北纬15°～50°之间的地带。其中，南、北纬15°～35°之间为副热带，是由高气压带引起的干旱荒漠带；北纬35°～50°

之间为温带、暖温带，是大陆内部的干旱荒漠区。图 4-2 为全球荒漠生态系统分布图。这里既有位于非洲的撒哈拉大沙漠，也有位于亚洲的塔克拉玛干沙漠、中亚及蒙古戈壁等世界著名的干旱荒漠。

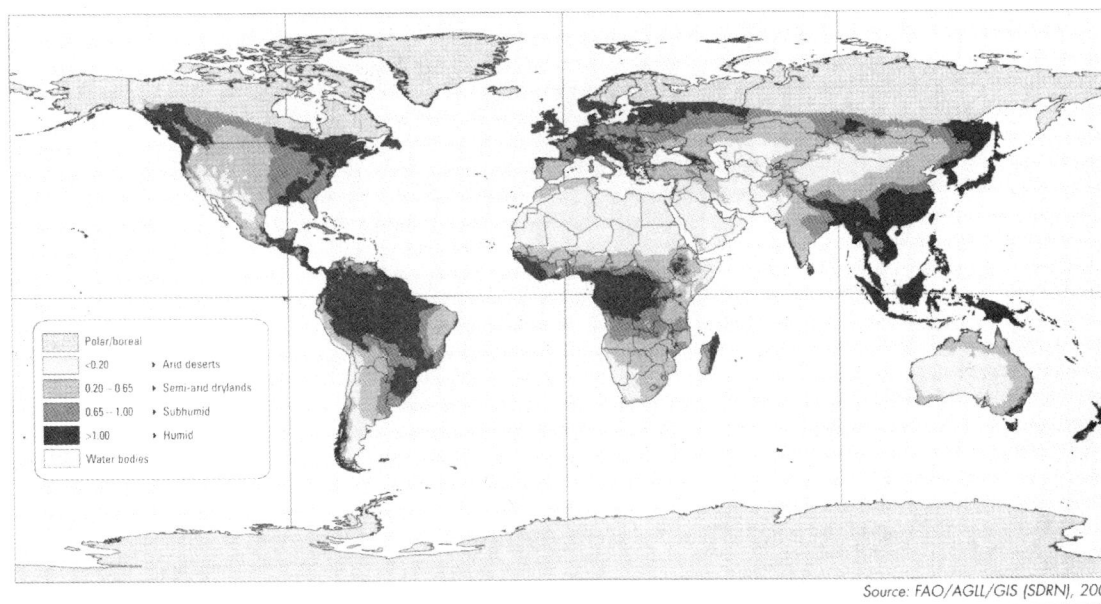

图 4-2　全球荒漠生态系统（干旱区）分布图

（2）荒漠生态系统具有脆弱性。荒漠生态系统具备了脆弱生态系统的一切性质，对自然与人为干扰，尤其是水土资源开发利用的干扰极为敏感，其响应过程表现在流域中上游人工绿洲形成与发展常以流域下游天然绿洲大面积荒漠化为代价，这在我国塔里木河流域、黑河流域、石羊河流域等荒漠地区的内陆河流域表现尤为明显。荒漠生态系统自然条件恶劣，在严酷的自然环境下所形成的荒漠植被类型结构简单，生态功能脆弱，在自然和人为因素的干扰下，生态环境的小幅波动即可引起整个生态系统的深刻变化。

（3）荒漠生态系统具有不稳定性。生物多样性是生态系统稳定的基础，生态系统关键种的衰退或消失会严重损害生态系统的功能。荒漠生态系统区域植物、动物种类较少。植物呈现出种类少且单种属、单种科多的特点。多数地区植被稀少，覆盖度低，有的呈灌木状或匍匐状生长，主要是一些抗旱性很强的植物类群。由于荒漠生态系统干旱少雨、蒸发量大，土壤瘠薄，再加上人为干扰，荒漠植被的优势种在不断衰退，比如塔里木河流域以胡杨为优势的河岸林和以柽柳为优势种的灌丛植物群落均出现了逆向演替，植被退化趋势明显，生物多样性丧失，群落活力下降，生态生产能力衰退。生物多样性的丧失，导致荒漠生态系统极其不稳定，稍受外力破坏，极易发生恶化。荒漠生态系统生物群落的不断衰退，形成了主要以小乔木、灌木、草为主的植物群落，且一年生植物、短生命植物较多，有的植物生命周期只有几天时间，生物群落极不稳定，稍受人为因素破坏和自然干扰就会衰退甚至消亡。

从微生物群落多样性来看，土壤微生物的多样性与覆盖于土壤上的植被群落的生产力和多样性呈正相关关系，荒漠植物的退化、衰退，土壤的盐碱化、沙化使土壤动物和微生物失去了适宜的生存环境，生物多样性丧失，群落生命活动能力下降，对植物残落物分解能力亦随之下降，土壤肥力下降，相应的土壤所承载的生产力也在下降。荒漠生态系统生物群落的不稳定性决定了系统稳定性差，抗干扰能力弱。

（4）荒漠生态系统地表径流贫乏。在雨量稀少、蒸发旺盛的气候条件下，荒漠地区的地表径流一般比较贫乏，再加上地面物质比较粗糙和疏松、易于渗漏，几乎没有形成常年河流。除乌兰布和沙漠东缘的黄河、科尔沁沙地的西辽河（西拉木伦河）干支流外，我国其他荒漠全属内流区。发源于周围山地的河流绝大部分流向盆地，地表水渗入地下，河流多数有头无尾，形成断头河。河网主要集中在径流形成的山区，水系形状呈倒置的扫帚状。只有少量丰富的大型内陆河可以穿行较长的荒漠地段，其下游尾闾往往有一低洼潴积湖或湿地，或干涸成盲谷。河流则为间歇河或时令河，河流短小，径流不大，靠周围高山融雪补给。

（5）荒漠生态系统生物量低。荒漠地区不仅植物低矮稀疏，而且为了适应干旱的气候，它们的叶子都缩得很小，或者变成棒状或刺状，如梭梭和沙拐枣等。很多植物为了减少蒸腾气孔下陷，角质层加厚。另一些植物营养器官变为肥厚肉质以自身储蓄水分。为了抵抗夏天强烈的阳光，很多植物的枝干表面变成白色或灰白色。因此，荒漠生态系统的生物量很低，荒漠生态系统的初级生产力仅为每年每平方米0.5克，远远低于草原和森林生态系统。就植物量而言，温带荒漠的植物量是11.7吨/公顷，年生长量2.8吨/公顷，亚热带荒漠的植物量为13.9吨/公顷、年生长量为7.3吨/公顷，远比温带落叶阔叶林（生物量为366吨/公顷，年生长量为25.5吨/公顷）为低，当然比亚热带、热带森林更低。

（6）荒漠生态系统破坏容易恢复难。由于荒漠生态系统非常脆弱、极端不稳定，受到自然因素和人为破坏的干扰极易受到破坏，遇到极端干旱，就会发生大面积的植被枯死，过度放牧、过度开垦、乱砍滥伐和不合理利用水资源等不合理的人为活动极易造成荒漠植被的破坏。同时，由于荒漠地区自然条件恶劣，植被建设和恢复的难度大、时间长，所以一旦造成破坏，靠自然力恢复的时间非常长，如果破坏力度超过生态系统所能承受的阈值，靠自然力甚至不能恢复。干旱缺水导致植树造林种草的成活率低、植物生长缓慢，因此，人工建设和恢复的速度慢、难度大。

（7）荒漠生态系统气候条件恶劣，灾害频发。荒漠地区气候干燥、降水极少、蒸发强烈，植被缺乏、物理风化强烈、风力作用强劲、其蒸发量超过降水量数倍乃至数十倍的流沙、泥滩、戈壁分布的地区。荒漠气候具有以下特点：①终年少雨或无雨，年降水量一般少于250毫米，降水为阵性，愈向荒漠中心愈少。②气温、地温的日较差和年较差大，多晴天，日照时间长。③风沙活动频繁，地表干燥，裸露，沙砾易被吹扬，常形成沙尘暴，冬季更多。表4-2为中国北方典型沙区大风及沙尘暴日数。

表 4-2　中国北方典型沙区大风及沙尘暴日数

地点	最大风速（米/秒）	大风日数（天/年）		
		平均	最多	最少
嫩江	26.0	53.8	56	11
鄂托克旗	28.0	33.7	44	21
哈尔滨	26.0	38.5	60	19
东胜	20.0	34.9	95	8
前郭尔罗斯	18.7	24.4	40	15
乌审旗	20.0	24.7	57	6
白城	40.0	18.4	42	0
民勤	23.0	34.9	47	23
长岭	28.0	19.5	37	5
玉门镇	25.0	59.5	71	43
通榆	20.0	19.3	48	0
乌鲁木齐	30.7	32.4	59	14
海拉尔	28.0	32.1	43	17
克拉玛依	33.0	74.2	91	59
锡林郭勒	24.0	64.4	101	49
格尔木	22.0	27.0	36	19
赛汗塔拉	29.0	87.8	112	68
托托河	29.0	152.0	181	126
多伦	28.0	71.2	95	50
拉萨	16.3	48.8	64	23
化德	29.0	80.7	97	64
那曲	24.3	113.8	154	86
达茂联合旗	28.0	89.8	130	50
荣成	30.0	128.0	145	110
巴音毛道	24.7	57.8	81	44
杭锦旗	28.7	28.0	77	2

(8)荒漠生态系统退化(荒漠化)问题严重。依据《联合国防治荒漠化公约》秘书处资料,全世界有10亿人口,100多个国家和地区受到荒漠化影响,荒漠化影响全球44%耕地。全球荒漠化土地仍在扩展,以热带稀疏草原和温带半干旱草原地区发展最为迅速。近50年来,非洲撒哈拉沙漠南部荒漠化土地扩大了65万平方千米,萨赫勒地区已成为世界上最严重的荒漠化地区。另据联合国《千年生态系统评估》七份报告中的第3篇《生态系统和人类福祉:荒漠化分析》的报告,荒漠化对生态系统以及最终对人类社会造成负面影响,荒漠化带来的土地退化给20亿旱地居民生活造成了影响,而这20亿人绝大多数很贫困。我国西北、华北北部、东北西部地区每年约有2亿亩农田遭受风沙灾害,粮食产量低而不稳定。有15亿亩草场受到荒漠化影响退化。

二、功　　能

荒漠生态系统先天不足,与地球其他生态系统对比而言,荒漠生态系统所拥有功能也远比其他生态系统弱,这主要是受荒漠生态系统所处环境条件所致,尤其是干旱少雨以及自身生态系统结构简单、生产力水平低下等,限制了其生态系统功能的发挥。

一般而言,生态系统服务是通过生态系统功能直接或间接得到的产品和服务,在生态系统产生功能的过程中逐渐积累形成的服务。荒漠生态系统由耐干旱的植物、动物、微生物及其干旱环境所组成的生态系统,是在人类强烈干预下的开放的自然生态系统。人类作为地球生物圈不可缺少的重要组成部分,与植物、动物、微生物及其周围无机环境相互作用,共同形成了一个动态、复杂的生态系统。人类为了生存繁衍,不断地从自然生态系统中获取食物,生态系统的自然资源循环体系逐渐被打破,并伴随着人类认识自然、利用资源技术的提高,使生态系统的物质、能量的输入输出越来越多地受到系统外的投入影响,同时,其功能也随着科技进步和社会需求被不断拓展,荒漠生态系统中的经济再生产过程由此逐渐被强化,为人类提供服务的功能也逐渐地多样化起来。荒漠生态系统服务具有以下三方面的功能:一是提供生态服务功能;二是为生活或生产提供物质产品;三是提供休闲游乐场所。概括起来,荒漠生态系统具有以下几个方面的功能和作用:

(一)防风固沙、保持水土

在荒漠地区,生态系统最重要的一项功能就是防风作用,它可以改变沙区气候环境,促进沙区植被和昆虫区系的发展演替过程,使物种变得丰富;另一方面,可以改善沙土的理化性质,减少风蚀,阻止流沙的扩展。滞尘作用,一方面,植被使灰尘失去移动动力而降落;另一方面,树木叶片蒸腾使树冠周围和森林表面保持较大湿度,使灰尘湿润加重,加上湿润的树木叶片吸附能力增强,这样灰尘较容易降落而被吸附,使污染空气变成清洁空气；再就是树木的部分器官能分泌多种黏性汁液，从而起到黏着、阻滞和过滤灰尘作用。水土保持是荒漠生态系统服务功能的主要方面之一，主要通过减少表土损失量，保护土壤肥力，减轻泥沙淤积灾害，减少风沙灾害等 4 个生态过程来实现其经济价值，体现在减少和缓解水土流失、减少河流湖泊及水库的泥沙滞留和淤积、保持土壤肥力等。

（二）涵养水源、净化水体

在荒漠生态系统中的灌草植被具有一定的渗透和蓄水能力，能够减少降水蒸发，调节降水进入河道的水量和时间，削弱和调节了洪峰，从而减少了水土流失。荒漠生态系统中的高山森林在涵养水源方面发挥着巨大的功能。以甘肃河西走廊为例，如果没有祁连山森林水源涵养功能，就不可能有富庶的河西走廊。我国西北干旱区绿洲的存在，无论是新疆塔里木盆地，还是新疆北部的绿洲以及青海柴达木盆地的绿洲，其上游山区森林的存在是其得以存在的基础。近几十年来，由于工农业发展，大量有毒、有害的物质以污水的形式进入水体，造成水体污染，引起水质恶化，淡水资源缺乏。荒漠生态系统中水体生态系统中丰富的生物资源尤其是根际微生物的旺盛活动，能截留大部分营养物质，降解相当数量的有机物，净化水质，为动植物提供可用水源。并且由于水体生态系统中泥炭良好的持水性及质地黏重的不透水底层，使其具有巨大的蓄水能力，为人们的生产、生活提供充足的淡水资源，对湖区的经济发展产生直接的经济效益和社会效益。

（三）净化空气

荒漠生态系统净化空气的功能主要体现在固定二氧化碳、制造氧气、杀菌、吸收二氧化硫等气体上。大气中的某些微量气体，如二氧化碳等，能够大量吸收来自地面的长波辐射，使之返回地面和低层大气，从而减少地球表面热量的散失，起到温室作用。生态系统中的植被通过光合作用，大量吸收和固定最主要的温室气体二氧化碳，转化为有机物。在全球陆地植物与大气的二氧化碳交换中，90% 左右由植被完成的。同时，通过呼吸作用释放出氧气，从而在大气平衡中起着至关重要的作用。荒漠生态系统中森林生态系统通过吸收同化、吸附阻滞等形式，使污染气体、固体颗粒转移到另外一个环节，从而净化空气。据专家估算，中国西部地区荒漠生态系统每年固定二氧化碳的总量为 5817 万吨，贮存总量为 7480 万吨。西部荒漠生态系统每年释放氧气 4231 万吨。树木具有杀菌作用的物质被称为"杀菌素"，杀菌素是树木的独特组织——油腺在新陈代谢过程中分泌出来的香精、酒精、有机酸等化学物质，从而具有杀菌功能。荒漠植被使灰尘失去移动动力而降落，同时，植物叶片蒸腾使树冠周围和森林表面保持较大湿度，使灰尘湿润加重，加上湿润的树叶吸附能力增强，这样灰尘较容易降落而被吸附，起到清洁空气的作用。

（四）物种遗传基因库

与地球其他生态系统对比而言，荒漠生态系统所拥有的物种在数量上远比其他生态系统少，在个体规模上，远比其他生态系统小，但在适应和抵抗外界环境变化方面，其能力不可低估。据《中国沙漠植物志》统计，中国荒漠区（沙漠）植物共计96科、498属、1694种（种、亚种、变种、变型共计1828个）。其中荒漠区植物约1079种。荒漠植物科、属、种的数量各自占中国种子植物总数的比例呈递减趋势，表明科内的属和属内的种数较少，单型属、少型科属的比重较大。在荒漠植物中，裸子植物的比重最少，单子叶植物居中，双子叶植物数量最多。其中含50种以上的科有6科，含20～49种的科有7科，含10～20种以上的科有8科。以上21科仅占荒漠植物总科数的30.9%，却含有295属、927种，分别占荒漠植物属、种的81.7%和85.9%（尹林克，1997）。我国这片温带荒漠的植被具有显著的特殊性，荒漠植被是由特殊的超旱生、强旱生灌木、半灌木或盐生、旱生的肉质半灌木植物生活型为主所组成的植被类型，植物区系旱生性、古老性突出，旱生种占总数的56.22%，有许多稀有物种，包括经济物种（如哈密瓜、库尔勒香梨、沙棘等）、药用生物（如肉苁蓉、甘草、罗布麻等）、耐旱耐盐碱植物（如胡杨、旱柳、沙柳、红柳、梭梭、沙冬青、柠条等），还有近20种濒危植物。这些遗传种质资源是十分珍贵的基因库，在全球生物多样性受到威胁和干旱与日俱增的同时，这些具有抗旱和高经济价值的遗传资源如果能成功地被转殖于其他物种上，则可以为人类提供更多的、可供人类社会享用的物质资源。因此，荒漠生态系统即可视为一个特殊的物种遗传基因库，尤其是抗旱耐盐碱基因，对于保障国家的粮食安全、生态安全和社会可持续发展具有重要意义。

（五）碳汇及减少碳排放

在碳汇方面（包括碳储量和固碳），与地球其他生态系统对比而言，荒漠生态系统单位面积所拥有碳汇能力远比其他生态系统差，这主要是受荒漠生态系统所处环境所致。但从全球荒漠（干旱区）占地球陆地面积的41.3%这样一个巨大数据，并结合全球土地荒漠化现实看，尽管荒漠地区生态系统结构简单、生态环境脆弱、固碳能力有限，但荒漠生态系统在碳汇和减少碳排放方面具有极为重要的积极意义。以我国为例，我国西部地区有260多万平方千米荒漠化土地，每年损失土壤有机质5590万吨，直接经济损失高达千亿元。按照钱学森的沙产业理论"多采光、少用水"的技术路线，在沙漠中种植半灌木和草，这些草木都是本土品种，适宜干旱缺水、寒冷多风的自然环境，成活率很高。治理荒漠化就是一个碳汇的过程，破坏荒漠植被就是碳源的过程。做好荒漠生态系统的改善与保护，可以实现三个目的：一是治理荒漠，恢复和改善生态环境；二是通过创造碳汇，赢得"排放权"；三是通过生物质发电，获得清洁能源。鄂尔多斯等利用沙漠灌木等植物平茬剩余物进行工业加工和发电产生清洁能源，就是实现生态治理与经济发展共赢的成功模式。荒漠草原也发挥着重要的碳汇价值，草原在缓解气候变暖、防风固沙、涵养水源、保持水土、净化空气以及维护生物多样性等方面具有重要作用。草原碳汇在地球上是不亚于森林碳汇的珍贵资源，具有重要的生态价值和经济价值。

（六）提供物质产品

荒漠地区丰富的植物资源中，有许多优良的植物和牧草，它们对荒漠地区畜牧业经济有着十分重要的意义。绿洲高产农业不仅为生活在此间的人们提供了丰富的食物（如杨柴、花棒、锦鸡儿属植物是荒漠地区优良的豆科牧草），而且还提供了丰富的药物原料和经济植物，如药用植物、芳香植物、油料植物、蜜源植物、农药植物等。在我国丰富的中草药宝库中，有大量的荒漠地区中草药植物。据记载，荒漠地区药用植物356种，其中常用有103种。其药用功能广泛，包括清热解表、止咳化痰、理血理气、祛寒、镇静、补益、利尿祛湿、助消化、驱虫等。甘草是我国中草药中最常用的药材之一，也是重要的制药原料，素有"药王"之称。其根及根茎入药，有清肺止咳之功效。此外，荒漠化生态系统依靠其独有的资源为人们的生产、生活提供工业原料、粮食、畜产品、药材等。利用太阳能，将无机化合物，如二氧化碳、水等合成有机物质是生态系统一个十分重要的功能，它支撑着整个生态系统，是所有消费者（包括人）及还原者的食物基础。荒漠生态系统有机物质生产的极小部分（通常约10%）成为人类赖以生存的食物或生活必需品，而表现为直接使用价值，其余绝大部分未被人类直接利用，而以各类生态系统公益效能的形式发挥作用，为荒漠区所有的动物、异养微生物提供食物和生活的场所。荒漠生态系统是营养元素循环的场所，其中，一部分以枯枝落叶形式和倒木的砍伐、燃烧、腐烂分解转移到环境中，不断积累荒漠生态系统的养分，为荒漠生态系统物质再生产提供必要条件。据估算，我国荒漠生态系统每年新吸收的氮总量为48万吨，磷3100万吨，钾32万吨。

（七）提供休闲游乐场所

荒漠生态系统由于其独特的自然地理环境，地貌形态典型，丰富多样的景观，使其在景观上呈现独特性，有林、沙、山、水、花、草、古迹，具有相当的观赏价值。荒漠生态系统还具有美学、艺术、教育、精神或科学等文化价值，具有休闲娱乐和文化孕育功能，能够为游客提供休闲游乐的场所。荒漠地区旅游资源按景观属性可以分为自然风景旅游资源和人文景观旅游资源。

（1）自然风景旅游资源。荒漠地区地质、地貌景观丰富多彩，以"雄、奇、特、险"为特色。雄伟壮观的沙山：世界上最高的沙山，位于内蒙古高原的巴丹吉林沙漠中，相对高差500米，显得格外壮观，引人注目。奇特的"鸣沙山"：我国有三大响沙，最著名的是内蒙古伊克昭盟达拉特旗境内的响沙。沙丘面宽80余米，坡长百余米，相对高度62米，坡度45°，陡峭而光滑。除阴雨天外，人从丘顶下滑，沙子会发生既像汽车响，又像飞机的轰鸣声。险峻的火焰山：火焰山位于新疆吐鲁番市区东约40千米，该山自东而西，长百余千米，宽约9千米，最高峰海拔851米。其山逶迤起伏、沟壑纵横，烈日下，赤褐砂岩灼灼闪光，犹如熊熊燃烧的大火，故得名火焰山。特有的雅丹地貌：维语称雅丹为陡峭的小丘，在常年盛行风的吹蚀下，塑造了一系列垄脊和沟槽地貌形态。新疆罗布泊地区，构成了一幅具有干旱区特征的"雅丹地貌"景观，大自然的鬼斧神工，令人叹为观止。还有美国的亚利桑那州树形仙人掌国家公园中有多达 1000 多种来自世界各地不同的仙人掌。

（2）人文景观旅游资源。包括古建筑工程、民族风情、商业、文化之路等旅游资源。荒漠地区存在着举世闻名的古建筑工程，有中华民族勤劳智慧的结晶——长城，古代四大水利工程之一的坎儿井，世界上罕见的宗教建筑——敦煌莫高窟，道教寺观——延福寺，沙漠中的阿斯塔纳——哈拉和卓古墓群，闻名于世的成吉思汗陵，闻名中外的古城，交河故城，西夏古城哈日浩特，楼兰遗址，汉代甲渠侯宫遗址等。荒漠地区幅员辽阔，是少数民族聚居的地区。各民族在衣食住行、文化艺术、民族风俗、喜庆佳节等方面均有各自的特色。各少数民族的衣着色泽较艳丽，民族传统服饰也很多。色香味俱佳的各民族风味食品，极为丰富，有游客喜爱的烤羊肉串、烤全羊和吃法别致的抓饭等。少数民族都能歌善舞，如蒙古族传统舞蹈有"沙吾尔登"、"安代"、"酿酒"等，维吾尔族古典乐曲"十二木卡姆"等都驰名中外。我国古代丝绸之路以长安为起点，经甘肃河西走廊进入新疆，穿绿洲、涉大漠、翻崇岭西行波斯，到达君士坦丁堡，然后到达罗马等地。令人最感兴趣的、富有传奇色彩的是新疆境内路段，它可以分为南、中、北 3 条主线，沿线两侧错落的古城、云集的千佛洞、古墓葬、古建筑等古迹近百处。丝绸之路有许多神话传说、民间故事、历史掌故，给旅游者增添了无限情趣。

第三节　历史与现状

荒漠生态系统是陆地生态系统的一种重要类型，它并不是一成不变的，而是在时间和空间尺度上不停地演变。荒漠生态系统形成的背景是干旱气候，荒漠是干旱气候的产物（朱震达等，1980），这一点毋庸置疑。而干旱气候的根本原因是长期没有或很少降水造成的。缺乏降水造成了中国北方广阔的干旱区，干旱是沙漠和荒漠化土地形成的最基础条件。

中国干旱区是欧亚大陆中心温带荒漠景观的典型代表，我国荒漠化土地的地理位置，较其他国家明显偏北，没有分布在副热带高压下气流控制的纬度带，而是位于青藏高原北侧的中纬度欧亚大陆内部。按温度来说，我国沙漠处于温带和暖温带，按行星风系来说，则属于受西风影响的内陆非地带性沙漠。由于我国荒漠地区远离海洋，加上高原、大山阻挡湿润气流的进入，因此，我国荒漠地区日照强烈，雨量稀少，气候干旱，昼夜温差大，风沙频繁，具有典型的温带大陆性气候特征。

降水既涉及全球尺度的大气环流问题，也牵涉到云雾微小尺度的物理机制。形成降水必须具备两个基本条件：一是含有一定水汽的空气。空气中水汽的主要来源是地球表面的海洋和两极冰雪的蒸发。陆地的降水量，一般都与这些形成大量水汽区域的距离有明显的反向关系。二是形成降水的凝结核。大气环流中气流的水平与垂直运动是形成云雨的动力机制。气流水平辐合形势，使气流受到挤压作上升运动，气流的温度随高度增加而降低，以致形成降水。因此，在经常有气流水平辐合形势过境的地方，气候湿润。相反，如果气流作辐散和下沉运动，则无降水的可能。常处于气流水平辐散或垂直下沉形势下的地方气候干旱，多半是荒漠或半荒漠。因此，全球大气环流循环机制，是形成降水、影响荒漠生态系统分布格局的最重要条件。世界沙漠、戈壁集中分布在赤道南北15°～25°的纬度带内，是因为这一地区正处在行星环流中大气稳定下沉的副热带高压带控制之下。可见，下沉气流对干旱气候与荒漠化起决定性作用。

地表形态很不均匀，有海洋、陆地和两极冰原，造成气候条件的复杂化。地球上并非只有副热带才是沙漠和沙化土地出现的地方，而在副热带以外较高纬度的地方，也会出现沙漠和沙化土地。中国广大荒漠地区就出现在暖温带，与中亚、蒙古国的沙化土地连成一片，组成了世界上最大的温带荒漠地区。

在全球大气环流系统中，有三个大气环流系统对中国荒漠生态系统的形成起着决定性作用，它们是东亚季风、北支西风环流和青藏高原季风。东亚季风是在太平洋副热带高压和北方西伯利亚—蒙古高压配合下共同形成的，不仅左右中国东部的旱涝和冷热变化，而且也是中国荒漠向北移的重要因素。

一、形　　成

荒漠的形成与气候密切相关，是干旱气候的产物。中国北方大部分是干旱气候背景，其形成主要因素：①远离海洋，海洋富水气流不能达到或不能深入；②盆地地形条件造成局部下沉气流，尤其是青藏高原的隆起，使西部沙漠盆地气流更加封闭；③青藏高原的高高隆起，搅乱了整个东亚的气候格局，西风环流出现了分异，形成青藏高原北支反气旋性西风急流、中国东南部的西南季风和东南季风，导致西北地区更加干旱。在中国荒漠生态系统的形成过程中，有两个重要"事件"：第一是1亿年前，在白垩纪海陆出现分异，海陆分布已近似于现代；第二是4000万年前，青藏高原第三纪开始强烈隆起，第四纪（最近研究成果是距今260万年）隆升到海拔4000米高度，中国西部形成现代地貌格局。

我国的荒漠（主要是沙漠）究竟什么时候形成，一直以来是一个长期争论的问题。苏联学者（E·N·谢里万诺夫，1960）认为，我国塔克拉玛干沙漠开始于第四纪末期或更晚的时期。国内学者提出质疑，并通过详细分析研究后，指出现在塔克拉玛干沙漠的规模是从中更新世（距今73万～15万年前）以来直到今日不断发展的结果。部分学者指出，塔克拉玛干腹地麻扎塔格存在晚第三季风成相沉积（古风成沙），断言第四纪现代沙漠是在晚第三纪红色沙漠基础上发展演化而来的。但石油地质工作者通过在塔里木盆地钻探证实，晚第三纪在塔克拉玛干沙漠西部(包括麻扎塔格附近)发生最后一次海侵，存在的红色砂岩沉积是这次海侵的海滨相沉积。另外一些学者，从历史地理学和对古城地址、古文化地层的研究，认为我国部分沙漠是在人类历史时期才形成的。尤其对于贺兰山以东地区的风沙地貌形成问题，提出了人类活动是促使沙漠或沙地出现和扩大的主要因素。他们认为，沙漠不断扩大的途径，不是沙漠的前移，而是在原来并不存在沙漠的地方，在人类活动的影响下出现了新的沙漠，并称这种现象为"人造沙漠"。例如，位于鄂尔多斯高原的库布齐沙漠、毛乌素沙地和河东沙地，被认为在先秦甚至于北魏时期还是水草丰美或森林草原景观，是唐代以来的大规模农垦破坏了原有的自然生态环境，加剧了流沙南侵和土地荒漠化。

有关我国沙漠形成时代的各家观点，尽管存在较大的分歧和争论，但有一点可以肯定，我国西部现代大沙漠早在有文字记载以前的第四纪中期就已存在，且经历了一个漫长的自然历史过程。

二、变　迁

土地荒漠化的最早记载出现在 4000 年前两河流域古巴比伦的楔形文字。同一时期，我国北方一些地方也有农业开垦使环境变坏的零星记载。但是，大范围土地荒漠化的出现是在 2000 多年前。这一时期，荒漠生态系统变迁的主要原因是人类活动。由于战争、开垦、砍挖植被等人类活动的加剧，对自然干扰程度的加大，加剧了荒漠扩张的速度，如汉、唐时期许多人类活动的据点，现在被埋在塔克拉玛干、巴丹吉林沙漠腹地；原来茂密的草原、肥沃的农田由于人类不当或过度的开发，已演变成为沙漠。史前时期及人类早期的大西北，生态环境还是比较好的，可以说是水草丰美，没现在这么干旱、恶劣。我国西北荒漠生态系统大体经过这样一个发展演化的过程：

——公元 10 世纪(唐代)以前。中国人口较少，人类的开发活动对自然生态的影响有限，荒漠生态系统发展相对较缓。除了自然形成的沙漠、戈壁外，主要发生在北方干旱地方以古城、古垦区为中心的地区。由于古城、古垦区多依河(特别是内陆河)而建，所以荒漠化在这些人类强烈干扰的地方呈斑点状分布。如新疆尼雅河下游的精绝、孔雀河下游的楼兰；甘肃境内黑河下游的居延、石羊河下游的三角城等。人类的屯垦改变了原来的水资源环境，破坏了当地的自然植被，出现土地斑点状的沙化，这也是人类因素作用下荒漠化的开始。

——公元 11 世纪至 19 世纪。这是中国历史上荒漠生态系统发展加快时期。这一阶段的特点在于，荒漠化主要发生在半干旱的草原地带，以历史上的农垦区为中心，呈片状分布。这一时期是中国农业发展最快的时期，尤其是在北方草原地带，不但大量的汉族人口迁移到这些地方从事农业生产，而且在当地从事畜牧业的其他民族也先后完成了由游牧向定居农业的转化。在农牧转换、农林转换过程中，大片草原、森林地带退化成为荒漠。

——公元 20 世纪以来。由于人类活动的进一步加强，过度开垦、过度放牧、乱砍滥伐、乱采滥挖和滥用水资源的不合理人类活动愈演愈烈，导致荒漠化进一步扩张。1980 年以前，根据中国科学院沙漠所的估算，20 世纪 80 年代，仅沙化土地就年均扩张 2100 平方千米，乌兰察布盟后山、阿拉善、塔里木河下游、河北坝上等地荒漠化扩展速率达到年均 4% 以上；1994 年我国开展的第一次沙化普查结果显示，沙化土地每年扩展 2460 平方千米，荒漠化土地面积达到 262.2 万平方千米，占国土面积的 27.3%，重度荒漠化占荒漠化面积的 39.3%；1999 年开展的第二次全国荒漠化沙化监测显示，荒漠化面积达到 267.3 万平方千米，年均扩展 1 万平方千米，沙化土地年扩展 3436 平方千米。整个 20 世纪荒漠化在扩张，程度在加重，荒漠生态系统在持续恶化。

三、现　　状

（一）荒漠化土地现状

根据我国第四次全国荒漠化和沙化监测结果，截至 2009 年年底，全国荒漠化土地总面积 262.37 万平方千米，占国土总面积的 27.33%，分布于北京、天津、河北、山西、内蒙古、辽宁、吉林、山东、河南、海南、四川、云南、西藏、陕西、甘肃、青海、宁夏、新疆 18 个省（自治区、直辖市）的 508 个县（旗、市、区）。

（1）气候类型区荒漠化现状。干旱区荒漠化土地面积 115.86 万平方千米，占荒漠化土地总面积的 44.16%；半干旱区荒漠化土地面积 97.16 万平方千米，占 37.03%；亚湿润干旱区荒漠化土地面积 49.35 万平方千米，占 18.81%。

（2）荒漠化类型现状。风蚀荒漠化土地面积 183.20 万平方千米，占荒漠化土地总面积的 69.82%；水蚀荒漠化土地面积 25.52 万平方千米，占 9.73%；盐渍化土地面积 17.30 万平方千米，占 6.59%；冻融荒漠化土地面积 36.35 万平方千米，占 13.86%。

（3）各省份荒漠化现状。主要分布在新疆、内蒙古、西藏、甘肃、青海 5 省（自治区），面积分别为 107.12 万平方千米、61.77 万平方千米、43.27 万平方千米、19.21 万平方千米和 19.14 万平方千米，5 省（自治区）荒漠化土地面积占全国荒漠土地总面积的 95.48%；其余 13 省（自治区、直辖市）占 4.52%（图 4-3）。

（二）荒漠化土地动态变化

与 2004 年相比，全国荒漠化土地面积减少 12454 平方千米，年均减少 2491 平方千米。

（1）荒漠化类型动态变化。与 2004 年相比，风蚀荒漠化土地减少 7391 平方千米，水蚀荒漠化土地减少 4115 平方千米，盐渍化土地减少 830 平方千米，冻融荒漠化土地减少

万平方千米

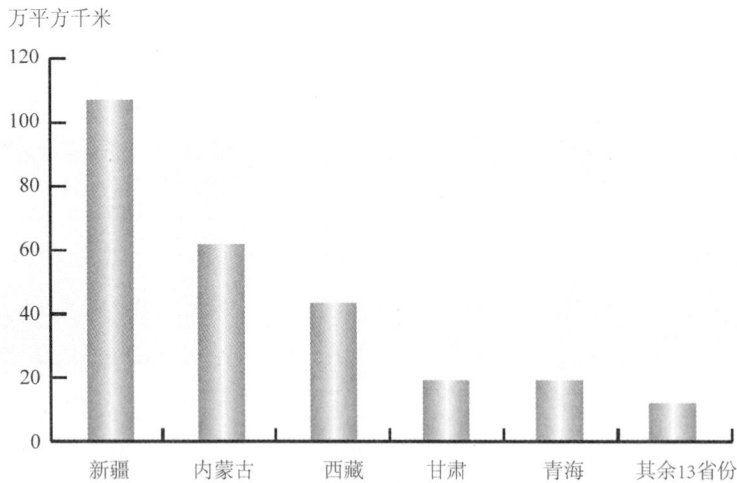

图4-3　各省份荒漠化现状(2009)

118平方千米。

（2）不同类型荒漠化土地动态变化。5年间全国各种类型的荒漠化土地均有所减少。其中，风蚀荒漠化土地减少73.91万公顷，减少了0.40%；水蚀荒漠化土地减少41.15万公顷，减少了1.59%；盐渍化土地减少8.30万公顷，减少了0.48%；冻融荒漠化土地减少1.18万公顷，减少了0.03%。

（3）荒漠化程度动态变化。5年间全国荒漠化程度在逐渐减轻。其中轻度荒漠化土地增加346.53万公顷，增加了5.49%；中度荒漠化土地减少168.95万公顷，减少了1.71%；重度荒漠化土地减少68万公顷，减少了1.57%；极重度荒漠化土地减少234.12万公顷，减少了3.99%。

（4）各省份荒漠化动态变化。与2004年相比，18个荒漠化省（自治区、直辖市）的荒漠化土地面积全部净减少。其中，内蒙古减少4672平方千米，河北减少1802平方千米，甘肃减少1349平方千米，辽宁减少1153平方千米，西藏减少789平方千米，宁夏减少757平方千米，山西减少490平方千米，新疆减少423平方千米，陕西减少406平方千米，青海减少284平方千米。

（三）我国荒漠生态系统变化总体趋势

国家林业局于2009~2010年组织开展了第四次全国荒漠化和沙化监测工作。直接参加本次监测工作的技术人员6000多名，共调查图斑592万个，获取各类监测数据2.5亿个，获得了我国荒漠化和沙化土地现状及动态变化信息，对荒漠化生态系统进行了科学评估，监测结果表明，我国土地荒漠化和沙化呈整体得到初步遏制，荒漠化、沙化土地持续净减少，局部地区仍在扩展的局面。

一是荒漠化和沙化土地面积持续净减少。荒漠化和沙化土地面积由扩展转变为持续净减少。荒漠化历次监测结果显示（图4-4），2000年以前，我国荒漠化土地面积呈扩展趋势，年均增加 10425 平方千米；2000~2004 年我国荒漠化土地面积实现净减少，年均净减少 7585 平方千米；2005~2009 年我国荒漠化土地面积继续保持净减少，5 年间净减少 12454 平方千米，年均净减少 2491 平方千米。

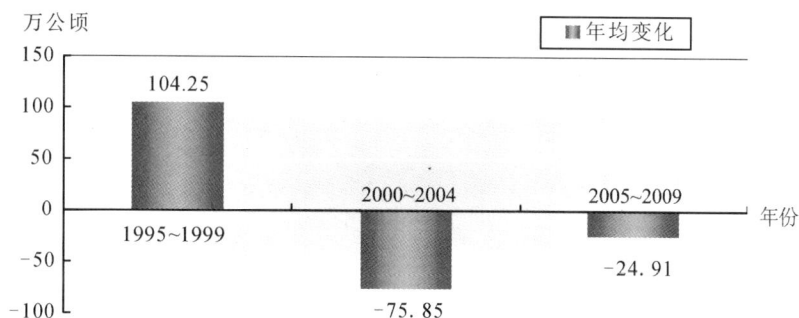

图 4-4　历次监测荒漠化土地年均动态变化

沙化历次监测结果表明，2000 年以前，我国沙化土地面积不断扩展，在 20 世纪 90 年代初和 1995~1999 年分别年均扩展 2460 平方千米、3436 平方千米；2000~2004 年我国沙化土地面积实现净减少，年均净减少 1283 平方千米；2005~2009 年我国沙化土地面积继续保持净减少，5 年间净减少 8587 平方千米，年均净减少 1717 平方千米。

二是荒漠化和沙化程度持续减轻。与 2004 年相比，中度荒漠化土地减少 1.69 万平方千米，重度荒漠化土地减少 6800 平方千米，极重度荒漠化土地减少 2.34 万平方千米；中度沙化土地减少 9906 平方千米，重度沙化土地减少 1.04 万平方千米，极重度沙化土地减少 1.56 万平方千米。沙化土地中，流动沙地、半固定沙地减少 7084 平方千米，固定沙地在沙化土地中的比重由 2004 年的 15.7% 上升到 2009 年 16.06%。

三是植被状况进一步改善。沙化土地植被平均盖度由 2004 年的 17.03% 提高为 2009 年的 17.63%，5 年间提高了 0.60%，植被盖度 50% 以上的沙化土地面积增加 1.03 万平方千米，盖度小于 10% 的沙化土地面积减少 1.36 万平方千米。荒漠化和沙化重点保护治理区植物种类明显增加，植被群落稳定性增强。在京津风沙源工程范围的典型草原区，未治理区域多样性指数仅为 1.80，治理区域达到 2.13。

四是重点治理区生态环境明显改善。重点治理的科尔沁沙地、毛乌素沙地、浑善达克沙地、呼伦贝尔沙地、京津风沙源治理工程区等区域生态环境明显改善。以京津风沙源治理工程区为例，与 2001 年相比，土壤风蚀总量减少 5.2 亿吨，减幅达 44%；土壤水蚀总量减少 2.87 亿吨，减幅达 82%；地表释尘量减少 1352 万吨，减幅达 43.3%。有效减缓了沙尘天气对京津地区的影响。

我国土地荒漠化、沙化呈现整体初步遏制与持续净减少，主要是党中央、国务院高度重视防沙治沙工作，实施了一系列重大战略举措；沙区各级党委政府真抓实干，各部门密切配合；全社会广泛参与，广大人民群众艰苦奋斗的结果。这也说明，只要加大力度、持之以恒地开展防治工作，土地荒漠化、沙化是可治、可控的。

四、问题与挑战

我国荒漠化生态系统呈现荒漠化土地持续减少，生态系统功能不断改善的态势，但我们也要清醒地看到，荒漠化和沙化整体扩展的趋势得到初步遏制，但局部地区仍在扩展。荒漠化的危害仍很严重，防治的形势仍很严峻。

（一）土地荒漠化的危害严重

荒漠化发展的主要危害是破坏人类赖以生存的环境和资源，甚至造成土地资源的丧失，从而对经济、政治、社会、文化各个领域产生深远的影响。

1. 土地荒漠化严重制约经济发展

土地荒漠化破坏了经济发展依靠的物质条件，从而造成系统内经济的衰落，是制约我国西北地区经济发展的重要因素之一。土地荒漠化导致土壤质量下降，自然灾害频发，农牧业产量低而不稳。荒漠化地区每年因风蚀损失土壤有机质5590万吨，折合2.7亿吨化肥。新中国成立以来，有1000万公顷的耕地不同程度沙化，每年损失粮食300多万吨。"三北"地区70%的草场严重退化，每年减少的草产量相当于5000多万只羊单位一年的饲料。同时，荒漠化还严重影响水利设施、航空交通的安全运行。据专家分析，我国每年因荒漠化造成的直接经济损失达1200亿元，荒漠生态系统的恶化是这些地区经济落后、农民贫困的根源所在。全国贫困人口中有一半分布在沙化严重的西部地区。同时，由于荒漠生态系统的生态承载能力的降低，经济发展的速度和空间都受到了严重的制约。

历史上，我国西北地区气候温暖湿润、植被茂盛，特别是黄土高原属于森林草原地带，极适宜于人类生存。西周、秦、西汉、隋、唐均建都西北。以关中为中心的地区是当时中国的经济、政治、文化中心，而周边地方良好的生态环境起着根本支撑作用，当地充足的物资供应起着关键的作用。然而人为因素主导下的生态环境恶化随着农耕文化大规模兴起而出现，最终引起生态环境中各个系统的变化和生态景观的改变，导致西北地区向荒漠生态系统演变，植被消失，水土流失，自然灾害加剧，土地生产力下降，环境的承载能力不断弱化，西北经济经历了由繁荣到衰落的变迁。南北朝之后，西北地区的物质生产和供给条件弱化。北宋以后，中国经济中心向东南迁移，从此国家的经济中心与西北无缘，曾经拥有的地域优势彻底丧失。时至近代，西北成为中国最贫穷落后的地方。

非洲的萨赫勒地区，也因为荒漠生态系统的变化直接导致了经济的衰落和贫困的产生。萨赫勒地区的居民以传统的农业和畜牧业为主。农业生产中沿袭了千百年来"刀耕火种"的撂荒制。20世纪60年代以后当地人口成倍增长，人口对粮食的需求使耕地撂荒时间，由以前的20年缩短为10年，甚至只有5年。广种薄收的粗放农业，最终让大片的耕地变成了不毛之地。而在草原带，由于牲畜量扩大，草原压力的增加，沿着水源地、牲畜游牧的道路也形成了大面积的荒漠化地带。70 年代以来，伴随着干旱袭击而至的荒漠化席卷了萨赫勒地区，造成几十万人死亡，损失了一半以上的家畜和 200 万头游牧牲畜，让 600 万以上的人口沦落为无家可归的生态难民。

2. 土地荒漠化破坏人们的生存和生活条件

全国有近 2 万多个村庄和许多城镇经常受到风沙危害，有近 2000 多千米铁路、3 万多千米公路、数以千计的水库和 5 万多千米的水渠经常受到荒漠化危害、泥沙淤积、淹没。沙压房舍，沙进人退的现象在荒漠化地区屡见不鲜，1949 ~ 1977 年间，内蒙古鄂托克前旗沙埋房屋 2200 多间，棚圈 3300 多间，有近 700 户村民被迫迁移他乡。地处塔克拉玛干沙漠南部的皮山、民丰两县因荒漠化危害，县城 2 次搬家，策勒县城 3 次搬家。

位于石羊河下游的民勤绿洲犹如一片绿色的柳树叶，镶嵌在腾格里沙漠和巴丹吉林沙漠交汇处。多年来石羊河断流造成民勤荒漠化不断加剧，严重影响当地人民的生存和生活。为了生存，群众大规模地挖井采掘地下水。20 世纪 80 ~ 90 年代，全县拥有机井 11779 眼之多，其中深井就有 8000 多眼。由于石羊河径流断绝，地下水得不到补充，打井超采无异于饮鸩止渴。地下水每年以 1 米的速度下降，矿化度以每年每升提高 0.2 ~ 0.3 克的惊人速度恶变。现在民勤地下水矿化度平均每升达 6 克，最高达每升 14 克，远远超过人畜饮用水矿化度的临界值。导致全县 49 个村、3 万多人、8 万多头（只）牲畜饮水告急。群众长期饮用含氟量超标的苦水，身体健康受到极大损害，胃癌、肝癌病例年均在 98 例以上。用咸水浇地，又造成土壤积盐，发生土壤次生盐渍化。20 世纪 90 年代以来民勤县超采地下水高达 45 亿 ~ 50 亿立方米，还使民勤盆地方圆 986 平方千米的范围出现了降落漏斗，引发地质灾害。近十年来，全县已有 6480 多户，26400 多人，被迫迁徙到他县他乡。

3. 荒漠生态系统恶化严重威胁全国生态安全

我国的荒漠生态系统覆盖了国土面积的 1/3，是保障我国生态安全的重要部分。近百年来，由于不合理的人类活动，对荒漠地区的土地、水和植物资源的掠夺性利用，导致荒漠生态系统日趋恶化，集中表现在：一是干旱频发，河流断流，湖泊干涸，植被减少衰退；二是沙尘暴灾害加重。据专家研究，造成重大经济损失的特大沙尘暴 20 世纪 60 年代发生了 8 次，70 年代 13 次，80 年代 14 次，90 年代 23 次。1993 年的"5·5"特大沙尘暴，席卷我国西北大部，沙尘暴过境面积约 110 万平方千米，造成死亡（失踪）116 人，使兰新铁路中断 31 小时，乌吉线中断 4 天，造成直接经济损失近 6 亿元，一些特大沙尘暴严重影响华北、华东地区的航空交通和北京、天津等大城市的空气质量；三是造成生物多样性骤减。一方面破坏生物栖息地，另一方面造成种群、群落破坏，生产力下降，同时造成物种生存能力降低，使许多物种日趋濒危或消亡，如毛乌素沙地许多动植物种分布面积和种群数量锐减，有的甚至消失，一些啮齿动物的天敌数量迅速减少。四是严重威胁大江大河的安全。长江、黄河都发源于荒漠化严重的青藏高原，荒漠生态系统的恶化导致源头来水量减少，导致黄河断流。每年进入黄河的泥沙达 16 亿吨，导致中下游河床抬高，成为悬河，严重威胁广大人民群众的生命财产安全。

4. 土地荒漠化严重威胁国家安全

我国荒漠生态系统主要分布在边疆地区、少数民族地区、经济贫困地区，荒漠化地区有 30 多个少数民族，2000 多万少数民族人口。一是土地荒漠化导致西部地区经济发展远远落后于东部地区，东西部的差距仍在扩大，陕西、甘肃、宁夏、青海、新疆 5 省（自治区）的土地面积占全国的近 1/3，国民生产总值却只有全国的 5% 左右，地区矛盾日益突出；二是荒漠化地区人均收入远低于全国水平，一些地区群众为了维持生产、生活的基本需要，争夺生存空间及生产生活资料，被迫与本民族或其他民族发生冲突的道路，以致民族内部、民族之间的利益之争、冲突日益增多。宁夏每年有 10 万人进入内蒙古阿拉善地区搂发菜、挖药材，并因此发生械斗，这不仅给各民族群众造成极大的痛苦和损失，而且也影响民族团结和稳定；三是由于生态的恶化，一些及疾病发病率较高。如新疆和田地区，由于沙尘暴高发，致使矽肺病发病率非常高，导致少数民族对党和政府产生了怨言和不信任，影响了民族团结和政治稳定；四是我国荒漠地区有 8000 多千米的国境线，与 10 多个国家接壤，是反分裂、反渗透的前沿阵地。如果任凭生态环境继续恶化，使东西部发展差距进一步拉大，不仅会引发民族干部、群众的心理不平衡感和对政府及发达地区的不满情绪，甚至动摇他们对各民族共同繁荣、共同富裕的信念，使民族分裂分子有机可乘，最终影响我国社会稳定大局。荒漠生态系统的恶化严重制约经济发展，使东西部、边疆与内地、民族与民族生存条件和贫富差距进一步加大，激化矛盾，从而影响国家的社会政治稳定、民族团结和国家的长治久安。

5. 土地荒漠化制约社会文明发展进程

社会文明的兴起发展离不开生态环境的支持。良好的生态环境是产生人类文明不可或缺的物质条件。人类历史上四大文明古国的出现是因当地的生态环境适宜于人类文明的发展，而文明的消失又是因为生态环境的退化和崩溃。历史上，因荒漠生态系统恶化，导致文明消亡的例子比比皆是。

在现今的伊拉克，曾经诞生过一个古代文明——美索不达米亚文明。它位于幼发拉底河和底格里斯河之间，是著名的巴比伦文明发源地。公元前，这里曾经林木葱郁、沃野千里，富饶的自然环境孕育了辉煌的巴比伦文化，如 60 进制计时法、《汉谟拉比法典》等，巴比伦成为当时世界上最大的城市、西亚著名的商业城市。然而，巴比伦人在创造灿烂的文化、发展农业的同时，却无休止地垦耕、过度放牧、肆意砍伐森林等破坏了生态环境的良性循环，这片沃土最终沦为风沙四起的贫瘠之地，2000 年前漫漫黄沙使巴比伦王国在地球上销声匿迹，如今的这块土地所供养的人口还不及汉谟拉比时代的 1/4。5000 年前诞生于尼罗河流域的古埃及文明，也是由于尼罗河上游的森林不断遭到砍伐，以及过度放牧、垦荒等，使土地退化日益加剧，泥流河中的泥沙量逐年增加，埃及再也得不到那宝贵的沃土，昔日的"地中海粮仓"失去了昔日的辉煌，现在已经成为世界上贫困地区之一。

在久远的历史时期，土地荒漠化导致了我国一大批古文明的消失。据《汉书·西域传》等史料记载，当时的鄯善（楼兰）有居民 14100 人，其地伊循城，土肥美，遂屯田；且末 6010 人，皆种五谷，盛产葡萄；精绝 3000 人；轮胎、车师、莎车、疏勒等皆开屯田。《大唐西域记》记载，当年玄奘西行时，精绝周围还是难以通行的植物茂盛的沼泽地带。然而近日的楼兰遗址早已被流沙吞噬，据考证，楼兰古城及其周围绿洲大约于公元 4 世纪后期废弃。尼雅河下游的精绝古绿洲约在唐代以后废弃，发生沙化。这些古城的消失，导致了一批古文明的消亡，其原因在于，内陆河流域中游一带绿洲开发规模的扩大导致注入下游的水量减少，以及破坏固沙植被促使沙丘活化。

（二）保护和改善荒漠生态系统的形势仍然十分严峻

（1）防治任务仍很艰巨。一是治理任务重。根据第四次全国荒漠化沙化监测结果，全国仍有 50 多万平方千米的荒漠化土地急需治理，任务巨大。二是生态保护的任务艰巨。全国还有 31.34 万平方千米具有明显沙化趋势的土地，目前虽不是沙化土地，但如果保护利用不好，极易变成新的沙化土地。三是治理难度越来越大。长期以来，荒漠化防治坚持"先易后难"原则，自然条件相对较好的地段基本得到了治理，剩下需要治理的荒漠化土地立地条件越来越差，治理难度越来越大，单位治理成本也越来越高。

（2）沙区生态状况仍很脆弱。我国沙区多属干旱半干旱地区，自然条件差，生态状况脆弱，破坏容易恢复难。近些年，通过治理，沙区生态状况发生了一些可喜的变化，多年生草本植物种类有所增加，植被覆盖度有所提高，生物多样性有所增多，群落稳定性有所增强，土地生产力有所恢复，但总体上沙区生态状况仅处于恢复的初始阶段，自我调节能力仍较弱，稳定性仍较差，难以在短期内恢复到沙区原生状态，形成稳定的生态系统。

（3）治理与破坏仍可能有反复。一是国家对治理后的林草植被管护投入严重不足，管护责任难以落实，留下了边治理、边破坏的隐患，如不加大保护力度，工程建设成果有可能前功尽弃。二是沙区经济贫困，人口与资源的矛盾突出，土地依赖程度高，加之生产方式落后，经营方式粗放，现有工程治理成果仍存在再次破坏的可能。三是在国家种粮补助等一系列惠农政策的激励下，农民种粮的积极性提高，当种粮收益高于现行生态建设补助标准时，沙区毁林毁草垦荒的现象会重新抬头，这也加大了建设成果保存的压力。

（4）工业化对荒漠化防治工作带来潜在的压力大。2003 年我国的人均 GDP 达到 1000 美元，按购买力计算大约为 3000～4000 美元，农业与非农产业的产值结构大约为 15：85，农业与非农产业的就业结构大约为 50：50，城镇化水平为 40%，中国进入了工业化发展的中期阶段。从工业化进程来看，西部地区作为我国重工业生产和原材料基地，大量开山采矿将造成土地退化、沙化加剧，生态保护和建设的压力不断加大。德国著名学者霍夫曼曾经提出过一个著名理论，即重工业一旦在全部工业产出中的比重达到一半就进入了工业化中期阶段，而达到 2/3 以上，一个国家的工业化就算是基本完成了，用重工业与轻工业的比率关系看，一半就是 1，2/3 就是 2，这就是著名的"霍夫曼系数"。按照工业化发展规律，当"霍夫曼系数"接近或达到 1.5 时，社会发展对地表资源（包括森林、草原）的需求逐渐进入相对稳定阶段；达到 2 时，标志基本上完成工业化。当重工业开始占绝对优势时，最显著特点是对地下资源（如化石燃料、矿产）的需求就会增加。目前，我国汽车、钢、铁、机械等制造业和煤炭、电力等产业快速发展。按照日本和"亚洲四小龙"的经验，到 2015 年我国的霍夫曼系数将可能达到 2，完成工业化。以钢材为例，发达国家在完成工业化阶段时人均钢材占有量达 1 吨，而我国目前仅 0.2 吨，钢铁市场需求旺盛。由于工业化对自然资源和矿藏资源极大需求，给荒漠生态系统保护和改善带来了巨大压力。

（5）导致土地荒漠化和沙化的人为因素仍然存在。我国荒漠化和沙化形势虽然总体上好转，但过度放牧、盲目开垦、水资源不合理利用等因素导致局部地区荒漠化和沙化土地仍在扩展。根据草原部门对全国草原载畜量的调查结果，2009 年全国重点天然草原的牲畜超载率仍达到 31.2%，牧区 42% 的草原存在超载过牧，半牧区 56.4% 的草原存在超载过牧。据国家林业局荒漠化监测中心"川西北阿坝地区土地沙化趋势及其驱动力分析"专题监测结果，近 5 年来阿坝地区牲畜超载率一直维持在 60% 超高水平，其中若尔盖县牲畜超载率更是高达 75%，造成草地继续沙化、退化，近 5 年该地区沙化土地面积增加 5469 公顷。盲目开垦是造成新疆沙化耕地增加的主要原因。"新疆巴楚县土地利用变化分析"专题监测结果显示，新疆巴楚县由于毁林毁草开荒，沙化耕地面积增大。在11.65 万公顷的监测范围内，耕地面积从 2006 年的 22295 公顷增加到 2008 年的 25820 公顷，2 年时间增加了 15.81%，林地和草地面积却分别减少了 1932 公顷和 1180 公顷。这些开垦的耕地在失去植被的保护下，地表风蚀加剧，沦为新的沙化土地。

（6）全球气候变化等不确定性因素对荒漠生态系统的影响不容忽视。全球气候变化具有不确定性，还有可能导致干旱加剧，土地沙化加重。据专家观测，人类使用化石燃料排放大量的二氧化碳引起了气候变化。2000 年大气中二氧化碳浓度为 368ppmv（ppmv是指同温同压下，二氧化碳体积所占空气体积的比例为百万分之一），与 1750 年相比，约增长了 31%。专家预测，到 2100 年，大气中二氧化碳浓度将增加到 490~1260 ppmv，增加 0.3~2.4 倍。据专家研究，当大气中二氧化碳含量增加 1 倍时所引起的气候变化将导致沙化面积增加 17%。因此，气候变化将加大西部地区防沙治沙压力。据全国荒漠化和沙化年度趋势监测结果显示，沙区植被生长状况与降水的相关性大，植被覆盖变化受年度降水变化影响较强。如内蒙古科尔沁地区，根据年度趋势监测结果，由于 2008 年比2007 年降水偏多近 3 成，2008 年平均植被盖度比 2007 年增加了 12 个百分点，但受干旱的影响，2009 年平均植被盖度比 2008 年下降了 13 个百分点，变动幅度很大。因此，如果气候出现异常变化，如出现多年连续干旱的情况，可能会对植被生长产生较大影响，土地沙化现象仍有可能反弹。

以上这些问题需要我们积极应对，工作做好了，防沙治沙形势就能进一步向良性方向发展，反之，就很可能复归旧态，甚至导致荒漠化继续加剧。

第四节　目标与选择

一、全球趋势

1977 年联合国荒漠化大会以来，联合国有关机构在不同时期对全球荒漠化状况进行了评估，虽然由于方法的不一致，使每次评估之间缺乏可比性，但从评估结果看，总体上处于扩展的趋势。1984 年评估结果显示，全球荒漠化发展约为 3.5%。1996 年联合国环境规划署评估结果显示，全球荒漠化面积 3618.4 万平方千米，并且每年仍以 5 万~7 万平方千米的速度扩展，使全球范围内每年由于荒漠化影响造成损失高达 420 亿美元。荒漠化对人类的生存和发展构成极大威胁，严重影响生态安全、粮食安全、经济社会稳定及可持续发展，是实现千年发展目标的一大障碍。

荒漠化问题已经成全球面临的最为严重的生态问题之一，引起了国际社会的高度关注和重视。《联合国防治荒漠化公约》使全人类携手开展荒漠化防治，保护和改善荒漠化生态系统功能成为了全球共识和全人类的共同责任。1994 年 6 月 17 日通过，并于 1996 年 12 月 26 日生效的《联合国防治荒漠化公约》缔约方达到 193 个。公约生效以来，为国际社会合作治理荒漠化建立了机制和平台。2001 年全球环境基金委荒漠化公约"开窗口"，2005 年正式成为荒漠化公约的资金机制，通过其第四周期和第五周期融资，逐步加大了对受影响国家的资金和项目支持。尽管与气候变化和生物多样性领域相比，荒漠化防治的资金总量还具有很大差距，但是，随着国际社会近年来对荒漠化和土地退化对全球粮食危机、气候变化、生物多样性的影响的认识不断深入，防治荒漠化、保护土地正在成为全球绿色经济、可持续发展逐步关注的重要问题，全球共同开展荒漠化防治的趋势正在形成。

（一）初步设定了全球防治目标

为促进全球履约，2007 年第八次缔约方大会通过了《促进履约十年战略（2008~2018）》，设定三项战略目标：改善受影响区域人民生活，受影响地区生态系统，创造全球环境效益和建立国际伙伴关系，以及意识教育、科学技术、政策框架、能力建设、筹资与技术转让等五项工作目标。2009 年通过了《十年战略》2014 年中期评估目标。这些中期目标也就是荒漠化公约的近期工作重点。其中与受影响国家相关的具体目标包括：到 2014 年受影响人口的 30% 具有荒漠化土地退化以及相关领域认识；到 2014 年 80% 的受影响国家根据十年战略目标修订国家行动方案；到 2014 年 30% 以上的国家建立并运行荒漠化和土地退化监测评估体系；到 2014 年通过公约影响指标体系报告荒漠化发展状况；同时对发达国家捐助方提出要求到 2014 年每个受影响附件区域，至少有 2 个以上国家签订防治荒漠化伙伴合作协议，也就是加大对发展中国家的履约的援助力度。

目前正在酝酿和制定中的一项最重要的约束性目标就是：到 2020 年或 2025 年，全球荒漠化面积零增长。这一目标在 2011 年 9 月联合国大会期间的高级别会议，2011 年 10 月的荒漠化公约第十次缔约方大会和 2012 年的里约热内卢全球可持续发展大会上讨论。如果这一指标通过，《联合国防治荒漠化公约》将真正向具有约束力的公约迈出重要的一步。

（二）建立履约量化评估体系

为量化衡量公约十年战略各项目标的完成情况，2009 年第九次缔约方大会，通过决议确定了十年战略 11 项影响指标和 18 项业绩指标，其中：①影响指标。主要用来衡量三项战略目标的完成情况，各国防治荒漠化产生的实际效果，包括荒漠化面积和程度变化，沙区生态、植被和生物多样性的影响、受影响人口生活。②业绩指标。主要衡量十年战略的工作目标的完成情况。公约要求各缔约方每 2 年报告一次业绩进展情况，每 4 年报告一次履约效果情况。2012 年开始，各国将开始使用植被覆盖和受影响地区贫困人口变化亮相指标汇报荒漠化防治的效果。中国作为指标体系的示范国家，正在开展影响指标试点示范。

（三）加强对全球履约科技支撑

公约科学技术委员会每两年召开一次科学大会，为解决全球荒漠化防治战略重点问题提供科技支撑和理论基础。2009 年以来以荒漠化监测与评估为主题，集合全球各国专家，召开了第一次科学技术大会，全面分析并总结了荒漠化综合监测和评估的方法，并对公约十年战略量化评估拟采用的影响指标体系和方法提出了建议。目前科技委员会正在筹备第二次科学大会，将以荒漠化防治与经济发展为主题，为全球荒漠化防治提供技术支持。

（四）联合国不断强化对荒漠化防治问题的关注

2009 年 11 月联合国大会通过决议将 2010～2020 年定为"联合国防治荒漠化十年"，号召各缔约方加强荒漠化防治，为减轻贫困，保障粮食安全，改善和保护生物多样性，促进气候变化，实现千年发展目标做贡献。强调土地问题的重要性，以唤起国际社会的进一步关注。2010 年，联合国防治荒漠化十年启动会近年的世界荒漠化和干旱日纪念活动上，潘基文特别发出号召推动全球荒漠化防治，实现十年战略目标。2010 年联合国代表大会做出决议于 2011 年 9 月在纽约，联合国大会期间召开关于荒漠化防治的高级别会议，邀请各国首脑和部长参会，探讨在全球可持续发展和减贫背景下的荒漠化、土地退化和干旱防治工作。为推动可持续土地管理为核心的绿色经济和防治荒漠化设定全球目标，动员国际社会为实现十年战略目标做出贡献。

二、总体思路

党中央国务院高度重视荒漠化防治工作，党的十七大做出了建设生态文明社会的战略决策，明确要求要加强荒漠化防治工作。胡锦涛总书记在荒漠化地区视察时多次指出，要大力加强防沙治沙工作，努力实现从"沙逼人退"到"人逼沙退"的转变，构筑祖国北方绿色生态屏障。这些都对荒漠化防治工作提出了新要求，因此，必须从我国荒漠化生态系统的状况出发，进一步优化防治思路，防治土地荒漠化，保护和改善荒漠化生态系统。

（一）荒漠化防治指导思想

全面贯彻落实科学发展观，立足于荒漠化地区资源状况、社会条件和生产力发展水平，坚持"科学防治、综合防治、依法防治"的方针，以科技为先导、以法律为准绳、以重点工程为依托，以创新为突破口，积极保护、科学治理、合理利用荒漠资源，保护和恢复植被，遏制荒漠化发展趋势，逐步治理适宜治理的荒漠化土地，不断改善生态环境，促进经济发展，增加农牧民收入，最终实现荒漠化地区经济、社会、资源、环境的协调发展。

（二）荒漠化防治坚持的基本原则

（1）统筹规划、分类施策。根据我国荒漠化土地分布的现状、扩展趋势以及治理的可及程度，对沙漠、戈壁等不可治理类的沙化土地，采取加强监测，在边缘地区建设防风阻沙带，防止扩展；对退化草场要强化管理，积极推行以草定畜、合理轮牧等方式；对周边农田实行因害设防，加强农田林网化建设，控制人为因素造成新的荒漠化地区。

（2）突出重点、分步实施。根据国家总体建设规划和重点工程布局，以及荒漠化地区各省份的国民经济发展规划，区分防治荒漠化区域和类型，分清轻重缓急，突出不同时段的重点防治区域在全国防治荒漠化工作中的地位，真正做到紧紧围绕国家建设总体目标，重点突出，步骤明确，有条不紊地实施全国范围内的防治荒漠化工作。

（3）防治结合、综合治理。防治荒漠化的最终目的是改善生态环境，促进经济发展和提高人民生活水平。因此，必须正确处理好防、治、用三者的关系以及长远利益和当前利益的关系。实行治沙、治盐碱、治水等多项综合治理，农、林、牧和荒漠化地区特有资源综合开发，因地制宜地发展多种经营，特别是高技术"沙产业"，以取得防治荒漠化的生态效益、经济效益和社会效益的统一和优化。

（4）生物措施与工程措施相结合。防治荒漠化的根本途径是加强林草建设，提高植被覆盖率。因此，必须突出以林草建设为主的生物措施，采取围封育林育草、人工造林种草、建设农田防护林网等技术体系，充分发挥林草植被防风固沙功能。在沙害严重的特殊地段（例如交通线、水渠、工矿和居民点等），适当采用机械措施也十分必要。事实证明，把发展林草植被与建设多种工程措施结合起来，使生物措施和工程措施相互衔接、有机结合，形成完整的防治体系是防治荒漠化最为有效的技术途径。

（5）依托技术、科学防治。防治荒漠化是在自然环境恶劣的条件下进行的，工作任务重、难度大，有较高的技术要求。加之我国荒漠化类型多，各地的自然条件差异较大。因此，尊重科学，重视技术研发和普及应用，增加技术含量是加快防治荒漠化进程的关键。要强化科学技术的指导作用和服务功能，推广新技术在防治荒漠化中的应用，真正实现科学地防治荒漠化。

（6）部门协作、全民动员。荒漠化防治是一项社会公益性的宏大生态环境工程，涉及多个部门和社会的各个方面，更与广大群众的生产和生活密切相关。因此，必须走有中国特色的荒漠化防治道路，实行全党动员、全民动手。调动全社会的积极性，加快防治荒漠化的步伐。

（三）转变五个防治理念

由更多地注重"治"，向"治"与"保"并重转变。在继续推进荒漠化治理的同时，切实解决好人口、牲口、灶口问题，保护沙区的林草植被，实现整个沙区生态系统的良性循环；由人工措施为主转向人工措施和自然修复相结合。在发挥人工治理作用的同时，加强封禁保护，充分发挥生态系统的自然修复功能；由追求生态目标向治沙与治穷结合转变，实现沙区生态、经济良性互动；由注重治理速度转向速度与质量并重。既要加快治理速度，又要确保治理质量，确保治理一片，见效一片；由主要依靠投资拉动，向既要靠投资拉动又要靠政策机制促动、社会宣传发动相结合转变，实现国家、社会和个人一起上的局面，最终实现荒漠化地区经济、社会、资源、环境的协调发展。

三、战略目标与布局

党的十七大提出到 2020 年全面建成小康社会之时，生态环境有一个明显改善，胡锦涛总书记明确提出要大力加强防沙治沙工作，努力实现从"沙逼人退"到"人逼沙退"的转变，构筑祖国北方绿色生态屏障。这些都对进一步加快治理步伐，改善和提高荒漠生态系统功能提出了新要求。力争用大约 40 年的时间，即力争到 21 世纪中叶，使适宜治理的荒漠化地区基本得到整治，适宜绿化的土地植树种草，"三化"草地生产力基本得到恢复，建立起比较完善的生态环境预防监测和保护体系，大部分地区生态环境明显改善。

(一)战略目标

近期目标：从 2011~2020 年，使 50% 适宜治理的荒漠化土地得到治理，荒漠化土地持续减少，荒漠化地区生态环境得到明显改善。

中期目标：到 2030 年，荒漠化地区 60% 以上适宜治理的荒漠化土地得到不同程度整治，重点治理区的生态环境开始走上良性循环的轨道，力争使荒漠生态系统初步进入良性循环的轨道。

远期目标：从 2031~2050 年，再奋斗 20 年，使荒漠化地区适宜治理的荒漠化土地基本得到整治，宜林地全部绿化，林种、树种结构合理，陡坡耕地全部退耕还林、缓坡耕地基本实现梯田化，"三化"草地得到全面恢复。在荒漠化地区建立起基本适应可持续发展的良性生态系统，实现荒漠化地区生态经济社会协调持续全面发展。

经过上述 3 个阶段的奋斗，使我国的荒漠化土地基本得到治理，并建成稳定高效的生态防护体系，发达的"沙产业"体系和完备的生态环境保护与资源开发利用保障体系，区域经济蓬勃发展，东西部差距明显缩小，荒漠化地区将呈现生态稳定、环境优美、经济繁荣、人民安居乐业的欣欣向荣景象。

(二)分区(类)布局

我国地域辽阔，生态系统类型多样，社会经济状况差异大，根据实际情况将全国荒漠化地区划分为 5 个典型治理区域。

(1)风沙灾害综合防治区。本区包括东北西部、华北北部及西北大部干旱、半干旱地区。这一地区沙化土地面积大。由于自然条件恶劣，干旱多风，植被稀少，草地沙化严重，生态环境十分脆弱；农村燃料、饲料、肥料、木料缺乏，严重影响当地人民的生产和生活。

生态环境建设的主攻方向是：在沙漠边缘地区、沙化草原、农牧交错带、沙化耕地、沙地及其他沙化土地，采取综合措施，保护和增加沙区林草植被，控制荒漠化扩大趋势。以"三北"风沙线为主干，以大中城市、厂矿、工程项目周围为重点，因地制宜兴修各种水利设施，推广旱作节水技术，禁止毁林毁草开荒，采取植物固沙、沙障固沙等各种有效措施，减轻风沙危害。对于沙化草原、农牧交错带的沙化耕地、条件较好的沙地及其他沙化土地，通过封沙育林育草、飞播造林种草、人工造林种草、退耕还林还草等措施，进行积极治理。因地制宜，积极发展沙产业。

(2)黄土高原重点水土流失治理区。本区域包括陕西省北部、山西省西北部、内蒙古自治区中南部、甘肃省东部、青海省东部及宁夏回族自治区南部黄土丘陵区。总面积约 30 多万平方千米，是世界上面积最大的黄土覆盖地区，气候干旱，植被稀疏，水土流失十分严重，水土流失面积约占总面积的 70%，是黄河泥沙的主要来源地。这一地区土地和光热资源丰富，但水资源缺乏，农业生产结构单一，广种薄收、产量长期低而不稳，群众生活困难，贫困人口量多面广。加快这一区域生态环境治理，不仅可以解决农村贫困问题，改善生存和发展环境，而且对治理黄河至关重要。

生态环境建设的主攻方向是：以小流域为治理单元，以县为基本单位，以修建水平梯田和沟坝地等基本农田为突破口，综合运用工程措施、生物措施和耕作措施治理水土流失，尽可能做到泥不出沟。陡坡地退耕还草还林，实行草、灌木、乔木结合，恢复和增加植被。在对黄河危害最大的砒砂岩地区大力营造沙棘水土保持林，减少粗沙流失危害。大力发展雨水集流节水灌溉，推广普及旱作农业技术，提高农产品产量，稳定解决温饱问题。积极发展林果业、畜牧业和农副产品加工业，帮助农民脱贫致富。

（3）北方退化天然草原恢复治理区。我国草原分布广阔，总面积约2.7亿公顷，占国土面积的1/4以上，主要分布在内蒙古、新疆、青海、四川、甘肃、西藏等省（自治区），是我国生态环境的重要屏障。长期以来，受人口增长、气候干旱和鼠虫灾害的影响，特别是超载过牧和滥垦乱挖，使江河水系源头和上中游地区的草地退化加剧，有些地方已无草可用、无牧可放。

生态环境建设的主攻方向是：保护好现有林草植被，大力开展人工种草和改良草场（种），配套建设水利设施和草地防护林网，加强草原鼠虫灾防治，提高草场的载畜能力。禁止草原开荒种地。实行围栏、封育和轮牧，建设"草库仑"，搞好草畜产品加工配套。

（4）青藏高原荒漠化防治区。本区域面积约176万平方千米，该区域绝大部分是海拔3000米以上的高寒地带，土壤侵蚀以冻融侵蚀为主。人口稀少，牧场广阔，其东部及东南部有大片林区，自然生态系统保存较为完整，但天然植被一旦破坏将难以恢复。

生态环境建设的主攻方向是：以保护现有的自然生态系统为主，加强天然草场，长江、黄河源头水源涵养林和原始森林的保护，防止不合理开发。其中分为两个亚区，即高寒冻融封禁保护区和高寒沙化土地治理区。

（5）西南岩溶地区石漠化治理区。主要以金沙江、嘉陵江流域上游干热河谷和岷江上游干旱河谷，川西地区、三峡库区、乌江石灰岩地区、黔桂滇岩溶地区热带—亚热带石漠化治理为重点，加大生态保护和建设力度。

四、战略对策

要实现上述战略目标，必须在荒漠化防治的总体思路指导下，切实采取措施，全面推进荒漠化防治工作。

（一）保护现有植被，加强林草建设

（1）充分保护和改良现有植被，杜绝乱垦滥樵。在荒漠化地区实行围封育林育草是行之有效的办法，特别是在半湿润和半干旱区，经过5~8年的封育植被就基本上恢复了，投资少，效果好。如果有人工促进措施（例如人工改良草地、种植乔灌木等），植被的恢复过程会更短。因此，进一步完善荒漠化地区的经济体制改革，保证家庭经营责任制长期不变，稳定土地使用权，将经营者的责、权、利有机地结合起来，避免乱垦滥樵破坏植被的现象发生，调动经营者对林草地保护和建设的积极性是非常重要和迫切的。

（2）实行退耕还林（还草），扩大林草比重。实行退耕还林（还草）是国家为改善生态环境而施行的一项重大举措，在防治荒漠化工程规划和实施时，为了做到有的放矢，必须依据有关土地资源调查成果，对已经发生严重荒漠化的耕地实行退耕，并根据具体情况，宜林则林、宜草则草。对于其他利用类型的荒漠化或潜在荒漠化土地，应因地制宜地加强林草建设，增加植被覆盖度，积极扩大林草地的比重，并从当地实际出发，与农业生产结构调整有机地结合起来。

（3）建立和完善多层次的防风固沙体系。扩大林草比重的另一个重要内容，就是在荒漠化地区和荒漠化地区边缘地带有条件的地段营造防风固沙林、建设完整的防护体系。农田防护林一般以农田为中心分3层设置，最外围是封禁育草带，中间为防风阻沙带，内部是"窄林带、小网格"形式的农田防护网。草原地区的防护林只有在有灌溉条件的地段才能实施，树种以耐旱灌木为主。另外，还应加强薪炭林、经济林和"四旁"林建设。这样就能够形成一个多林种、多树种，乔、灌、草，片、带、网相结合的多层次的完整的防护体系，从而达到防风固（阻）沙的根本目的。

（二）合理调配水资源，保障生态用水

（1）以流域为单位，确定合理的水资源调配制度。干旱地区生产与生态用水矛盾对区域环境和社会经济持续发展具有重要影响。对于内流河来说，整个流域就是一个完整的大生态系统，上、中、下游生产和生态用水分配的合理与否，决定着流域内生态环境的发展方向。不合理的水资源调配制度，是造成河流缩短，湖泊萎缩甚至干涸，地下水位下降，土地荒漠化的直接原因。因此，以流域为单位，根据大气—土壤—植被水分平衡及区域最适植被格局的生态用水估算结果，优化流域内生产与生态用水结构，建立科学的水资源调配制度，是防治荒漠化的重要政策手段。

（2）推广节水技术，发展高效农业。荒漠化地区的光热资源十分丰富，有利于发展大农业，最主要的限制因子是水资源总量少，利用方式落后，水资源浪费严重。目前的节水技术已经成熟，改变广种薄收，靠天吃饭的生产方式，大力推广节水农业是荒漠化地区发展经济的必由之路。结合农业生产结构性调整，因地制宜地发展耗水低、附加值高的高效农业，提高种植业单位面积产量和单位水资源产量，在保证粮食自给的前提下，增加群众经济收入，是防治荒漠化和实现社会经济与生态环境协调发展的根本途径。

（三）控制人口增长，实行生态移民，建设小城镇

（1）严格控制人口增长，减轻土地压力。荒漠化地区的绝对人口密度较小，但土地承载力低下，使得人口压力相对很大。由于经济落后、思想保守，人口自然增长率远高于经济发达地区。对荒漠化地区的广大群众加强宣传教育，提高文化素质，严格实行计划生育，控制人口增长，缓解土地压力，是防治荒漠化的前提条件。

（2）实行生态移民，遏制荒漠化蔓延。局部地区的荒漠化非常严重，草地和耕地几乎完全废弃，恶劣的自然环境已经不适于人类生存，实行生态移民是唯一的选择。多年来，各级政府已采取必要措施，实行生态移民政策，但由于资金不足，仍有因土地荒漠化引起的大量生态难民生活贫困，至今没有解决温饱问题。将一些生态破坏严重，已不适于人类继续生活的地区的生态难民转移到自然条件较好的地区，既能够达到脱贫致富的目的，也有利于恢复荒漠化地区的植被，防止荒漠化的加速蔓延。

（3）转移农村剩余劳动力，促进小城镇发展。城市化水平的高低，代表着一个地区经济发展水平。荒漠化地区的城市化水平普遍较低，第二、三产业极不发达。利用农村剩余劳动力多的优势，促进小城镇发展，及时调整产业结构，是发展地方经济、有效防治荒漠化的重要途径。

（四）改变畜牧业生产方式，减轻对草场的破坏

（1）以草定畜，控制牲畜数量。我国牧草地的实际载畜量已超出理论载畜量，各地都出现了不同程度的超载过牧现象。目前已到了必须下决心实行以草定畜的时候，针对各地的具体情况，把牲畜数量严格控制在理论载畜量范围之内，以保证草地的适度利用，逐步恢复草地植被，实现防治荒漠化的目的。

（2）改变畜牧业生产方式和种群结构，提高畜牧业生产效率。荒漠化地区的畜牧业至今仍沿袭传统的生产方式，依靠天然草场进行粗放式经营。从提高生产效率的角度来看，发展舍饲养殖，建立育肥基地是最佳途径。在改善牲畜种群结构和提高出栏率方面，虽然比以前有了较大进步，但仍不能适应先进的畜牧业生产。加快适合舍饲养殖的优良品种培育，进一步优化种畜结构，提高出栏率与商品率是提高畜牧业生产效益的紧迫任务。

（3）大力开展人工种草，提高草地生产力。荒漠化地区的草地产草量低，牧草品质相对较差。而人工草地不仅产量高，而且为优质牧草。为了缓解荒漠化草地的牲畜压力，选择立地条件好的地段，大力发展人工草地或人工改良草地，建立稳定、高产、优质牧草基地，一方面可以促进荒漠化草地的自然恢复，起到防治荒漠化的作用，另一方面可为推广舍饲养殖，提高畜牧业生产效益奠定坚实的物质基础。

（五）调整产业结构，促进产业链形成，发展地方经济

（1）调整产业结构，保护和开发资源并举。荒漠化地区的自然条件总体较差，同时也蕴涵着多种独特的资源。其中的光热、自然景观、文化民俗、富余劳动力等资源优势最为突出。在自然景观和文化民俗方面，有无垠的沙丘、美丽的草原、清澈的湖泊、独特的文化、悠久的历史，以及独一无二的自然景观和人文景观组合，利用这些资源开发旅游、探险、科考产业有着广阔的市场和巨大的潜力。富余劳动力一方面可为上述第三产业提供经营和服务人员，另一方面可以发展特色加工业，为到访者提供丰富的商品。这种以第一产业为基础，以第二、三产业为主体的产业结构调整，在荒漠化地区已经有不少成功的经验，取得了巨大的经济、生态和社会效益。需要注意的是，在资源开发过程中必须加强环境保护。

（2）发挥地方优势，走"以农养牧、以牧促农"道路。农牧交错带是我国严重荒漠化地区之一，这里既有种植业生产习惯，又有畜牧业生产传统，加强种植业和畜牧业的有机结合是发展地方经济、防治荒漠化的关键。因此，对农牧交错带而言，必须走"以农养牧、以牧促农"道路。"以农养牧"就是充分利用种植业的副产品，作为畜牧业的主要饲料来源，发展舍饲养殖、建立育肥基地。"以牧促农"就是发展畜牧业，增加群众经济收入，并利用畜牧业的副产品，提高种植业的土地生产力，改变广种薄收的落后生产方式。走"以农养牧、以牧促农"道路的最终目的，是使种植业和畜牧业在产业结构方面能够产生良性互动。

（3）促进地方和跨地区产业链形成，发展地方经济。发挥荒漠化地区丰富的光热资源优势，加强沙区特色种植业，开辟高效"沙产业"，并与第二、三产业发展相结合，形成地方产业链是完全可行的。从建立跨地区的产业链角度看，草原区产出的家畜可以利用农牧交错带饲料充足的优势进行育肥，畜产品直接输入区外，以获得最大的经济效益。荒漠化地区的气候和土地，有利于当地特有经济植物的次生代谢，可以发展多种药用植物栽培。已有试验证明，在荒漠化地区种植的中药材产量高、品质好，其经济价值是相同面积牧草的10倍以上。依据《中华人民共和国防沙治沙法》的有关规定，可以引进企业、集体和个人，多渠道筹集资金进行荒漠化防治。因此，在恢复荒漠化地区植被的前提下，进行合理利用，促进以牧业和中药材为主导的产业链形成，同时发展沙区特色果蔬业，完全可以做到大幅度提高群众经济收入，减轻环境压力的目的。

（六）改变能源结构，解决燃料不足

（1）发挥资源优势，开发新能源。荒漠化地区的光能和风能资源是其他任何地区无法相比的。气候干旱，云量少，使得日照时间长，太阳辐射强，这为开发利用太阳能资源提供了条件。通过太阳灶、太阳能热水器、太阳能温室、太阳能采暖等方式充分利用太阳能资源，推行以太阳灶等为核心的太阳能开发工程。据调查，一个4~6口之家的农户，使用一台2平方米的太阳灶，一年可替代薪柴1400~1600千克。风能是荒漠化地区另一重要潜在能源资源。小型风能发电机投资少，安装方便，适于家庭使用，剩余电能还可以通过蓄电池储存，完全能够解决居民的照明、文化生活和一般用电问题。

（2）改变能源结构，保护现有植被。为了有效地保护现有植被，一方面需要加大新能源的开发利用，另一方面还要充分发挥我国北方煤炭和电力资源优势。在国家和地方政府的强力支持下，无论草原地区还是农牧交错带地区，广大群众早已过上定居生活，这为农村电网建设提供了方便。我国丰富的煤炭资源更具有利用的现实性。可见，改变荒漠化地区居民的能源结构，实行煤炭、电能、太阳能等能源结构多样化是可能的，也是可行的。

（3）推广节能技术，提高能源利用效率。荒漠化地区的居民点分散，交通不便，煤炭和电能成本较高，限制了农牧民的广泛使用。推广节能技术，特别是节能灶的推广使用，可以起到降低能源开支的作用，促进能源结构改善。

五、保障体系

土地荒漠化防治是一项复杂的、艰巨的、长期的国土整治和生态环境建设工作，需要从制度、政策、机制、法律、科技、监督等方面提供有力的保障。

（一）加强组织保障体系建设，为全面推进荒漠化防治工作奠定基础

（1）切实加强领导，搞好协调，为荒漠化防治工作提供强有力的组织保证。荒漠化防治是一项综合性的生态公益型工程，涉及多部门、多学科、多行业。多年来，在党中央、国务院的正确领导下，各级林业部门充分发挥主管部门作用，积极做好组织、协调和指导工作，农业、水利等有关部门发挥职能作用，积极配合，通力协作，为推进全国荒漠化防治工作起到了积极作用。但部门之间各自为政，各自为战，相互扯皮的现象依然存在。因此，需要加强领导，搞好协调，充分发挥各职能部门的作用，进一步形成合力。

（2）明确责任、落实任务，切实把荒漠化防治的各项工作落到实处。生态环境建设和荒漠化防治能否取得成效，关键在于地方党政领导的重视程度。为使荒漠化防治工作真正做到有人抓、有人管。第一，防治荒漠化工作要实行省级政府负总责。国家要实行规划编制到省、任务分解到省、资金划拨到省、责任落实到省的"四到省"制度，各省份政府具体负责组织实施本省份的防治荒漠化工作，做到责、权、利相统一。第二，按照《中华人民共和国防沙治沙法》的要求，实行地方行政领导防沙治沙任期目标责任制。各省份要根据防治荒漠化的总体要求，根据各地的实际情况把本省份的防治荒漠化任务和目标层层分解落实到市、县，并进行量化。国家与省、省市之间、市县之间都要层层签订责任状，层层落实任务和责任。第三，把荒漠化防治与地方党政领导干部的政绩挂起钩来，将其作为考核干部政绩的重要内容，并实行目标管理，定期考核，严明奖惩。

（3）加强管理和指导，切实提高荒漠化防治工作的整体水平。一是尽快制定完善荒漠化防治的有关管理办法、技术规程和技术标准。二是改进和完善管理的手段和办法，要严格按规划立项，按项目管理、按设计施工、按标准验收，实行规范化管理。三是加强检查监督，严格奖惩。国家要定期组织人员对防治荒漠化工程建设进行监督和检查验收，对领导有方、管理规范、措施有力、工程建设质量好、资金使用规范，成效显著的单位和个人给予奖励。反之，要进行处罚。

（4）深入宣传教育，提高全社会荒漠化防治意识和伦理。人是生态建设和保护的决定性因素，人的认知程度和能力直接影响到生态环境建设成效。由于种种原因，我国荒漠化地区大多交通不便、信息不畅、人们的文化素质较低、群众生态意识淡薄、生态保护和建设尚未得到全社会的普遍重视。如果人们的生态意识不提高，生态道德问题不解决，盲目开垦、乱砍滥伐、乱樵滥采等人为破坏活动得不到有效制止，花再多的钱，花再多的精力去治理，也不可能巩固治理成果，荒漠化问题就不可能得到根本解决。因此，抓好荒漠化防治工作，必须从教育群众树立良好生态意识和生态道德入手。

（二）完善政策、活化机制，最大限度地调动社会各界参与荒漠化防治的积极性

防治荒漠化是一项改善生态环境的社会公益事业，又是一项促进经济和社会可持续发展的庞大的社会系统工程，涉及面广，工作难度大，关系到广大农牧民群众的切身利益。要做好此项工作，没有全社会的广泛参与是难以奏效的，必须依靠和发动群众，通过政策引导，充分调动广大人民群众和社会各界、各行各业参与防治荒漠化积极性。

（1）国家应加大对荒漠化防治的投入，逐步建立以国家投入为主体的多元投入机制。由于荒漠化防治是一项纯粹的公益性事业，决定了其投资必须以国家投入为主体，中央财政每年安排相应数额的资金，重点用于荒漠化防治工作及相关工程建设，逐步增加对荒漠化地区转移支付，为荒漠化防治提供更大的财力支持，地方各级政府也要相应地加大对防治荒漠化的投入。同时积极鼓励社会组织、企事业单位、个人投资荒漠化治理，并积极吸引和利用国外投资。

（2）进一步活化荒漠化防治的机制。按照"谁治理、谁受益、谁使用"的政策，积极推行个体承包造林、管护，股份合作造林等方式，调动农民群众参与防沙治沙的积极性。鼓励荒漠化地区国有、集体单位、民营企业等各类经济组织及个人承包治理荒漠化土地；鼓励不同经济成分购买沙地使用权，进行治理开发，沙地使用权可延长到70年不变；积极推行股份制、股份合作等形式开展股份合作造林；进一步明晰权益关系，完善利益分配机制，实行"谁造林，谁所有，谁受益"；治理者对治理后的沙荒地享有优先开发权；治理开发成果允许继承、转让。

（3）实行优惠的税费政策，减轻经营者的负担。治理后形成的用于农林牧业生产的土地免征土地使用税；治理沙地形成的种植业、养殖业产品收入免征10年所得税；治沙造田开发的土地种植农作物、果树、药材免征农业税和农林特产税；对沙区防护林场新办林业企业，5年内免交所得税；对国务院及各省份批准建立的防治土地沙化科学实验基地生产的农林产品免征农业税和农林特产税；从事土地沙化防治技术服务、转让、咨询、培训等收入免征营业税和所得税；对沙区防护林场的农机站的机耕收入与排灌站的排灌收入免税；利用节水技术从事防治土地沙化及防沙治沙工程建设和林业生态保护用水免交水资源费。对以上所提各项各地都不得附加地方税。国家鼓励外资企业或合资企业从事投资沙化防治与资源开发，并在税收上给予同等优惠政策。

（4）尽快研究建立良好的荒漠化防治工程建设政策支撑机制。当前，我国在防治荒漠化工程建设方面还未建立一整套的政策支撑机制，还不能调动广大人民群众防治荒漠化的积极性，还不能为防治荒漠化工作创造良好的条件。当前重点加强荒漠化地区的现有植被的保护、沙化耕地的退耕还林、沙化草场的退牧还林还草、生态恶化地区封禁保护区建设等方面制定政策措施，要像实施天然林资源保护工程、退耕还林(还草)工程一样首先解决好老百姓的生计问题，只有这样，才能解决好沙区的开垦、超载放牧、乱砍滥伐等问题，大幅度地提升我国的防治荒漠化速度。

(5)设立荒漠化防治基金，广筹建设资金。鼓励各社会团体、企业、个人及国外友好人士捐资建立各种形式、多层次的防治荒漠化基金，用于荒漠化地区生态建设。

(三)建立健全法律保障体系，全面推进依法防治荒漠化工作

土地荒漠化防治必须坚持一手抓治理，扩大植被面积，一手抓执法监督，努力减少植被破坏，切实制止边治理、边破坏的现象。当前，要抓好法律法规的实施工作，依法推进防治荒漠化工作。

(1)抓好宣传普法工作，使荒漠化防治的各项法律法规家喻户晓。知法懂法是守法的前提。只有知法，了解法律适应范围和法制制度，才能守法，依法行事。因此，要贯彻实施好这些法律法规，必须开展深入细致的宣传讲解工作。通过各种会议，利用多种媒体，举办不同层次、不同对象的专门培训班、研讨班、专题讲座等，开展形式多样的宣传教育工作，对县、乡两级领导重点进行宣传，要把法律的规定原原本本地告诉他们，并通过他们的工作和宣传，使法律的各项规定深入人心，家喻户晓。

(2)尽快制定与《中华人民共和国防沙治沙法》相配套的法规。根据实际工作需要，尽快对《中华人民共和国防沙治沙法》的规定和一些法律条文进行细化，制定实施细则或单行的法规和规章，形成以《中华人民共和国防沙治沙法》为核心的防沙治沙法律、法规体系。

(3)加强防沙治沙法执法队伍建设。贯彻落实好防沙治沙法，离不开一个精干的队伍，要有明确的机构。《中华人民共和国防沙治沙法》明确规定了执法主体。各省份要设置专门的防沙治沙机构，保证人员和经费，稳定队伍。

(4)严格执法，依法防治。对于破坏荒漠化地区现有植被，造成水土流失、土地沙化、土壤盐渍化的行为，坚决打击，严厉查处，决不手软；对于大案要案，及时向社会通报，扩大影响，起震慑作用；对于在执法过程中出现执法人员徇私枉法，包庇纵容的现象，也要依法查处，严惩不贷，确保各项法律法规落到实处。

(四)加大科技支撑力度，努力提高荒漠化防治的质量和水平

我国荒漠化地区自然条件恶劣，生态植被破坏容易恢复难。因此，完成防治荒漠化的历史性任务，必须依靠科技进步和创新，要以科技创新和科技推广为突破口，全面加大科技支撑力度，大幅度提升防治荒漠化的科技水平。

(1)科学规划，周密设计。在制订规划、编制作业设计的过程中，必须从实际出发，尊重科学规律和自然规律，要按照"以防为主、防治结合，突出重点、分步实施，因地制宜、综合治理"的原则，依据不同的地理、气候和水土资源条件，进行科学分类，找出存在的主要问题，明确主攻方向和治理模式。

（2）大力推广和应用先进科技成果和实用技术。在长期的防治荒漠化实践中，我国广大科技工作者已经探索、研究出了上百项实用技术和治理模式。要根据不同类型区的特点有针对性地对科技成果进行组装配套，着重推广应用抗逆性强的植物良种、先进实用的综合防治技术和模式，逐步建立起一批高水平的科学防治示范基地，辐射和带动现有科技成果的推广和应用，促进科技成果的转化。

（3）加强荒漠化防治的科技攻关研究。荒漠化防治周期长，难度大，还存在着一系列亟待研究和解决的重大科技课题。在今后的防治实践中，要加强基础性研究和高新技术研究，形成基础研究、应用研究、开发研究和产业化的科研支撑体系，提高荒漠化防治和监测的高新技术水平。

（4）积极做好荒漠化防治的人才培养和技术培训工作。根据防治工作的需要，荒漠化地区的大中专院校可考虑增设防治荒漠化专业，培养专业技术和管理人才。要采取优惠政策，积极鼓励和吸引优秀人才从事防治荒漠化科技研究，提高他们的待遇，改善他们科研、生产和生活条件。同时，鼓励科研人员深入荒漠化防治的第一线，做到科技和生产的有机结合。建立分级技术培训制度，采用"走出去，请进来"的办法，举办多层次、多形式的培训工作，加强对荒漠化防治的管理人员、技术人员，特别是广大农牧民的培训。通过培训，提高荒漠化防治管理人员的管理水平和技术水平，使广大人民群众掌握1~2门实用技术，增强参与荒漠化防治的能力。

（5）加强科技支撑组织保障体系建设。第一，从中央到地方都建立健全荒漠化防治决策专家咨询小组，负责荒漠化防治决策的有关技术咨询和技术支撑工作。第二，建立科技支撑对口联系制度。充分发挥大中专院校、科研院所在荒漠化防治工作中的作用，把科研、教学单位作为防治荒漠化具体实施部门的技术依托单位，建立对口联系、技术援助制度，负责技术指导工作。第三，制定和完善有关规程和技术标准，特别是对过去已经制定的、不适合当前防沙治沙的有关技术标准尽快进行修订和完善，保证荒漠化防治按照科学的方法进行。

（五）建立健全荒漠化监测和工程效益评价体系，为荒漠化防治决策提供科学依据

为了及时、准确、全面地了解和掌握荒漠化现状及治理成就及其生态防护效益，为荒漠化管理部门进行科学管理、科学决策提供依据，必须加强和完善荒漠化监测与效益评价体系建设，进一步提高荒漠化监测的灵敏性、科学性和可靠性。

（1）加强全国沙化监测网络体系建设。在前四次全国荒漠化、沙化监测的基础上，进一步加强和完善全国荒漠化、沙化监测网络体系建设，修订荒漠化监测的有关技术方案，逐步形成以面上宏观监测、敏感地区监测和典型类型区定位监测为内容的，以"3S"技术结合地面调查为技术路线的，适合当前国情的比较完备的荒漠化监测网络体系。

（2）建立沙尘暴灾害评估系统。沙尘暴作为一种灾害性天气现象，给人们的生产和生活带来严重影响，造成了巨大的经济损失。因此，利用最新的技术手段和方法，预报沙尘暴的发生，评估沙尘暴所造成的损失，要进一步修订完善灾害评估模型，以提高灾害评估的准确性和可靠度。

（3）完善工程效益定位监测站（点）网建设。防治土地沙化重点工程，要在工程实施前完成工程区各种生态因子的普查和测定，并随着工程进展连续进行效益定位监测和评价。国家林业局拟在各典型区建立工程效益监测站，利用"3S"技术，点面监测结合，对工程实施实时、动态监测，掌握工程进展情况，评价防沙治沙工程效益。工程监测与效益评价结果应分区、分级进行，在国家级的监测站下面，根据实际情况分级设立各级监测网点。

（六）加强履约与国际合作，为国内工程建设创造有利的外部环境

（1）提高履约工作的水平和成效，为国内工程建设提供良好的对外合作平台。《联合国防治荒漠化公约》成为促进我国防治荒漠化工作的一个有利平台，不仅将中国的防治荒漠化推向了世界，也通过国际法的权利义务规定促进了我国的荒漠化防治，还使得我国在一定程度上享受到了发展中国家在国际法下应得的权利。

首先，要正确把握履约的导向。履约工作必须在国家外交政策的整体框架下，为国家和人民的根本利益服务。防治荒漠化的国际合作首先是在国家对外开放全局下的国际合作。防治荒漠化履约工作必须符合国家的整体发展战略，为国家的整体发展需要服务，为国家生态建设服务，为全面建设小康社会的发展目标服务。

第二，在公约的义务履行上，要进一步完善中国国家行动方案。要通过纳入整合后的有关工程内容和新时期造林治沙政策，更新我国的荒漠化防治履约方案，突出强调新时期的林业指导思想，实行工程治理，以大工程带动大发展，努力实现荒漠化防治事业的跨越式发展。

第三，加强履行公约与国际组织间的合作。加强履行荒漠化公约与履行生物多样性公约、气候变化框架公约等公约之间的协调与配合，与国际组织共同努力积极探索新的合作方式和途径，支持中国履约行动计划的实施。

第四，以多种形式积极参加区域和次区域履约活动，促进区域间的交流与合作，并加大通过这种方式争取发达缔约方支持的力度。在现有基础上，继续积极拓展合作渠道，在区域和次区域合作项目上发挥更大的协调和组织作用，争取捐助国的支持，积极推进次区域合作项目，争取了国际组织和区域组织的支持。

（2）扩大宣传，树立良好国家形象。中国既是受荒漠化影响的大国，又是发展中的大国。在防治荒漠化的国际舞台上，中国起到了应有的主导作用。荒漠化公约既是一个促进世界各国防治荒漠化的国际公约，同时又是我们扩大对外宣传的重要舞台。扩大宣传，加强中国在国际上的政治影响，提高中国的国际地位，是防治荒漠化履约和国际合作的重要任务。要结合典型事例，通过对先进人物的宣传，让世界更好地了解我国的荒漠化防治工作。将优秀的治沙人物推向世界，以人为中心，通过典型事例宣传中国的荒漠化防治工作。

（3）全方位开展国际交流与合作。中国的荒漠化防治，必须走自力更生之路。同时，必须走出去，引进来，要做好各方面的对外交流与合作。充分借鉴国际通行的各种有效方式，更灵活地引进国际资金、先进技术和管理经验，更多地吸纳国际先进的合作经验和模式，以及更有效地开展防治荒漠化领域的技术转让、产品贸易和融资。提高防治荒漠化国际经济、技术交流与合作的质量和水平，夯实国内防治荒漠化的能力建设，在更大范围、更广领域、更高层次上扩大国际经济技术交流与合作，丰富形式、拓宽渠道，努力拓展我国防治荒漠化的国际发展空间。

第五章

生物多样性
——地球之免疫系统

森林是地球之肺，湿地是地球之肾，而生物多样性被称为地球之免疫系统，起着保护生态系统健康、维护生态系统平衡的作用。生物多样性是人类赖以生存的条件，是经济社会持续稳定发展的基础，是生态安全和粮食安全的保障。然而，由于资源的过度利用，生态环境不断恶化，生物的生存和生物多样性的维持面临巨大的压力，大量物种急剧消亡，生态系统严重退化，各种资源不断枯竭。因此，生物多样性受到各国政府、有关国际组织及社会各界和大众越来越多的关注，成为人类文明进程中一个重大的战略课题。

第一节　概念与特征

一、概　念

20 世纪以来，随着世界人口的持续增长、人类活动范围与强度的不断增加，人类社会遭遇到一系列前所未有的生态环境问题，面临着人口、资源、环境、粮食和能源等 5 大危机。这些问题的解决都与生态环境的保护与自然资源的合理利用密切相关。20 世纪 80 年代以后，人们在开展自然保护的实践中逐渐认识到，自然界中各个物种之间、生物与周围环境之间都存在着十分密切的联系，自然保护仅仅着眼于对物种本身进行保护是远远不够的，往往也难以取得理想的效果。要拯救珍稀濒危物种，不仅要对所涉及物种的野生种群进行重点保护，而且还要保护好它们的栖息地，或者说，需要对物种所在的整个生态系统进行有效的保护。在这样的背景下，生物多样性的概念便应运而生了。

《生物多样性公约》对"生物多样性"作了定义："所有来源的活的生物体中变异性，这些来源包括陆地、海洋和其他水生生态系统及其所构成生态综合体等；这包括物种内、物种之间和生态系统的多样性。"也就是说，生物多样性就是指生物（动物、植物、微生物)及其环境形成的生态复合体以及与此相关的各种生态过程的综合。生物多样性是一个等级系统，包括多个层次或水平，从基因、细胞、组织、器官、个体、种群到群落、生态系统、景观，每个层次都存在丰富的变化，都存在着多样性。但理论与实践上比较重要的有物种多样性、遗传多样性(或称基因多样性)和生态系统多样性3个层次。物种多样性、遗传多样性均与生态系统多样性密不可分，生态系统的退化导致系统内物种多样性和遗传多样性降低；生态系统的毁灭使其中许多生物失去了赖以生存的环境条件而在当地消失。

(一)物种多样性

物种是生物分类的基本单位，它是具有一定形态、生理特征和一定自然分布区的生物个体的集合。物种多样性是指地球上动物、植物、微生物等生物种类的丰富程度。据科学家们推断，全世界大约有500万~1000万个物种，但是科学家目前发现和已命名的物种大约有150万种，还有很多未知的物种有待人类发现。在已经被命名的物种中，昆虫种类占了一半，有75万种之多，其他动物约有28万种；高等植物约40多万种；藻类2万多种；微生物约7万多种。

物种并不是均匀地分布在全世界各个国家，位于或部分位于热带、亚热带地区的少数国家拥有全世界最高比例的物种多样性(包括海洋、淡水和陆地中的生物多样性)，称为生物多样性特丰富国家。包括巴西、哥伦比亚、厄瓜多尔、秘鲁、墨西哥、刚果(金)、马达加斯加、澳大利亚、中国、印度、印度尼西亚、马来西亚在内的12个生物多样性特丰富国家拥有全世界60%~70%甚至更高的物种多样性。

中国地域辽阔，气候多样，地形复杂，南北跨越热、温、寒三带，物种多样性极为丰富。高等植物约有34000多种，仅次于巴西和哥伦比亚，居世界第三位，约占全世界植物物种的1/10。其中，苔藓植物117科(苔类52科，藓类65科)，506属(苔类144属，藓类362属)，2541种，种数约占全世界总种数的11.25%；蕨类64科，221属，2275种，约占世界蕨类总种数的19.25%；中国是世界上裸子植物最丰富的国家，有12科42属245种，分别为世界现存裸子植物科、属、种总数的80%、51.22%和28.82%。被子植物243科、3182属、29230种，科、属、种数目分别占世界被子植物的61%、31%和12%。

中国也是动物物种非常丰富的国家之一。现已记录的脊椎动物共6588种，约占世界总种数的14%。其中，哺乳动物607种，约占世界总种数的14.1%；鸟类1332种，约占世界总种数14.6%，是世界鸟类种类最丰富国家之一，其中湿地水鸟271种，属国家重点保护的水鸟有56种。爬行动物452种，约占世界总种数4.6%；两栖类335种，约占世界总种数6.1%；鱼类3862种，其中内陆湿地鱼类已记录的种类有1118种，约占世界鱼类总种数的17.5%。另外，无脊椎动物、真菌、细菌、放线菌等种类也极为繁多，尚无精确统计。

相对于物种的丰富度，物种的特有性更能反映一个地区的生物多样性丰富程度。中国辽阔的国土、古老的地质历史、复杂的地形地貌、多样的气候和土壤条件，形成了多样的生境，这些都为特有属、种的产生和保存创造了有利条件，也使中国的特有种极为丰富。中国特有植物估计有15000～18000种，约占维管植物综述的50%～60%，在世界上处于第7位，特有高等脊椎动物在世界上处于第8位，各类群中特有属、种所占比例差异较大（表5-1）。

表5-1　中国动、植物部分类群特有种

类群名称	已知种	特有种	特有种占所有种百分比（%）
哺乳类	607	110	18.1
鸟类	1322	98	7.4
爬行类	452	25	5.5
两栖类	335	30	9.0
鱼类	3862	404	10.5
苔藓植物	2541	365	14.4
蕨类植物	2275	1080	47.5
裸子植物	245	89	36.3
被子植物	29230	14964	51.2

注：引自《中国生物多样性保护战略与行动计划（2008～2020）》。

（二）遗传多样性

遗传多样性是生物多样性的核心部分。遗传多样性又称基因多样性，是指生物体内决定性状的遗传因子及其组合的多样性。广义的遗传多样性是指地球上所有生物所携带的遗传信息的多样化。狭义的遗传多样性是指种内的遗传多样性，即种内不同个体之间或一个群体内不同个体的遗传变异总和。比如老虎，在动物分类上仅是一个种——虎（*Panthera tigris*），属于猫科豹属，但却有9个亚种，现存活的有东北虎、印度虎、孟加拉虎、华南虎、苏门答腊虎，已灭绝的有中国的西北虎、华北虎，国外的爪哇虎、巴厘虎。

遗传变异是生物体内遗传物质发生变化而造成的一种可以遗传给后代的变异，正是这种变异导致生物在不同水平上体现出遗传多样性。在自然界中，对于绝大多数有性生殖的物种而言，遗传变异让种群内的所有个体之间没有完全一致的基因型，而种群就是由这些具有不同遗传结构的多个个体组成。遗传多样性是物种进化的本质，也是人类社会生存和发展的物质基础。如杂交水稻，就是发现和利用了矮秆基因和不育基因的结果。显而易见，遗传资源是地球上与人类生存关系最密切也是最重要的资源。

蕴藏于物种内或种间的分子、细胞和个体水平的遗传变异，是遗传多样性的基础，也是物种保持进化潜能的基本条件，与生物多样性的形成和消失息息相关。保护生物多样性最终是要保护其遗传多样性，因为一个物种的稳定性和进化潜力依赖其遗传性，而物种的经济和生态价值也依赖特有的基因组成。遗传资源的保护和利用，不仅是生物多样性保护的关键因素，也是大农业持续发展的需要，关系到世界未来的食物供应问题。中国是一个生物遗传多样性丰富的国家，无论是野生生物资源（动物、植物和微生物）还是家养动物、栽培植物，都在世界上占有重要地位，是大自然的宝贵遗产。据不完全统计，全国有农作物及其野生近缘植物数千种，其中栽培植物约1200种，主要栽培的600多种，包括粮食作物30多种、经济作物90种、果树约150种、蔬菜120种、绿肥作物约20种、牧草50余种、花卉140余种、药用植物60余种。中国拥有很多具有重要价值的资源植物，如可食用的野菜至少400～500种，油脂植物300多种，淀粉和糖料植物约200种，香料植物约200种。中国经济林木植物资源也极为丰富，经济树种达1000种以上，如枣树、板栗、茶树、油茶等。中国极其丰富的植物遗传资源，也为世界园艺界引种和培育观赏植物新品种提供重要的源泉。据统计中国原产的观赏植物种类达7000种，其中有很多是中国特有的优良种类，如全世界200种蔷薇中，中国原产82种；全世界900余种杜鹃花中原产中国的有530种，占60%。中国也是野生和栽培果树的主要起源和分布中心，果树种类居世界第一。苹果、梨、李属种类繁多，原产中国的果树还有柿、猕猴桃、包括甜橙在内多种柑橘类果树以及荔枝、龙眼、枇杷、杨梅等，所有这些大多包括多个种和大量品种。另外，中国药用植物种类涉及383科，2309属，11000多种，占全世界25000种药用植物的40%以上，常用植物药也有700多种。中国也是世界上家养动物品种和类群最丰富的国家之一。中国畜禽遗传资源主要有猪、鸡、鸭、鹅、黄牛、水牛、牦牛、独龙牛、绵羊、山羊、马、驴、骆驼、兔、梅花鹿、马鹿、水貂、貉、蜂等20个物种。我国畜禽遗传资源不仅数量丰富，而且具有很多优良的特性，例如高繁殖力、肉质好、突出的产毛绒性能、产蛋性能、役用性能、环境适应性、药用特性、矮小特性等特点。在当前国内外遗传多样性日趋缩小、遗传资源日趋贫乏、单调情况下，中国丰富的遗传多样性对于培育和改善优良品种具有特殊的意义。

（三）生态系统多样性

生态系统是指生物群落与其环境形成的生态复合体，生态系统的多样性是指生态系统内生境、生物群落和生态过程的多样化。生境主要是指无机环境，如地貌、气候、土壤、水文等。生境的多样性是指生物群落多样性乃至整个生物多样性形成的基本条件。生物群落的多样性主要指群落的组成、结构和动态（包括演替和波动）方面的多样化。生态过程是指生态系统的生物组分之间及其与环境之间的相互作用，主要表现在系统的能量流动、物质循环和信息传递等方面。生态系统多样性充分体现了生物多样性研究的最突出的特征，即高度的综合性：它是从基因到景观乃至生物圈的不同水平研究的综合，例如濒危物种的保护已经不再局限于物种水平上保护有限的个体，而是从基因、细胞、种群等不同水平上去探索物种濒危机制，从生境或生态系统水平上去制定保护措施。

　　根据生态系统的环境性质与形态特征，可将生态系统分为陆地生态系统和海洋生态系统两类。陆地生态系统分为自然生态系统和人工生态系统，自然生态系统包括森林生态系统、草原生态系统、湿地生态系统和荒漠生态系统；而按人类需求建立起来的，受人类活动强烈干预的生态系统称为人工生态系统，如城市生态系统、农田生态系统等。

　　中国地域辽阔，气候和地形复杂多样，生态系统类型齐全，几乎囊括了全世界主要生态系统类型。

二、分布特征

　　从大的格局看，水分和温度梯度是决定生态系统分布的主要因子。在纬度格局上，从赤道到两极生物多样性丰富程度逐渐降低。自赤道向两极依次出现热带雨林、常绿阔叶林、落叶阔叶林、北方针叶林和苔原等，即纬度地带性；自近海区域向大陆腹地依次出现森林、草原和荒漠等生态系统类型是经度地带性。随着山体海拔的升高及水热条件的变化，生态系统类型依次出现向极地的生态系统类型，即垂直地带性。

　　全球生物多样性最丰富的地方是热带雨林，仅占全球陆地面积7%的热带雨林中生活着全世界半数以上的物种。热带地区的生物多样性丰富，主要有几个原因：首先在地质历史上，热带地区气候比较稳定，演化出不同物种的机会比较大。其次，热带地区生存条件适宜，生产力最高，就食物链和能量转换角度而言，能够提供较长食物链中各营养级的能量来源。另外，热带地区的植物水平及垂直分布的多样性较高，可以为不同需求的动物提供各种栖息地。

　　科学家已经对全球生物多样性的空间分布格局进行了大量深入的探索，主要进展体现在生物多样性热点地区的确定。1988年，英国生态学家Myers根据总物种及特有种丰富程度和森林破坏速度等因素，在全球确定了生物多样性18个热点地区，其中热带地区10个生物多样性热点地区，分别为马达加斯加、巴西大西洋沿岸森林、厄瓜多尔西部、哥伦比亚乔科省、西亚马孙河高地、东喜马拉雅、马来半岛、缅甸北部、菲律宾、新喀里多尼亚。后来，Myers修订了热点地区方案，于2000年重新定位了全球生物多样性保护25个热点地区，这些热点地区包含了仅占全球陆地面积的1.4%，但却至少包含了全球44%的特有植物和35%的陆生脊椎动物。最近，全球生物多样性热点地区网站（www. biodiversityhotspots. org）列出的世界34个热点地区，这些热点地区仅占全球陆地面积的2.3%，但可以发现全球50%的植物种类和42%的陆生脊椎动物（图5-1）。

　　中国从北到南依次出现寒温带针叶林、温带针阔混交林、暖温带落叶阔叶林、亚热带常绿阔叶林、热带季雨林、雨林等地带性植被类型。从东到西，随着降水量的减少，在北方，针阔混交林和落叶阔叶林向西依次更替为草甸草原、典型草原、荒漠化草原、草原化荒漠、典型荒漠和极旱荒漠。多样的气候条件和水热分布不仅孕育了多样的植被类型。中国地势崎岖，起伏极大，纵横交错、高低各异的山地，形成了各式各样的气候和土壤条件，因而出现了极其繁杂多样的生境。多样的生境使众多物种能够生存，孕育了极其丰富的植物、动物和微生物物种资源和极其繁复的生态系统，从而使中国成为世界上生物多样性最为丰富的国家之一。

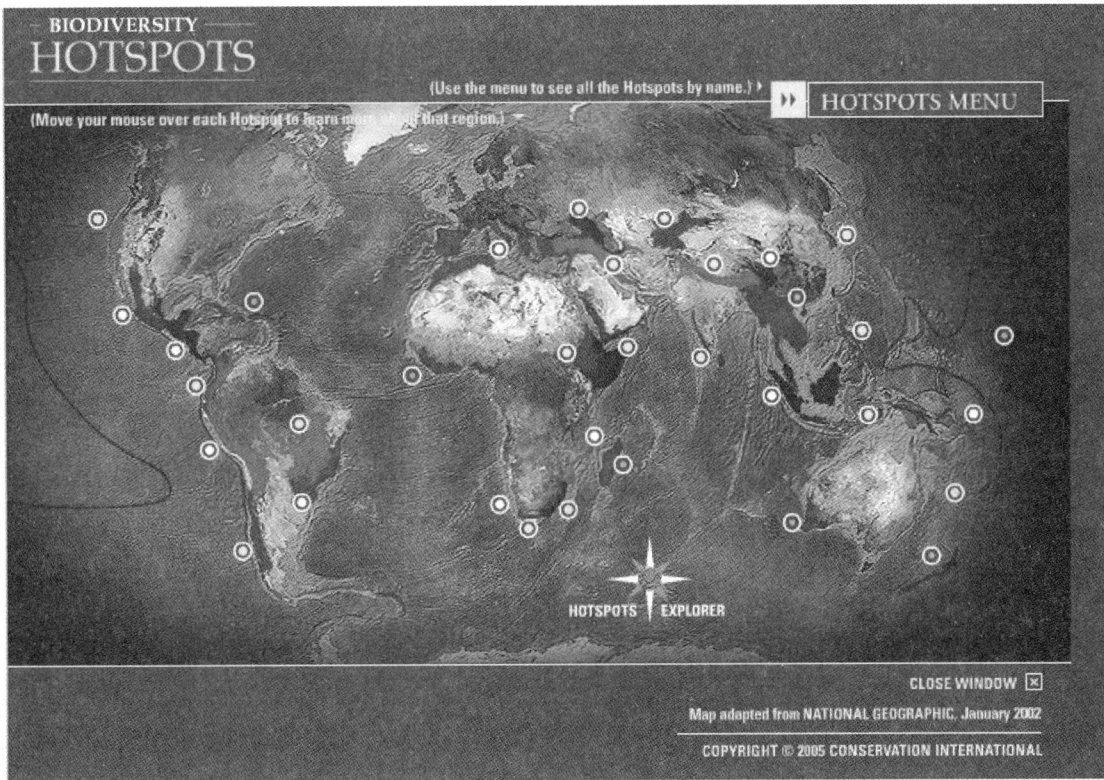

图5-1　全球生物多样性热点地区网站列出的世界34个热点地区

第二节　功能与作用

一、地球之免疫系统

湿地是地球之肾，具有净化水体、调蓄水量、蓄洪防旱、调节气候等功能。森林是地球之肺，靠光合作用吸收大量的二氧化碳并释放氧气，维系了大气中二氧化碳和氧气的平衡，净化了环境，使人类不断地获得新鲜空气。我们可以把生物多样性的功能与作用比作地球的免疫系统。我们知道，当一个健康的人受到病菌侵袭的时候，其免疫系统会迅速做出联动反应，保护人体不受病菌的侵害。正如人类的免疫系统保护着人体的健康一样，生物多样性也在保护着生态系统的健康。一个健康的生态系统，能够自我维持其功能，保持机能的稳定，对干扰具有一定的抵抗力和恢复力，并且具有一系列的生态服务功能，包括涵养水源、净化水质和空气、巩固堤岸、防止土壤侵蚀、降低洪峰、改善地方气候、吸收污染物等。20 世纪 70 年代，英国科学家洛夫洛克就提出了一个看法，其核心思想就是把地球看作是一个生命有机体，它具有自我调节的能力，而维持着这个有机体正常运转的关键性要素，就是生物多样性。

生物多样性的免疫功能在于维持生态系统的稳定性。这里的稳定性主要包括两个方面，一个是抵抗力，另一个是恢复力。抵抗力是指生态系统免受外界干扰而保持原状的能力，而恢复力是受到外界干扰后回到原来状态的能力。

一般来说，生物多样性越高，其系统的抗干扰能力越强，也就越稳定。物种的特征各不相同，物种多样性高的生态系统包含了能够抵御各种环境扰动的物种，从而降低了扰动对系统所造成的影响。健康的天然森林生态系统在群落组成上是多物种的，个体之间年龄差异呈现多层次性，食物网交错复杂，这使得天然林具有很强的抗干扰能力，恢复能力也很强。与之相反的是人工林生态系统所表现出来的同质性，如物种组成单一、所有个体都处于相同的演替阶段等特征，一旦遭到较大的干扰，抵抗能力往往比较弱。但是，由于中国不同地区的自然历史条件也很多样，近来有些研究表明有些生物多样性较单纯的生态系统也可以有很高的稳定性。

物种多样性的水平直接影响群落的恢复力。扰动对群落结构和功能的影响主要是打破了群落原来的平衡，导致群落格局的紊乱。物种多样性丰富的群落中，具有不同生物学特性的种群对某一特定扰动的反映以及扰动后的恢复情况各不相同，扰动后的群落可能留下足以占据现有生态位的种源。

生物多样性的免疫系统功能具体体现在其抵御病虫害火等自然灾害的能力。对于外来种入侵而引起的扰动，天然林内物种多样性程度高，缺乏闲置生态位，外来物种难以立足。而对于物种多样性低的人工林或单一林，其空缺的生态位很容易被外来物种入侵和占据。对火烧的扰动，种群多样性高的天然林植物群落可能因包含具厚木栓层和含水率较高的抗燃树种而抗火力较强。就群落对害虫的抵抗力而言，复杂的群落很少发生爆发性的病虫害。因为物种多样性高的群落可以降低植食性昆虫的种群数量，而大规模单一植物物种的栽培，无疑会使群落结构单纯化，易诱发特定害虫的猖獗。对于干旱和砍伐的扰动，多样性程度高的群落同样表现出了较大的抵抗力。

（一）生物多样性丰富能够有效抵御外来种入侵

所谓生物入侵，是指某种生物从外地自然传入或人为引种后成为野生状态，并对本地生态系统造成一定危害的现象。导致生物入侵的物种称为外来入侵种。近年来，生物入侵导致的自然灾害在我国乃至世界频频发生，外来物种入侵不仅威胁本地物种的生存，引起物种的消失与灭绝，且严重危害生态系统的健康，降低生态系统的服务功能。生物入侵已成为当今世界最棘手的难题之一，引起各国政府、国际社会和学术界的共同关注。

生物多样性能够增加生态系统对外来种入侵的抵御能力，维护生态系统的健康。一些野外观测与科学试验都表明生物多样性与可入侵性存在着负相关。比如紫茎泽兰(*Eupatorium adenophorum*)和飞机草(*E. odoratum*)是我国南方地区主要的外来入侵植物，野外的观测表明，生物多样性低，特别是退化的生态系统，比较容易被这两种植物入侵；而在物种组成比较丰富，物种多样性高的生境中没有紫茎泽兰和飞机草的分布。从全球角度上讲，物种丰富的热带地区比温带地区的外来种少。

生物多样性低的群落更容易被入侵，这是因为：相对比较简单的植物和动物群落，其所达成的平衡更容易被打破，而物种丰富的生态系统能够形成相互联系的生态关系网络可以抵抗入侵。比如，农田是人为地简化了的群落，也是入侵和暴发最容易发生的地方。热带雨林中几乎没有害虫的暴发是支持多样性抵御入侵的一个例子。本地种丰富的植物群落，可能减少了可利用的光和营养，增强了群落中物种间竞争的压力，所有的生态位都已经被占据了，从而减少了外来种入侵成功率。越是物种多样的群落就越稳定，因此，就对外来种入侵具有更大抵抗力。

(二)生物多样性丰富可以减少森林病虫害

森林病虫害素有"无烟的火灾"之称。据统计，中国林业有害生物种类有8000多种，在全国范围内造成严重危害的有200余种。20世纪60年代后，随着森林过伐和大面积人工纯林的不断发展，改变了森林的组成结构和生物物种之间相互制约的生态关系，降低了森林自我抗御病虫害的能力，造成森林病虫害发生的规模和频率剧增，对森林的危害影响十分严重。

就森林群落对害虫的抵抗力而言，复杂的群落很少发生爆发性的病虫害。因为物种多样性高的群落可以使植食性昆虫的种群大小维持在较低的规模，而大规模单一物种的种植，无疑会使群落结构单一化，害虫的天敌种类和数量减少，易诱发特定害虫的爆发。一个健康的森林生态系统不仅有乔、灌、草等植物类群，而且有完整的食物网。保护了森林的生物多样性，害虫的天敌等动物种群得到有效的维持，有害生物源与其天敌自然种群在多样性的森林中达到动态平衡，病虫害会得到有效遏制。生态学家们曾经比较单一人工林与多样性较高的混交林中病虫害爆发的情况，综合分析了全球54个研究，涉及30个树种和24种害虫，结果表明：与混交林相比，单一人工林的病虫害显著增加。

相比单一人工林地，多样性高的天然林和混交林抵抗病虫害能力强，主要是由于下述原因：

一是单一林地中相同物种的种群密度高，病虫害的食物来源丰富，其种群密度会迅速增加，从而使得病虫害爆发。害虫个体的活动范围有限，在食物资源集中的单一林地中能更有效地繁殖，而在混交林或天然林中，物种多样化水平高，适合病虫害生存的寄主植物较分散，不宜造成病虫害种群爆发性的增长。因此，多样化的森林，病虫害发生的几率会大大降低，而单一的林地更容易发生病虫害，例如，云杉八齿小蠹(*Ips typographus*)和对松十二齿小蠹(*I. sexdentatus*)曾经在欧洲单一树种种植林地中发生大爆发。

　　二是物种多样性高的森林形成虫害寻找寄主的物理屏障。如果云杉生长在物种多样性高的森林下层，蚜虫的幼虫寻找云杉的过程将受到干扰，甚至受到阻断；如果在松树个体间生长有其他落叶或阔叶树种，可以降低松树被害虫发现的可能性。另外，如果以非寄主植物个体作为背景，有些害虫很难找到寄主植物。例如，雌性松异舟蛾（*Thaumetopoea pityocampa*）常常通过清晰的背景衬托寄主的轮廓来定位，如果在外围种植一些其他阔叶树种，松树林地发生松异舟蛾虫害的可能性会大大降低。

　　三是物种多样性高的森林形成虫害寻找寄主的化学屏障。来自于寄主和非寄主植物个体的化学刺激物也可以影响害虫找到其寄主。例如，针叶树蛀干害虫通常被寄主的挥发物所吸引，由于针阔混交林比单一树种林地有更多样化的化学挥发物，这将影响害虫的嗅觉选择，从而降低了针叶林蛀干害虫爆发的可能性。

　　四是物种多样性高的森林形成害虫寻找寄主的时间屏障。对于许多食叶害虫，幼虫仅能取食嫩叶，因此，需要食叶害虫与寄主植物的物候相匹配，植物芽的生长与害虫卵的孵化时间相一致。在多样化的森林中，害虫卵的孵化可能错误地与其他非寄主的植物出芽相一致，导致幼虫的死亡，有效地抑制了虫害的爆发。

（三）生物多样性可减少森林火灾

　　近几十年来，由于气候变化的不断加剧，气温逐年升高，降水减少，从而导致森林火灾发生的几率大大提高。森林火灾存在着很多的危害性：直接烧毁大量森林资源，破坏森林环境继而造成地质灾害，使生物多样性遭受严重破坏，造成环境污染和巨大的经济损失，直接威胁到人民生命的安全。

　　生物多样性在防治火灾上扮演着重要的角色。在世界一些地区，天然林区能很好地适应有规律的火灾。生物多样性对森林火灾的控制，主要是通过在森林火灾易发地区种植耐火阔叶树种，建立有效的防火隔离带；通过营造阔叶防火林带，使针叶树冠呈不连续分布；也可采取合理的抚育措施，减少林内阳性杂草，调节林内的枯枝分布，降低林分的燃烧性。合理的混交林分可以提高生产力，改善森林生态环境，提高林分的抗火能力，还对防止土壤灰化，促进枯落物的分解有积极作用。将难燃的阔叶防火树种与易燃的针叶树按合理的比例和方式混交，形成微观密集型防火网络体系，不但可以提高林分生产力，发挥森林的多种效益，同时还可以降低林分燃烧性，提高森林自身抗御火灾的能力。

　　由于森林火灾是在开放环境中自由燃烧，必然受可燃物特征与分布、空气湿度、地形与风场等因素的影响，而所有这些因素又在森林燃烧过程中相互影响，构成了森林火灾的复杂性与随机性。防火林带阻火机理有3个层次：防火林带的火环境、防火林带树种、防火林带结构。其中防火林带的结构有3种形式：单层结构、复层结构和矮林结构。紧密结构的林带要比单层林的防火效果好。从垂直结构看，多样性高的林内阴湿，林火不易蔓延，而且可以有效地阻止飞火的传播。林带郁闭度大可以抑制阳性杂草的滋生，不利于地表火的蔓延。国内现有的防火林带大多数是单层林。防火林带对森林火灾的阻隔作用不仅是由于防火林带选用树种叶片含水量高，不易燃烧，而且防火林带可以形成林带内小环境，可阻止森林火灾的发生与蔓延。

生物多样性在调节区域和全球尺度的气候方面也起着十分重要的作用。生态系统强烈影响着气候和空气质量，因为它是包括碳在内的化学物质的源和汇，而且，由于植被的物理属性，它也影响着热量和水的交换。因此，生物多样性也可通过调节全球气候变化从而间接对森林火灾的减少产生影响。

二、生物多样性的直接功能

生物多样性直接功能主要体现在为人类提供了食物、药物、建筑和家具材料及其他工业原料。人类的食物几乎完全取自生物资源，人类历史上约有 3000 种植物被用作食物，另有 75000 种可食性植物，当前被人类种植的约 150 余种。全世界每年生产的水产品，其中一半以上来源于天然捕捞，这些产品有的直接上市供人类食用，也有的作为养殖饲料间接地为人类提供动物蛋白质。在不发达的国家或地区，人们还相当依赖获取野生动植物作为食物。除直接为人类提供食物外，野生生物还在其他方面为人类生活作出了巨大的贡献。野生遗传资源被用来改良家畜家禽和农作物，每年价值达到数十亿美元。美国 GDP 的 4.5% 在某种程度上依赖于野生物种（Prescott-Allen and Prescott-Allen，2001）。而发展中国家工业化程度低，乡村人口比例高，自然资源生产使用价值占 GDP 的比例更高。在马来西亚沙捞越，人们每年捕捉到的野猪具有相当于 1 亿美元的市场价值。

全世界每年药物销售额约 3000 亿美元（Mateo et al.，2001），而生物多样性也是传统医药和现代医药的源泉。发展中国家保证人口基本健康的传统药物 80% 依赖于植物或动物，即使在西方发达国家使用的药物中也有 40% 含有在野生植物中发现的成分。例如在美国，使用最多的 20 种药物都是以自然产物中分离出来的化合物为基础生产的，超过 25% 的处方药含有直接从植物获得的活性成分；许多是重要的抗生素，如青霉素，都是从微生物获得的。在中国利用野生生物入药已有数千年历史，记载的药用植物有 5000 多种，其中 1700 种为常用药物。相当多的动物提供了重要的药物，如水蛭素是珍贵的抗凝剂，蜂毒可治疗关节炎，某些蛇毒制剂能控制高血压，斑蝥素可以治疗某些癌症。此外，一些动物还是重要的医药研究模型和实验动物。茯苓、冬虫夏草、猴头、灵芝和神曲等微生物或其衍生物很早就是重要的中药材。

生物多样性还为人类提供多种多样的工业原料，如木材、纤维、橡胶、造纸原料、天然淀粉、油脂等。热带国家出口木材、胶合板、木浆等林产品，用以换取外汇、为工业化提供资金、偿还外债、提供就业等。诸如印度尼西亚、巴西和马来西亚这些热带国家，通过出口木材产品每年赚得数十亿美元（Primack and Corlett，2005）。然而，木材产品的总价值远不止这些，因为大部分木材都在产出国用作薪柴或建筑材料，并不出口。在比较边远的地区，人类所需能源仍主要依靠自然生物资源，其中最主要的是森林出产的薪柴。在尼泊尔、坦桑尼亚和马拉维，90%以上的能源取自薪柴。猎物、水果、橡胶、树脂、藤条、药用植物等从森林中获取的非木材产品也具有巨大的生产使用价值。这些非木材产品有时也称为"森林小产品"。实际上非木材产品在经济上非常重要，甚至与木材的价值相当。虽然特定年份采伐木材并售卖确实可以获得巨额利润，但是，一经采伐以后几十年就不可能再收获木材，而非木材产品往往是可以持续收获的。因此，谨慎采伐，即降低采伐对周围生物群落的破坏、保证树木在环境保护中的价值，再结合非木材产品的收获，这将是维持森林永续利用的途径。

生物多样性还有美学价值，可以美化人们的生活，陶冶人们的情操。如果大千世界里没有色彩缤纷的植物和神态各异的动物，人们的旅游和休憩也就索然无味了。正是雄伟秀丽的名山大川与五颜六色的花鸟鱼虫相配合，才构成令人赏心悦目、流连忘返的美景，还能激发人们文学艺术创作的灵感。生态旅游是生物多样性一种特殊的娱乐休闲价值。人们游览某些地区、愿意花钱体验不寻常的生物群落（如珊瑚礁、非洲稀树草原、加拉帕戈斯群岛、湿地等）、参观"旗舰"物种等。全世界旅游产业年收入6000亿美元，其中生态旅游占20%。在西方发达国家，周末和节假日到大自然去旅游已成为一种时尚。加拿大每年大约84%的人口要参与到与野生动物有关的娱乐活动中去，每年可创收8亿美元。在拉丁美洲和世界其他地区，生态旅游对于当地的经济发展变得日益重要。在哥斯达黎加，每年接待的国际游客中，几乎半数以上是去欣赏热带雨林的生态旅游者。生态旅游是许多东非国家的传统支柱产业，如肯尼亚和坦桑尼亚。在中国，2007年森林公园旅游人数超过2.47亿人次，占当年国内旅游人数的15%，直接旅游收入近158亿元人民币，森林旅游社会综合产值近1200亿元人民币。这些数字说明生物多样性的美学价值是非常巨大的。

在经济技术全球化格局下，生物多样性与经济社会发展的关系更加密切。全球竞争性优势越来越突出地表现在对生物遗传信息的认识、掌握和利用，实质是一种知识优势、技术优势。"遗传资源"、"基因资源"正替代生物资源、种质资源，成为现代经济运行体系的新概念。从商业角度而言，现有生物遗传资源及其相关传统知识中所蕴藏的巨大价值被现代生物技术所唤醒，使其具有了"点石成金"的神奇魔力。美国AMGE公司，1997年曾转让一个与神经中枢疾病有关的基因专利，净利润3.92亿美元。枯叶真菌曾给美国玉米带来严重灾害，农民当年的损失超过20亿美元，后来科学家们无意中发现了一种稀有的多年生玉米品系，可以抗御枯叶真菌。据遗传学家估计，这种新发现的抗枯叶真菌品系的商业价值，每年可达数十亿美元。多年前，研究人员在马达加斯加热带雨林中发现了一种有独特遗传性状的稀有植物——长春花，可以作为药物以治疗某些癌症。EliLilly

制药公司将其开发成为药物，仅在1993年的销售额就达到了1.6亿美元。可以肯定地说，如果获得某种特殊细胞系或基因的专利或者使用权，仅从商业价值角度而言，就意味着巨额利润。遗传资源也被看作是化石能源之后人类最后的一块"淘金场"，而与生物资源相关的知识产权就是知识经济时代全球经济技术化"抢滩"和"圈地"的工具。总之，生物多样性是一个巨大的远未探明的自然资源库，种质资源是生物多样性的重要组成部分，是地球上极为重要的财富，更是人类赖以生存和发展的物质基础。

第三节　历史与现状

一、历史演变

生物多样性在时间与空间中演化，从无到有，由简变繁。生物多样性演化和生物进化过程密不可分，又与地球的地壳、水圈和大气圈的演化息息相关。了解地球上生物多样性的演化过程，有益于建立客观而科学的生物多样性保护计划。自生命起源以来，地球上的物种数目和多样性一直在增长。然而，这种增长并不稳定。自寒武纪生命大爆发以来海洋生物界发生了5次集群灭绝事件，约2.51亿年前的二叠纪末集群灭绝是其中规模最大的一次（图5-2），多达96%的海洋生物物种和75%以上的陆生动物种惨遭灭绝。目前，地质学家认为造成这次集群灭绝的原因主要分为两大类：地外成因（如多次的外星体撞击）和地内成因（如广泛的火山喷发、地磁场极性变化、海水盐度变化、海平面和气候的急剧变化以及海底甲烷气流大量释放造成的缺氧事件）。这些因素可能互相影响，不同程度地引发了二叠纪末的集群灭绝。这次大灭绝之后，生物多样性经过了5000多万年才逐渐恢复。

物种灭绝并非都是由于强烈的扰动。一个物种对重要生存资源的垄断和过度捕食都可能导致另一个物种的灭绝。尽管对某一物种存活或消亡的决定因素还不完全清楚，但灭绝和物种形成一样都是大自然生命轮回中的一部分。新的物种不断形成，旧的物种逐渐灭绝，在自然界达成一种生与死的平衡。现存的物种是过去数亿年进化的结晶，是几十亿个物种在灭绝中的幸存者。脊椎动物种的生存期一般认为是500万年。在过去的几亿年中，自然灭绝速率平均每世纪约90余种脊椎动物。自然界的生物都互相依存，互相制约。一个物种的绝迹，预示着与其相关的很多物种也可能面临灭绝。

在地球生物进化的历史上曾经发生过5次物种大灭绝事件。如今，很多科学家认为如果不采取保护措施，人类活动将导致第6次物种大灭绝。现存鸟类有12%是受威胁种，哺乳动物和两栖类则更为严重，受威胁种各占22%和29%。植物种也不容乐观，特别是裸子植物（松柏类、银杏和苏铁）及棕榈植物中的一些渐危种。目前，全世界每天有75个

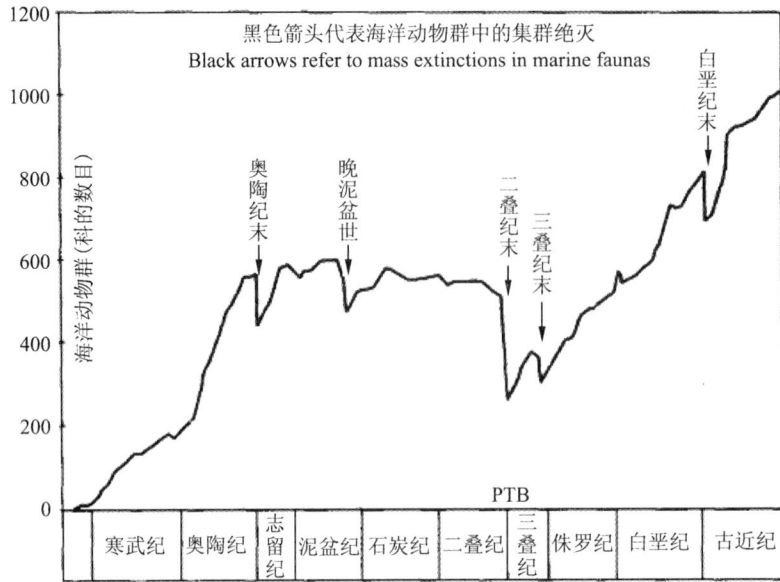

图5-2　海洋动物群科的多样性变化

物种灭绝，每1小时就有3个物种被贴上死亡标签，全球共有几万种已知物种存在灭绝风险，但这仅仅是冰山一角，很多物种还没来得及被科学家描述和命名就已经从地球上消失了。目前的物种灭绝比自然速度快了100～1000倍。走过数十亿年发展进化之路的生物多样性，正以前所未有的速度衰减。据统计，20世纪有110个种和亚种的哺乳动物以及139种和亚种的鸟类在地球上消失了。目前，世界上已有593种鸟、400多种兽、209种两栖爬行动物和20000多种高等植物濒于灭绝。以哺乳动物为例：在17世纪时，每5年有一种动物灭绝，到20世纪则平均每2年就有一种动物绝灭。就鸟类而言，在更新世的早期，平均每83.3年有一个物种绝灭，而现代则每2.6年就有一种鸟类从地球上消亡。据联合国环境计划署估计，在未来的20～30年之中，地球总生物多样性的25%将处于灭绝的危险之中。在1990～2020年之间，因砍伐森林而损失的物种，可能要占世界物种总数的5%～25%，即每年将损失15000～50000个物种，或每天损失40～140个物种。

　　当物种个体的丧失引起人类的关注时，森林、草原、湿地、珊瑚礁和其他生态系统的破碎化、退化和完全丧失带给生物多样性毁灭性的威胁。森林是许多陆地生物多样性的大本营，但在20世纪，约45%的原始森林已经消失。尽管某些森林得到了更新，但世界的森林总数仍在快速减少，尤其是在热带地区。科学家估计目前每年遭到破坏的热带雨林可能达到2%。按照这个速度，到21世纪中叶地球上的热带雨林面积很可能只剩下目前的5%，生态多样性将可能遭受巨大的破坏。珊瑚礁是包含最丰富生物多样性的生态系统，目前10%的珊瑚礁已经被毁坏，而且1/3的幸存者将在未来的10～20年间面临崩溃。海岸的红树林是无数物种生死攸关的生命摇篮，现在已经变得脆弱并已经消失一半。生物多样性的丧失常常会减少生态系统的生产力，因而减少自然界向人类提供物质和服务的能力，生物多样性的丧失动摇了生态系统，弱化了生态系统抵御洪水、旱灾和暴风雨等自然灾害及污染、气候改变等人为压力的能力，生态系统之免疫能力降低。

中国是生物多样性受到最严重威胁的国家之一。世界自然保护联盟（IUCN）中国植物专家组已初步评估出我国有4%的高等植物受到严重威胁，其中包括苔藓68种，蕨类118种，裸子植物107种，被子植物1106种，分属IUCN红色名录等级标准中的绝灭、野外绝灭、极危、濒危和易危5个等级，上述高等植物总计1399种，占高等植物总种数的4.4%。而裸子植物、兰科植物等具有重要经济价值的类群受威胁比例更高，达40%以上。考虑到中国野生高等植物遭受破坏的历史和现状，估计其比例达物种总数的15%～20%，濒危和受威胁的种类达到5000种左右。中国的野生脊椎动物无论是分布区域，还是种群数量，均急剧缩减。许多大型草食兽类，如麋鹿早已从野外绝灭；野生的马鹿、梅花鹿也已在许多地方绝迹；长江中的白鲟（*Psephuyrus gladius*）已十分罕见。即使在边远地区，脊椎动物的处境也不容乐观。在我国西北荒漠和草原中，高鼻羚羊（*Saiga tatarica*）已于20世纪中叶在西北荒漠草原绝灭；蒙古野驴（*Equus hemionus*）和普氏原羚（*Procapra przewalskii*）也面临绝灭的威胁。青藏高原的可可西里无人区曾是野生动物王国，20世纪90年代大量的淘金者进入阿尔金山保护区，猎杀藏羚羊。1984年后，中国特有蝾螈科动物滇螈（*Hypselotriron wolterstorffi*）在滇池中再未见到，可能已灭绝。20世纪80年代中期调查，长江中的白鳍豚已下降到200头以下；2006年，一个由中国、美国、英国、德国、瑞士、日本六国科学家组成的考察队对长达1750千米的长江江面进行了搜索，未发现任何白鳍豚个体及其存在证据，被认为"功能性灭绝"。

中国遗传资源丧失的问题也很突出。例如，20世纪50年代，中国各地农民种植水稻地方品种达46000多个，至2006年，全国种植水稻品种仅1000多个，且基本为育成品种和杂交稻品种；中国野生稻原有分布点中的60%～70%现已消失或大面积萎缩。另外，由于国际交流与日俱增，众多中国特有的农作物、林木、花卉、畜、禽、鱼等宝贵遗传资源流失到国外。由于新品种的引入、推广以及品种单一化，中国传统的遗传资源多样性正在发生深刻的变化，许多地方的古老、土著品种的重要遗传特征由于严酷的竞争和排挤，数量急剧减少，或者濒临灭绝。由于过度捕捞，水域污染严重，中国渔业资源极度衰竭，过去重要的经济渔业资源如真鲷（*Pagrosomus major*）、鳓鱼（*Ilisha elongata*）、对虾（*Penaeus chinensis*）、梭子蟹（*Portunus* spp.）等的生物量急剧下降，一些种类如大黄鱼已处于绝迹，目前长江成鱼捕捞量已由20世纪50年代的40多万吨下降为目前的10万吨左右。由于过度采集，许多药用生物野生资源破坏严重。如冬虫夏草、川贝母（*Fritillaria cirrhosa*）、川黄连（*Coptis chinensis*）、八角莲（*Dysosma versipellis*）、凹叶厚朴（*Magnolia officinalis*）、杜仲（*Eucommia ulmoides*）、甘草（*Glycyrrhiza uralensis*）等30多种药用植物其野生资源破坏严重。

中国森林覆盖率虽然持续增长，但主要是大面积的人工林种植，品种单一，生态系统脆弱，抗病虫害能力较弱，造成了森林生态系统生物多样性整体质量的下降。更值得关注的是，随着橡胶等经济林和桉树、杨树等速生用材林的机械化大面积推广，大量天然次生植被遭到破坏，对区域生物多样性与生态系统功能造成极大负面影响。自从 20 世纪 60 年代开始，中国草原生态系统就开始退化，70 年代中期，退化面积只占草原总面积的 15%，到 80 年代达 30%，而 90 年代则扩大到 50%，目前已达到 90%，其中重度和中度退化草原占退化草原面积的 50% 以上。不仅如此，退化面积仍在以每年 133 万公顷的速度继续扩大，天然草原面积每年减少约 65 万～70 万公顷。我国荒漠化形势十分严重，已严重威胁人们的生存环境。据统计，全国有 5 万多个村庄、1300 多千米铁路、3 万千米公路、数以千计的水库、5 万多千米的沟渠常年受荒漠化影响。中国淡水生态系统遭到严重威胁，重要湿地严重退化。水利工程尤其是流域梯级开发对河流生态系统的破坏，特别是对鱼类土著地方种和特有种造成的毁灭性影响。三江平原是中国最大的湿地分布区，然而多年持续开荒与农业开发，不仅使三江平原湿地面积大幅度减少，而且也使湿地功能明显丧失。由于泥沙淤积、围垦等造成长江中下游地区湖泊面积不断减少。位于长江中游鄱阳湖，是中国最大的淡水湖，20 世纪 50～80 年代初由于不断的围垦和泥沙淤积，已使鄱阳湖湖泊面积缩小 40%；位于湖南省的洞庭湖由于淤积速度快，面积从 1949 年的 4350 平方千米下降到现在的 2625 平方千米，导致鸟类和鱼类等种类与数量的减少。最近几十年来，随着海洋与滨海滩涂的过度开发，海洋和海岸生态系统也面临严重威胁，海洋及海岸带栖息地丧失严重，生态系统结构失衡，海洋渔业资源衰竭，珍稀濒危海洋物种种群减少，海洋生态灾害频发。

二、面临的威胁

健康的环境意味着系统内所有组分(包括生态系统、生物群落、物种、种群等)均处于良好状态。然而，由于世界人口的不断增长，越来越多地利用地球的自然资源，加快了物种灭绝的速率，使得生物多样性降低，地球的免疫系统受到破坏。目前全球生物多样性丧失的趋势仍没有得到有效遏制，栖息地破坏、人类过度采伐、外来种入侵、全球气候变化这些因素仍在威胁着全球的生物多样性。

除了自然因素的变化之外，威胁生物多样性的所有因素，大多可归因于人口的增长。生物多样性受到严重威胁其实也就发生在近 150 年间，而此期间全世界人口从 1850 年的 10 亿增长至目前的 70 亿，呈现爆炸性增长态势。由于现代医疗事业(特别是疾病的控制)和公共卫生技术的发展以及更可靠的食物供给的保障，使人口死亡率下降，而人口出生率维持较高水平，最终导致人口数量剧增。人口增加后，必须扩大耕地面积，满足吃饭的需求。在过去 40 年里，全球农业用地面积增长了 10%，目前农业生态系统占据全球 1/4 的面积。大量开垦的自然生境变为耕地，导致了自然生境的丧失，植物、动物和其他生物将无处生存，最终灭绝，对自然生态系统及生存其中的生物物种产生了最直接的威胁。在泰国、印度和越南，半数以上的野生生境已经遭到破坏，地中海地区上千年来一直是人口分布密集的地区，如今仅有10%的原始森林保留下来，而野生种群丧失的数量与生境丧失的面积是紧密相关的。

（一）栖息地破坏

栖息地破坏是造成生物多样性丧失的最主要原因。近几十年来，由于全球人口的增长，人与自然的矛盾日益突出，生物多样性也受到了巨大的压力。农业开发、城市化、工程建设等人类活动正日益侵蚀和破坏野生动植物的栖息地。森林覆盖了全球陆地表面面积的1/3，森林中栖息着一半以上的陆生动物和植物物种。但是全球毁林（主要是转变为农业用地）的速度是非常惊人的，20世纪90年代每年近16万平方千米被毁，2000年之后略微下降，每年也有13万平方千米被毁。如亚马孙热带雨林，被毁的森林面积已达17%。我国从1976~2003年间，西双版纳的森林覆盖率已减少到不足一半，且原始热带雨林面积已缩小到3.6%，主要由于橡胶价格飙升，当地人大面积种植橡胶林。栖息地破坏的一个严重后果是生境破碎化，物种被隔绝在支离破碎的环境中，种群之间的基因交流受到阻隔，影响物种的繁衍。如西双版纳部分地区橡胶园取代森林之后，使得当地特有种白颊长臂猿数量急剧减少，到80年代末期已不足40只，成为世界上最濒危的物种之一。

（二）过度利用

人类的巨大需求以及经济利益的驱动，使全球生物资源遭受过度乃至掠夺式的开发和利用。如果单单满足人类基本生活需求不一定导致物种的灭绝和生境的破坏，自然资源的低效浪费使用和过度消耗也是生物多样性下降的主要因素。偷猎野生动物、滥采野生植物并进行非法贸易，曾经造成了一些珍稀濒危动植物的数量下降并几近灭绝，比较知名的种类有老虎、苏铁、兰科植物等。在中国重要的经济海区和湖泊，酷渔滥捕的现象十分严重，不仅使重要的天然经济鱼类资源受到很大的破坏，而且严重影响着这些湿地的生态平衡。生物资源的过度利用导致资源下降，致使一些物种甚至趋于濒危。

（三）外来物种入侵

从20世纪以来，各国记录到的外来物种数量一直在上升。外来入侵物种常常比本地物种具有更强的生存和适应能力，通过压制和排挤本地物种，形成单优势种群，危及本地种的生存。研究发现，外来物种使本地的哺乳动物、鸟类和两栖动物面临更大的威胁，并且是淡水贝类灭绝的第二大原因。在欧洲的11000种外来物种中，有1/10已观察到生态影响。在我国，外来入侵物种已呈现传入数量增多、传入频率加快、蔓延范围扩大、危害加剧、损失加重的态势。目前我国已记录的外来入侵物种有488种，其造成的经济损失每年超过1200亿元。

（四）气候变化

联合国政府间气候变化委员会发布的第四次评估报告显示：20 世纪全球温度平均上升了 0.6℃，海平面平均上升了 17 厘米，极端气候事件的频率和强度也在不断增加。越来越多的数据表明，温度升高、降水格局变化及其他气候极端事件，已经对生态系统的生物多样性造成了影响。目前，气候变化已成为威胁生物多样性的主要因素之一，且预计在今后的几十年中，将越来越成为生物多样性丧失的主要直接驱动力。2002 ~ 2007 年，联合国政府间气候变化委员会的评估认为 80% 的物种受到了气候变化的影响，主要表现在以下几个方面：气候变化造成了动植物候期的改变，如植物生物期延长、鸟类迁徙时间改变，而这些已经造成了生态紊乱；气候变化使动植物向高海拔和高纬度地区迁移，而这带来了生态系统的改变；气候变化使物种的栖息环境改变，使病虫害增强，影响了物种的繁衍和种群增长。

三、保护生物多样性成就与现状

针对生物多样性丧失的严峻形势，林业部门已经采取一系列生物多样性保护和恢复措施，并落实一系列生物多样性保护行动，取得了重要成就。

（一）物种保护得到加强

1. 野生动物拯救保护领域不断扩展

按照抢救性保护战略的要求，各级林业主管部门通过对濒危物种栖息地的保护和恢复，有一些的国家重点保护野生动物资源急剧下降的趋势已得到有效控制，据全国陆生野生动物资源调查结果，国家重点保护野生动物总体上呈现稳中有升的发展趋势。例如，曾经一度视为灭绝的国家一级重点保护鸟类——朱鹮，于 1981 年在陕西省洋县被重新发现，经过保护研究人员 20 多年的艰苦努力，中国朱鹮在就地保护和迁地保护方面均取得了巨大成功，目前朱鹮种群数量已达到 1600 余只，其中野外种群数目近 1000 只，在陕西省秦岭的汉中市 11 个县和安康市宁陕县境内分布；人工种群 600 多只，主要分布在陕西省洋县、周至县、宁陕县，同时北京动物园和河南、浙江等地也有人工种群分布。大熊猫是我国特有珍稀子遗动物，是世界上最濒危的物种之一，被誉为"国宝"和"活化石"。通过多年的艰苦努力，我国全面强化了大熊猫栖息地的保护，现在已经有 45% 的大熊猫栖息地和 61% 的野外大熊猫种群纳入到自然保护区内，得到了较好的保护。目前，我国大熊猫种群数量超过 1800 只，分布在陕西、四川和甘肃 3 省的 45 个县境内，总栖息地面积达 230 万公顷。野生大熊猫生存状况已得到改善，分布范围扩大、栖息地面积增加、种群数量进一步增长。大熊猫、金丝猴、朱鹮、扬子鳄、鳄蜥、蟒蛇、穿山甲等 250 多种野生动物新建立了稳定的人工繁育种群；还开展了人工繁育野生动物放归自然，朱鹮、扬子鳄、鳄蜥、黄腹角雉等 10 多种野生动物实现了从人工繁育场所到野外的生存，朱鹮、野马等在放归自然后还顺利实现了自然繁殖。

2. 野生植物及其生境的拯救保护得到加强

初步形成以就地保护和种源保存培育为龙头的保护格局。通过《野生动植物保护及自然保护区建设工程规划》的实施，针对苏铁、兰科植物、西南地区高原珍稀植物、西北地区珍稀沙生植物、东北地区珍稀野生植物以及三峡库区珍稀植物等六大类物种实施了就地保护、种质资源收集保存及种源培育工作，有效保护了我国10余种野生苏铁的主要分布区，对200余种亚热带野生兰科植物实施了就地保护。迁地保护了东北、西北、西南地区的1000多种珍稀或濒危、特有野生植物，成立了全国苏铁种质资源保护中心和兰科植物种质资源保护中心，分别收集保存苏铁类、兰科类植物240余种和500余种，基本完成了苏铁种质资源收集保存；原产我国的重点兰科植物收集保存也取得阶段性成果。组织编制了《全国极小种群野生植物拯救保护工程规划》，加强珍稀野生植物的人工培育技术研究和种源建设，针对松茸、雪莲、珙桐、肉苁蓉、红豆杉、珍稀兰科植物等10种（类）市场需求较大的珍稀野生植物，扶持开展人工培育技术研究和种源建设。对杏黄兜兰等我国特有的濒危兰科植物以及德保苏铁、华盖木、西畴青冈等极度濒危物种开展了回归自然的试验。

3. 野生动物疫源疫病监测防控体系初步建立

我国野生动物疫源疫病监测防控，是在经受"非典"、禽流感疫情后，党中央、国务院根据维护公共卫生安全和国土生态安全的需要，赋予林业主管部门的新职能。为履行好这一职能，各级林业主管部门在一片空白的基础上，依托森林病虫害防治体系、自然保护区体系、基层保护管理体系和有关科研机构，在全国候鸟主要迁徙通道、迁徙停歇地、繁殖地、越冬地和野生动物集中分布区域，整合资源，设立了350处国家级、768处省级和一大批地市县级陆生野生动物疫源疫病监测站点，制定了《陆生野生动物疫源疫病监测规范(试行)》和严格的信息上报制度，培训监测防控人员上万人次，初步建立了我国陆生野生动物疫源疫病监测防控体系，并采取"边建设、边监测"的工作方式，在强化重点时段、重点区域监测的同时，坚持监测信息日报告制度，第一时间、第一现场发现了多起野生动物疫病(情)，快速、周密、稳妥地采取了应急处置措施，切断了疫病(情)向外扩散的途径，在维护公共卫生安全和国土生态安全大局中有力发挥了前沿哨卡和屏障作用。

4. 野生动植物繁育利用显现出规模化、集约化发展势头

我国社会经济发展对野生动植物资源的需求继续呈现不断扩大的势头。针对上述情况，各级林业主管部门认真实施以利用野外资源为主向利用人工繁育资源为主的战略转变，引导和规范并重，采取了一系列有利于资源繁育、限制野外资源利用的强化监管措施，一是根据不同物种的特点，分类制定了有关试验用猴、豹类、赛加羚羊、穿山甲、珍稀蛇类、鳄类、毛皮野生动物等繁育利用的规范管理措施；二是建立健全资源消耗总

量控制和资源配置科学评审制度，强化宏观调控手段，有效遏制了重点资源的过度消耗；三是继续推行野生动物经营利用标识管理，构建野生动物产品市场准入制度；四是积极开展行业试点示范，推广成熟的繁育利用技术和规范管理模式；五是鼓励资源利用企业建立资源繁育基地，或与资源繁育企业建立合作关系，建立"谁繁育、谁受益"的激励机制。上述努力，为野生动植物繁育利用的发展营造了公正、公平的政策环境，有效引导和规范了野生动植物繁育利用产业的健康发展。截至目前，全行业实现年总产值和进出口贸易总额共计约 2000 亿元，并且技术条件逐步改进，人工繁育资源总量稳步增长，集约化经营水平不断提高，不仅为社会创造了巨大财富，维护了许多民族传统文化的传承，缓解了野外资源保护压力，还解决了一大批人口的就业问题，成为部分区域带动农村经济发展和农民增收的一大新动力，显示出蓬勃生机。

（二）生态系统保护工作取得进展

自然保护区是对典型的自然生态系统、珍稀濒危野生动植物物种的天然集中分布区、有特殊意义的自然遗迹等所在的陆地、陆地水体或者海域予以特殊保护和管理的专门区域。经过 50 多年的发展，我国自然保护区取得了举世瞩目的成就，截至 2010 年年底，我国林业系统已建立各种类型、不同级别的自然保护区 2035 个，总面积达 12370.92 万公顷，约占国土面积的 12.88%，其中经国务院批准的国家级自然保护区 247 个。林业系统自然保护区占全国自然保护区个数的 70%，保护区面积占全部自然保护区面积的 81%。林业系统自然保护区基本形成了布局较为合理、类型较为齐全、功能较为完备的自然保护区网络，使全国 85% 的陆地自然生态系统类型、47% 的天然湿地、20% 的天然林、绝大多数自然遗迹、65% 的高等植物和大部分国家重点保护珍稀濒危野生动植物种，都在保护区内得到了有效保护。维护了国家的生态安全，满足了人民精神文化需求，促进了人与自然和谐，促进了生态系统和生物多样性的保护。

（1）有效地保护了我国森林生态系统，维护了森林生态系统的安全。根据自然保护区的主要保护对象，我国自然保护区分为 3 个类别 9 个类型，有效保护着我国 90% 的陆地生态系统类型。其中，森林是最重要的陆地生态系统，蕴藏了大量的生物物种，是生物多样性最为丰富的生态系统类型。根据 2010 年全国林业系统自然保护区统计结果，森林生态系统类型有 1254 个，面积 3086.26 万公顷。我国森林生态系统类型自然保护区数量众多，分布广泛，从北向南分布在寒温带、温带、暖温带、亚热带和热带，使典型的生态系统均得到了有效保护，调节气候、保持水土、防风固沙、涵养水源和美化环境等生态功能得到了充分发挥，保障了生态系统安全和物种安全，促进了人类社会的可持续发展。

（2）初步保护了湿地生态系统，使天然湿地的生态功能得到充分的发挥。湿地具有多种功能，蕴涵着丰富的自然资源，被称为"地球之肾"、"物种基因库"，在保护生物和遗传多样性、减缓径流、蓄洪防旱、固定二氧化碳、调节区域气候、降解污染、净化水质、防浪固岸、保障国土生态安全中发挥着其他生态系统无法替代的作用。根据 2010 年全国林业系统自然保护区统计结果，湿地生态系统类型有 356 个，面积 3178.55 万公顷，有 47% 约 1700 多万公顷的天然湿地被纳入自然保护区进行了严格的保护。这些湿地自然保护区不仅作为许多濒危特有野生动物的栖息地，而且还是迁徙鸟类，特别是许多全球性受威胁物种的重要停歇地和繁殖地。这些保护区的建立，有效保护了这些地域内的生态系统，在维系水资源安全、储存二氧化碳、降解污染、调蓄洪水和保护湿地动植物方面发挥了强大的生态功能，对社会经济发展产生了巨大的生态效益。

　　（3）维系荒漠生态系统安全，遏制了荒漠化的进一步扩展。根据 2010 年我国林业系统自然保护区统计结果，荒漠生态系统类型有 30 个，面积 3709.34 万公顷，主要分布在内蒙古、甘肃、青海、新疆、宁夏、西藏 6 个西部省（自治区）。我国已建的荒漠生态系统类型自然保护区虽然数量不多，仅占保护区总数的 1.77%，但面积很大，占全国自然保护区总面积的 31.09%。这些保护区的建立对维持和改善我国西北地区的自然环境、保护野生动物和植被资源起到了至关重要的作用。由于荒漠地区自然条件恶劣，生态系统十分脆弱，一旦破坏很难恢复，荒漠生态类型保护区的建立，有效地遏制了土地荒漠化的进一步扩展，确保了国家的生态安全，维系了中华民族的生存空间。

　　（三）遗传资源保护

　　（1）植物遗传资源保护。林木种质资源的保存工作起步较晚，但现阶段力度较大。在近 10 年时间内，在全国 5 个气候带建成各具特色的个林木种质资源库已初具规模，试验保存了主要树种的大群体、种源（林分）、家系、优树、无性系等。已保存乔灌木树种、花卉等 76 个主要物种种质资源 1.5 万份，另外，在全国林木良种繁育基地保存了育种材料种质 3.5 万余份；国家林业局计划在"十二五"期间，建成与完善 100 个国家林木种质资源库，100 个省级种质资源库，建成面积 9690 公顷，收集保存重要乔、灌、草 200 个原生种的种质资源 5 万份。

　　目前观赏植物遗传资源保护的主要措施有两个：一是为迁地保存野生植物而建立的基因库，如南宁的金花茶基因库、洛阳的牡丹基因库；二是为保存品种而设立的品种资源圃，如武汉的梅花品种资源圃、荷花品种资源圃、南京的菊花品种资源圃等。

　　全国有多个植物园设立了药用植物园（圃），但各植物园收集的药用植物总数还不多，有待于加强建设，增加收集保存总数。

　　截至 2010 年年底，林业系统建立野生植物类型自然保护区 107 个，面积 168.32 万公顷，是以保护野生植物及其生态系统为主，有些专门保护作物野生亲缘种。

　　（2）动物遗传资源保护。截至 2010 年年底林业系统建立野生动物类型自然保护区 284 个，面积 2227.57 万公顷，是以保护野生动物及其栖息地为主，濒危物种得以在野外栖息繁衍。还建立了国家濒危野生动物种质基因保护中心，收集保存 810 多种野生动物 18 万多份基因样品。

总之，在过去的 20 多年里，林业生物多样性保护工作取得巨大成就，但仍面临不少压力和挑战。目前，我国生物多样性下降的总体趋势尚未得到有效遏制，资源过度利用、工程建设以及气候变化严重影响着物种生存和生物资源的可持续利用，生物物种资源流失严重的形势没有得到根本改变。

第四节　目标与选择

一、世界趋势

（一）2010 年前生物多样性保护目标未能实现

2002 年，《生物多样性公约》缔约方制定生物多样性保护 2010 年目标，其核心内容为遏制生物多样性丧失的趋势。2005 年，这一目标在可持续发展问题世界首脑会议上被纳入联合国《千年发展宣言》中。大部分的生物多样性公约签署国也制定了国家生物多样性战略和行动计划，为在全球范围内控制生物多样性丧失做出了努力。

2010 年 10 月日本名古屋召开了《生物多样性公约》第 10 次会议，执行主席阿姆德·乔格拉夫宣布，截至 2010 年，110 个国家及地区没有能够持续减少生物多样性的丧失，从而正式宣告了生物多样性保护的 2010 年目标失败。

但是，生物多样性的价值已得到国际社会的广泛认可，确定未来十年（2011～2020年）为生物多样性十年，并于 2010 年 1 月 11 日举行了"2010 国际生物多样性年"启动仪式。从 1992 年 6 月联合国通过的《生物多样性公约》，到 2004 年《吉隆坡宣言》，再到 2010 年为国际生物多样性年，都说明着国际社会对生物多样性保护已从认识转向行动。

（二）2010 年后生物多样性保护策略

随着 2010 年的结束，人们将更多的注意力放到了新的生物多样性保护目标上。通过对生物多样性保护的 2010 年目标失败原因的分析，《全球生物多样性展望》（第三版）提出了新的生物多样性保护策略。简要内容如下：

更加强调投入更多的努力去除导致生物多样性丧失的直接因素。这个提法虽然十分简单，但却涉及十分复杂的问题。它包括对于过去消费的改变及对于新的生活方式的选择，同时也包括控制人口增长等长期政策问题。一方面，强调了生物多样性保护中的公众参与；另一方面，从政策层面上讲定价及奖励制度帮助减少这些直接因素，恰当的政策可以帮助人们适度消费并减少浪费。

以货币的形式进一步明确生物多样性及生态系统服务功能的价值，以利于多样性资源的可持续利用。具体地讲，GDP 核算中考虑环境成本是未来的发展方向，即 GDP 核算方式的改革。

降低非直接因素导致的生物多样性丧失，这包含了更加合理的土地利用规划，水资源及海洋生态系统的利用等。合理的生态空间规划特别是保护区的设立是其中最为关键的问题。生物多样性资源的利用必须与保持生态系统功能相适应。加强生态系统的修复工作。将生物多样性保护与应对气候变化的工作相结合。

(三)2010 年后生物多样性保护目标

《生物多样性公约》缔约方第 10 次会议明确提出了针对 2020 年生物多样性的保护，分为 5 个战略目标下的 20 个具体目标。

战略目标 A：通过将生物多样性纳入整个政府和社会的主流，解决生物多样性丧失的根本原因，包括 4 个具体目标：到 2020 年，所有人都认识到生物多样性的价值以及他们能够采取哪些措施保护及可持续利用生物多样性；到 2020 年，将生物多样性的价值纳入国家、地方发展和减贫战略及规划进程；到 2020 年，消除、淘汰或改革危害生物多样性的奖励措施，以尽量减少或避免消极影响，制定并采用有助于保护和可持续利用生物多样性的积极奖励措施，同时顾及国家的社会经济条件；到 2020 年，所有级别的政府、商业和利益相关方都已采取步骤实现可持续的生产和消费，或执行了可持续生产和消费的计划，并将使用自然资源的影响控制在安全的生态限度范围内。

战略目标 B：减少生物多样性的直接压力和促进可持续利用，包括 6 个具体目标：到 2020 年，使自然生境的丧失和退化以及破碎率至少减少一半；到 2020 年，以可持续的方式捕捞所有开发的鱼类及其他海洋和水产生物资源，并将渔业对受威胁物种和脆弱的生态系统产生的影响限于安全的生态限度内；到 2020 年，农业、水产养殖及林业覆盖的区域都实现可持续管理，确保生物多样性得到保护；到 2020 年，污染，包括过分养分造成的污染被控制到不危害生态系统功能和生物多样性的范围；到 2020 年，外来入侵物种得到鉴定、排定优先次序和控制或根除，以便控制外来入侵物种的进入渠道和定殖；到 2020 年，尽量减少气候变化或海洋酸化对珊瑚礁和其他脆弱生态系统的多重压力，维护它们的完整性和功能。

战略目标 C：保护生态系统、物种和遗传多样性，以改善生物多样性的现况，包括 3 个具体目标：到 2020 年，至少有 17% 的陆地、内陆水域和 10% 的沿海和海洋区域，尤其是对于生物多样性和生态系统服务具有特殊重要性的区域，通过有效管理的手段进行保护，并纳入更广泛的土地景观和海洋景观管理；到 2020 年，已知濒危物种免遭灭绝和丧失，并且其中至少 10% 的保护状况得到了改善；到 2020 年，农业生态系统中植物和家畜遗传多样性及野生亲缘物种的丧失已经停止，同时制定并执行了保护其他优先的具有社会经济价值的物种以及特定的野生动植物种群的遗传多样性的战略。

战略目标 D：提高生物多样性和生态系统带来的惠益，包括 3 个具体目标：到 2020 年，带来重要的服务以及为健康、生计和福祉做出贡献的生态系统得到了保障和(或)恢复，确保所有人公平获得生态系统服务，与此同时，考虑到妇女、土著和地方社区以及贫穷和脆弱者的需要；到 2020 年，通过养护和恢复行动，包括恢复至少 15% 退化的生态系统，生态系统的复原能力以及生物多样性对碳储存的贡献已经得到加强，从而有助于气候变化的减缓与适应以及防止荒漠化；到 2020 年，遗传资源的获取得到促进，根据关于获取和惠益分享的国家立法分享惠益。

战略目标 E：通过参与性规划、知识管理和能力发展，加强工作执行力度，包括 4 个具体目标：到 2020 年，各缔约方已经拟定，并作为政策工具通过、执行和增订了一项有效的、参与性和增订的国家生物多样性战略和行动计划；到 2020 年，土著和地方社区的传统知识、创新和做法，其对生物多样性的关系和它们对生物多样性的习惯性可持续利用得到尊重、保护和维持，以及它们对生物多样性的保护和可持续利用的贡献得到承认和加强；到 2020 年，与生物多样性、其价值和功能，其状况和趋势以及其丧失可能带来的后果有关的知识、科学基础和技术已经提高、广泛分享和转让及适用；到 2020 年，执行《生物多样性公约》的能力(人力资源和资金)已经增加 10 倍。

二、保护战略

(一)指导思想

深入贯彻落实科学发展观，统筹生物多样性保护与经济社会发展，以实现保护和可持续利用生物多样性、公平合理分享利用遗传资源产生的惠益为目标，加强生物多样性保护体制与机制建设，强化生态系统、生物物种和遗传资源保护能力，提高公众保护与参与意识，推动生态文明建设，促进人与自然和谐。

(二)基本原则

(1)保护优先。在经济社会发展中优先考虑生物多样性保护，采取积极措施，对重要生态系统、生物物种及遗传资源实施有效保护，保障生态安全。

(2)持续利用。禁止掠夺性开发生物资源，科学、合理和有序地利用生物资源。

(3)公众参与。加强生物多样性保护宣传教育，积极引导社会团体和基层群众的广泛参与，强化信息公开和舆论监督，建立全社会共同参与生物多样性保护的有效机制。

(三)战略目标

近期目标：到 2015 年，力争使重点区域生物多样性下降的趋势得到有效遏制。完善中央和省级野生动植物保护行政主管部门的体系建设，实行依法保护、管理。加强自然保护区、森林公园等就地保护，陆地自然保护区总面积占陆地国土面积的比例维持在 15% 左右，使 90% 的国家重点保护物种和典型生态系统类型得到保护。合理开展迁地保护，使 80% 以上的就地保护能力不足和野外现存种群量极小的受威胁物种得到有效保护，积极履行公约，有效管理全国濒危野生动植物物种进出口。

中期目标：到 2020 年，努力使生物多样性的丧失与流失得到基本控制。进一步加强中央、省级和地市级行政主管部门的管理能力建设，使指挥、查询、统计、监测等管理工作实现网络化，初步建立健全野生动植物保护的管理体系，完善科研体系和进出口管理体系。基本建成布局合理、功能完善的自然保护区体系，国家级自然保护区功能稳定，主要保护对象得到有效保护。

远期目标：到 2030 年，使生物多样性得到切实保护。全面提高野生动植物保护管理的法制化、规范化和科学化水平，实现野生动植物资源的良性循环，生态系统、物种和遗传多样性得到有效保护。建成具有中国特色的自然保护区保护、管理、建设体系，提高管理有效性，并使保护生物多样性成为公众的自觉行动。

（四）战略任务

（1）完善生物多样性保护相关政策、法规和制度。研究促进自然保护区周边社区环境友好产业发展政策，探索促进生物资源保护与可持续利用的激励政策。研究制订加强野生动植物保护管理、自然保护区建设发展、生物安全和外来入侵物种等管理的法规、制度。

（2）推动生物多样性保护纳入相关规划。将自然保护区、野生动植物保护等生物多样性保护内容纳入国民经济和社会发展规划和部门规划，建立相关规划、计划实施的评估监督机制，促进其有效实施。

（3）加强生物多样性保护能力建设。加强生物多样性保护基础建设，开展生物多样性本底调查与编目，完成国家级自然保护区、陆生野生动物、植物、大熊猫的资源调查工作。加强生物多样性保护能力建设，加强专业人才培养和引进。开展生物多样性保护与利用技术方法的创新研究，进一步加强生物多样性监测能力建设，提高生物多样性预警和管理水平。

（4）强化生物多样性就地保护，合理开展迁地保护。坚持以就地保护为主，迁地保护为辅，两者相互补充。合理布局自然保护区空间结构，强化优先区域内的自然保护区建设，加强保护区外生物多样性的保护并开展试点示范。提高自然保护区有效性管理水平，加强执法检查，不断提高自然保护区管理质量。研究建立生物多样性保护与减贫相结合的激励机制，促进地方政府及基层群众参与自然保护区建设与管理。对于自然种群较小和生存繁衍能力较弱的物种，采取就地保护与迁地保护相结合的措施。

（5）促进生物资源可持续开发利用。把发展生物技术与促进生物资源可持续利用相结合，加强对生物资源的发掘、整理、检测、筛选和性状评价，筛选优良生物遗传基因，推进相关生物技术在林业、生物医药等领域的应用。

（6）提高应对生物多样性新威胁和新挑战的能力。加强外来入侵物种入侵机理、扩散途径、应对措施和开发利用途径研究，建立外来入侵物种监测预警及风险管理机制，积极防治外来物种入侵。加强林业转基因生物环境释放、风险评估和环境影响研究，完善相关技术标准和技术规范，确保转基因生物环境释放的安全性。加强林业应对气候变化生物多样性保护研究，探索相关管理措施。建立病源和疫源监测预警体系，提高应急处置能力，保障人畜健康。

（7）提高公众参与意识，加强国际合作与交流。开展多种形式的生物多样性保护宣传教育活动，不断提高全民保护意识，引导公众积极参与生物多样性保护，加强学校的生物多样性科普教育。建立和完善生物多样性保护公众监督、举报制度，完善公众参与机制。广泛调动国内外利益相关方参与生物多样性保护的积极性，充分发挥民间公益性组织和慈善机构的作用，共同推进生物多样性保护和可持续利用。强化公约履行，积极参与相关国际规则的制定。进一步深化国际交流与合作，引进国外先进技术和经验。

三、空间布局

生物多样性保护的空间规划，为生物多样性的保护提供了一个宏观可视化的布局。目前，我国设有国家级自然保护区319个，占国土面积大于9%，661个森林公园占国土面积1.16%。风景名胜区和世界自然遗产地合计193个，面积只有1000多平方千米。这些保护区域合计达到国土面积的10.23%。在参考国际和我国已有生物多样性保护优先区研究的基础上，利用大自然保护协会（TNC）最新研究结果，提出了中国陆地生物多样性保护的31个优先区（表5-2），总面积占国土面积的22.35%。这些优先区都是综合自然地理区域，不仅包括了地带性的生态系统类型，同时内部包含了各种陆地森林、草原和淡水水域湿地（河流、湖泊）等生态系统类型，正是复杂多样的地理气候环境构成了该地区的丰富的生物多样性和文化多样性。这些优先区域分析各地理区域生物多样性保护的空缺得出的。此外，也考虑了中国管辖海域区的生物多样性优先区域3个，而沿海重要湿地水鸟保护区域、红树林保护重要区域都被列为海洋优先保护地区内。

表5-2　中国陆地生物多样性保护优先区域

地理分区	序号	优先区域	省	县
东北山地平原区	1	大兴安岭地区	2	8
	2	小兴安岭地区	1	11
	3	三江平原湿地区	1	9
	4	长白山地区	2	21
	5	松嫩平原湿地区	3	15
	6	呼伦贝尔草原	1	9
蒙新高原荒漠区	7	阿尔泰山地区	1	6
	8	天山—准噶尔盆地西南缘区	1	37
	9	塔里木河流域荒漠区	1	17
	10	祁连山地区	2	21
	11	西鄂尔多斯—贺兰山—阴山地区	2	35

（续）

地理分区	序号	优先区域	省	县
青藏高原区	12	羌塘、三江源地区	2	20
	13	阿尔金山	1	2
华北平原黄土高原区	14	六盘山—子午岭—太行山南段	5	77
	15	山东丘陵	1	32
西南高山峡谷区	16	喜马拉雅山东南缘	1	32
	17	横断山南段	2	
	18	岷山—横断山北段	3	65
中南西部山地丘陵	19	秦岭地区	4	44
	20	桂西黔南石灰岩地区	3	22
	21	湘、鄂、渝、黔山地	5	56
	22	大巴山地区	4	28
华东丘陵平原区	23	大别山地区	3	26
	24	浙、赣、皖山地	3	37
	25	浙、闽、赣山地	3	77
	26	南岭地区	5	53
	27	洞庭湖地区	2	20
	28	鄱阳湖地区	3	14
华南低山丘陵区	29	海南中南部	1	13
	30	西双版纳地区	1	13
	31	桂西石灰岩地区	2	24
总计			25	901

四、保护对策措施

林业作为生态建设的主体和生态文明建设的主要承担者，为切实推动生物多样性保护战略的顺利实施，中国林业就必须采取行之有效的措施，制定相应的政策，使各项工作具备基本保障。

（一）推进法制建设，依法保护管理

继续贯彻落实《中华人民共和国森林法》、《中华人民共和国野生动物保护法》、《中华人民共和国野生植物保护条例》、《中华人民共和国自然保护区条例》、《中华人民共和国濒危野生动植物进出口管理条例》、《重大动物疫情应急条例》等法律法规，依法强化监督管理，提高执法能力。应当高度重视新形势下出现的超越现有法律法规规定范围的一些新情况、新问题。对尚属法律法规空白的，如野生动物栖息地的确定与保护、国家重点保护野生动植物保护级别的调整、《湿地保护条例》立法等，应积极研究并早日出台相应的法律法规，以弥补空白；对现有法律法规已不适应新形势的，应着手进行深入的研究，并进行必要的修改、补充和完善，如随着自然保护区发展，应积极争取《中华人民共和国自然保护区条例》上升为《中华人民共和国自然保护区法》。

（二）加大投入力度，为保护工作提供保障

生物多样性保护工作关系到国家生态安全、公共卫生安全、经济社会协调发展的社会公益事业，国家应加大生物多样性保护支持力度。国家生物多样性保护工作应纳入公共财政预算，设立专项资金，确保国家重点保护工程、自然保护区和野生动植物资源保护管理、林业科研、技术推广的投入长期稳定。按照事权、财权划分的原则，明确各级政府在生态保护中的责任和义务，将自然保护区和野生动植物保护事业列入地方国民经济和社会发展计划的公益性支出，逐年提高在财政预算中的比例，建立以中央和地方政府投入为主，多渠道筹集资金支持生物多样性保护的投入机制，保障野生动植物保护和自然保护区建设的资金投入，提高保护和管理机构的能力。

（三）完善政策措施，提高保护管理有效性

针对生物多样性保护的主要威胁因素，研究建立生物多样性保护与减贫相结合的激励机制，促进地方政府及基层群众参与自然保护区建设与管理。为缓解人口对资源和环境压力，对国家重点自然保护区和因植被破坏，使当地居民丧失基本生存条件的生态极度脆弱区，政府应实行积极的生态移民政策，使这些区域的生物多样性得到保护。气候变化是未来影响生物多样性保护的重要方面，制定应对气候变化对生物多样性影响的战略和主要措施，减少气候变化对生物多样性的不利影响，是未来政策保障方面的工作重点。除了不断地建立合理的政策体系之外，就是取消不利于生物多样性保护与可持续利用的政策，同时利用有利于生物多样性保护的激励性政策进一步强化政策的落实，并提高相关机构的执法能力。

（四）强化科技支撑力度，全面提高保护科技含量

继续加大对自然保护区资源本底调查监测、栖息地恢复、野生动植物拯救、外来物种入侵治理、疫源疫病防控、有害生物防治基础研究、应用研究等科研工作的支持，改善科研条件，提高科研效率。建立跨学科、跨领域、跨部门的联合攻关机制，解决制约生物多样性保护的重大技术问题。加强生物多样性保护应用技术的研究和开发，促进成果的转化、推广和应用，尽快扭转我国野生动植物保护与自然保护区建设管理等科技水平落后的局面，缩小与发达国家间的差距。同时要加大专业人才引进力度，建立激励机制，完善业绩考核、奖惩等制度，提高工作的积极性和主动性。加大人员培训工作力度，适时开展专业技能比赛和应急演练，提高日常监测、应急处置能力和水平。

（五）健全保护、监测管理体系，提高保护管理水平

积极争取各级政府及有关部门的支持，健全自然保护区及野生动植物保护管理各级管理体系，加强管理机构和人员力量，以适应自然保护工作的形势需要。切实加强监测体系建设，以国家、省（直辖市、自治区）级、县级自然保护区管理局为主线，建立国家、省、县三级生物多样性监测、预警网络；同时，在重点区域、流域建立国家生物多样性长期野外定点观测台站，对区域、流域生物多样性实施长期定位观测研究，构建生物多样性监测、预警平台，全面提升对各级生物多样性保护对突发性事件的预警、应急监测和处理能力。

（六）加大宣传力度，提升社会公众参与力度

新时期生物多样性保护进程中，应把增强国民生物多样性保护和生态文明意识列入国民素质教育的重要内容。通过加强自然保护区、森林公园、生态科普教育基地建设，让国民在大自然中加强和提高生物多样性保护意识，同时充分利用广播、电视、报纸、杂志等多种媒体，采取多种形式，向国民特别是青少年宣传生态保护的重要性，宣传国家的有关政策法规，扩大生物多样性保护文明宣传的广度和深度。增强国民的生态忧患意识，树立生态文明发展观、道德观和价值观，形成人与自然和谐的生产方式和生活方式。

（七）积极开展国际合作，提高对外合作水平和效益

必须关注全球生物多样性保护日益升温的形势，履行林业有关的国际公约。必须从国内和国际发展的趋势出发，积极扩大国际交流与合作。必须跟踪全球生物多样性发展动态，积极参加研究对策，按照维护国家利益原则，积极参与国际合作。要针对中国生物多样性特点，加强与国际合作交流，建立和完善信息共享和疫情沟通机制，特别是强化自然保护区、极度濒危野生动物、极小种群野生植物和鸟类禽流感等方面与国外的经验、技术交流，建立国际合作伙伴关系，提高我国在应对生物多样性保护的能力和水平。

（八）切实关注保护与当地人民群众生产生活的协调发展

首先要认识到争取当地人民群众支持保护、参与保护的重要性，并理解他们发展生产、改善生活的合理愿望。在保护管理工作中，要把对当地人民群众的宣传教育和建立社区共管机制作为重要内容，还要积极与当地社区合作探讨有利于保护的经济发展模式，在不影响保护的前提下，不与人民群众争利益，从而在当地社区形成共同保护、共同受益的良好氛围，保护局面就能真正从根本上得到改观。

第六章

发展现代林业

—— 实现之途径

森林生态系统、湿地生态系统、荒漠生态系统和生物多样性构成了陆地生态系统的主体，它们之间既相对独立又彼此联系、互相影响。"三个系统一个多样性"与人类社会发展紧密相关，必须要遵循客观自然规律和经济规律，不断加强"三个系统一个多样性"保护和建设工作。健康完备的生态系统是生态文明的根基，只有建设好"三个系统一个多样性"才能促进人与自然和谐发展。

第一节　协同：人与自然和谐的基础

"三个系统一个多样性"作为不可分割的整体与人类经济社会构成复合生态系统，复合生态系统的协同发展是实现人与自然和谐的基础。

一、整体的结构与功能

森林、湿地、荒漠三大生态系统和生物多样性的整体结构和功能已经大大超越了独立的系统个体，这就是系统论中经常提到的"1＋1＞2"原理。

(一)完整的结构体

森林生态系统、湿地生态系统、荒漠生态系统和生物多样性是既相对独立又相互联系的系统。它们单独作为系统存在具有系统的一般共性：由若干部分(要素)以一定结构组成的相互联系的整体；可以分解为若干基本要素；系统整体有不同于各组成部分的新功能；系统中存在着物质、能量和信息的流通；系统有一定的环境，系统与环境又组成一个更大的系统；系统与环境相互作用、相互联系。

古希腊哲学家亚里士多德曾经说过"整体功能大于部分"。森林生态系统——地球之肺、湿地生态系统——地球之肾和荒漠生态系统——地球之脆弱带，都可以看作单独的子系统而存在。它们都是由生产者、消费者、分解者和环境等具有一定结构的相互联系的要素而组成。"三个系统一个多样性"作为一个整体，构成了相互联系的陆地生态系统的主体。从系统论的角度看，整体功能大于三大生态系统和生物多样性的功能简单相加，整体具备部分所不具备的新功能。为什么这样说呢？这是因为，森林、湿地、荒漠和生物多样性组成的新系统已经突破了单独子系统的物理界限，系统面积增大，结构功能更加复杂多样，物质、能量和信息在三个子系统之间流动，形成了另一个新的结构功能体，实现了由量变到质变。举一个简单的例子，森林和湿地组成的防洪体系功能就比单一的森林和湿地的功能强大。上游良好的森林植被加上中下游面积适当的湖泊、河流、水库等湿地生态系统，就可以形成一个稳定的调节器，上下游联动共同调节径流，达到防洪减灾的效果。这种系统功能的发挥靠单个生态系统是无法提供的，系统结构的整体性决定了系统的整体功能。

（二）完整的功能体

"三个系统一个多样性"作为一个新系统，除了具备物质循环、能量流动、信息传递等一般生态系统的功能外，还具有生态系统服务功能，特别是生物多样性作为地球的免疫系统对维护生态系统平衡稳定具有重要作用。它们所构成的陆地生态系统的功能更复杂多样，整体功能更加完备。

（1）物质循环。生态系统内和系统之间的物质循环主要包括水循环、碳循环、氮循环和磷循环等物质循环，其中影响巨大的是水循环和碳循环。森林、湿地和荒漠生态系统，通过水循环和地球化学循环作用相互影响，相互联系。由于水分的循环，使水分在湿地生态系统、森林生态系统、荒漠生态系统等生态系统之间形成的地球水圈成为一个动态系统。世界上的淡水资源就是由水分循环产生的。以碳循环为例，碳在大气中以二氧化碳的形式存在，森林、湿地、荒漠生态系统中的植物通过光合作用把二氧化碳转变为碳水化合物的成分；三大系统中的动物消费植物，碳水化合物进入动物体内；生物呼吸排出二氧化碳，生物死后经微生物分解释放出的二氧化碳又回到大气中，循环往复。森林是地球之肺，通过光合作用固定了大量二氧化碳，是陆地碳的主要存储库。森林每年的碳固定量约占整个陆地生物固碳量的2/3，因此森林对于现在及未来的全球气候变化、碳平衡都具有重要影响。湿地作为地球之肾，在全球碳循环中发挥着重要作用，全球所有湿地面积之和仅占地球陆地面积的6%，但它却拥有陆地生物圈碳素的35%，湿地发挥了气候调节器的重要作用。荒漠生态系统被称为地球之脆弱地带，生态系统结构简单，生态环境脆弱，固碳能力有限，但管理和建设好占地球陆地面积40%的荒漠（干旱区）对于应对气候变化也具有重要意义。

（2）能量流动。三个系统的绿色植物通过光合作用，把二氧化碳和水合成糖类，就是通常所说的生态系统的初级生产力。森林、湿地和荒漠生态系统生产的有机质是动物和人类所需的食物、能源和其他产品的重要来源。健康稳定的三大生态系统可以利用太阳能，源源不断地向外输送能量，建设和保护好三大系统对于维系人类生存和经济社会发展具有重要意义。科学研究表明,森林平均单位面积的生物量约高于草原20倍,年净生产量约高于草原2~3倍。森林(包括疏林、灌丛和稀树草原类型)的生物量约占陆地生物量总量的80%以上,年净生产量则占60%左右。森林是支撑陆地生物圈生存的主体,也是人类除农田、草原以外赖以生存的重要物质基础,对于生活在热带的大多数居民更是不可或缺的生命源泉。湿地之所以孕育了古代文明,主要原因是湿地肥沃的土地生产了大量农作物,为古代农耕文明奠定了物质基础。荒漠生态系统依靠其独有的动植物资源为人们的生产、生活提供工业原料、粮食、畜产品、药材等。

(3)信息传递。生态系统不仅有物质循环和能量流动,还拥有信息传递的功能。这里说的信息不是指消息,而是指生态系统固有属性,如动物、鸟类的迁徙,植物四季的变化,生物资源种群变化,生境面积变化等。信息能够脱离原来的物质而被复制、传递、存储和加工,并可以被信息的使用者所感知、记录、处理及利用。这一个特性,使人类能够利用自然规律,改造和利用自然。人们掌握了信息传递规律后,就可以把它用于生态建设和保护,并作为合理开发自然资源的主要依据之一。例如,1998年发生的长江特大洪灾,造成的巨大经济损失和社会影响至今还牵动全国人民的心。尽管从洪水流量上来看,那次洪水与历史上大的洪水相比,并不是最严重的,但是损失却是最惨重的。主要原因除了气候异常造成降雨量大外,更重要的原因是上游森林植被破坏造成森林蓄水能力减弱和中下游围湖造田等土地不合理利用造成湖泊湿地缩减、行洪能力降低。如果我们能及时地根据生态系统传递的这些信息,进行科学分析,有计划地疏导江河湖泊,合理保护和利用湿地资源,保护好长江中上游的森林资源,减少长江流域水土流失,提高水源涵养能力,那么1998年长江洪灾的损失就可以大大减少。另外,人们还可以通过物种从量到质的动态变化,为保护好珍贵的种质资源而制订一系列法规和采取多种形式的保护措施,如建立自然保护区、遗传种质资源库以及对它们迁地保护等。

(4)生态系统服务功能。与人类生活密切相关的另外一个功能是生态系统服务功能。生态系统服务的科学定义是指人类从生态系统获得的所有惠益,包括供给服务(如提供食物和水)、调节服务(如控制洪水和疾病)、文化服务(如精神、娱乐和文化收益)以及支持服务(如维持地球生命生存环境的养分循环)。不同环境条件下所形成的生物种群和环境条件构成了三个系统独特的生态系统服务功能,但生态系统服务功能的发挥取决于生物多样性保护和生态系统稳定平衡。森林是陆地生态系统的主体,被称为"地球之肺";湿地能够分解、净化环境物,起到"排毒"、"解毒"的功能,因被称为"地球之肾";荒漠生态系统尽管被称为"地球之脆弱地带",但它同样也在缓解气候变暖、防风固沙、涵养水源、保持水土、净化空气以及维护生物多样性等方面具有重要作用。三个生态系统之间相互依存、相互影响,任何单一生态系统都不能满足社会发展的需要,只有保护和建设好"三个系统一个多样性",才能更好地发挥生态系统的服务功能,支撑人类社会生存发展。

二、复合生态系统协同发展

"三个系统一个多样性"之间通过能量、物质和信息紧密联系，同时它们为人类社会提供赖以生存发展的重要物质产品和生态产品，它们与人类经济社会密不可分，相互依存、相互影响。面临日益严峻的气候变化、能源和资源匮乏等全球挑战，只有进一步加强自然、经济和社会的协同发展，更加重视和加强以"三个系统一个多样性"建设为根本的林业生态建设，才能为人与自然和谐发展夯实基础。

（一）普遍的有机联系

专家学者普遍认为，健康稳定的生态系统是一个开放的、动态的系统，它时时刻刻与外界环境保持联系，存在着物质和能量不断输入和输出，是一种典型的远离平衡态的耗散结构。这种稳定也可称为"动态平衡"，是靠"耗散"环境中的能量或物质来维持的。因此，"三个系统一个多样性"内部以及与人类社会之间都存在普遍的有机联系。

森林、湿地和荒漠三大生态系统作为独立的子系统可以视为耗散结构，它们与生物多样性及其他生态系统共同组成的陆地生态系统整体也是一个耗散结构。通过水循环、碳循环等营养物质循环以及能量流动，各个生态系统紧密联系，共同构成了一个结构更复杂，功能更强大的生态系统。森林、湿地、荒漠三个生态系统互相依存，相互影响。水是生命的源泉，是联系三大生态系统的重要纽带，通过探析水分在三个生态系统中的循环过程，我们就可以对三大生态系统内部联系有一个初步了解。三大生态系统具有"一荣俱荣"、"一损俱损"的特点。

水是一切生物体的最基本组成要素，是植物进行光合作用最基本的原料，水还是生态系统保持稳定结构和功能的最基本保证。森林、湿地和荒漠生态系统之间通过水循环密切联系，如果某一生态系统受到人为或者自然的干扰超过了系统阈值，并且长时间不能恢复，那么就会对其他系统产生巨大的负面影响，最突出的表现就是其他生态系统内部水环境和水资源紊乱，导致生态系统功能退化甚至逆转。

破坏森林资源会对湿地生态系统造成巨大的负面影响。森林资源减少会导致降雨量大部分转化为地表径流，地表的泥土被雨水冲击到下游，抬升河道，增加了洪水发生的危害。例如，1998 年的长江流域特大洪灾，其主要原因就在于上游森林资源的破坏造成涵养水源能力下降和下游湖泊河道由于泥沙淤积导致行洪能力减弱。同样，森林植被受到破坏，森林生态系统积蓄水分的能力将降低，过多的水分直接形成了地面径流，没有形成有效的地下径流，这将导致临近的湿地生态系统缺乏长期可靠的水分供应，进而影响湿地生态系统的稳定和功能的发挥。例如，2009 ~ 2010 年我国西南五省（自治区、直辖市）发生了严重旱情，局部地区发生特大旱灾，人民生产生活用水困难，工农业生产经济损失严重。但是，森林植被好的地方，可以减少地面蒸发，增加地表径流。云南省昆明市的云龙水库（流域内森林覆盖率为76%）与松华坝水库（流域内森林覆盖率为61.9%）相比，平均每平方千米集水区每天向水库的供水量要多75%。

破坏森林植被对荒漠生态系统影响明显。森林植被大量破坏后，由于缺乏地下径流，森林的蒸发量减小，通过森林蒸发到大气中的水分同时减少，临近森林的荒漠的水蒸气含量将大为降低，也将影响荒漠的水分进入量，进而影响荒漠生态系统的水循环，荒漠生态系统的水循环量减少，将大量降低荒漠的生物多样性和荒漠生态系统的稳定性。在我国历史上，乱砍滥伐森林，形成荒漠化的例子不胜枚举。公元前2世纪汉武帝时期，塔克拉玛干沙漠南缘的楼兰、且末、精绝、若羌等地是人口兴旺的绿洲，古楼兰城废弃于公元376年。河西走廊地区，在汉代还是通往西域诸国的"丝绸之路"，到唐朝时已变为沙漠。

大量实例证明，对干旱区湿地实施保护，可以发挥防治土地沙化、防止沙漠侵蚀等作用。宁夏回族自治区中卫市处于腾格里沙漠边沿，是农牧交错地带，是沙漠与人居环境的近邻区。中卫湿地多数是沙漠边缘湿地，面积4150公顷，沙漠渗漏是湿地水资源的主要来源之一，那里形成了湖泊、沼泽、河流、灌丛等天然湿地，形成了湿地与沙地和谐共存的美丽画卷，享有"塞上明珠"美誉。中卫市在治沙的基础上，又采取了一系列加强沙漠边缘湿地保护的工程治理措施，改善了当地小气候，改善了农业生产的环境条件。不仅控制了风沙对农田的危害，而且调节了温度和湿度，使干热风、冰雹、沙尘暴等自然灾害明显减少或减缓，粮食连续获得丰收。同样，辽宁省卧龙湖湿地自然保护区位于内蒙古科尔沁沙地南缘，是中国半湿润与半干旱、森林与草原、农业与牧业的交错带，属于一级生态敏感带，其生态环境十分脆弱。卧龙湖湿地在21世纪之初由于过度开发利用，曾经干涸。后来通过加强湿地保护，合理调配水资源，湿地逐渐恢复生机。卧龙湖湿地对于改善辽西北沙化地区的干旱气候、净化环境、补充地下水及调节水循环都起到了重要作用，具有阻止科尔沁沙地南侵、维持生物多样性等多种重要功能。卧龙湖湿地成为沈阳市乃至辽宁省不可或缺的一道绿色天然生态屏障。

生态系统开放、动态的特点使其与外部环境（包括人类社会）保持着物质循环、能量流动和信息传递。生态系统具有自组织和正负反馈功能，如果物质、能量和信息在系统内外之间实现了良性互动，生态系统的结构功能就更加稳定；反之，外部的干扰超过生态系统所能调节的阈值，流入系统的物质、能量和信息减少，生态系统可能遭到严重破坏，发生不可逆转的变化，例如荒漠化过程。只有认识和把握生态系统的这些规律，我们才能更好地开展生态保护和建设。

通过人工积极干预，保护生物多样性能够保证生态系统健康稳定。我国进入21世纪以来，通过植树造林、封山育林、退耕还林、土地沙化防治、野生动植物保护等多项综合措施，实施天然林资源保护工程、退耕还林工程、京津风沙源治理等六大林业重点工程，向生态系统输入了物质、能量和信息，保护了生物多样性，维护了生态系统的稳定健康。另外，单一的人工森林群落，由于种类单一，经常导致病虫害成灾，有些树种还会造成土地质量下降，而通过栽植混交林，模拟天然混交林结构，就会降低这些灾害。

过度开采利用资源，生态系统承载力降低，功能退化，社会必将为此付出沉重代价。如果人们对天然林资源进行不合理开发利用，超过了森林生态系统的生态承载力，天然林资源不仅无法实现可持续利用，并且会严重削弱其生态功能，使人类为此付出沉重的环境代价和经济代价。例如，1998 年，大洪水共使全国29 个省（自治区、直辖市）遭受了不同程度的损失。据统计，农田受灾面积达 2229 万公顷，成灾面积 1378 万公顷，死亡4150 人，倒塌房屋 685 万间，直接经济损失 2551 亿元。以长江流域为例，洪水流量低于1954 年水平，洪水水位高于 1954 年。主要原因是上游森林植被破坏，毁林开荒导致水源涵养能力下降，下游森林生态系统调节径流的功能下降，降水直接形成地表径流，引发洪水泛滥。同时，围湖造田造成湿地面积减少、湿地的洪水调蓄能力降低。又譬如，随着人类活动加剧，湿地退化引起的生态后果也十分严重。例如，居延海湿地位于黑河下游的额济纳绿洲，1961 年西居延海干涸。该湿地的退化与消失造成一系列的生态后果，主要体现在植被减少、草地退化与沙化并成为沙尘暴的沙源地。1993 年、1994 年、1995年、2000 年均发生特大沙尘暴，影响到北京等广大北方地区和南京等长江中下游地区。由此可见，东西居延海湿地是阻挡风沙侵袭、保护生态的天然屏障，湿地的消失与退化导致生态屏障功能的消失。再以塔里木河下游为例，当地荒漠生态系统所具有的脆弱性，决定了其本身对外在干扰的敏感性和潜在的退化危险性。近几十年来，塔里木河流域人口迅速增长，社会需求增加，大量樵采薪柴和挖掘药用植物，直接造成了生态破坏，特别是为满足粮食和日常生活需求而进行的流域大规模农业开发，改变了流域水资源分布格局，致使下游来水量锐减，植被衰退，土壤退化，气象灾害频发，导致生物多样性丧失，生态环境劣变，最终因系统结构趋于简单化而引起系统功能的衰退。

大量实例说明，保护和改善生态系统，既要遵循各个系统自身的规律，也要注意系统之间的有机联系。"三个系统一个多样性"各个系统内部以及与其他生态系统之间，有各自的独立性，又相互联系，休戚相关。

（二）协同发展

森林、湿地、荒漠生态系统和生物多样性组成了陆地生态系统的基石，系统开放、动态的特征决定了三大生态系统和生物多样性与外界自然环境和人类社会紧密联系。随着人类活动不断深入，我们的世界组成了一个复杂的社会—经济—自然的复合生态系统。随着人类对资源利用强度不断加深，三大系统的稳定和可持续发展已不可能只靠生态系统的自组织行为来维系，必须不断地从社会经济系统引入"负熵流"，保持系统稳定有序。同样，人类社会发展一方面需要从生态系统获得"负熵"维持，另一方面也需要向生态系统提供"负熵"，改善生态，为社会经济生态可持续发展提供保障，实现人与自然和谐。

在当代若干重大社会问题中，粮食、能源、人口和工业建设所需要的自然资源及其相应的环境问题，都直接或间接关系到社会体制、经济发展状况以及人类赖以生存的自然环境。近年来，随着城市化的发展，城市与郊区环境的协调问题亦相应突出。虽然社会、经济和自然是三个不同性质的系统，都有各自的结构、功能及其发展规律，但它们各自的存在和发展，又受其他系统结构、功能的制约。此类复杂问题显然不能只单一地看成是社会问题、经济问题或自然生态学问题，而是若干系统相结合的复杂问题，我们称其为社会—经济—自然复合生态系统问题。

根据著名生态学家马世骏的理论，我们认为森林、湿地、荒漠和人类社会是一个复合生态系统。森林、湿地、荒漠和生物多样性作为陆地生态系统的基石有着完整的结构和功能，人类社会作为社会经济系统具有自身的结构功能。只有复合生态系统的各子系统之间物质、能量和信息相互交流，协同发展，相互协调，才能最终实现人与自然和谐发展的目标。任何只追求单一目标的发展都不符合复合生态系统的发展目标，特别是过分追求经济利益的发展，将会受到自然界的报复。

协同发展就是运用协同理论指导社会—经济—自然复合生态系统实现全面、协调、可持续的发展。复合生态系统的协同包括系统与外部环境的协同，社会、经济、自然三个子系统之间的协同以及各子系统内部各要素间的协同。具体说，"三个系统一个多样性"和人类社会组成的复合生态系统的协同发展，必须要实现"三个系统一个多样性"与社会系统的协同，以及它们内部的协同，就是要坚持以可持续发展为目标，尊重自然规律、经济规律和社会规律，采取行政、经济、法律、技术、教育等人为控制手段和措施对复合生态系统进行调控。

对于"三个系统一个多样性"与人类社会之间的协同发展来说，一方面要保障社会高速发展，另一方面要积极地促进自然的有序发展，使社会系统和自然生态系统走向良性循环的发展道路，实现人与自然和谐。可持续发展以社会与自然的共同发展为基础，社会不仅从自然获得"负熵流"，同时向自然输出"负熵流"。一方面社会依靠科技进步，不断提高环境容量和环境承载力，不断提高从自然中获取"负熵流"的能力和效力，积极寻求新的可再生资源，实现资源的有效配置；另一方面，必须尊重自然，并且主动地完善自然，主动地为自然输入"负熵流"，这种"负熵流"又进一步成为社会发展的不竭资源，从而实现协同发展。

第二节　定位：生态建设的主体

"三个系统一个多样性"是陆地生态系统的基石，建设和保护好"三个系统一个多样性"是促进导社会—经济—自然的复合生态系统协同发展，实现人与自然和谐的基础。林业肩负着建设和保护好"三个系统一个多样性"的神圣职责。因此，我们必须牢记党中央赋予林业的"四个地位"，坚持以生态建设为主的林业发展战略，努力承担起时代赋予的"四大使命"，为建设生态文明和推动科学发展做出应有的贡献。

一、林业的四个地位

2009 年召开的中央林业工作会议上，温家宝总理代表党中央、国务院对林业确立了四个新的历史定位。即林业在贯彻可持续发展战略中具有重要地位，在生态建设中具有首要地位，在西部大开发中具有基础地位，在应对气候变化中具有特殊地位。对林业四个地位的定位，是党中央深刻分析我国面临的新形势和全球面临的新挑战做出的科学判断，赋予了林业在我国经济社会发展战略全局中新的更加突出的地位。

（一）在可持续发展战略中的重要地位

1992 年联合国环境与发展大会后，可持续发展理念逐渐为世界各国接受。1996 年，我国正式把可持续发展战略作为我国的基本发展战略，可持续发展理念贯穿于中国经济和社会发展的各个领域，体现了中华民族对于自身发展道路的正确选择和对于生态环境问题的迫切关注，在国际上引起巨大反响。当前，生态问题已成为制约我国经济社会可持续发展的最大瓶颈，生态差距是我国与世界发达国家之间的最主要的差距之一。森林、湿地、荒漠和生物多样性在提供人类社会巨量的物质产品、维持生态安全、保护生物多样性等方面发挥着决定性和不可替代的作用。以"三个系统一个多样性"为主体的林业建设是生态建设中最根本的措施，肩负着维护生态安全、促进科学发展的重大使命。要实现我国经济社会的全面协调可持续发展，促进经济发展与人口资源环境相协调，必然要求我们加快林业发展，赋予林业重要地位。

（二）在生态建设中的首要地位

随着人类对森林、湿地和荒漠的过度利用和肆意破坏，全球气候变化问题日益突出，土地退化、湿地缩减、水土流失、旱涝频发、物种灭绝等一系列本已严重的生态危机日益加剧，生态灾难频发，生态危机成为迄今为止人类面临的最大威胁。从国内情况看，尽管林业生态建设取得了举世瞩目的成就，实现了森林资源增长，局部生态明显改善，沙化土地缩减的历史性转变，但是我国森林资源仍然严重不足，森林生态系统整体功能仍然非常脆弱，湿地生态系统面积减少、功能退化的趋势仍然没有得到根本遏制；水土流失现象也未从根本上得到有效治理，生物多样性锐减，荒漠化在局部地区还在扩展，治理和破坏还有可能反复，生态状况依然脆弱。总之，生态产品是我国当今社会最短缺的产品之一。作为生态建设的主体，林业承担着建设森林生态系统、保护湿地生态系统、改善荒漠生态系统和维护生物多样性的重要职责。因此必须加强生态建设，在生态建设中赋予林业首要地位。

（三）在西部大开发中的基础地位

西部大开发是党中央、国务院总揽全局、面向新世纪做出的重大决策。我国西部国土面积占全国的 56%，人口占全国的 22.8%，实施西部大开发，是实现全国现代化必不可少的前提。在西部大开发中，脆弱的生态是西部各省份发展面临的共同难题，如果不以加强生态保护为前提，恣意破坏，无度索取，带来的将是毁灭性的后果。国家把加强林业建设和生态保护作为西部大开发的根本和切入点，相继启动了退耕还林、天然林资源保护、京津风沙源治理等一批重点林业生态建设工程，工程的实施明显改善了西部地区生态恶化的状况，巩固了国家西部生态安全屏障，确保了西部地区可持续发展的基础。在西部大开发中赋予林业以基础地位，充分体现了党中央坚持走科学发展、可持续发展的执政理念。

（四）在气候变化中的特殊地位

全球气候变化问题已成为全人类生存与发展面临的重大挑战，成为当今国际社会关注和谈判的焦点之一。应对全球气候变化，最有效的途径有两条：一是工业直接减排，减少温室气体的排放；二是森林间接减排，也就是我们通常所说的森林固碳。据统计，全球陆地生态系统中约储存了 2.48 万亿吨碳，其中有 1.15 万亿吨储存在森林生态系统中。《京都议定书》把发展林业列为应对气候变化的重要途径。为应对全球气候变化，国家主席胡锦涛在 2007 年的亚太经济合作组织（APEC）会议上发出了建立"亚太森林恢复和可持续经营网络"的重要倡议，被国际社会誉为应对气候变化的森林方案。2007 年 12 月，联合国《气候变化框架公约》第 13 次缔约方大会将植树造林列为巴厘岛路线图的重要内容。2010 年的墨西哥坎昆大会上，减少毁林和森林退化得到广泛共识，增强森林碳汇功能，已成为应对气候变化的全球共识和行动。

二、林业的四大使命

从我国经济社会发展全局来看，我国正处于继续全面建设小康社会、加快推进社会主义现代化的关键时期，建设生态文明已成为我国现代化建设的战略任务，维护生态安全已成为全球面临的重大课题，林业工作肩负着更加重大的历史使命。

（一）实现科学发展必须把发展林业作为重大举措

科学发展是指引当代中国经济社会发展的最新理论成果，发展是第一要义，核心是以人为本，基本原则是全面协调可持续，根本方法是统筹兼顾，统筹城乡发展、统筹区域发展、统筹经济社会发展、统筹人与自然和谐发展。今后一个时期，我国经济社会发展都将面临经济增长资源环境约束强化的现实，城乡区域发展不协调等矛盾问题突出。实现科学发展，必须坚持全面协调可持续的发展原则，必须要求加强生态建设，夯实发展基础，必须转变林业发展方式，提高资源能源利用效率，促进农民就业增收。一是林业建设在维护生态平衡、提高生态承载力中发挥着决定性作用。建设和保护好"三个系统一个多样性"可以提高和改善生态系统的各项功能，提高生态承载力，对于保障我国生态安全、淡水安全和物种安全等关系国计民生的重大问题具有突出作用。二是林业建设是推动绿色发展的重要力量。林业资源是可再生的绿色资源，林业产业是巨大的循环经济体，林业还可以提供可再生生物质能源，林业在绿色经济中的作用不容忽视。

（二）建设生态文明必须把发展林业作为首要任务

党的十七大报告首次提出了"把建设生态文明作为建设小康社会的重要目标"。建设生态文明，强调要建立人与自然和谐相处关系。具体说，建设生态文明，重点包括三个层面：一是建设和改善自然生态，二是转变生产方式和生活方式，三是增强全社会的生态文明意识和提高全社会的生态道德水平。建设生态文明的最基础任务就是改善生态环境，要达到目标必须发展林业。一是林业在生态建设中具有首要地位，林业生态建设承担着建设和保护森林生态系统、管理和恢复湿地生态系统、改善和治理荒漠生态系统、维护和发展生物多样性的多种艰巨任务，对保持陆地生态系统的整体功能发挥重要作用，是实现人与自然和谐的重要桥梁，是夯实生态文明建设的基石。二是林业在绿色增长中作用重要，为转变发展方式和生活方式提供了先导。林业生态建设是发展低碳经济、循环经济的重要选择，森林作为循环、可再生的资源对于促进节能减排，建设"资源节约型"、"环境友好型"社会具有重要作用。三是建设生态文化，弘扬生态道德，提高全社会生态意识也是林业建设的重要使命，林业建设尊重自然，亲和公众，必将促进社会公众生态文明意识提高。

（三）应对气候变化必须把发展林业作为战略选择

全球气候变化是全人类面临的巨大威胁和必须面对的重大挑战。应对全球气候变化有减缓和适应两条基本对策，一方面可以通过工业直接减排和林业碳汇减排，减少二氧化碳气体排放量，另外一方面就是提高生态系统的适应性，提高生态系统的稳定性，减少风险。林业应对气候变化的独特作用已经得到国际社会的普遍认可，土地利用和土地利用变化、减少毁林排放和森林退化以及可持续管理机制作为应对气候变化的重要发展战略得到了广泛共识，必须把发展林业作为应对气候变化的重要战略选择。一是要继续加强森林可持续经营，全面提高森林质量，增强森林的碳汇功能和生态系统适应能力。加大科技支撑力度，研究森林经营应对气候变化的行动方案。二是要更加重视国际合作和区域合作，分享林业应对气候变化和绿色发展中的经验，提高我国林业在应对气候变化谈判中的地位和作用。

（四）解决"三农"问题必须把发展林业作为重要途径

"三农"问题关系党和国家事业发展全局，解决"三农"问题是全党工作的重中之重。我国山区面积占国土面积的69%，山区人口占全国人口的56%，山区经济是我国经济最薄弱的环节。加快山区发展是实现全面协调可持续发展的应有之义，是统筹城乡发展最艰巨的任务。首先林业是重要的基础产业，在维护国家木材安全、粮食安全和能源安全方面具有重要而独特的作用，在建设社会主义新农村中发挥越来越重要的作用。第二，林业是劳动密集型行业，林业产业在吸纳农民就业方面具有重要作用。有关研究表明，目前我国林业产业吸纳 4500 万人就业，绝大多数在农村。第三，林产品作为纯天然、无污染的绿色产品越来越受到消费者青睐，森林旅游、林下经济发展迅速，林业产业对于促进农民增收作用明显。

三、林业的多种功能

林业既是一项重要的公益事业，又是一项重要的基础产业。随着国家经济、社会的发展，林业的地位越来越重要，林业的功能不断拓展、内涵不断延伸。

（一）林业关系着生态安全

荒漠化、土地退化加剧、全球气候变化、生态灾难频发等问题已经成为威胁我国乃至全世界可持续发展的巨大挑战，加强生态建设，维护生态安全成为世界各国的必然选择。国际著名科学家指出，由于大量森林被毁，已经使人类生存的地球出现了比任何问题都难以对付的严重生态危机，生态危机将有可能取代核战争成为人类面临的最大威胁。英国著名生态学家戈德·史密斯称，当前的生态危机是"第三次世界大战"。联合国粮食及农业组织前总干事萨乌马深刻地指出，"森林即人类之前途，地球之平衡"。森林是地球之肺，湿地是地球之肾，生物多样性是地球之免疫系统，因此林业关系着生态安全，关系着人类的生存发展。

（二）林业关系着气候安全

全球气候变化问题已经成为 21 世纪人类面临的最大威胁之一。2007 年，英国政府气候变化与发展顾问尼古拉斯·斯特恩发表的《气候变化评估报告》指出，如果不采取有效措施，到 2035 年大气中的温室气体浓度将达到工业化前的两倍，气候变暖造成的损失将相当于 20 世纪上半叶经济大萧条和两次世界大战损失的总和。为减少二氧化碳排放，《京都议定书》提出采取直接和间接两种办法减排。直接减排就是各国对现有企业进行技术改造，减少二氧化碳排放；间接减排就是通过造林再造林吸收二氧化碳，通过减少毁林和森林退化，减少森林碳排放。目前全球气候变化谈判陷入僵局，发展林业碳汇、减少毁林和森林退化等林业议题最有可能率先取得突破，形成国际共识。林业在维护全球气候安全和国家外交中将发挥越来越重要的作用。

（三）林业关系着淡水安全

淡水资源安全是我国面临的又一重要战略问题，洪涝灾害、干旱缺水、水生态环境恶化三大问题，特别是水资源短缺问题，将越来越成为制约我国经济社会发展的重要因素。我国水资源总量 28000 多亿立方米，居世界第 6 位，但人均水资源占有量只有 2300 立方米，约为世界人均水平的 1/4。我国约有 400 座城市供水不足，农村有 4300 多万人饮水困难，农田年均干旱面积达 3.75 亿亩，每年造成的经济损失达 2300 亿元，最近几年干旱缺水在我国北方和南方地区都频繁发生，造成了巨大的经济损失。研究表明，我国森林共涵养水源 3743 亿立方米，相当于全国水库库容总量的 75%；湿地被称为"地球之肾"，我国湿地维持和保存了全国 96% 的可用淡水资源。同时，湿地生态系统对净化水质有着明显作用，每年全国湿地可净化水量 154 亿吨。加强林业建设，保护和恢复森林生态系统和湿地生态系统，对于维护我国淡水安全具有重要作用。

（四）林业关系着生物安全

生物多样性是当今生态领域中研究热点之一，是人类赖以生存的条件，是社会经济持续稳定发展的基础。生物多样性对维持区域生态平衡及可持续发展具有十分重要的意义。然而，由于资源的过度利用，生态环境不断恶化，生物的生存和生物多样性的维持面临巨大的压力，大量物种急剧消亡，生态系统严重退化，各种资源不断枯竭。生物多样性是最珍贵的自然遗产和人类未来的财富。一个物种一旦灭绝，那么与之相联系的一系列物种都将受到不同程度影响，严重的可能破坏生态平衡，这将是一种无法挽回的巨大损失。据专家测算，现在物种的灭绝速度是自然灭绝速度的 1000 倍，有许多物种在人类还未认识它之前，就携带着它们特有的基因从地球上消失。保护生态系统多样性、物种多样性、基因多样性，已成为全球和我国重要而紧迫的任务之一。保护好森林、湿地和荒漠生态系统，对保护好生物多样性有重要意义。

（五）林业关系着木材安全

新中国成立 60 年来，林业行业为国家提供木材 60 多亿立方米、竹材 182 亿根。近 30 年来，我国木材年均消耗量为 3.79 亿立方米，木材消耗量年均增长 3.71%，而年均木材产量为 5928.03 万立方米。2009 年国内木材产量为 7068.29 万立方米，木材产量年均增长 1.85%，供需矛盾日益突出。2003 年以来进口木材和木质林产品已占国内消费总量的 40.9%，2005～2010 年，年均进口木材和木质林产品达到 1.31 亿立方米，对外依存度达到 43.6%。随着我国经济高速增长，仅仅依靠进口解决我国的木材需求问题，是十分困难和不可持续的，也是国际木材市场难以承受的，必须立足国内 46 亿亩林地解决 13 亿人口的木材需求问题，这是维护国家木材安全的唯一选择。

（六）林业关系着能源安全

随着我国工业化进程的深入，对能源需求不断增长，我国自然资源禀赋不足，能源消耗的结构性矛盾突出，加上国外能源利用难度加大，发展新能源、可再生能源，将是替代化石能源的必然选择。最近几年，我国能源消耗稳居世界第二位，仅次于美国，石油对外依存度已超过 40%。生物质能就其能源当量而言，是仅次于煤、石油、天然气的第四大能源，占生物物种 50% 以上和占生物质总量 70% 以上的森林和野生动植物资源，以其可再生性，已成为各国能源战略的现实选择。据调查测算，我国现有的林业"三剩物"加上灌木、薪炭林每年可以提供 3 亿多吨的生物质能源生物量，可替代 2 亿吨标准煤；培育能源林的潜力和空间很大。加快发展林木生物质能，对改善我国能源结构、维护国家能源安全十分重要。

（七）林业关系着粮油安全

"民以食为天"，粮食安全一直是关系国家长治久安的根本性问题。一方面我国政府实施了最严格的耕地保护政策，保护和加强农业生产能力，另一方面对于非耕地资源，特别是林业对粮食安全的贡献也不容忽视。森林是农业的生态屏障，能够有效地改善农业生态环境，增强农牧业抵御干旱、风沙、干热风、冰雹、霜冻等自然灾害的能力，促进农业高产稳产。木本粮油林是我国森林资源的重要组成部分，除了调节气候、保持水土、涵养水源、防风固沙等多种功能外，它还可以提供人们生活所需要的、营养丰富的多种食物品种。我国可栽培利用木本粮油资源丰富，目前有木本粮油面积1.6亿亩，年产量850多万吨；不少资源为我国特有，如板栗、核桃、枣、柿、仁用杏、白果、香榧、油茶等在不少适宜的山区、丘陵区，基本形成了区域规模。我国木本粮油资源发展的潜力巨大。我国8亿亩可治理的荒地沙地，可挖掘数亿亩立地条件较好的荒山荒地发展木本粮油林。充分利用我国丰富的林地、树种资源，大力发展木本粮油，对于保障我国粮食安全具有重要作用。

（八）林业关系着社会就业与和谐稳定

就业是民生之本，是社会和谐的基石，解决就业问题是我国当前和今后很长一个时期内重大而艰巨的任务。林业横跨一、二、三产业，产业链条长，市场空间广，就业容量大，是解决我国社会就业问题、维护社会和谐稳定的重要途径。我国有45亿亩林业用地，还有8亿亩可治理的沙地和近6亿亩湿地，三者合计相当于我国耕地总面积的3倍多。同时，我国有4万多个物种，其中很多物种可以开发成大产业，就业潜力十分广阔。仅25亿亩集体林业用地，按每户经营50亩计算，就可使5000万农户、2.5亿农民得到最适宜、最直接、最可靠的就业机会，实现安居乐业。这对于我国缓解就业难题，维护社会稳定，构建和谐社会，意义十分重大。

此外，林业还是发展绿色经济、促进绿色增长的基础和关键。胡锦涛主席在亚太经济合作组织第十九次领导人非正式会议和首届亚太经济合作组织林业部长级会议上指出，森林在推动绿色增长中具有重要功能，要加强森林可持续恢复和管理，为绿色增长做出贡献。促进绿色增长，为我国林业发展提供了更为广阔的舞台，也对加快林业发展提出了迫切要求。首先，实现绿色增长离不开良好的生态，这就需要林业大力提升生态服务功能，进一步增强经济社会发展的承载能力。其次，实现绿色增长离不开绿色资源能源和绿色产业，这就需要林业大力提升产品供给功能，不断满足经济社会发展的需要。第三，实现绿色增长离不开普及的生态文明观念，这就需要林业大力发挥生态文化传承功能，增强绿色增长的活力和动力。总之，促进绿色增长，要求我们必须大力加快林业发展，充分发挥林业的综合功能。在绿色经济下，森林将被作为资产进行管理和投资，实现各种效益。林业在绿色经济中的作用可以概括为三个方面。一是生产"工厂"（生产从木材到食品的私人产品）；二是生态基础设施（提供从气候调节功能到水资源保护的公共产品）；三是创新和保险服务的提供者（森林生物多样性保护）。绿色林业投资的五个重点领域主要包括，保护区、生态补偿机制、森林经营与认证、人工造林及混农林业（林下经济）。实现林业绿色转型的五个促成条件是，森林治理与政策改革，打击非法采伐，筹集绿色投资、以财政政策改革和经济手段推进公平竞争，改善森林资产信息，利用减少毁林和森林退化所致排放量（REDD＋）促进绿色林业发展。总的来看，林业已经成为一个事关经济社会发展全局的重大战略问题。经过多年努力，我国林业建设已经取得巨大成就，不少地方生态状况有了明显改善，但是离经济社会可持续发展的要求相比还有很大差距，应将林业放在更加突出的战略地位来认真考虑、超前谋划，从思想上、政策上、投入上，对林业建设给予更大支持，让其为维护全球和国家生态安全发挥更大作用。

第三节　抉择：发展现代林业

目前，世界发达国家的林业都已走上现代林业发展道路。从欧洲到北美，从日本到澳大利亚、新西兰，林业都进入了可持续发展的新阶段。许多亚洲和南美国家的林业，也在由单一的木材经营向森林三大效益全面利用过渡。客观分析我国现阶段的林业发展，虽经多年建设，已有较好基础，但无论是提供产品和服务的能力，还是发展的条件与手段，都跟不上国外林业发展的进程。若要实现"三个系统一个多样性"保护、建设和利用的协调发展，实现"三个系统一个多样性"的巨大功能和生产潜力的充分挖掘和释放，唯一的抉择就是发展现代林业。发展现代林业是落实科学发展观的基本要求，是林业发展到目前阶段的必然选择，是今后一个时期林业工作的旗帜、方向和主题，全面推进现代林业建设，必将为转变经济发展方式、建设社会主义新农村、构建社会主义和谐社会做出更大贡献。

一、现代林业的基本思路

现代林业是一个具有时代特征的概念。2007年全国林业厅局长会议明确提出，要加快由传统林业向现代林业转变。之后连续多年对现代林业建设进行探索和实践，进一步完善和创新了现代林业的概念、内涵、任务、目标、布局和要求等要素。我们认为，现代林业，就是科学发展的林业，以人为本、全面协调可持续发展的林业。现代林业以建设生态文明为目标，以可持续发展理论为指导，以现代科学技术为支持，以现代法律制度和体制机制为保障，以不断改革创新为动力，努力提高林业科学化、机械化和信息化水平，提高林地产出率、资源利用率和劳动生产率，提高林业发展的质量、素质和效益。

三步走的现代林业建设目标包括以下几点。

（1）到 2015 年，使森林覆盖率达到 21.66%，森林蓄积量达到 143 亿立方米以上，森林植被总碳储量力争达到 84 亿吨，重点区域生态治理取得显著成效，国土生态安全屏障初步形成，林业产业总产值达到 3.5 万亿元，特色产业和新兴产业在林业产业中的比重大幅度提高，产业结构和生产力布局更趋合理。

（2）到 2020 年，比 2005 年新增森林面积 4000 万公顷，新增森林蓄积量 13 亿立方米，使森林覆盖率达到 23% 以上，林业产业总产值达到 4 万亿元，重点地区的生态问题基本解决，全国的生态状况明显改善，林业产业实力显著增强。

（3）到 2050 年，建立起与国民经济和社会可持续发展相适应的完善的林业生态体系、发达的林业产业体系和繁荣的生态文化体系。使全国森林覆盖率达到并稳定在 26% 以上，生态环境明显改善，基本实现中华大地的山川秀美；主要木材及林产品基本自给，供需平衡；森林生产率和林业综合实力达到世界林业中等发达国家的水平。

二、发展现代林业的基本要求

发展现代林业的要求主要有以下九个方面。

（1）用现代发展理念引领林业。中国现代林业的发展理念，是以可持续发展理论为指导，坚持以生态建设为主的林业发展战略，全面落实科学发展观，最终实现人与自然和谐的生态文明社会。这一发展理念既符合当今世界林业发展潮流，又符合中国的国情和林情。

（2）用多目标经营做大林业。森林具有多种功能和多种价值。中国现代林业多目标经营，就是充分发挥林业资源的多种功能和多种效益，不断增加林业生态产品、物质产品和文化产品的有效供给，持续不断地满足社会和广大民众对林业的多样化需求。中国现代林业的最终目标是建设生态文明社会，具体目标是实现生态、经济、社会三大效益的最大化。

（3）用现代科学技术提升林业。现代科学技术是建设现代林业的坚强基石，是检验林业管理经营水平和生产力发展水平的重要标志。全面依靠科技进步是突破资源和市场对我国林业的双重制约的根本出路，主要内容有：加快林业创新体系建设，加强林业实用技术研究开发体系建设，推进林业科技的推广应用体系建设等三个方面。

（4）用现代物质条件装备林业。就是不断加强现代林业基础设施和技术装备建设，充分利用国际国内成熟技术和装备，广泛应用于林业生产和经营，大幅度提高林业劳动生产率、林地生产率和林业资源综合利用率，提升林业生产力和管理水平，实现林业生产过程的机械化、智能化。

（5）用现代信息手段管理林业。管理的现代化不仅包括管理理念的现代化，同时也包括管理手段的现代化。要充分利用现代科学技术成果，在现代林业管理中引入数字化、网络化等先进的信息化技术手段。实现森林资源管理、生态状况动态监控、林业发展规划布局、野生动植物保护、森林自然灾害监控、植树造林成果评价、林业行政审批等方面的科学管理、科学经营、科学决策。

（6）用现代市场机制发展林业。建设现代林业的市场引导机制，包括政策激励、市场引导、完善服务三个方面，按照"政府制定政策、市场配置资源"的原则，建立健全和不断完善有利于现代林业发展的社会化服务体系，包括金融服务、技术服务、信息服务等，并把配套服务贯穿于林业生产的全过程，加快推进现代林业产业集约化、规模化、专业化进程。

（7）用现代法律制度保障林业。现代林业是建立在完整的、适合国情、林情的林业政策、法律、法规和制度体系基础之上的林业。第一，要完善立法，强化执法，搞好普法。第二，完善强林惠林政策体系。第三，全面推进林权制度改革，建立现代林业产权制度。第四，遵循统一的、与国际接轨的、公平公正的市场运行法则，建立和完善"统一、开放、规范、有序"的社会主义市场经济体系。

（8）用扩大对外开放拓展林业。现代林业是面向全球环境和经济一体化的开放型林业。首先是责任的国际性。包括共同应对全球气候变暖、物种锐减、自然灾害频繁等问题，还包括充分利用国际国内两个市场、两种资源，积极面对经济全球化、贸易自由化以及我国加入世界贸易组织（WTO）面临的机遇与挑战等。其次是广泛的参与性。包括认真履行与林业有关的国际公约，积极参与国际森林政策对话和区域进程，参与相关规则制定，大力发展外向型经济，扩大林业发展空间等。

（9）用培育新型务林人推进林业。我国林业人力资源主要由林业公务员、林业专业技术人员、林业企业经营管理者、林业工人和林农组成。要紧紧围绕未来林业发展和生态建设全面进入依靠科技进步和提高劳动者素质的轨道这个目标，充分激发林业从业人员积极性和创造力，不断提高林业从业人员的学习能力、实践能力和创新能力，切实提升林业从业人员专业知识水平和教育程度，形成布局合理、总量充足、结构优化、有序流动、社会广泛参与的林业人力资源新格局。

通过上述工作，努力提高林业科学化、机械化和信息化水平，提高林地产出率、资源利用率和劳动生产率，提高林业发展素质、质量、效益和竞争力，转变林业增长方式、不断推进林业可持续经营。

三、现代林业建设的总体布局

（一）构建完善的林业生态体系

通过培育和发展森林资源，着力保护和建设好森林生态系统、荒漠生态系统、湿地生态系统，在农田生态系统、草原生态系统、城市生态系统等的循环发展中，充分发挥林业的基础性作用，努力构建布局科学、结构合理、功能协调、效益显著的林业生态体系，满足社会对林业的生态需求。主要包括四个方面的内容：一是保护和建设森林生态系统。实施林业重点生态工程（图6-1至图6-3），全面加快国土绿化步伐。加强森林资源管护，切实保护天然林和原始森林。大力开展植树造林，巩固和扩大退耕还林成果，建

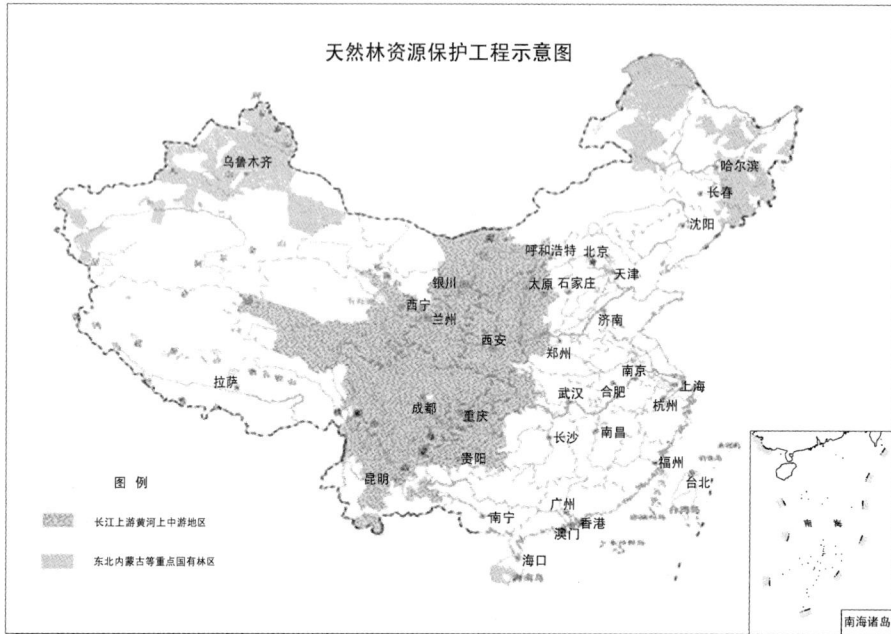

图6-1　天然林资源保护工程项目

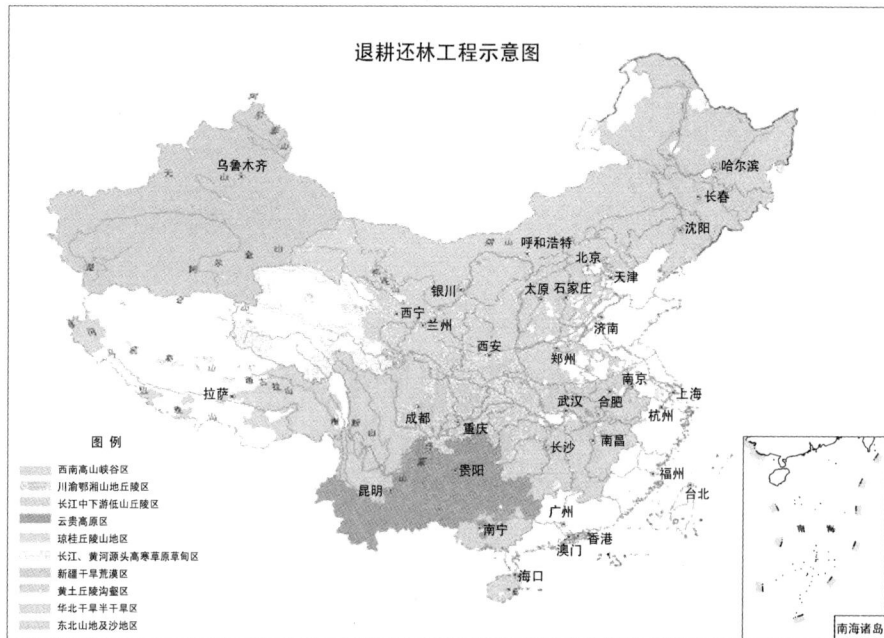

图6-2　退耕还林工程项目

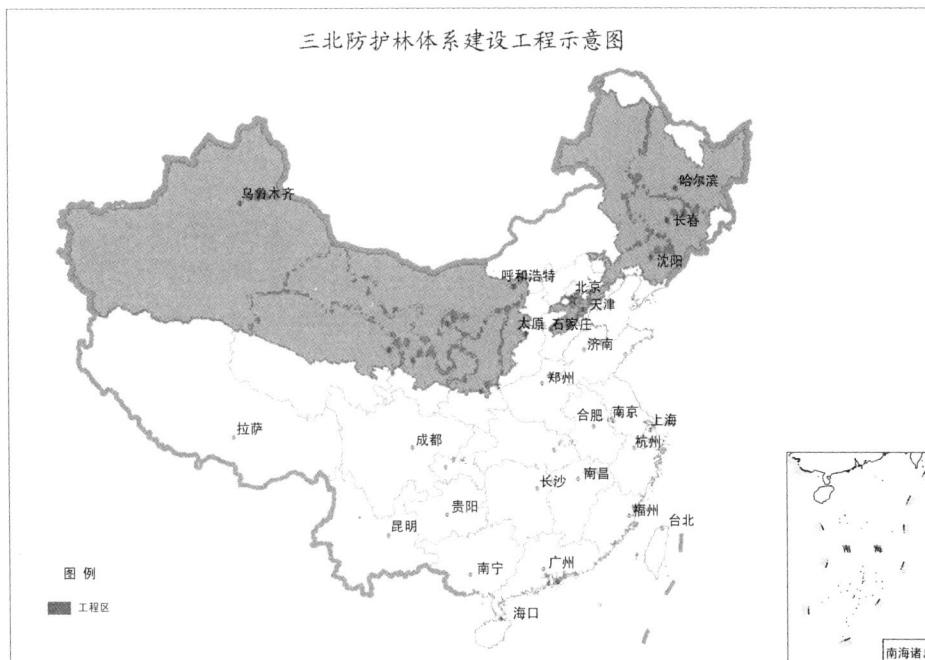

图 6-3 "三北"防护林体系建设工程项目

设"三北"、长江和沿海等重点防护林体系，推进全民义务植树，促进森林生态系统的自然恢复和人工修复，努力建设以林草植被为主、布局合理、结构稳定、功能完善的绿色生态屏障。二是保护和恢复湿地生态系统。实施湿地保护工程，全面加强对湿地的抢救性保护和对自然湿地的保护监管，对退化或面临威胁的重要湿地进行生态补水、污染治理、限养限用、保育结合等综合治理，重点建设国际和国家重要湿地、各级湿地保护区、国家湿地公园以及滨海湿地、高原湿地、鸟类迁飞网络和跨流域、跨地区湿地，有效保护和恢复湿地功能。三是治理和修复荒漠生态系统。坚持科学防治、综合防治、依法防治的方针，统筹规划全国防沙治沙工作，加大《中华人民共和国防沙治沙法》宣传和执法力度，全面落实防沙治沙目标责任制，启动实施沙化土地封禁保护区建设，建设重点地区防沙治沙工程和全国防沙治沙综合示范区，恢复林草植被，构建以林为主、林草结合的防风固沙体系。四是维护和发展生物多样性。大力推进野生动植物保护及自然保护区建设工程，保护和改善珍稀、濒危野生动植物栖息地，建立健全野生动植物救护、驯养繁殖（培植）、基因保护体系，提高野生动植物保护能力和自然保护区管理水平。加强野生动植物种进出口管理，推动我国野生动植物保护事业再上新台阶。最终通过林业重点生态工程的实施，加快实施国土生态安全屏障战略。加快推进林业重点生态工程。主要包括 14 项重点工程（表 6-1）。

表 6-1　林业生态保护和建设重点工程

1	天然林资源保护二期工程	继续全面停止长江上游、黄河上中游地区天然林的商品性采伐；根据东北内蒙古等重点国有林区资源承受能力，大力调减木材产量；加强森林资源管护、公益林建设和森林培育。
2	退耕还林工程	全面组织实施好巩固退耕还林成果专项规划，切实巩固已有退耕还林成果；继续在重点水源涵养区、黄土高原水土流失区、严重岩溶石漠化地区和重点风沙区对25°以上坡耕地和严重沙化耕地实施退耕还林。
3	"三北"防护林体系建设五期工程	按照不同区域功能定位，对重点建设区进行集中连片治理，规模推进，大力推进造林育林、封禁保护、更新改造、巩固提高，着力构建高效农田防护林体系、生态经济型防护林体系、防风固沙防护林体系和荒漠绿洲生态体系，构建北方防风固沙屏障。
4	全国沿海防护林体系建设工程	对重点区域消浪林带、海岸基干林带、沿海纵深防护林进行重点建设和集中治理，构建沿海绿色生态屏障。
5	长江流域防护林体系建设三期工程	调整防护林体系内部结构，完善防护林体系基本骨架，提高重点区域防护林建设标准和整体功能，构建长江流域生态屏障。
6	珠江流域防护林体系建设工程	对重点治理区域进行重点建设，增加工程区森林面积，提高混交林比重和森林质量，构建珠江流域生态屏障。
7	太行山绿化工程	按7个流域营造水源涵养林和水土保持林，加强五台山周围、大清河上中游等重点区域治理。
8	平原绿化工程	以全国粮食主产省和粮食主产县为重点区域，以农田防护林带建设为重点内容，构建平原农区生态屏障。
9	京津风沙源治理工程	加强林草植被保护，巩固一期工程建设成果；突出重点，强化治理区域和植被恢复方式的针对性。
10	国家级沙化土地封禁保护建设	在我国主要沙尘源和沙尘暴主要路径区的西北干旱区和部分半干旱区划建国家级沙化土地封禁保护区，实施封禁保护。
11	野生动植物保护及自然保护区建设工程	加快拯救大熊猫、兰科植物等15大珍稀濒危野生动植物种，扩展拯救和恢复一批极度濒危野生动物和极小种群野生植物；加强林业自然保护区建设；加强野生动植物调查监测和保护管理体系建设。
12	湿地保护与恢复工程	加强国际和国家重要湿地、国家湿地公园等湿地生态系统保护与建设，对生态退化严重湿地采取水资源调配、污染治理、生态修复等综合治理，加强湿地资源监测、管理等支撑体系建设。
13	岩溶地区石漠化综合治理工程	在"十一五"试点的基础上全面启动实施，通过退耕还林、封山育林等措施，加强林草植被的保护与建设。
14	林业血防工程	把植树造林、退耕还林、重点防护林、湿地保护工程等与抑螺防病结合起来，实行兴林、抑螺、防病综合治理。

　　同时，按照国家推进形成主体功能区的要求，以重点工程为依托，加快在东北森林区、西北风沙区、沿海区、西部高原区、长江、黄河、珠江、中小河流及库区、平原农区、城市区等构筑十大生态屏障（表6-2），形成维护国土生态安全的保障体系。

表6-2 十大国土生态安全屏障

1	东北森林屏障	范围包括长白山、张广才岭、小兴安岭、大兴安岭以及三江平原地区。以天然林保育为重点，加强天然林保护；开展森林抚育和低效林改造，提高森林生态系统整体功能；加强自然保护区和森林公园建设；保护高纬度湿地资源，遏制湿地围垦和改造，加强自然湿地保护；加强森林防火，提高预警监测、火情快速处置能力；保护该区域高纬度永久冻土资源。
2	北方防风固沙屏障	范围包括内蒙古中西部、辽宁西部、吉林西部、河北北部、北京北部、山西、陕西、甘肃西部及东北部、青海北部、新疆和宁夏。以治理风沙危害和水土流失为重点，在保护现有植被和生物多样性、加大防控鼠兔害基础上，封飞造、乔灌草相结合，因地制宜，开展植树造林、退耕还林等生态修复；在条件合适的地区建设沙化土地封禁保护区；加强自然保护区和森林公园建设；实施生态补水，维护湿地生态功能。
3	沿海防护林屏障	范围包括我国东南沿海地区。以营造沿海防护林为重点，建设以消浪林带、海岸基干林带、纵深防护林为主的综合防护林体系，形成多层次海岸保护带；加强自然保护区和森林公园建设；保护滨海湿地。
4	西部高原生态屏障	范围包括青藏高原及东南缘和黄土—云贵高原地区。在青藏高原及东南缘地区，以保护修复为重点，全面加强对天然林、原生植被、生物多样性和三江源头高寒湿地及祁连山水源涵养区、甘南重要水源补给区等生态系统的保护，以及川西北沙化治理；在黄土—云贵高原地区，突出水土流失综合治理、退耕还林、退化森林修复和石漠化综合治理，建设以林草植被为主体、布局合理、结构稳定、功能完善的防护林体系。
5	长江流域生态屏障	范围包括青海、西藏、甘肃、四川、云南、贵州、重庆、陕西、湖北、湖南、河南、安徽、江西、江苏、山东、浙江、福建、上海等18个省(自治区、直辖市)。以长江防护林、天然林资源保护、退耕还林和石漠化综合治理等工程为依托，以突出涵养水源、防治水土流失为主要目的，积极推进植树造林、森林抚育和低效林改造，加快森林生态系统功能恢复的步伐；加强流域内自然保护区、森林公园建设和湿地保护与恢复；突出长江上中游和洞庭湖、鄱阳湖地区和三峡库区、丹江口库区及沿线的治理，重点构筑三峡库区周边和南水北调源头及沿线生态屏障。
6	黄河流域生态屏障	范围包括青海、四川、甘肃、宁夏、内蒙古、陕西、山西、河南、山东等9个省(自治区)。依托天然林资源保护、退耕还林、"三北"防护林体系建设等重点工程，以突出涵养水源、防治水土流失为主要目的，积极推进植树造林、森林抚育经营，加快森林生态系统功能恢复的步伐，加强流域内自然保护区、森林公园建设和湿地保护与恢复。
7	珠江流域生态屏障	范围包括江西、湖南、云南、贵州、广西和广东6个省(自治区)。依托珠江防护林、天然林资源保护、退耕还林和石漠化综合治理等重点工程，加强水源涵养林建设，治理水土流失及石漠化；保护浅海湿地滩涂，修复湿地生态功能；加强自然保护区和森林公园建设，保护珍稀野生动植物资源。
8	中小河流及库区生态屏障	范围包括流域面积200平方千米以上有防洪任务的中小河流重点河段，以及重要水库。以防护林体系建设、天然林资源保护、退耕还林等工程为依托，以植树造林、保护和恢复湿地等生物措施积极防治水土流失、涵养水源和净化水质。加强自然保护区和森林公园建设，提高中小河流及库区周边生态系统稳定性。

（续）

| 9 | 平原农区生态屏障 | 在广大平原农区，特别是粮食主产区，大力建设农田防护林，以保障粮食增产和改善农村生产生活环境为目标，将东北平原、黄淮海平原、华北平原等作为重点建设区域，加快建设农田林网，大力开展村屯绿化美化。 |
| 10 | 城市森林生态屏障 | 范围包括全国大中小城市和乡镇。以推动身边增绿，加强森林公园建设，使广大城乡居民共享生态建设成果为目标，通过发展城市森林，构建远山、近郊和城区相连接，水网、路网和林网相融合，以森林为主体，城市和乡村一体化的生态系统。 |

（二）构建发达的林业产业体系

通过加强第一产业，全面提升第二产业，大力发展第三产业，不断培育新的增长点，积极转变增长方式，努力构建门类齐全、优质高效、竞争有序、充满活力的林业产业体系，满足社会对林业的经济需求。主要思路是：以《林业产业政策要点》和《林业产业振兴规划(2010～2012年)》为指导，大力提升传统产业，积极扶持战略性新兴产业，促进林业产业转型升级，重点培育十大主导产业（表6-3），在全国建立起一大批布局科学合理、主导优势明显、产业特色突出、市场竞争力强的用材林基地县、油茶县、核桃县、

表6-3　十大主导产业

1	林产工业	在东北、内蒙古地区，加强木材加工企业技术改造，提升加工水平；在东部沿海地区，发展壮大以生产家具、地板和木门等高附加值、高科技含量产品的产业集群；在黄河及长江中游地区，培植龙头企业，促进产品升级换代；在南方地区，加快发展外向型林产品加工业；在西南地区，大力发展松香类产品精深加工、天然植物香料等林产化工业，并适度建设一批木(竹)浆造纸和纤维利用项目；在西北地区，适当发展木材加工业。
2	木材及其他原料林培育	立足各省份的光热水土优势，大力推动林板、林纸、林油、林电(热)一体化进程，加快建立一批优质、高效的木材生产、林业生物质能源和后备战略资源储备基地。南方原料林产业带要以建设短周期纤维浆纸原料林基地为主，因地制宜地大力发展周期较长的热带和南亚热带特有珍贵树种；西南和西北适宜地区主要发展特色用材林和长周期珍贵用材树种；长江中下游原料林产业带要培育欧美杨和松类、杉、竹类为主的工业原料林，兼顾周期较长的大径级珍贵用材林基地建设；以黄河中下游地区为重点的黄淮海平原工业原料林产业带要发展适宜该区域生长的毛白杨、欧美杨等浆纸和人造板原料林。东北、内蒙古地区采取定向培育方式，改造培育红松、黄波罗、水曲柳、核桃楸等后备木材储备基地。积极开展红木类、常绿硬木类、落叶硬木类等珍贵树种培育。
3	木本粮油和特色经济林产业	在浙江、安徽、福建、江西、河南、湖北、湖南、广东、广西、重庆、四川、贵州、云南、山西、山东、内蒙古、河北、陕西、新疆、甘肃、西藏等省(自治区、直辖市)，大力发展以油茶、核桃、油橄榄、仁用杏为重点的木本油料产业基地；在北京、河北、山西、辽宁、安徽、广西、山东、河南、湖北、陕西、宁夏、新疆等省(自治区、直辖市)，发展以板栗、枣、柿子为重点的木本粮食产业基地；在长江中上游地区发展茶叶、花椒、杜仲、厚朴、黄柏为主的特色经济林产业基地。

（续）

4	森林旅游	积极发展以国家森林公园为主、国家级自然保护区和湿地公园、沙漠为辅的森林旅游产业基地。引导扶持森林公园、森林人家建设，树立森林旅游品牌。支持各地举办森林旅游节庆活动，培育良好的森林旅游市场。积极发展滨海森林湿地生态游、山地森林生态游、沙漠游、冰雪度假游、温泉度假游、城郊森林休闲健身游等特色森林旅游形式；大力打造休闲度假、登山、漂流、滑雪、科考探险、养生、科普教育、民俗体验等特色森林旅游产品。
5	林下经济	以提高森林资源的保护和利用水平，优化林业产业结构为出发点，以促进农民增收致富为落脚点，引导农民利用承包的林地，大力发展林参、林果、林药、林菌、林花等林下种植业，以及养鸡、养猪、养兔等林下养殖业，非木质产品采集业。在东北、西南等国有林区重点发展以北药和南药为主导的森林中药材、森林食品等产业基地。缩短林业生产周期，让农民实现快速致富的愿望，进一步提高林业综合效益，解决农民经营林业长期没有收益的问题，实现近期得利、长期得林、以短养长、长短协调的良性循环。
6	竹产业	优化竹产业生产布局，推进优势竹产品生产向优势区域集中，发展规模生产，构建具有区域特色的竹产业带，培育相应的拳头产品和龙头企业。培育竹产品市场，鼓励竹产品出口；建立竹生产和加工利用技术及产品的标准体系和竹产品质量可追溯体系。在华东、华南、华中、西南等竹子主要分布区，重点发展竹笋、竹地板、竹胶板、竹炭、竹家具、竹纤维、竹浆造纸等竹产业基地。
7	花卉苗木产业	坚持"优化产业结构、合理区域布局、增加科技含量、提高经济效益"的原则，构建花卉苗木良种选育推广、现代花卉苗木栽培技术研发推广、花卉苗木产业集群、花卉苗木现代化信息系统、花卉文化等五大体系，提高花卉苗木生产水平。重点发展花卉苗木的种子(种苗、种球)生产基地建设，引导切花切叶、盆花、盆栽观叶植物、盆景、花坛植物、绿化苗木中心产区基地建设。
8	林业生物产业	大力发展以生物农药、生物肥料、植物生长调节剂等为主的绿色生物产品，以生物基材料、森林中药材、生物制药等为主的生物制造产业基地。重点推动高热值、高含油且环境适应性强的能源树种新品种培育和产业化，以麻风树、无患子、黄连木、文冠果、光皮树等树种为主，在西北、西南、中原、华北地区发展林油、林热一体化产业。在薪材、灌木和林木剩余物资源集中区发展林电一体化产业。在林区、沙区和偏远农区进行物质成型燃料炉具应用试点和分散式生物质能生产生活利用示范。加强林业新材料产业发展。通过关键技术突破和产业化示范，以松脂、木本油脂、木本纤维素等林木生物质为原料，建立一批生物基高分子新材料和绿色化学品、糖工程产品和新型炭质吸附材料规模化示范企业。
9	野生动植物繁育利用产业	在东北、西北和华北地区，发展毛皮野生动物繁育利用产业基地；在大中型城市等高密度人口区，发展野生动物园；在东北、华中、西南等地区，发展以药用和观赏为主的野生动植物繁育利用产业基地。加快野生动植物驯养繁育利用的规模化、标准化、产业化经营，培育一批基础设施较完善、技术力量雄厚、经济效益显著的示范基地和龙头企业。
10	沙产业	在干旱沙漠、戈壁和绿洲区，培育具有当地特色的经济林、干鲜果品、花卉苗木、饲料、中药材和沙漠旅游等产业基地；在半干旱沙地区，积极发展工业原料林、生物质能源林、人造板、造纸、饲料、中药材等产业基地；在青藏高原高寒荒漠区，积极发展高原特有的中药材培育、加工、饲料等产业基地；在黄淮海平原和南方湿润沙地区，大力发展木材、木本粮油、果品、饲料、药材、种苗花卉等产业基地。

红枣县、板栗县、花卉县、竹子县等林业产业集群，逐步形成能够在农民增收致富和县域经济发展中发挥主导性、支柱性作用的产业。同时，各地要按照区域比较优势，因地制宜地引导发展富有特色的林业产业（表6-4）。

表6-4　林业产业重点工程

1	油 茶 产 业 发 展 工程	建设油茶基地，保障国家食用油安全，提高国民膳食健康水平。建设油茶基地217万公顷，其中，新造56万公顷、更新改造122万公顷、嫁接改造2万公顷、抚育改造37万公顷。
2	林业生物质能源	开发麻风树、无患子、黄连木、文冠果、光皮树等生物质能源树种，建设林业生物质能源原料林基地，开发生物质高效能转化供热技术、发电技术、定向热解气化技术和液化油提炼技术，建设一批林木质电站。
3	特色经济林	调整农村，产业结构，促进农民增收。走区域化布局、良种化建园、规范化生产、市场化引导、集约化经营、标准化管理、集群化发展道路，根据比较优势，建设特色经济林产业带700万公顷，其中，新建200万公顷，低产林改造500万公顷。
4	木 材 生 产 基 地 建设	建设短周期浆纸和人造板原料林基地，建设各类珍贵树种基地，适量发展周期较长的热带和南亚热带特有珍贵用材树种，兼顾大径级用材林基地建设，提高基地木材产出率。

（三）构建繁荣的生态文化体系

普及生态知识，宣传生态典型，增强生态意识，繁荣生态文化，树立生态道德，弘扬生态文明，倡导人与自然和谐的重要价值观，努力构建主题突出、内容丰富、贴近生活、富有感染力的生态文化体系，满足社会对林业的需求。主要思路是：实施繁荣生态文化战略，大力推进生态文明和生态文化教育示范基地建设，加快城乡绿化美化步伐，加强生态文化创作与宣传，引导全社会牢固树立生态道德观、生态价值观、生态政绩观、生态消费观等生态文明观念。

（1）推进城乡绿化美化一体化建设。在推进荒山造林、城市绿化和通道绿化的同时，按照城区园林化、郊区森林化、道路林荫化、农民庭院花果化要求，大力发展城市和乡村绿化。大力开展环城林、环镇林、环村林、单位庭院绿地、居住区绿地建设，推进立体绿化、屋顶绿化、绿荫停车场建设，为城乡群众提供游憩和林荫空间。结合新农村建设，开展村屯道路、庭院、房前屋后绿化，广泛种植珍贵树种、经济林果，将农村居住环境改善与农民增收相结合。开展创建"国家森林城市"、"全国绿化模范单位（城市、区、县）"等活动，不断推进森林城市、森林乡镇、森林村庄等建设，让城乡居民享受更多更好的生态产品。

（2）加强生态文化创作和宣传。加强林业宣传，及时广泛地传播生态文明理念和林业生态建设成就，反映林业发展及生态建设面临的困难，为现代林业发展创造良好舆论氛围。加强生态文化产品创作、挖掘活动，举办野生动植物保护成果展、生态摄影展、文艺家采风和生态笔会等活动，鼓励开展生态文艺作品创作；系统开展生态文化体系研究，完善生态文化建设理论体系；积极挖掘整理森林文化典籍，出版反映森林历史文化内涵的作品；通过各种活动，传播各具特色的生态文化；建设健全生态博物馆、小展览馆等生态文化设施，不断提高生态文化品位。

（3）建设一批重点生态文明、生态文化教育基地。与全国主体功能区规划相衔接，以自然保护区、森林公园、湿地公园、植物园、学校、博物馆等生态景观或教育资源丰富的单位为基础，创建一批重点生态文明、生态文化教育基地。逐步在我国每个地级市建设 1 个国家级生态文明或生态文化教育基地，每个县有 1 个地方级生态文明或生态文化教育基地，各个地区的生态文化教育基地要突出地方特色。

第四节　目标：建设生态文明

党的十七大提出，要建设生态文明，基本形成节约能源资源和保护生态环境的产业结构、增长方式、消费模式，循环经济形成较大规模，可再生能源比重显著上升，生态环境质量明显改善，生态文明观念在全社会牢固树立。这标志着建设生态文明已经成为全面建设小康社会的新要求、新目标和新任务，标志着建设生态文明已经成为中国特色社会主义伟大事业的崇高追求。林业是生态建设的主体，也是生态文明建设的主要承担者，必须肩负起建设生态文明的历史使命。

一、生态文明的基本理念

生态文明是指人类在改造客观物质世界过程中，自觉遵守自然和社会客观规律，不断调整改善进而实现低消耗、低排放、高利用的产业结构和生态化的生产方式、生活方式，达到人与自然、经济与生态和谐共进，取得的物质和精神的总和，是人类文明的高级形态。其核心是人与自然和谐的价值观在经济社会发展中的落实及其成果的反映，它摒弃人类破坏自然、征服自然、主宰自然的理念和行动，倡导在经济社会发展中尊重自然、保护自然、合理利用自然，并主动开展生态建设，实现生态良好、人与自然和谐。其基本理念主要包括以下几个方面。

（一）生态文明突出强调人与自然的平等关系

人类对自然生态严重破坏而导致的恶果，使人类逐步认识到人类并不是自然的主宰，而仅仅是自然生态系统中的一员，人与自然是平等关系，而不是主从关系，更不是征服与被征服的关系。人类的价值观不能仅仅以人为核心，人类的功利和幸福不能逾越自然所允许的范围。人类尊重自身首先要尊重自然，只有在与自然和谐相处的前提下，人类文明才能持久和延续。

（二）生态文明高于迄今为止的其他人类文明形态

从人类文明的发展历程看，生态文明是继原始文明、农业文明、工业文明之后形成的新的文明形态，高于原始文明、农业文明和工业文明。它是在对传统文明破坏生态的行为进行长期深刻反思和扬弃后而形成的一种新的文明，是对人类传统文明的整合、重塑与升华，是人类社会进步的重要标志，也是 21 世纪人类文明的发展方向。从当今社会的各种文明形态看，生态文明是物质文明、政治文明和精神文明的基础，并对物质文明、政治文明、精神文明建设具有指导、规范作用。一方面，物质文明、政治文明和精神文明离不开生态文明，没有良好的生态，就难以有持续的物质成果和精神享受，没有生态安全，人类自身就会失去生存的基础；另一方面，生态文明要求社会的政治行为、经济行为、生活行为应当限制和规范在不破坏人类生存条件的范围内。

（三）生态文明要求全社会形成良好的生态伦理道德

生态文明主张人对自然承担道德义务。生态伦理道德是一种关于人们对待一切生物和非生物环境所应坚持的道德原则、道德态度和行为规范等。传统的伦理道德观，对人与自然的关系没有明确的规范，缺乏人类对待自然的行为的评判标准与道德约束，当一些人在做出超出自然所能承受的掠夺式、破坏式的索取行为时，并不会产生负罪感、愧疚感，也不会受到人们的道德谴责。生态文明倡导的生态伦理道德，要求人们在谋求物质利益时必须有所节制，在可能破坏生态时，即使具有极大的眼前利益，也要自我约束。

（四）生态文明要求全社会履行维护生态安全的责任和义务

生态文明强调全社会、全人类都必须履行维护生态安全的责任和义务，每一个公民、每一个社会团体、每一个国家都负有保护生态的责任和义务，生态受到破坏也应自觉地承担建设和改善生态的责任和义务，从而在全社会、全人类形成一种平等合作关系，共同保护和建设地球家园。

（五）生态文明要求建立经济社会可持续发展的制度体系

生态文明要求人类选择有利于生态安全的经济发展方式，建设有利于生态安全的产业结构，建立有利于生态安全的制度体系，逐步形成促进生态建设、维护生态安全的良性运转机制，使经济社会发展既满足当代人的需求，又对后代人的需求不构成危害，最终实现经济与生态协调发展。

二、建设生态文明的重大意义

建设生态文明是顺应世界文明发展潮流的必然选择，是维护中华民族生存根基的战略举措，是中国特色社会主义理论的丰富和发展。推进生态文明建设，不仅对全面落实科学发展观、全面建设小康社会具有重大现实意义，而且对维护全球生态安全、推动人类文明进步具有深远的历史意义。

(一)建设生态文明是中国特色社会主义理论的丰富和发展

中国特色社会主义理论体系是马克思主义中国化的最新成果，是不断发展的开放的理论体系。早在100多年前，恩格斯就深刻指出："我们不要过分陶醉于我们对自然界的胜利。对于每一次这样的胜利，自然界都报复了我们。美索不达米亚、希腊、小亚细亚以及其他各地的居民，为了想得到耕地，把森林都砍完了，但是他们梦想不到，这些地方今天竟因此成为荒芜不毛之地，因为他们使这些地方失去森林，也失去了积聚和贮存水分的中心。"我国在社会主义建设的进程中，对人与自然的关系进行了不断的探索，进一步丰富和发展了马克思主义。毛泽东同志指出："要重视林业、造林，这是我们将来的根本问题之一。"邓小平同志指出："植树造林，绿化祖国，是建设社会主义、造福子孙后代的伟大事业，要坚持二十年，坚持一百年，坚持一千年，要一代一代永远干下去。"江泽民同志对加强生态建设、再造秀美山川作出了许多深刻论述。胡锦涛总书记在十七大报告中进一步明确提出了建设生态文明的新要求，并将到2020年成为生态环境良好的国家作为全面建设小康社会的重要目标之一。"建设生态文明"这一理念的提出，反映了我们党对人与自然、经济与生态关系认识的不断深化，丰富和发展了中国特色社会主义理论，开启了社会主义生态文明建设的生动实践，标志着我们党对生态建设在经济社会发展全局中重要作用的认识达到了新高度，对人类社会发展规律和社会主义建设规律的认识达到了新境界。在这一重要理论的指引下，中国特色社会主义必将成为经济、政治、文化、社会全面发展的社会主义，也必将成为生态良好、生态文明的社会主义。

(二)建设生态文明是全面落实科学发展观的重要途径和标志

坚持以人为本、全面协调可持续发展的科学发展观，是我党确立的重大战略思想。坚持以人为本，就是要从人民群众的根本利益出发谋发展、促发展，建设生态文明，实现生态良好，就是要维护和改善人的生存发展条件，这是最根本意义上的以人为本；坚持全面协调可持续发展，就是要坚持以经济建设为中心，统筹各方面协调发展，推动整个社会走上生产发展、生活富裕、生态良好的文明发展道路。党的十七大明确提出了建设生态文明的基本要求：基本形成节约能源资源和保护生态环境的产业结构、增长方式、消费模式；循环经济形成较大规模；可再生能源比重显著上升；主要污染物排放得到有效控制；生态环境质量明显改善；生态文明观在全社会牢固树立。建设生态文明，落实好这些基本要求，是实现人与自然和谐发展、经济社会可持续发展的重要途径和标志，也是全面落实科学发展观的重要途径和标志。

(三)建设生态文明是维护全球生态安全、延续人类文明的必由之路

历史上，由于人类对生态破坏而导致国家衰亡、文明转移的例证屡见不鲜。当前，气候变暖、土地沙化、水土流失、干旱缺水、物种灭绝等生态危机，已严重影响到人类的生存发展，对人类文明的延续构成了严重威胁。国际著名科学家爱德华·戈德史密斯指出："生态恶化是'第三次世界大战'，如此下去，自然界将很快失去供养人类生存的能力。"世界著名生态和社会学家唐纳德·沃斯特指出："我们今天所面临的全球性生态危机，起因不在生态系统本身，而在于我们的文化系统。要渡过这一危机，必须尽可能清楚地理解我们的文化对自然的影响。"生态危机迫使人们进行深刻的文化反思和新的文明抉择。建设生态文明，是消除传统文明的弊端、应对全球生态危机、维护全球生态安全、实现人类文明永续发展的必然选择和必由之路。

三、切实发挥现代林业在生态文明建设中的主体作用

（一）森林是陆地生态系统的主体，在维护生态平衡中起着决定作用

森林是陆地上面积最大、结构最复杂、生物量最大、初级生产力最高的生态系统，其特殊功能决定了森林在维持生态安全、维护人类生存发展的基本条件中起着决定性和不可替代的作用。这种作用主要体现在三个方面：森林是陆地生态系统最大的碳储库，具有缓解温室效应的功能。森林是陆地生态系统的蓄水库，具有保持水土、涵养水源的功能。森林是阻挡风沙的生态屏障，具有防治土地沙漠化的功能。土地沙漠化是中华民族的心腹大患，遏制土地沙漠化、减少风沙灾害最现实、最有效的办法是大力发展防护林。森林里的乔木、灌木、草本植物、藤本植物及庞大的根系网，可以有效固沙，枯枝落叶可以转化为有机物，对改变土壤结构，提高土壤质量，促进植被生长，防治土地沙漠化，具有不可替代的作用。

（二）林业在发展循环经济、低碳经济中大有潜力可挖

发展循环经济和低碳经济是时代对我们提出的基本要求，也是各行各业都应努力实现的目标，具体到林业来说，森林既是一个巨大的资源库，又是一个最大的循环经济体，具有"生产—消费—分解"可循环的基本属性，发展循环经济、低碳经济，大有潜力可挖。同时，木材是经济建设不可缺少的世界公认的三大传统原材料之一，具有可再生，可降解，可循环利用，绿色环保的独特优势。在经济建设中用木材和木材深加工制成品代替钢铁、水泥和石油、天然气深加工制成品，不仅可以大幅度降低二氧化碳的排放，而且可以促进生态环境的改善。同时，森林又是一种仅次于煤炭、石油、天然气的第四大战略性能源。利用林木的枝丫发电和果实炼油不仅潜力巨大，而且再生力强。在化石能源日益枯竭的情况下，发展森林生物质能源已成为世界各国能源替代的重大战略，也是我国开发替代能源的战略选择。大力开发研制林业生物质能源，对于提升可再生能源比重，保障我国能源安全，促进节能减排降耗，推动生态文明建设，具有十分重要的意义。

（三）森林是人类文明的摇篮，林业是生态文化的主要源泉和重要阵地

森林是人类文明的发源地，孕育了灿烂悠久、丰富多样的生态文化，如森林文化、花文化、竹文化、茶文化、湿地文化、野生动物文化、生态旅游文化等，这些文化集中

反映了人类热爱自然、与自然和谐相处的共同价值观。大力发展生态文化，可以引领全社会了解生态知识，认识自然规律，树立人与自然和谐的价值观，促进社会转变生产生活方式；可以引导政府部门的决策行为，使政府的决策有利于促进人与自然和谐；可以推动科学技术不断创新发展，提高资源利用效率，促进生态改善。生态文化是弘扬生态文明的先进文化，是建设生态文明的文化基础。林业不仅要担当起生态建设的重任，还要做发展生态文化的先锋，不仅要创造大量的生态成果和物质成果，还要尽可能地创造出丰富的生态文化成果，努力构建繁荣的生态文化体系，大力传播人与自然和谐相处的价值观，为全社会牢固树立生态文明观，推动生态文明建设发挥重要作用。

第五节　方法：坚持科学发展

　　我国林业发展正站在新的历史起点上，既面临着新的发展机遇，又面临着新的矛盾和挑战。如何处理好林业发展中面临的一些重要矛盾和关系，采取有力措施，促进林业又快又好发展，充分发挥林业的多种功能，满足社会的多样化需求，是当前一项亟须解决的重大课题，也是今后一个时期林业工作的主要内容。经过对这一问题的深入调查研究，发展现代林业要认真处理好十个重要关系，着力做好十大保障措施。

一、十个重要关系

（一）处理好兴林与富民的关系

　　处理好兴林与富民的关系，是现阶段我国林业发展最核心、最根本的问题。兴林为了富民，这是林业工作的根本宗旨和主要目的；富民才能兴林，这是林业的生存之基和主要任务。两者相互依存、相辅相成、相互促进。一切发展都是为了人民。通过发展林业，可以为社会提供大量的就业机会、增加农民收入，还可以提供良好的生态环境、丰富的林产品，让人民群众从中获取多方面的利益，不断提高生活质量。一切发展都要依靠人民。如果人民群众不能从林业发展中获得利益，就不会自觉自愿地投身林业建设，林业就会成为无源之水。只有老百姓生活真正富裕了，才会产生更高的精神追求，逐步由吃、穿、用、住等基本生存消费向优质、高档、享受型消费转变，才会追求生态改善、生态质量，也才会进一步关注、支持、参与生态建设，拿出更多的资金和资源投入到林业建设中，为林业发展提供物质保障和精神动力。历史一再证明，民穷则林毁，民富则林兴。正确认识兴林与富民的关系，坚持在兴林中富民，在富民中兴林，林业才能获得在国家发展全局中的地位，才能获得不竭的发展动力。

　　处理好兴林与富民的关系，一要紧紧围绕社会主义新农村建设，找准林业在新农村建设中的位置和工作着力点，大力挖掘林业潜力，充分发挥骨干作用，促进农民增收致富。二要千方百计调动群众发展林业的积极性。尽快建立现代林业产权制度，还权于民；减轻林业税费负担，还利于民；兑现森林生态效益补偿费，保障群众利益。三要进一步加强林业基层服务体系建设，为群众提供更加优质高效的服务。切实搞好良种、技术、信息、生产资料和政策法规服务，抓好林农技能培训。四要组织开展"创绿色家园、建富裕新村"创建行动，兴建"绿色小康县"、"绿色小康村"、"绿色小康户"，树立兴林致富的典型，引导和扶持农民通过造林绿化改善生产生活条件。五要着力解决"三林"问题。重点解决林业职工最关心的饮水、行路、用电、文化、教育、卫生等问题，不断改善林区人民群众生产生活条件。

（二）处理好生态与产业的关系

林业既是一项十分重要的社会公益事业，也是一项十分重要的基础产业，两者有着不可分割、相互促进的密切关系。发展现代林业必须以充分发挥森林的多功能、满足社会的多样化需求为宗旨。只有建立起比较完备的林业生态体系，满足了社会的生态公益和精神文化需求，才能腾出更多的空间和更大的余地，发展林业产业；只有建立起比较发达的林业产业体系，既满足了社会对林产品的需求，又积累了丰富的物质财富，才能更好地支持、保障林业生态体系的发展。只有将生态与产业结合起来，积极推进生态建设产业化、产业建设生态化的发展模式，实现生态建设与产业发展良性互动、协调推进，才能最大限度地发挥林业特有的优势，使林业由弱势变为强势，真正发挥林业的重要作用。

处理好生态与产业的关系，一要坚持走生态建设产业化的路子。继续实施好林业重点工程，适时筹划和启动一批新的生态建设和保护工程，在保证生态效益的前提下，大力发展后续产业，努力提高工程建设的经济效益，带动生态建设产业化。二要坚持走产业发展生态化的路子。按照建设资源节约、环境友好型社会和发展循环经济的要求，深入挖掘我国林地资源、树种资源和劳动力资源的潜力，充分利用林产品可再生、绿色无污染的"生态化"优势，大力发展速生丰产林、工业原料林、能源林、森林食品、森林药材、野生动物驯养繁殖等特色产业，并提高资源、能源利用率，促进产业发展生态化。三要认真落实林业产业政策。因地制宜地落实林业产业发展规划和优惠政策，扶持发展林业龙头企业和名牌产品，加强对林业产业发展的指导和引导。

（三）处理好改革与稳定的关系

正确处理改革发展与和谐稳定的关系，是我国经济社会发展取得巨大成就的一条基本经验，也是实现林业又快又好发展的重点和难点。改革发展与和谐稳定互为条件，没有改革发展，就难以解决林业发展的深层次矛盾，难以释放林业的巨大潜力，难以发挥林业对增加就业、促进林农和林业职工增收的作用，也就谈不上和谐稳定；和谐稳定是一切工作的基石，没有和谐稳定，改革发展就无法顺利进行，多么美好的计划和蓝图也就无法变成现实，甚至会毁掉我们已有的建设成果。稳定则发展，乱世必倒退，这是一条基本规律。

改革发展与和谐稳定互为因果，只有深化改革，才能消除林业发展的体制机制性障碍，调动全社会发展林业的积极性，增强林业发展的活力，发挥林业应有的效益，推动农村和林区社会和谐稳定；只有和谐稳定，才能进一步凝聚人心、集聚力量，为改革发展创造一个良好的环境，确保改革发展顺利有序进行，实现改革发展的预期目的。改革发展与和谐稳定相辅相成，改革发展促进和谐稳定，和谐稳定促进改革发展，进而实现更高层次的和谐稳定，这是一个螺旋式上升的过程。处理好改革发展与和谐稳定的关系，一要深化林业各项改革，消除林业发展的体制机制性障碍。二要坚持民主、公开、透明、有序的改革原则，做到合民心、顺民意。三要处理好国家、企业、职工之间的利益，确保森林资源增加、企业盈利、职工受益、林区社会和谐稳定。四要把握好改革的步骤和方法。先试点，后推开，积极稳妥，渐进式推进，努力做到在和谐稳定中推进改革发展，在改革发展中实现林区的和谐稳定。

（四）处理好保护与利用的关系

正确处理严格保护与合理利用森林资源之间的关系，是实现林业又快又好发展的关键环节。保护是手段，利用是目的。林业发展首先必须保护好现有森林资源，同时进行科学合理的开发利用，以充分发挥林业的多种功能，满足人们多样化的需求。严格保护是为了更好地利用，合理利用可以促进保护。森林是十分珍贵的战略资源，严格保护的目的是发展壮大森林资源，巩固已有建设成果，更好地发挥林业的三大效益；森林又是十分重要的可再生资源，林业是最大的循环经济体，合理利用能够使林业成为群众的增收之路、致富之源，进一步拉动保护工作的开展，实现在科学利用中进行自觉有效的保护。

处理好保护与利用的关系，一要实行依法治林。坚持"严格保护、积极培育、科学经营、持续利用"的方针和"保护优先，开发有序"的原则，通过严格管理、严密防范、严厉打击，加强森林、野生动植物、湿地、自然景观和荒漠植被等资源的保护管理。二要发展高效林业，提高资源利用附加值。重点筛选一批技术成熟、见效快、效益好的科技成果，通过组装配套和优势集成，推广应用，努力提升林产品的技术含量和附加值。三要重视生态利用。积极探索森林资源保护与利用最佳结合的新途径、新方法、新模式，大力发展景观林业，积极开发生态旅游，科学合理地利用森林和野生动植物资源，既发挥重要的经济效益，又发挥重要的生态效益，实现以利用促保护、以保护促发展。四要发展节约型林业，提高森林资源利用水平。进一步完善资源节约管理体系，创新资源节约机制，延长林业产业链条，积极探索"资源—产品—再生资源—再生产品"的循环经济发展模式。

（五）处理好数量与质量的关系

森林资源是数量与质量的统一，稳定的森林生态系统要靠大面积与高质量相统一的森林资源来体现，所以，加快林业发展，既要保证"快"，又要保证"好"，既要有数量，又要有质量。数量是质量的前提，没有数量，就谈不上质量；质量是数量的保证，没有质量，数量就失去了意义；质量又是数量的延伸，一亩林子经过抚育，可以增产几倍的木材，发挥几倍的效益，这就相当于多造了几亩林子。我们所要求的发展数量，是有质量保证的数量；我们所要求的质量，是有一定数量的质量。关键是要把握一个度，既不能只抓数量不抓质量，也不能只抓质量不抓数量，而要在坚持质量第一的同时，加快发展。

处理好数量与质量的关系，一要坚持质量第一，努力转变林业增长方式。牢固树立质量第一、效益第一的观念，由以数量扩张为主、兼顾质量向以质量为主、确保数量转变，将质量第一的思想贯穿到林业工作的始终。要加强林木良种繁育体系建设，不断提高良种壮苗使用率。切实加强营造林全过程质量监督，合理选择造林方式、植被搭配方式，提高营造林质量。全面提高森林经营水平，将其作为一项战略性工程加以实施。全面贯彻森林健康理念，不断提高森林生态系统的抗逆性和稳定性。二要保持一定的规模，确保发展总量。坚持重点工程带动，保持工程造林有一定的规模；坚持依靠社会力量，扩大社会造林，努力使森林面积较快增长。三要加强科技支撑，提升林业建设的科技含量。加强林业科技原始创新、集成创新、引进吸收消化再创新，注重发挥其在新兴领域、重要方向上的引领作用，在林业发展全过程、全方位中的支撑作用，在产业结构调整、新兴产业培育中的带动作用，全面提高林业建设的科技水平。四要实行集约经营，保证建设效益。遵循自然规律和科学规律，强化科学管理，实行集约经营，努力提高林地生产力、林业资源利用率，提高森林的综合效益和整体功能。

（六）处理好培育与采伐的关系

森林是可再生循环利用的资源，处理好培育与采伐的关系，可以为社会创造更多的财富，是打破林业发展瓶颈、加快林业发展的关键所在。林业发展的主要目的之一，是为国家经济社会发展提供四大原材料之一的木材。培育与采伐，是辩证的统一，两者相互联系、相互促进，不能把培育与采伐对立起来，而应科学地认识和处理这一对矛盾和关系。培育是采伐的基础和前提，采伐是培育的目的和动力。离开培育的采伐，如竭泽而渔，必然导致森林资源枯竭，最终无林可采。离开采伐的培育，必然削弱培育的积极性，导致林业发展失去活力。实践证明，重采轻育，或者重育轻采，都会导致林业畸形发展，甚至出现严重的倒退。

处理好培育与采伐的关系，一要加快森林资源培育，以培育供采伐。当前，要坚持以培育为主，这是缓解森林供需压力、解决我国林业主要矛盾最重要、最基本、最急迫和最有效的措施。只有森林资源足够多了，才能为采伐奠定坚实的基础，才能更好地满足经济社会发展的需要。二要积极调整采伐政策，以采伐促培育。当前，要改变"怕采"的思想观念，按照自然规律和经济规律，通过完善和改革森林采伐制度，进行科学抚育、合理采伐，促进森林健康生长，实现森林资源货币化，充分调动人民群众培育森林资源的积极性。三要严格实行森林分类经营管理。对速生丰产林、工业原料林等，该放活的一定要放活；对国家重点生态公益林、自然保护区的森林等，该管严的一定要管严，坚决杜绝乱砍滥伐等违法行为的发生。

（七）处理好人工培育与自然恢复的关系

人工培育与自然恢复，是发展森林资源的两大手段，两者互为补充，既有相同点，又有不同点，既有各自的优势，又有各自的不足。两者都是为了增加森林资源，恢复森林生态系统。其区别是一个主要依靠人力，一个主要依靠自然力。实际上，人工培育也需要借助大自然的力量，自然恢复许多情况下也需要人工辅助，如天然林保护、封山育林等。人工培育见效快，但成本高，恢复的生态系统也比较脆弱；自然恢复的生态系统比较稳定良好，成本也较低，但见效缓慢。专家指出，北京市西山的植被如果仅靠自然恢复，则需要数百年的时间才能达到目前的水平。只有因地制宜，既充分发挥人工培育的作用，又充分发挥自然恢复的作用，才能实现多快好省，才能取得最好的效果。

正确处理人工培育与自然恢复的关系，一是既要反对唯人工培育论，更要反对唯自然恢复论。一个良好的生态系统，是经过非常漫长的自然演替过程形成的。通过自然力恢复已遭到破坏的生态系统，少则需要几十年、几百年，多则需要上千年，有的甚至已经遭到完全破坏，仅通过自然力根本无法恢复。在许多情况下，只有依靠人工培育，才有可能使生态系统得以恢复和重建。那种只强调人工培育而忽视自然恢复的观点，是错误的，我们坚决反对。同时，那种不分条件、不分情况，完全依靠自然恢复的观点，也是错误的，也要坚决反对。二是既要积极进行人工培育，又要积极进行自然恢复。在林业具体实践中，这两种方式如何运用，必须坚持实事求是，根据具体情况，恰当地选择和实施。在适宜人工培育的地方，要积极实行人工培育，通过植树造林，恢复重建生态系统；在适宜自然恢复的地方，要充分利用自然恢复的方式，借助大自然的力量恢复林草植被；在需要人工促进自然恢复的地方，要采取封山育林、围封禁牧等措施，积极以人工促进自然恢复。总之，要将人工培育与自然恢复有机结合起来。实行人工培育，不排斥自然恢复。在人工培育的同时，根据实际情况充分利用大自然的力量，尽量地培育近自然的森林植被。实行自然恢复，也不排斥人工培育。在自然恢复的同时，也要根据实际情况适时适地实行人工促进，加快自然恢复进程。

（八）处理好眼前与长远的关系

森林具有生长周期长的显著特点，林业是一项需要长期坚持不懈才能成功的事业，尤其要处理好眼前与长远的关系。林业既有眼前利益，又有长远利益，不能为了眼前利益而忽视长远利益，也不能为了长远利益而忽视眼前利益。眼前是长远的起锚之春，长远是眼前的收获之秋。只有全力以赴从眼前起航，划起眼前之桨，才能胜利到达长远的彼岸。眼前与长远是相互转化的，长远是由一个个眼前组成的，今天的长远可能就是明天的眼前，明天的眼前也可能就是今天的长远。立足当前，是促进林业发展的关键所在；着眼长远，是推动林业发展的根本要求。

　　处理好眼前与长远的关系，一要努力解决眼前的实际问题。随着林业工作的深入推进，制约林业发展的一些深层次问题开始显露，我们必须脚踏实地，稳扎稳打，坚持从群众最关心、要求最急迫、受益最直接和条件最成熟的问题抓起，切实解决林业经营者的眼前收益、切身利益问题。二要着眼林业长远发展。用战略眼光和思维，本着对历史负责，替未来着想的态度，超前谋划、建立健全促进林业持续发展的长效机制。在满足当代人现实需求的同时，以对子孙后代高度负责的精神，维护好长远利益，实现林业可持续发展。三要长短结合。制定政策时，我们既要使林业经营者获得短期收益，又要确保林业经营者和国家长远利益的实现，这样制定出来的政策才会更加符合实际，更加符合经济规律，从而获得更大的整体利益。

（九）处理好部门与社会的关系

　　林业与社会是融为一体的。林业具有明显的效益外部性特征，是一项社会性很强的公益事业，必须依靠全社会的积极参与。但目前存在一种体制惯性，就是林业投资只能用在林业系统，社会造林特别是非公有制林业得不到应有的扶持，没有享受到国民待遇。一方面，我们强调要动员全社会力量发展林业；另一方面，又在政策上设置了很多门槛，实际上阻碍了社会力量向林业的进入。今后要正确处理部门与社会的关系，既要支持林业部门发展林业，又要支持社会团体、法人等发展林业，为社会进入林业创造公平、平等的竞争环境，这样才能集聚全社会的力量，共同推动林业发展。林业作为国民经济和社会发展的重要组成部分，其与社会的关系，就是局部与全局、个体与整体的关系，就如同树木与森林的关系一样，林业只有融入整个社会，才能获得不竭的发展动力。林业与社会是相互促进、相辅相成的。林业的发展一方面依赖于经济社会的发展，另一方面又推动着经济社会的发展。

　　处理好部门与社会的关系：一要主动适应和自觉服务国家建设大局。将林业放在经济社会发展全局中来运作，紧紧围绕落实科学发展观、构建和谐社会、建设新农村和维护资源能源安全等国家重大战略，找准林业的定位，适时调整林业工作的内容、重点和方式，使林业更好地为国家建设大局服务，并在这个过程中发展壮大自己。二要继续完善各项林业政策，调动各方面的积极性。要完善林业的产权、投资、采伐等政策，对参与林业建设的各种社会主体一视同仁，使其享受到与林业系统一样的政策待遇，充分调动全社会办林业的积极性。三要积极开展社会造林，不断壮大国土绿化的力量。实践证明，义务植树、部门绿化、绿色通道建设，以及外资造林、非公有制林业等，是对林业重点工程建设的有效补充，是加快国土绿化进程的有效形式，必须长期坚持。四要吃透"三头"，为林业发展创造良好氛围。只有吃透"上头"，认真领会中央的指示精神，才能贯彻好、体现好中央对林业的要求；只有吃透"下头"，了解基层的实际情况和群众的利益诉求，工作才能有针对性和实效性；只有吃透"外头"，才能获得有益的启示和经验，增强工作的主动性。五要把林业建设与农业、牧业、水利、城建、交通等行业建设紧密结合起来，做到互为补充，协同推进。林业既要实行林地严格保护、用途管制、占补平衡，又要为其他行业发展创造条件；既要主动搞好配套服务，也要在服务中发展自己，实现互利双赢。

（十）处理好林业与农业的关系

林业建设的主战场在广大农村，重点服务对象是农业，主体依靠力量是农民，林业与农业的关系十分密切。林业是新农村建设的重要承担者，是实现农村全面发展的骨干力量。从生态效益来说，林业是农业的生态屏障，可以为农业稳产高产创造良好条件，有效提高农业的综合生产能力，维护粮食安全。从经济效益来说，林业是农村经济的重要组成部分，竹藤花卉、经济林果、林木种苗、森林旅游、野生动植物繁育利用等林业产业，已经成为许多地方农村经济发展的支柱产业。从社会效益来说，林业是一个劳动密集型行业，可以解决大量农村剩余劳动力就业，促进农村和谐稳定。

处理好林业与农业的关系：一要坚决执行耕地保护政策，防止在基本农田里植树造林，注意充分利用现有林地资源发展林业，制止以退耕还林、绿色通道、农田防护林的名义占用基本农田。二要大力营造高标准的农田防护林网，改善农业生产条件，提高粮食综合生产能力。三要大力发展木本粮油，进一步拓展粮食生产空间，维护国家粮食安全。

二、十大主要措施

（一）加强林业资源保护与管理

（1）加强森林资源保护。认真落实《全国林地保护利用规划纲要》，完成省级县级林地保护利用规划编制工作。分解落实全国"十二五"期间年森林采伐限额，继续推进林木采伐管理制度改革。开展保护森林资源目标责任制监督检查。做好第八次全国森林资源清查工作。启动国家级公益林监测与评价试点。严厉打击毁坏林木、侵占林地、破坏野生动植物资源等违法犯罪行为。

（2）加强湿地资源保护。大力推进湿地保护立法和制度建设，建立健全湿地生态效益补偿制度。深入实施湿地保护工程，加快构建湿地保护长效机制。研究建立湿地生态系统健康、价值和功能评价指标体系。加强国际重要湿地建设和管理，促进湿地公园健康发展。

（3）加强荒漠资源保护。编制《全国防沙治沙规划（2011~2020年）》，启动国家级沙化土地封禁保护区项目。开展防沙治沙目标责任考核。做好岩溶地区第二次石漠化监测工作。完成京津风沙源治理、石漠化综合治理工程林业建设任务，抓好防沙治沙综合示范区建设。推动石羊河流域、新疆等重点地区防沙治沙规划报批工作。

（4）加强生物多样性保护。编制野生动植物保护及自然保护区建设相关规划和《大熊猫保护工程规划》。推进自然保护区示范省和示范自然保护区建设。推动落实全国极小种群野生植物拯救保护实施方案。加强珍稀濒危物种拯救和保护，扩大回归自然范围。推动《国家重点保护野生动物名录》、《国家重点保护野生植物名录（第二批）》的调整和颁布。做好第二次全国野生动物资源调查、野生植物资源调查试点和第四次大熊猫调查。

（二）着力提高林业建设质量

（1）加快林木良种化进程。有效保护我国林木种质资源，加大林木良种选育力度，加强林木良种基地营建与管理，建立和完善国家、省、市、县四级林木种苗管理机构和质量检验机构，建立健全种苗服务体系。

（2）加大造林绿化力度。全面落实造林绿化任务。优化造林绿化方式，增加混交林、乡土树种、珍贵树种造林比重。抓好油茶造林项目，开展核桃标准化园、碳汇造林、能源林基地建设试点。抓好义务植树和部门绿化，努力提高尽责率。

（3）突出抓好森林经营。对公益林和商品林采取不同的经营机制和政策措施。对于公益林，要立足于森林多功能多效益的发挥，加大中幼林抚育、封山管护和低质低效林改造等森林抚育经营力度，增强公益林的生态功能。对于商品林，要逐步放开抚育经营活动，由各种投资主体自主决定抚育经营方式和强度，提高商品林的经济效益。国家鼓励和支持森林抚育经营与林产品加工、林业生物质能源利用等相结合，与市场消费相连接，不断增强森林经营的动力和后劲。

（4）建立健全营造林质量监管体系。推进从造林绿化招投标、作业设计、采种育苗、整地栽植、抚育管护、有害生物防治到采伐更新全过程的质量管理和标准化生产。政府投入的造林绿化工程，逐步推行招投标管理制度，评标机构必须有造林绿化专家参加。规范造林绿化设计管理，定期对造林设计单位进行资质审查；工程造林组织有资质的设计单位进行作业设计，按规定程序审批。逐步实行工程造林监理制，建立营造林工程监理单位、监理工程师、监理员资格准入制度。推行造林绿化作业前科学设计、作业中全程监理、作业后严格验收的质量监管，坚持实行县级自查、省级核查、国家抽查的三级检查验收制度，保证造林绿化质量。

（三）建立健全林业防灾应急体系

（1）加强森林防火。全面落实《森林防火条例》和《全国森林防火中长期发展规划》，强化森林火灾预防、扑救、保障三大体系，重点加强森林火险预警和林火监测、森林防火通信和信息指挥、森林航空消防、专业森林消防队伍装备和基础设施以及科技支撑系统建设；加强法制建设，推进依法治火；完善森林防火科研开发、宣教培训、火灾损失评估和火案勘查体系，推进现代化林火管理进程，全面提高森林火灾综合防控能力。

（2）加强林业有害生物防治。切实加强以检疫御灾、监测预警、应急防控和服务保障四大体系为主体的林业有害生物防控体系建设。加强对松材线虫病、美国白蛾、森林鼠(兔)害、薇甘菊等重点林业有害生物灾害治理；继续开展松毛虫、松蚧虫、松象虫等松树病虫害，杨树天牛、杨树食叶害虫等杨树病虫害以及其他针叶林、阔叶林病虫害和林业有害植物的治理。加强京津冀地区和"三峡"库区等重点区位、黄山和张家界等重要风景名胜区，新疆和云南等特色林果基地等重要区域的林业有害生物防治基础设施建设。大力推进以生物防治为主的无公害防治措施，积极推行森林健康恢复与示范林建设。

(3)加强野生动物疫源疫病监测防控。加强陆生野生动物疫源疫病监测预警体系建设，进一步加强基础设施建设，充实监测防控队伍，完善运行保障机制和政策措施，全面提升监测预警能力和防范控制水平，更好地发挥野生动物疫源疫病监测防控在动物疫病防控和公共卫生安全中的前沿作用。

(4)强化林业应急体系建设。按照"预防为主、积极消灭，科学防控、依法处置"的原则，建立和完善重大林业灾害应急体系。处置重特大森林火灾应急预案，建立和完善森林火险预警响应机制，加强瞭望监测、通信能力和专业队伍建设，提升应急处置能力，确保实现火灾"打早、打小、打了"，最大限度减少灾害损失；重大外来林业有害生物灾害应急预案，建立外来有害生物风险评估机制和快速反应机制，加强专业队伍和应急物质储备建设，全面提升应对重大外来林业有害生物控制能力，保障国家生物安全；重大林业生态破坏事故应急预案，针对重大破坏森林和林木事故、重大破坏林地和湿地事故、重大破坏野生动植物事故、重大林权纠纷和破坏生态设施事故等，提高快速反应和应急处理能力，保护森林资源，保障国家生态安全；加强沙尘暴灾害应急体系建设，推进沙尘暴监测预警基础设施建设，在沙尘暴高发区新建15个地面监测站，建立沙尘暴救灾物资储备库和1~2处应急演练培训基地，充实监测队伍，完善监测预警运行机制，建立沙尘暴灾害信息快速报送与共享平台和灾害快速评估系统，做好重大沙尘暴灾害应急预案的宣传、培训和演练工作，提高各级应急处理能力和水平；针对我国目前自然灾害频发的实际情况，强化林业应对地震、极端天气事件、山洪泥石流等自然灾害的应急救灾和处置能力建设。

(5)加强森林公安建设。全面推进森林公安队伍正规化、执法规范化、警务信息化、保障标准化、警民关系和谐化建设。合理增加队伍专项编制，规范机构名称和内部机构，逐级落实领导协管和高配制度；逐级落实刑事、行政和治安执法权，强化"三情"、"四网"和"两个管理"，适时部署专项行动；建设"森林金盾工程"，公安网接入率全部达标；落实中央政法经费保障政策，各级森林公安经费全部纳入同级财政预算，加强森林公安基础设施建设，按标准配备各类警用装备；坚持从严治警、从优待警，加强警务督察、抚优抚恤、宣传教育等工作，确保林区社会和谐稳定。

(四)加快林区建设和民生改善

(1)加快林区基础设施建设。第一，林业棚户区改造工程。按照林业棚户区(危旧房)改造规划,"十二五"期间要完成林业棚户区改造工程。林业棚户区改造要与新林区建设结合起来,与林区的生产与生活布局调整结合起来,与保护森林资源结合起来,与建设绿色生态宜居环境结合起来,与推进城乡一体化结合起来,高起点规划,高水平设计,高质量施工,确保将符合条件的危房改造内容都纳入政策范围。重点改善国有林区、国有林场、国有苗圃和国家重点良种基地、林业工作站职工住房条件。第二,林区路、水、电、广播电视和医疗卫生、教育等基础设施建设。林区道路立足现有路网基础,以保障林区人民出行,有利于森林资源安全、生态建设和促进林区经济可持续发展为根本,逐步将已由交通部门完成公路基础数据和电子地图调查的林区民生公路,纳入《全国农村道路"十二五"建设规划》统筹解决。林区供水重点解决严重影响林区职工身体健康的水质问题,以及局部地区的严重缺水问题,使国有林区基本实现生产生活用水供应有保障,并达到安全卫生标准。将林区320万人口饮水不安全问题,纳入《2010~2013年全国农村饮水安全工程规划》统筹解决。完善林区供电设施,建立完善以国家和地方电网为主、小型水电为辅、太阳能和风电为补充的林区非营利性供电网络体系,解决林区生活用电和非营利性公共设施用电。解决边远林区(居住在乡镇以下)群众收听收看广播电视难问题,按照因地制宜、注重实效、经济适用的原则,采取地面无线、直播卫星和有线网络等方式,切实加强林区广播电视基础设施建设,扩大广播电视对林区的有效覆盖。加大对林区医疗卫生、教育等社会职能机构基础设施建设的支持,改善林区医疗卫生机构的基础设施条件和林区办学条件,消除危房校舍,加快建立设施比较齐全、运转有效的林区卫生服务网络和多层次、多形式、多功能的开放型学习教育体系。

(2)加快提高林区职工和林农收入。第一,创造就业岗位保障职工工资性收入。针对林区保护森林资源和木材减产的现实性,把促进职工就业、稳定职工收入作为改善林区民生的重要着力点,通过森林管护、中幼林抚育、后备资源培育、公益林建设、湿地保护等,为林区下岗职工和社会人员提供大量就业岗位,保障林区职工工资性收入不断增长。第二,发展林副特产业增加职工和林农收入。积极调整林区产业结构,大力发展非林非木产业,努力实现林区从单纯国有经济向多种所有制经济发展转变。巩固集体林权制度改革成果,保障农民的财产性收入。依托林区丰富的林地资源,通过发展林下种养业、特色养殖业、森林旅游业、小木制品加工业等,千方百计为林区职工和林农创造增收途经,带动林区经济整体跃升,增加职工和林农收入。第三,建立健全林区社会保障体系。将林业职工和林区居民纳入地方社会保险保障覆盖,并与地方同类人员享受同等待遇。从林区社会可持续发展的要求出发,根据社会经济发展水平,继续实施林区社会保险补助,逐步健全完善林区社会保险保障体系,不断提高保障水平,使职工收入和社会保障接近或达到社会平均水平,为林区改革发展和社会稳定创造宽松的政策环境。

(五)深化林业改革开放

(1)深入推进集体林权制度改革。第一,完成"明晰产权、承包到户"的改革任务。

贯彻落实《中共中央 国务院关于全面推进集体林权制度改革的意见》和中央林业工作会议精神，全面落实集体林地家庭承包经营制度，加快明晰产权步伐。切实加强对集体林权制度改革薄弱环节和滞后地区的指导，加强林改宣传、政策培训、典型示范和现场指导，搞好分区分类指导，确保到2013年左右，全国基本完成明晰产权、承包到户的改革任务。实现产权到户、林权证发放到户和确立以农民为主的经营主体地位。加大支持力度，抓好督促检查，确保责任落实，做到确权率和林权证发放率均达到90%以上，集体林地家庭承包经营率山区不低于70%，丘陵地区不低于60%，平原区不低于50%，确权准确率、纠纷调处率和档案管理合格率不低于95%。第二，建立健全林权保护管理体系。加快推进林权保护管理法律法规体系建设，推动林权流转、集体林改档案管理等方面部门规章制度。建立和完善林业改革和林权保护管理机构，全面加强林权登记及档案、林权流转、林权争议调处、林地承包经营纠纷调解仲裁等管理，搞好林权管理信息系统和林权交易平台建设。第三，完善林权改革的管理体制和运行机制。建立健全相关规章制度，构建较为规范、完备的农民林业专业合作组织体系。指导建立各类林业专业合作组织，引导林农走专业化合作道路，提高林业组织化、专业化、产业化水平，巩固改革成果。进一步完善统分结合的林业双层经营体制，基本建立符合集体林业特点的林业管理体制和运行机制。完成"明晰产权、承包到户"的改革任务。

(2)推进国有林场改革。第一，坚持以抓改革为主题，解决长期以来制约国有林场发展的深层矛盾，理顺管理体制，激活经营机制。第二，坚持以促发展为核心，不断改善国有林场发展环境。坚持以惠民生为重点，按照以人为本的原则，切实加强基础设施建设，着重解决国有林场职工生存条件恶劣和生活贫困问题；妥善解决现有职工养老保险，完善社会保障制度；多渠道妥善安置国有林场富余职工，确保林区社会稳定；妥善解决国有林场分离办社会职能。第三，坚持保生态为目标，提高国有林场森林资源整体质量。按照因地制宜、分类指导、先易后难、稳步推进的原则，指导各地积极探索国有林场不同类型的改革模式。建立适应以生态建设为主林业发展战略的国有林场森林资源产权制度和经营体制，将国有林场划分为生态公益型林场和商品经营型林场。生态公益型林场按从事公益事业单位管理，人员经费和机构经费纳入同级人民政府财政预算；商品经营型林场全面推行企业化管理，按市场机制运作。

(3)稳步推进国有林区改革。按照政、企、事分开的原则，稳步推进重点国有林区改革。第一，政企分开，社企分离。继续把森工企业承担的社会管理和公共服务职能移交给地方政府负责，建立和完善以政府为主导的林区社会管理体制。第二，企事分开，资企分离。不断促进国有森林资源管理与企业生产经营分开，逐步建立国有林管理新体制，强化国有林区森林资源监管职能，建立健全国有森林资源资产管理制度。制定并出台重点国有林区森林资源管理体制改革的指导意见，编制改革试点方案。第三，企业重组，市场运作。按照社会主义市场经济发展的要求，加快主辅分离改革，建设充满生机活力的新机制。通过股份制改革，促进企业经营机制的转换，按照专业化协作的原则进行企业重组，推动建立现代企业制度。第四，积极推进林区区划调整，加快林区城镇化水平，为提高社会资源利用效率创造基础条件。

（4）扩大林业对外开放。第一，积极提升互利共赢的林业对外合作水平。继续加强与我国林业建立合作机制的多边、区域组织、国际进程和国家、地区的国际合作，以及重要非政府国际组织和民间机构的合作，加强林业对外宣传工作，建立林业国际合作项目交流、示范与推广机制。加强林业国际履约和谈判工作。积极参与《联合国防治荒漠化公约》、《湿地公约》、《濒危野生动植物种国际贸易公约》和《气候变化框架公约》、《生物多样性公约》等的履约、谈判，以及联合国森林论坛、蒙特利尔进程等相关国际规则的制定，有效应对木材非法采伐等国际林业热点问题。第二，优化林产品对外贸易结构。加快转变林产品对外贸易发展方式，促进出口产品由初级产品、低附加值为主向精深加工产品、高附加值、高集成创新技术转变，增强林产品竞争力，巩固和扩大产品外需市场份额。加快推进多元化贸易战略，巩固和拓展林产品出口国的份额和数量。建立健全安全有效的林产品贸易体系，加强对林产品国际贸易预警体系的建设和完善。第三，提高利用外资水平。继续争取国外赠款和贷款投资林业生态建设及产业和生态文化发展。进一步发挥外资对我国林业建设的重要推动作用。加强对外科技交流与合作，加大智力、人才、技术和先进管理理念引进力度。第四，加快实施林业"走出去"战略。加强境外林业资源开发利用合作，探索和开拓林业援外工作。

（六）加快林业科技创新

（1）加快林业科技攻关。攻克现代林业重大关键技术，重点加强林业生态建设、森林经营和保护、资源培育与高效利用、林业生物产业、林业碳汇、木本粮油、林业生物能源、林业装备等领域的重大关键技术研究。实施"国家林业科技引领计划"专项，研究林木、竹藤、花卉、林特产品资源高效分子育种及转基因技术，引领林业生物产业发展；研究生物反应器规模化合成林源活性物质技术，引领林药产业发展；创制新型生物质材料与绿色化学品，引领林业新材料产业发展；研究林业生物质能源固化、液化、气化等高新技术，开发第二代生物质能源产品；探索林木光合作用调控、高性能纳米生物基新材料制备、生物质定向解聚与分子重组等前沿技术。加强林业基础科学研究，增强林业原始创新能力，为现代林业发展提供基础理论支撑。

（2）提升科技成果推广应用水平。建立林业科技示范体系，实施《"百县千村万户"林业科技示范行动实施方案》，选择资源丰富、技术水平高、有典型示范带头作用的地区，建立林业科技示范点、示范基地。以林业科技富民示范工程、科技成果转化专项资金为载体，提高林业科技成果转化率。构建林业产业技术创新战略联盟，优先选择产业发展比较成熟、企业基础好、能够带动产业技术升级的林业产业，建设一批林业科技产业示范园区、林业生物产业基地等。加强林业科技推广体系建设，逐步完善和建立各级林业科技推广站，进一步强化基础设施和能力建设，初步建立起覆盖全国的林业科技推广服务网，提高社会化服务能力。

（3）完善林业标准化与质量监督体系。加快现代林业标准化进程，加强标准制修订工作，形成以国家标准和行业标准为核心，地方标准和企业标准相配套，强制性标准与推荐性标准互有侧重的林业标准体系。建立标准实施的检查、评估和信息反馈机制，突出典型示范，大力开展林业标准化示范区建设。建立健全林产品和林木种苗质量监督体系，加强林产品质量安全管理、监测、监督机制、检验检测服务体系和林产品质量检验机构建设，确保林产品质量安全。推进林产品数量计量评价体系建设，确保林产品计量评价准确。加强对涉及人类身体健康和生命安全的经济林果、花卉、野生动植物产品、人造板材、竹藤制品、林业药材和林业装备等产品的质量检测和安全评估。

（4）加强林业科技创新平台和服务体系建设。第一，强化科技创新平台建设。组建国家林业科学中心、区域林业科技中心、国家大型林业科技公共平台，建设国家大型林业综合试验（林）基地、重点实验室、生态定位站、工程（技术）研究中心和大型林业分析测试中心，全面提升基础条件水平。加强林业机械装备研发制造水平，形成集研究、开发、生产为一体的，技术水平高、质量可靠，物美价廉的林业机械装备产业基地。第二，加强林业生物安全和遗传资源管理。推进林业转基因生物安全法律法规建设，完善管理制度，健全检测监测、监督管理体系。实行林业生物物种资源优先保护和分级保护，开展遗传资源特别是我国珍稀林木遗传资源本底调查与编目，开展遗传多样性分析并确定优先保护名录，建立珍稀林木遗传资源空间地理信息系统。第三，强化林业知识产权管理。进一步完善林业植物新品种保护测试体系和行政执法保护体系，重点建设测试中心和林业知识产权试点示范单位、产业化示范基地，建立重点领域林业知识产权预警机制和林业知识产权专家咨询、决策分析系统，支持建设10个林业知识产权保护联盟。第四，推进林业认证体系建设。建立符合我国国情、林情并与国际接轨的国家森林认证体系，制（修）订发布森林认证、碳汇林、竹林、非木质林产品、森林生态环境服务和生产经营性珍稀濒危物种认证等行业和国家标准；加大森林认证试点示范力度，探索不同类型森林认证模式，扩大认证面积。扩展林业认证范围，逐步建立林业行业认证制度，培育认证市场。

（七）加快推进林业信息化

以《全国林业信息化建设纲要》为引领，深化信息技术在林业资源、评价、规划、管理、保护与合理利用各环节的应用，形成布局科学、高效便捷、先进实用、稳定安全的全国林业信息化格局，为现代林业发展提供强大支撑。

（1）加快推进生态建设信息化。第一，加强林业资源监管和综合营造林管理信息化建设。加快森林、湿地、荒漠化和生物多样性等资源数据库系统建设，提高林业资源基础信息服务能力，为制定国家政策和重大工程规划等工作提供详实可靠的林业资源信息。

加快建设森林、荒漠化和沙化土地、湿地、种质资源、生物多样性等资源监管系统，支撑林业资源监测、管理和林业碳汇计量、监测工作。加强综合营造林管理信息化建设，建立国家和地方营造林管理系统，实现对营造林建设现状和发展动态的信息化管理。第二，加强林业灾害监测体系和应急信息化建设。加快建设森林防火监控和应急指挥系统、林业有害生物监测预警和防控管理系统、野生动物疫源疫病监测管理系统，沙尘暴防治等林业灾害管理系统，提高林业防灾减灾和应急处置的信息保障能力。第三，建设国家卫星林业遥感应用平台。研发包含遥感数据接入、业务运行管理、数据管理、林业数据标准化处理、林业遥感应用处理、林业产品共享、林业产品服务、数据产品质量评价等分系统及北斗卫星导航林业应用系统的国家卫星林业遥感数据应用平台，提高林业遥感应用水平和监测、服务能力。积极推动发射林业卫星，提升现代林业管理水平。

（2）加快推进产业发展信息化。第一，建立林业经济运行信息系统。建立公平、透明、开放的林业产业信息系统，提供丰富的网站交互功能，全面提高林业产业发展预测、预警、重点林产品监测分析、林业行业重点企业、市场动态监控和林产品市场产销存预警预报能力。建立全国林业产业基础数据库，制定数据采集规程和标准，规范产业基础信息的采集和应用，全面掌握林业产业发展情况。第二，建设林业电子商务平台。建立统一的林权交易网，实现林地、林木、股权、债权、项目工程和林业技术等项目统一挂牌，交易会员、经纪会员和中介会员统一在线服务，形成林权交易信息统一发布和聚集平台；开发统一的网上交易系统，实现林权等的网上拍卖、招标、议价和网络报价等交易方式，提供一个公开、公正、全程监管的林权交易平台；建立林产品网上商城，为广大林农和中小林业企业提供一个网上市场，实现林产品交易的电子商务化。

（3）加快推进生态文化信息化和林业信息化基础建设。第一，加强生态文化信息化建设。建设林业数字图书馆、中国林业网络博物馆、中国网络博览会，完善中国林业网络电视，整合林业系统门户网站，形成中国林业网站群；开展多层次的林业信息化技能培训，建设覆盖全国的现代化远程教育系统，加强生态文化传播与宣传，不断推动生态文化体系发展和完善。第二，加强林业信息化统一基础平台建设。构建包括基础设施、数据库、应用支撑、应用系统等多个层次的林业信息化基础平台，为林业内网、外网建设提供统一、稳定、先进、高效的运行环境。加快推进物联网、云计算、IPV6等新一代信息技术应用。加强网络安全与综合管理体系建设，修订现有标准，优先制定林业信息化建设急需、共性、基础性和关键性标准。积极做好林业信息化网络及运行维护体系建设工作。加强林业信息化标准建设和安全等级保护工作，提高信息安全保障能力和水平。

（八）加强林业法制建设

（1）加快林业立法进程和提升林业政策制定能力。第一，加强林业立法。认真做好《中华人民共和国森林法》修改工作，加大力度研究拟定林业生态建设促进、湿地保护、沿海防护林保护、森林公园和森林旅游、国有林场、公益林等方面法律法规；加快林权登记流转立法，制定林权档案管理办法等与社会主义市场经济相适应的法律、法规、规章，形成比较完善的林权保护管理法律体系。同时，根据现代林业发展的新形势和新情况，对现行法律法规进行修改完善。第二，强化政策制定能力。在全国范围内选取具有代表性、典型性的重点林业生态建设县（市）、国有林场、重点国有林区林业局，建立500个林业政策固定观察点，设定观察指标体系，为林业科学决策提供实时的、可评价的、可对比的参考依据。进一步完善林业政策制定过程中的民主参与制度。开展重大林业政策前瞻性研究，探索建立林业政策后评估制度，提高林业政策民主化、科学化水平。

（2）提升林业执法能力。进一步加强森林和野生动植物资源保护管理，依法严厉打击乱砍滥伐林木、乱采滥挖、乱捕滥猎野生动物、违法调运森林植物及其产品等违法犯罪行为。提高林业综合行政执法能力，调整林业行政执法职能，整合林业行政执法资源，积极做好林业综合行政执法工作，建立100个综合行政执法示范点。推进林业行政执法规范化建设，明确执法权限，落实执法责任，健全执法保障。推进林业行政许可办理体系建设，逐步建立起国家林业局—省级林业主管部门—县级林业主管部门之间完备、便捷、高效运行的行政许可业务咨询、业务办理、审批流程、结果公开体系。

（3）加强林业普法。建立健全领导干部法制讲座制度、理论中心组学法制度、法律培训制度、重大决策前法律咨询审核制度，县级以上林业行政主管部门每年应当定期举办法制讲座。加强法制宣传教育阵地建设，林业系统各级各类学校开设法制教育课程。建立健全林业普法考核制度。"六五"普法期间，林业系统公务员将全部参加法律知识培训。

（九）加大林业投入扶持力度

（1）建立林业生态建设投入保障制度。建立与社会主义市场经济体制相适应的林业生态建设投入保障制度，中央对林业生态建设的投入力度不断加大，地方政府对林业生态建设的投入要保持稳步增长。对国家林业生态建设重点工程实行工程管理，中央逐步提高投入标准，逐步完善配套政策。

（2）加大林业基础设施建设投入。加强国有森工局（林业局）、重点营林局、国有林场、省级以上自然保护区和森林公园中的林区道路建设。加强林区饮水设施建设投入，着力解决林区安全饮水问题。加大对林业工作站、种苗站、技术推广站、森林病虫害防治检疫站、木材检查站、林政稽查机构、森林派出所、林权保护管理服务机构等基层林业站所以及林业执法监督体系、林业综合行政执法机构的基本建设投入。

（3）建立健全生态补偿和林业补贴制度。第一，完善林业生态补偿制度。进一步完善森林生态效益补偿基金制度，逐步提高补偿标准，充分调动广大农民保护公益林的积极性，建立和完善地方森林生态效益补偿机制，研究制定分级分类的森林生态效益补偿标准。第二，建立健全财政补贴制度。逐步建立林业补贴政策的普惠制，完善中央财政造林、森林抚育补贴制度，在逐步扩大试点规模基础上全面实施。逐步扩大国际重要湿地、国家重要湿地、省级以上湿地自然保护区和国家湿地公园开展湿地保护补助试点范围和加大补助力度，并在试点基础上逐步推开。建立林木良种补贴制度，对国家重点林木良种基地和良种苗木培育给予补贴。实行林业机具购置补贴。研究制定深化集体林权制度改革、促进集体林和林下经济发展的财政政策。制定和完善我国荒漠化治理财政支持政策，研究实施国家级沙化土地封禁保护区的支持政策。进一步加大对油茶、核桃等木本油料产业和林业生物质能源发展的支持力度。第三，加大对林业有害生物监测和防治的支持力度。完善林业金融税收扶持政策。进一步争取金融机构加大对林业建设的贷款投入力度，争取各级财政加大贷款贴息力度，完善贴息政策。建立和完善财政支持下的森林保险机制，进一步扩大中央财政对森林保险的补贴规模和范围，根据实际需要，逐步提高中央财政对森林保险保费的补贴标准，健全林业基层服务森林保险体系和工作机制。积极鼓励金融机构开发与林业多种功能相适应的金融产品，建立面向林农的小额贷款和林业中小企业贷款扶持机制，适度放宽贷款条件，降低贷款利率，简化贷款手续，积极开展包括林权抵押贷款在内的符合林业产业特点的多种信贷融资业务。同时，完善林业税费扶持政策，减轻农民和企业负担。对林业综合利用产品实行税收优惠政策，对劳动密集型和高附加值林产品争取提高出口退税标准，推动低碳经济和劳动密集型企业发展。

（4）完善林业发展的市场体系。第一，引导社会资金投入林业发展。积极发展非公有制林业，鼓励各类社会化投资，包括民营企业、社会团体和个人投资造林绿化，鼓励以股份制、股份合作制、个体承包等形式参与林业建设。进一步明确非公有制林业的法律地位，切实落实"谁造谁有、合造共有"的政策，依法保护投资者权益。降低民间资本进入林业的门槛，在投融资、林木税费、林地使用、森林采伐利用等方面制定有利于社会资金进入林业的政策措施，大力发展林业产权要素市场，促进并规范森林资源资产评估等中介机构的建立和发展，为多元投资主体提供创业舞台。第二，大力培育林产品市场体系。按照社会主义市场经济规律，加强市场需求研究，及时搜集分析林产品市场信息，准确掌握行业和市场发展变化趋势，大力发展订单林业，按照市场需求组织产品生产。加大林产品消费政策引导，积极培育国内市场需求，加快建设区域性林产品市场，健全林产品市场流通体系。在稳定城市消费市场的基础上，结合新农村建设、灾后重建、山区综合开发、棚户区改造等工程，推动"林产品下乡"，建立适应农民需要的农村林产品市场。充分发挥现有木材加工企业的生产能力，挖掘林产品城乡市场消费潜力，建立和完善多元、稳定、安全的林产品市场体系。第三，建立和完善林产品市场准入制度。开展中国名牌林产品评认定活动，打造能在国内外立足的自主品牌。严格限制对资源消耗高、产品质量不达标、环境污染严重的林产品加工企业进入市场。制定和修订林产品国家标准和行业标准，强化林产工业企业环境认证和质量认证的监督检查，规范林业产业市场行为。

（十）提升林业管理水平

（1）强化林业行政管理体系。将各级林业部门的行政事业经费纳入财政预算，将森林防火、有害生物防治、林木种苗以及林权保护管理、林业行政执法体系等方面的装备和基础设施建设纳入基本建设规划和相关营造林工程规划。加强中央派驻地方林业监管机构的建设，健全基层各级林业工作机构设置，制定符合各级林业机构设置、人员编制的相关政策。

（2）加强林业人才培养。加强林业高等教育、培训、人才开发、职业技能鉴定与人才评价体系的建设。实施林业科技领军人才、急需紧缺骨干人才培养引进、青年英才培育、党政领导干部能力提升、专业技术人员知识更新、高技能与基层实用人才开发、西部和基层一线人才援助等重点林业人才工程，加快林业人才资源开发和人才队伍能力建设。建立完善现代林业教育培训与技能人才开发体系，重点加强教育培训重点基地、党政领导干部培训、关键岗位干部培训、林业重大改革培训、重点工程配套培训、基层林业实用人才培训、林业高等教育学科共建、林业职业教育支持等8项工程建设，积极开展远程培训、出国培训和技能人才培训与鉴定工作，重点加强高层次专业技术人才与高技能人才的培养。

（3）加强林业基层单位建设。第一，加强林业工作站建设。按照建设标准化、规范化、科学化的要求，强化林业站基础设施建设，理顺管理体制和经费渠道，建立比较完备的省、市、县林业站管理体系；加强队伍和能力建设，充分发挥林业站政策宣传、资源管护、林政执法、生产组织、科技推广和社会化服务等职能作用，确保林业各项工作在基层全面落实。第二，加强木材检查站和森林植物检疫检验站建设。重点在林业重点工程区、松材线虫等检疫性有害生物发生区和重点预防区、交通干线以及通往木材集散地的主要路段，完善全国木材运输和检验检查监督网络体系；完成一级木材检查站基础设施和设备的标准化建设。

（4）实行林业生态建设目标责任制。合理划分中央和地方在生态建设方面的事权，建立激励约束机制，实行地方政府林业生态建设目标责任制。林业主管部门要履行好组织、协调和指导等职责，搞好任务落实和监督检查等工作。各有关部门要发挥各自优势和潜力，按职责分工，各司其职，各负其责，密切配合，建立起由地方政府统一领导下的部门分工协作的生态建设目标考核机制，共同推进本地区的生态建设任务。

（5）建立"全国动员、全民动手、全社会办林业"的新机制。强化舆论宣传，提高全民参与生态建设的认识。广泛发动和组织各行各业、社会各界人士积极投身国土绿化和生态保护事业，提高义务植树尽责率和生态保护参与意识。努力调动各部门力量，共同推进国土绿化事业。倡导认种认养绿地，实现全民动手参与城乡绿化美化。大力普及林业科学技术和法律知识，加强全民生态道德教育，采取各种有效形式，调动社会各界参与林业建设的积极性，建立起全社会办林业的新机制，促进全民共建共享。

　　总之，发展现代林业是林业工作的总任务，建设生态文明是林业工作的总目标，推动科学发展是林业工作的总要求，三者紧密联系、有机统一，共同构成了我国林业发展总体思路的核心和主题，共同成为林业建设的旗帜和方向。我们之所以要大力发展现代林业、建设生态文明，就是要全面贯彻落实科学发展观，真正为推动经济社会科学发展做出贡献。当前，我国林业发展正处于大有作为的战略机遇期和黄金发展期，发展林业已成为深入贯彻落实科学发展观的重大实践，成为全党、全国工作的战略重点。发展林业已成为建设生态文明的首要任务，林业部门已成为生态文明建设的主体部门。发展林业已成为全球政治的重大议题，成为应对气候变化的战略选择。发展林业已成为增加农民收入的重要途径，成为拉动国内需求的战略举措。我们一定要用世界眼光和战略思维来认识林业，深刻领会和准确把握党中央、国务院关于林业建设的一系列重要论述、决策和部署，高举中国特色社会主义伟大旗帜，以邓小平理论和"三个代表"重要思想为指导，深入贯彻落实科学发展观，全面实施以生态建设为主的林业发展战略，以推动林业科学发展为主题，以加快转变林业发展方式为主线，以确保如期实现"双增"目标为核心，以兴林富民为宗旨，坚持依靠人民群众，坚持依靠科学技术，坚持依靠深化改革，加大生态建设保护力度，加强森林抚育经营，加速培育主导产业，加快繁荣生态文化，全面开创现代林业科学发展新局面，为夺取全面建设小康社会新胜利做出新贡献。

参考文献

1. 阿尔·戈尔. 难以忽视的真相[M]. 环保志愿者, 译. 长沙: 湖南科学技术出版社, 2007.

2. 艾伦·韦斯曼. 没有我们的世界[M]. 赵舒静, 译. 上海: 上海科学技术文献出版社, 2007.

3. 安娜, 高乃云, 刘长娥. 中国湿地的退化原因、评价及保护[J]. 生态学杂志, 2008, 27 (5): 821~828.

4. 白寿彝. 中国通史第一卷[M]. 第4版. 上海: 上海人民出版社, 1989.

5. 鲍达明, 谢屹, 温亚利. 构建中国湿地生态效益补偿制度的思考[J]. 湿地科学, 2007, 5 (2): 128~132.

6. 鲍文, 何丙辉, 包维楷, 等. 森林植被对降水的截留效应研究[J]. 水土保持研究, 2004, 11 (1): 193~197.

7. 曹凑贵, 严力蛟, 刘黎明. 生态学概论[M]. 北京: 高等教育出版社, 2002.

8. 陈刚起, 张文芬. 三江平原沼泽对河流影响的初步研究[M]. 北京: 科学出版社, 1998.

9. 陈鼓应. 老子注释及评价[M]. 北京: 中华书局, 1984.

10. 陈桂珠, 缪绅裕, 黄玉山, 等. 人工污水中的 N 在模拟秋茄湿地系统中的分配循环及其净化效果[J]. 环境科学学报, 1996, 16 (1): 44~50.

11. 陈克林, 陆健健, 吕宪国, 等. 中国湿地百科全书[M]. 北京: 北京科学技术出版社, 2009.

12. 陈克林. 湿地保护与全球变暖[J]. 环境经济杂志, 2007, (42): 25~27.

13. 陈灵芝. 中国生物多样性: 现状及保护对策[M]. 北京: 科学出版社, 1993.

14. 陈宜瑜. 中国生物多样性保护与研究进展[M]. 北京: 气象出版社, 2004.

15. 陈永金, 陈亚宁, 刘加珍. 堤防修建对塔里木河中游湿地地下水化学特征及水盐运移的影响[J]. 聊城大学学报: 自然科学版, 2009, 22 (4): 79~85.

16. 陈玉成. 污染环境生物修复工程[M]. 北京: 化学工业出版社, 2003.

17. 陈仲新, 张新时. 中国生态系统效益的价值[J]. 科学通报, 2000, (45): 17~22.

18. 成水平, 夏宜琤. 香蒲、灯心草人工湿地的研究——Ⅲ. 净化污水的机理[J]. 湖泊科学, 1998, 10 (2): 66~71.

19. 程丽芬. 森林生态服务功能价值评价与监测[J]. 山西林业科技, 2010, 39 (2): 42~43.

20. 崔丽娟. 湿地价值评价研究[M]. 北京: 科学出版社, 2001.

21. 崔丽娟. 鄱阳湖湿地生态服务功能研究[J]. 水土保持学报, 2004, 18 (2): 109~113.

22. 崔丽娟. 湿地孕育生命和灵感[J]. 森林与人类, 2010, 2: 14~19.

23. 丹尼斯·S·米勒蒂. 人为的灾害[M]. 谭徐明, 译. 武汉: 长江出版社, 2008.

24. 丁峰元，左本荣，庄平，等. 长江口南汇潮滩湿地污水处理系统的净化功能[J]. 环境科学与技术，2005，3：28～31.

25. 丁晖，徐海根. 关于"2010 年生物多样性目标评估"的研究引起国际学术界关注[J]. 生态与农村环境学报，2010，26：26.

26. 段晓男，王效科，逯非，等. 中国湿地生态系统固碳现状和潜力[J]. 生态学报，2008，28(2)：463～469.

27. 樊宝敏，董源，张钧成，等. 中国历史上森林破坏对水旱灾害的影响——试论森林的气候和水文效应[J]. 林业科学，2003，39(3)：136～142.

28. 樊宝敏，李智勇. 中国森林生态史引论[M]. 北京：科学出版社，2008.

29. 樊自立，马英杰，马映军. 中国西部地区的盐渍土及其改良利用[J]. 干旱区研究，2001，18(3)：1～6.

30. 弗雷德·皮尔斯. 全球水危机：节约用水从我做起[M]. 张新明，译. 北京：知识产权出版社，2010.

31. 高成德，余新晓. 水源涵养林研究综述[J]. 北京林业大学学报，2000，22(5)：78～82.

32. 古岳. 忧患江河源[M]. 北京：民族出版社，2000.

33. 郭纹铭. 借鉴传统智慧 提高生态文明水平[N]. 中国环境报，2010-12-17.

34. 郭岳. 三江平原湿地生态系统对氮素的截留净化效应研究[D]. 长春：中国科学院东北地理与农业生态研究所，2010.

35. 国家林业局. 全国首次湿地资源调查[J]. 新安全，2004，2(9)：24～25.

36. 国家林业局《湿地公约》履约办公室. 湿地公约履约指南[M]. 北京：中国林业出版社，2001.

37. 国家林业局野生动植物保护司. 全国湿地资源调查简报，2003.

38. 韩爱国，孙颖，韩坤立. 浅谈北京地区湿地修复与地下水资源的关系[J]. 水土保持研究，2006，13(4)：61～63.

39. 韩海荣. 森林资源与环境导论[M]. 北京：中国林业出版社，2002.

40. 何方，胡芳名. 经济林栽培学[M]. 北京：中国林业出版社，2004.

41. 何浩，潘耀忠，朱文泉，等. 中国陆地生态系统服务价值测量[J]. 应用生态学报，2005，16(6)：1122～1127.

42. 洪菊生，侯元兆. 分类经营是热带林业可持续发展的重要途径[J]. 林业科学，1999，35(1)：104～110.

43. 胡鸿兴. "千湖之省"何时再现？[J]. 生命世界，2004，(6)：47～50.

44. 胡巍巍，王根绪. 湿地景观格局与生态过程研究进展[J]. 地球科学进展，2007，22(9)：969～975.

45. 华中师范学院，南京师范学院，湖南师范学院. 动物学[M]. 北京：高等教育出版社，1983.

46. 黄妮，刘殿伟，王宗明，等. 1954—2005 年三江平原自然湿地分布特征研究[J]. 湿地科学，2009，7(1)：33～38.

47. 黄湘，李卫红. 荒漠生态系统服务功能及其价值研究[J]. 环境与科学管理，2006，7：64～70.

48. 姬振海. 生态文明论. 北京：人民出版社, 2007.

49. 冀华, 王兴春. 中国生物能源开发利用发展策略[J]. 河北农业科学, 2010, 14 (10)：119~121.

50. 贾治邦. 保护湿地与生物多样性积极应对气候变化[OL]. 人民网, 2010-2-4, http://env. people. com. cn/GB/10927740. html.

51. 姜春云. 偿还生态欠账[M]. 北京：新华出版社, 2007.

52. 姜翠玲, 崔广柏. 湿地对农业非点源污染的去除效应[J]. 农业环境保护, 2002, 21(5)：471~473, 476.

53. 姜东涛. 森林制氧固碳功能与效益计算的探讨[J]. 华东森林经理, 2005, 19(2)：19~21.

54. 蒋延玲, 周广胜. 中国主要森林生态系统公益的评估[J]. 植物生态学报, 1999, 23 (5)：426~434.

55. 蒋有绪. 中国森林生态系统结构与功能规律研究[M]. 北京：中国林业出版社, 1996.

56. 杰克逊·J·斯皮瓦格尔. 西方文明简史[M]. 第4版. 董仲瑜, 施展, 韩炯, 译. 北京：北京大学出版社, 2010.

57. 康文星, 何介南, 席宏正. 洞庭湖滩涂和草甸沼泽湿地调蓄水量的功能研究[J]. 水土保持学报, 2008, 22(5)：209~212, 216.

58. 雷加强, 穆桂金, 王立新. 西部干旱区重大生态环境问题研究进展[J]. 中国科学基金, 2005, 19(5)：268~271.

59. 雷蒙德·J·伯比. 与自然和谐[M]. 欧阳琪, 译. 武汉：长江出版社, 2008.

60. 李博, 杨持, 林鹏. 生态学[M]. 北京：高等教育出版社, 2002.

61. 李栋梁, 王涛, 钟海玲. 中国北方沙尘暴气候成因及未来趋势预测[J]. 中国沙漠, 2004, 24 (3)：376~379.

62. 李俊清, 牛树奎. 森林生态学[M]. 北京：高等教育出版社, 2006.

63. 李莉莉, 程瑷鑫. 城市发展与城市湿地建设的协同性——以解放公园生态湿地景观为例[J]. 安徽农业科学, 2008, 36(3)：1041~1042, 1077.

64. 李思发. 长江重要鱼类生物多样性和保护研究[M]. 上海：上海科学技术出版社, 2001.

65. 李文华, 欧阳志云, 赵景柱. 生态系统服务功能研究[M]. 北京：气象出版社, 2002.

66. 李秀珍, 肖笃宁. 湿地养分截留功能的空间模拟：Ⅰ. 模型的概念和方法[J]. 生态学报, 2002, 22(3)：300~310.

67. 李秀珍, 肖笃宁. 湿地养分截留功能的空间模拟：Ⅱ. 模型的完善和应用[J]. 生态学报, 2002, 22(4)：486~495.

68. 李宗新. 辉煌的京杭大运河文化[J]. 水利发展研究, 2007, 5：55~60.

69. 梁庭望. 水稻人工栽培的发明与稻作文化[J]. 广西民族研究, 2004, 4：58~63.

70. 梁威, 吴振斌, 周巧红, 等. 构建湿地基质微生物与净化效果及相关分析[J]. 中国环境科学, 2002, 22(3)：282~285.

71. 林株. 阻止荒漠化：全球化背景下的一场战争[N]. 新华文摘, 2006.

72. 刘世勤, 刘友来. 森林旅游产业的特性、功能与发展趋势[J]. 中国林业经济, 2010, (4): 14～17.

73. 刘拓, 张克斌, 林琼. 中国土地沙漠化防治策略[M]. 北京: 中国林业出版社, 2006.

74. 刘文英, 姜冬梅, 陈云峰, 等. 自组织理论与复合生态系统可持续发展[J]. 生态环境, 2005, 14(4): 596～600.

75. 刘宪明, 王志君. 森林对大气污染的净化功能介绍[J]. 林业勘查设计, 2003, (2): 32.

76. 刘向东, 吴钦孝, 赵鸿雁. 森林植被垂直截留作用与水土保持[J]. 水土保持研究, 1994, 1(3): 8～13.

77. 刘兴土, 邓伟, 刘景双. 沼泽学概论[M]. 长春: 吉林科学技术出版社, 2006.

78. 刘兴土, 马学慧. 三江平原自然环境变化与生态保育[M]. 北京: 科学出版社, 2002.

79. 刘兴土. 东北湿地[M]. 北京: 科学出版社, 2005.

80. 刘兴土. 三江平原沼泽湿地的蓄水与调洪功能[J]. 湿地科学, 2007, 5(1): 64～68.

81. 刘学录. 河西走廊山地绿洲荒漠符合生态系统的景观格局与景观多样性研究[M]. 兰州: 甘肃科学技术出版社, 2006.

82. 刘晏霞, 马建祖. 基于耗散结构理论的湿地生态系统保护研究. 农业系统科学与综合研究[J]. 2009, 25(4): 494～501.

83. 刘怿宁, 乔秀娟, 唐志尧. 寻求生物多样性分布格局的形成机制[J]. 自然杂志, 2010, 32: 260～266.

84. 刘振乾, 吕宪国. 三江平原沼泽湿地污水处理的实地模拟研究[J]. 环境科学学报, 2001, 2: 157～161.

85. 刘正茂, 夏广亮, 赵艳波. 三江平原地下水开采对生态过程的影响[J]. 水利发展研究, 2006, 6(12): 38～41.

86. 刘子刚. 湿地生态系统碳储量和温室气体排放研究[J]. 地理科学, 2004, 24(5): 634～639.

87. 陆健健. 湿地与城市健康[J]. 森林与人类, 2006, 2: 6～7.

88. 陆时万, 徐祥生, 沈敏健. 植物学上册[M]. 北京: 高等教育出版社, 1991.

89. 吕锡琛. 中国古代的环境保护法规及思想[J]. 环境保护. 1994, 11: 14～17.

90. 吕宪国. 湿地生态系统保护与管理[M]. 北京: 化学工业出版社, 2004.

91. 吕宪国. 湿地过程与功能及其生态环境效应[J]. 科学中国人, 2005, 4: 28～29.

92. 吕宪国. 中国湿地与湿地研究[M]. 石家庄: 河北科学技术出版社, 2008.

93. 马福. 森林——生命之源 第12届世界林业大会文集[C]. 北京: 中国林业出版社, 2006.

94. 马克平, 娄治平, 苏荣辉. 中国科学院生物多样性研究回顾与展望[J]. 中国科学院院刊, 2010, 25: 634～644.

95. 马克平, 钱迎倩, 王晨. 生物多样性研究的现状与发展趋势[J]. 科技导报, 1995, 1: 27～30.

96. 马世骏, 王如松. 社会—经济—自然复合生态系统[J]. 生态学报, 1984, 4(1): 1～9.

97. 马世骏. 中国生态学发展战略研究: 第一集[M]. 北京: 中国经济出版社, 1991.

98. 梅洪, 赵先富, 郭斌, 等. 中国淡水藻类生物多样性研究进展[J]. 生态科学, 2003, 22(4):

356～359.

99. 孟宪民，崔保山，邓伟，等. 松嫩流域特大洪灾的醒示：湿地功能的再认识[J]. 自然资源学报，1999，14(1)：14～21.

100. 欧维新，杨桂山，高建华. 盐城潮滩湿地对 N、P 营养物质的截留效应研究[J]. 湿地科学，2006，4(3)：179～186.

101. 欧阳志云，王效科，苗鸿. 中国陆地生态系统服务功能及生态经济价值的初步研究[J]. 生态学报，1999，19(5)：607～613.

102. 彭友贵，陈桂珠，夏北成，等. 广州南沙地区湿地生态系统的服务功能与保护[J]. 湿地科学，2004，2(2)：81～87.

103. 齐东方. 走进死亡之海[M]. 乌鲁木齐：新疆人民出版社，2000.

104. 乔媛. 水运交通对经济的影响——以京杭大运河的兴衰为例[J]. 知识经济，2009，10：54～55.

105. 秦伟，贾文方，杭雪花. 鱼类多样性保护与渔业的可持续发展[J]. 淡水渔业，1999，29(9)：8～11.

106. 秦毓茜. 漫谈湿地功能[J]. 农业与技术，2007，27(1)：88～90.

107. 邱述学. 重构长江文明[J]. 西南民族大学学报：人文社科版，2008，3：90～98.

108. 曲向荣，贾宏宇，张海荣，等. 辽东湾芦苇湿地对陆源营养物质净化作用的初步研究[J]. 应用生态学报，2000，11(2)：270～272.

109. 任鸿昌，吕永龙，姜英. 西部地区荒漠生态系统空间分析[J]. 水土保持通报，2004，24(5)：54～59.

110. 塞缪尔·亨廷顿. 文明的冲突与世界秩序的重建[M]. 周琪，译. 北京：新华出版社，2010.

111. 沈清基. 环境革命与城市发展[J]. 城市规划，2000，24(4)：23～30.

112. 湿地国际 – 中国办事处. 湿地通讯[M]. 2003.

113. 石荣华. 灾难将成人类与地球最后的沟通[N]. 华夏时报，2009－8－11.

114. 斯文·赫定. 戈壁沙漠之谜[M]. 许建英，译. 喀什：喀什维吾尔文出版社，2005.

115. 宋长春，王毅勇，阎百兴，等. 沼泽湿地开垦后土壤水热条件变化与碳、氮动态[J]. 环境科学，2004，25(3)：150～154.

116. 宋长春，王毅勇，阎百兴，等. 沼泽湿地垦殖前后土壤温度变化及其土壤热状况的影响[J]. 应用生态学报，2005，16(1)：88～92.

117. 孙广智. 人工湿地的种类、基本构造与设计方法[R]. 2009.

118. 孙鸿烈. 中国生态系统：上、下册[M]. 北京：科学出版社，2005.

119. 孙景亮. 论京杭大运河的规划思想与传承[J]. 南水北调与水利科技，2004，2(6)：39～40，41.

120. 孙儒泳. 动物生态学原理[M]. 第三版. 北京：北京师范大学出版社，2001.

121. 孙儒泳，李庆芬，牛翠娟. 基础生态学[M]. 北京：高等教育出版社，2002.

122. 孙艳秋，王秋莹，王震. 浅析森林对大气污染的净化功能[J]. 林业科技情报，2010，42

（3）：15.

123. 唐晓玲，刘振湘. 试论鱼类资源多样性保护[J]. 水利渔业，2003，23（4）：37～39.

124. 汪爱华，张树清，张柏. 三江平原沼泽湿地景观空间格局变化[J]. 生态学报，2003，23（2）：237～243.

125. 王海霞，刘梦园，孙广友. 湿地类型与格局对城市发展取向的制约作用[J]. 干旱区资源与环境，2010，24（5）：11～16.

126. 王海霞，孙广友，于少鹏，等. 湿地对城市形成、演进及可持续发展制约机制的探讨[J]. 湿地科学，2005，3（2）：104～109.

127. 王海霞，孙广友，于少鹏，等. 湿地与我国内陆城市的可持续发展[J]. 干旱区资源与环境，2005，19（3）：6～9.

128. 王磊，章光新. 扎龙湿地地表水与浅层地下水的水文化学联系研究[J]. 湿地科学，2007，5（2）：166～173.

129. 王嵘. 塔里木河：沟通东西方文明的河[J]. 中国三峡建设，2008，6：60～65.

130. 王伟，陆健健. 三垟湿地生态系统服务功能及其价值[J]. 生态学报，2005，25（3）：404～407.

131. 王文元. 人类的自我毁灭[M]. 北京：华龄出版社，2010.

132. 温远光，刘世荣. 我国主要森林生态系统类型降水截留规律的数量分析[J]. 林业科学，1995，31（4）：289～298.

133. 吴钦孝. 森林保持水土机理及功能调控技术[M]. 北京：科学出版社，2005.

134. 吴晓军，董汉河. 西北生态启示录[M]. 兰州：甘肃人民出版社，2001.

135. 吴晓军. 西北内陆河流域生态环境保护研究[M]. 兰州：甘肃人民美术出版社，2007.

136. 吴晓军. 现当代西北生态环境与社会变迁研究[M]. 兰州：甘肃人民出版社，2005.

137. 吴正科. 黑水国古城[M]. 兰州：甘肃人民出版社，1998.

138. 武汉大学，南京大学，北京师范大学. 普通动物学[M]. 北京：人民教育出版社，1978.

139. 郗敏，刘红玉，吕宪国. 流域湿地水质净化功能研究进展[J]. 水科学进展，2006，17：566～576.

140. 夏汉平. 人工湿地处理污水的机理与效率[J]. 生态学杂志，2002，21（4）：51～59.

141. 熊聪慧，王祺. 陆生植物在二叠纪—三叠纪界线存在集群灭绝吗？. 地质论评，2007，53：577～585.

142. 徐国祯. 生态系统可持续发展的系统思考[J]. 林业经济，2010，8：78～81.

143. 徐化成. 森林生态与生态系统经营[M]. 北京：化学工业出版社，2004.

144. 徐孝庆，胡沐钦. 森林综合效益计算评价[M]. 北京：中国林业出版社，1992.

145. 徐兆祥. 黑河流域水资源开发对生态环境的影响[J]. 干旱区研究，1992，9（3）：45～47.

146. 徐志国. 外源氮、磷输入对典型湿地植物的影响研究[D]. 长春：中国科学院东北地理与农业生态研究所，2007.

147. 严以绥，肖焰恒. 干旱区人工生态系统的持续发展与耗散结构理论[J]. 生态农业研究，

1997, 5(3)：78~80.

148. 阳含熙, 李飞. 生态系统浅说[M]. 北京：清华大学出版社, 广州：暨南大学出版社, 2002.

149. 杨镰. 荒漠独行——寻找失落的文明[M]. 北京：中共中央党校出版社, 1995.

150. 姚延梼, 杨秀清, 闫海冰, 等. 林学概论[M]. 北京：中国农业科学出版社, 2008.

151. 殷书柏. 湿地结构及其对功能的影响研究[D]. 长春：中国科学院东北地理与农业生态研究所, 2006.

152. 尹澄清. 内陆水—陆地交错带的生态功能及其保护与开发前景[J]. 生态学报, 1995, 15(3)：331~335.

153. 尹林克. 中国温带荒漠区的植物多样性及其易地保护[J]. 生物多样性, 1997, 1：40~48.

154. 尹喜霖, 初禹, 杨文. 三江平原沼泽与降水、地表水、地下水的关系[J]. 中国生态农业学报, 2003, 11(1)：157~158.

155. 游珍, 李占斌, 蒋庆丰. 植被对降雨的再分配分析[J]. 中国水土保持科学, 2003, 1(3)：102~105.

156. 余新晓, 鲁绍伟, 靳芳, 等. 中国森林生态系统服务功能价值评估[J]. 生态学报, 2005, 25(8)：2096~2102.

157. 袁军. 基于模糊数学的湿地功能评价理论和方法研究[D]. 北京：中国科学院研究生院, 2004.

158. 约翰·赛兹. 全球议题[M]. 王蓍, 译. 北京：社会科学出版社, 2010.

159. 约翰内斯·玛提森. 康复大地[M]. 张世估, 译. 天津：天津出版社, 2010.

160. 占先国. 生态服务功能研究[M]. 北京：气象出版社, 2002.

161. 张风春, 张文国. "生物多样性"释义(上)：生物多样性的概念及现状[J]. 环境保护, 2010, 45：46~48.

162. 张甲耀, 夏盛林, 邱克明, 等. 潜流型人工湿地污水处理系统氮去除及氮转化细菌的研究[J]. 环境科学学报, 1999, 19(3)：323~327.

163. 张金波. 三江平原湿地垦殖和利用方式对土壤碳组分的影响[D]. 北京：中国科学院研究生院, 2006.

164. 张雷. 中国一次能源消费的碳排放区域格局变化[J]. 地理研究, 2006, 25(1)：1~9.

165. 张茂钦, 朱开甫. 城市森林与造林树种[M]. 广州：南方日报出版社, 2006.

166. 张守攻, 朱春全, 肖文发. 森林可持续经营导论[M]. 北京：中国林业出版社, 2001.

167. 张天元. 生死大穿越[M]. 兰州：甘肃人民出版社, 2005.

168. 张毅敏, 张永春. 利用人工湿地治理太湖流域小城镇生活污水可行性探讨[J]. 农业环境保护, 1998, 17(5)：232~234.

169. 张银龙. 环境生态学[M]. 沈阳：辽宁大学出版社, 2003.

170. 张永利, 杨伟峰, 王兵, 等. 中国森林生态系统服务功能研究[M]. 北京：科学出版社, 2010.

171. 赵学敏. 湿地：人与自然和谐共存的家园[M]. 北京：中国林业出版社, 2005.

172. 赵艳锋, 朱琨, 李伟玲. 人工湿地净化处理废水的机理探讨与效果研究[J]. 环境科学与管理，2007，24(4)：87~91.

173. 赵振勇，王让会，张慧芝，等. 塔里木河下游荒漠生态系统退化机制分析[J]. 中国沙漠，2006，26(2)：220~225.

174. 中国环境与发展国际合作委员会. 保护中国的生物多样性[M]. 北京：中国环境科学出版社，1997.

175. 中国科学院长春地理研究所沼泽研究室. 三江平原沼泽[M]. 北京：科学出版社，1983.

176. 中国科学院自然地理编辑委员会. 中国自然地理：地表水[M]. 北京：科学出版社，1981.

177. 中国林学会森林经理分会. 森林可持续经营研究[M]. 北京：中国林业出版社，2007.

178. 国家林业局. 中国湿地保护行动计划[M]. 北京：中国林业出版社，2000.

179. 周冰冰，李忠魁，张颖，等. 北京市森林资源价值[M]. 北京：中国林业出版社，2000.

180. 周林飞，许士国，孙勇. 扎龙湿地生态系统服务功能及恢复的研究[J]. 水土保持研究，2005，12(4).

181. 朱建国. 中国湿地保护立法研究[M]. 北京：法律出版社，2004.

182. 祝廷成，等. 植物生态学[M]. 北京：高等教育出版社，1988.

183. Aaby B, Tauber H. Rates of peat formation in relation to degree of humification and local environment, as shown by studies of a raised bog in Denmank[J]. Boreas, 1975, 4: 1~17.

184. Aselmann I, Crutzen P J. Global distribution of natural freshwater wetlands and rice paddies, their net primary productivity, seasonality and possible methane emissions[J]. Journal of Atmospheric Chemistry, 1989, 8(4): 307~358.

185. Báez-Cazull S, Mcguire J T, Cozzarelli I M, et al. Centimeter-scale characterization of biogeochemical gradients at a wetland ~ aquifer interface using capillary electrophoresis[J]. Applied Geochemistry, 2007, 22(2): 2664~2683.

186. Becker P, Rabenold P E, Idol J R, et al. Gap and slope gradients of soil and plant water potentials during the dry season in a tropical moist forest[J]. Journal of Tropical Ecology, 1988, 4: 173~184.

187. Bolund P, Hunhammar S. Ecosystem services in urban areas[J]. Ecological Economics, 1999, 29(2): 293~301.

188. Bonneville M C, Strachan I B, Humphrey E R, et al. Net ecosystem CO_2 exchange in a temperate cattail marsh in relation to biophysical properties[J]. Agricultural and Forest Meteorology, 2008, 148(1): 69~81.

189. Brown V A, McDonnell J J, Burns D A, et al. The role of event water, a rapid shallow flow component, and catchment size in summer stormflow[J]. Journal of Hydrology, 1999, 217: 171~190.

190. Butchart S H M, Walpole M, Collen B, et al. Global biodiversity: indicators of recent declines [J]. Science, 2010, 328: 1164~1168.

191. Coles B, Coles J. People of the wetlands: Bogs, bodies and lake-dwellers[M]. London: Thames and Hudson, 1989.

192. Costanza R R, d'Arge R, de Groot R, et al. The value of the world's ecosystem services and natural

capital[J]. Nature, 1997, 387: 253~260.

193. Daily G C. Nature's services: societal dependence on natural ecosystems[M]. Washington D C: Island Press, 1997.

194. Daly H, Cobb J. For the common good[M]. Boston: Beacon Press, 1990.

195. Dugan P. Wetlands in danger: a world conservation altas[M]. New York, USA: Oxford University Press, 1993 - 11 - 11.

196. Durno S. Evidence regarding the rate of peat growth[J]. Journal of Ecology, 2008, 49: 347~351.

197. Erwin D H. The Permo-Triassic Extinction. Nature, 1994, 367: 231~236.

198. French P W. Coastal and estuarine management[M]. London: Rouledge, 1997.

199. Gann T G T, Childers D L, Rondeau D N, et al. cosystem structure, nutrient dynamics, and hydrologic relationships in tree islands of the southern everglades, Florida, USA[J]. Forest Ecology and Management, 2005, 214(1~3): 11~27.

200. Gaston K J, Spicer J I. Biodiversity: An introduction[M]. 2nd ed. Oxford: Blackwelll, 2004.

201. Gorham E. Northern peatlands: role in the carbon cycle and probable responses to climatic warming [J]. Ecological Applications, 1991, 1: 182~195.

202. Jones D, Cocklin C, Cutting M. Institutional and landowner perspectives on wetland management in New Zealand[J]. Journal of environmental management, 1995, 45: 143~161.

203. Le Maitre D C, Milton S J, Jarmain C, et al. Linking ecosystem services and water resources: landscape-scale hydrology of the Little Karoo[J]. Frontiers in Ecology and the Environment, 2007, 5 (5): 261~270.

204. Lesak F W L. Water balance and hydrologic characteristics of a rain forest catchment in the Central Amazon Basin[J]. Water Resources Research, 1993, 29(3): 759~773.

205. Liu X H, Lu X G, Jiang M, et al. Value estimation of greenhouse gases exchange in wetland ecosystem of Sanjiang Plain, China[J]. Chinese Geographical Science, 2009, 19(1): 55~61.

206. Llorens P, Gallart F. A simplified method for forest water storage capacity measurement [J]. Journal of Hydrology, 2000, 240: 131~144.

207. Lovelock J. Gaia: a new look at life on earth[M]. Oxford: Oxford University Press, 1979.

208. Mace G M, Cramer W, Diaz S, et al. Biodiversity targets after 2010. Current Opinion in Environmental Sustainability, 2010, 2: 3~8.

209. Maltby E, Turner P J. Wetlands of the world[J]. Geographic Magazine, 1983, 55: 12~17.

210. Marris E. Conservation biology: reflecting the past[J]. Nature, 2009, 462: 30~32.

211. Mateo N, Nader W, Tamayo G. Bioprospecting encyclopedia of biodiversity[M]. San Diego: Academic Press, 2001.

212. Matthews E, Fung I. Methane emissions from natural wetlands: global distribution, area and environmental characteristics of sources[J]. Global Biogeochemical Cycles, 1987, 1: 61~86.

213. Max-Neef M. Economic growth and quality of life: a threshold hypothesis[J]. Ecological Econom-

ics, 1995, 15: 115 ~ 118 .

214. Mccarthy T S. Groundwater in the wetlands of the Okavango Delta, Botswana, and its contribution to the structure and function of the ecosystem [J]. Journal of Hydrology, 2006, 320 (3 ~ 4): 264 ~ 282.

215. Millennium Ecosystem Assessment. Ecosystems and human well-being: wetlands and water [R]. Washington, DC: Island Press, 2005.

216. Millennium Ecosystem Assessment. Ecosystems and human well-being: wetlands and water [M]. Washington, DC: Island Press, 2005.

217. Mitsch W J, Gosselink J G. Wetlands [M]. New Jersey: John Wiley & Sons, Inc. , Hoboken, 2007.

218. Mitsch W J, Wu X, Nairn R W, et al. Creating and restoring wetlands: a whole-ecosystem experiment in self-design [J]. BioScience, 1998, 48: 1019 ~ 1030.

219. Mitsch W J, Gosselink J G. Wetlands [M]. 3rd edition. New York: John Wiley & Sons, Inc. , 2000.

220. Myers N. Threatened biomas: hotspots in tropical forest [J]. Environmentalist, 1988, 8: 1 ~ 20.

221. Myers N, Mittermeier R A, Mittermeier C G, et al. Biodiversity hotspots for conservation priorities [J]. Nature, 2000, 403: 853 ~ 858.

222. Nobre, C A, Sellers P, Shukla J. Amazonia deforestation and regional climate change [J]. Journal of Climate, 1991, 4(10): 957 ~ 988.

223. Oechel W C, Vourlitis G L, Hastings S J, et al. Acclimation of ecosystem CO_2 exchange in the Alaskan Arctic in response to decadal climate warming [J]. Nature, 2000, 406: 978 ~ 981.

224. Ojeda M I, Mayer A S, Solomon B D. Economic valuation of environmental services sustained by water flows in the Yaqui River Delta [J]. Ecological Economic, 2008, 65(1): 155 ~ 166.

225. Palmer M A, Morse J, Bernhardt E, et al. Ecology for a crowded planet [J]. Science, 2004, 304: 1251 ~ 1252.

226. Prescott-Allen C, Prescott-Allen R. The WellBeing of nationas: A Country-By-country index of quality of lLife and the environment [M]. Washington, D. C. : Island Press, 2001.

227. Primack R B. A primer of conservation biology [M]. 4th ed. Sunderland MA, US: Sinauer Associates Inc. Publisher, 2008.

228. Primack R B, Corlett R T. Tropical rainforests: an ecological and biogeographical comparison [M]. malden: Blackwell, 2005.

229. Putuhena W M, Cordery I. Estimation of interception capacity of the forest floor [J]. Journal of Hydrology, 1996, 180: 283 ~ 299.

230. Ramsar Convention Secretariat. Wetland ecosystem services [R]. 2010, 12(4): 167 ~ 171.

231. Rao M, McGowan P J K. Wild-meat use, food security, livelihoods, and conservation [J]. Conservation Biology, 2002, 16: 580 ~ 583.

232. Raup D M. Biological etinction in earth history[J]. Science, 1986, 231: 1528 ~ 1533.

233. Ryan C, Fleming. America's wetlands: a policy analysis of mitigation banking in the united states. National Society of Professional Engineers, 2005, 16 ~ 31.

234. Schulp C J E, Nabuurs G J, Verburg P H, et al. Future carbon sequestration in Europe-effects of land use change[J]. Agriculture, Ecosystems and Environment, 2008, 127(3 ~ 4): 251 ~ 264.

235. The White House Council on Environmental Quality. 2007. Conserving America's wetlands 2007: three years of progress implementing the president's goal [M]. Washington D. C.: Council on Environmental Quality, 2007 – 4: 1 ~ 4.

236. Waddington J M, Roulet N T. Atmosphere wetland carbon exchanges: scale dependency of CO_2 and CH_4 exchange on the developmental topograhphy of a peatland[J]. Global Biochemistry Cycles, 1996, 10: 233 ~ 245.

237. Wilson E O. Biodiversity. Washington, D. C: National Academy Press, 1998.

后 记

2007 年，党中央做出建设生态文明的战略决策后，国家林业局党组对如何发挥林业在生态文明建设中的作用进行深入研究思考，在林业改革发展中不断探索求知。经过几年林业建设实践和理论探索，比较系统地提出了保护和建设森林生态系统、湿地生态系统、荒漠生态系统和生物多样性这三个系统一个多样性的工作思路，三个系统一个多样性是发展现代林业、建设生态文明和推进科学发展的核心和基石。

本书编写过程中，在国家林业局办公室、经研中心、资源司、保护司、治沙办和湿地办等单位协助下，系统总结梳理了三个系统一个多样性的功能作用和历史现状，高度概括了现代林业发展理论。同时，写作过程中得到了中国科学院、中国林业科学研究院、北京林业大学等单位专家学者的支持。书稿基本定稿后，又送中国科学院、中国工程院有关院士专家审阅，他们提出了许多宝贵意见，在此，对院士专家们的贡献深表谢意！

书稿虽已完成，但受知识和精力所限，三个系统一个多样性的归纳总结可能还有不完善、不彻底的地方，目标与选择尚待继续深入研究。中国林业出版社为本书的正式出版倾注了很多心血。另外，写作过程中引用了部分专家学者观点，或许在参考文献中没有详尽列出，在此一并表示感谢！

林业发展离不开全社会的支持，希望本书的出版能为广大从事林业、关注林业的读者有所启示，共同为建设生态文明做出新贡献！

编委会

2011 年 12 月 12 日